高等院校经济学管理学系列教材
GAODENG YUANXIAO JINGJIXUE GUANLIXUE XILIE JIAOCAI

上海高校市级精品课程教材

创业管理
战略成长视角

CHUANGYE GUANLI

王 辉 ◎ 主编

北京大学出版社
PEKING UNIVERSITY PRESS

图书在版编目(CIP)数据

创业管理:战略成长视角/王辉主编. —北京:北京大学出版社,2017.7
(高等院校经济学管理学系列教材)
ISBN 978-7-301-28289-2

Ⅰ.①创… Ⅱ.①王… Ⅲ.①企业管理—高等学校—教材 Ⅳ.①F272

中国版本图书馆 CIP 数据核字(2017)第 096521 号

书　　名	创业管理：战略成长视角 CHUANGYE GUANLI: ZHANLÜE CHENGZHANG SHIJIAO
著作责任者	王　辉　主编
责任编辑	朱梅全　朱　彦
标准书号	ISBN 978-7-301-28289-2
出版发行	北京大学出版社
地　　址	北京市海淀区成府路 205 号　100871
网　　址	http://www.pup.cn
电子信箱	sdyy_2005@126.com
新浪微博	@北京大学出版社
电　　话	邮购部 62752015　发行部 62750672　编辑部 021-62071998
印刷者	三河市北燕印装有限公司
经销者	新华书店
	730 毫米×980 毫米　16 开本　20 印张　381 千字 2017 年 7 月第 1 版　2017 年 7 月第 1 次印刷
定　　价	48.00 元

未经许可，不得以任何方式复制或抄袭本书之部分或全部内容。
版权所有，侵权必究
举报电话：010-62752024　电子信箱：fd@pup.pku.edu.cn
图书如有印装质量问题，请与出版部联系，电话：010-62756370

前　言

世界变化的速度总是比我们预料的要快得多！

改革开放前,创业是一种被政府禁止的行为,也是为一些人所不屑的行为,主要是那些没有谋生途径的底层民众迫于生计,不得已才偷偷去做的。改革开放后,创业像星星之火在中国大地上渐成燎原之势。一些当初"吃螃蟹"的创业者后来成为中国经济社会中的成功企业家,他们给社会带来的贡献与自己获得的财富和荣誉,让人们对创业事业的认知和价值观开始有了彻底的改观。到了今天,"创客"已成为社会中的一个流行语,创业行为已是随处可见的平常现象,大城市中的各种"创客空间"如雨后春笋般涌现出来,每个人都可能看到、遇到或接触到与创业相关的人或事。各种新闻媒体争相报道创业者成功或失败的经历,大大小小的创业者开始成为引领我们这个时代发展的弄潮儿,千千万万有梦想的年轻人对创业心向往之。

创业从来没有像今天这样受到政府的重视。"大众创业、万众创新"这一由中国最高层领导人发出的最强音不只是一句口号,政府已出台一系列鼓励和支持创业的重要政策。我们有理由相信,"创业"将成为中国经济发展历程中的一个时代烙印。

记得十多年前,当我为本科生开设"创业管理"这门新课程时,创业教育还只是为高等院校少数人所关注的一种边缘行为。曾有位经历过创业失败的学生向我诉苦,由于学校和家庭施加的压力,当时他感觉自己几乎到了崩溃的边缘,已无法再把创业坚持下去。他不断用不解的语气问我:为什么社会对创业失败会如此的不接受？但是,今天,创业教育已逐渐融入许多高校的主流教育之中,甚至成为一些高校高等教育改革的一个方向；创业在校园中也不再被视为一种另类行为,而开始成为大学生实践的一种新风尚。从 2010 年开始,教育部已开始颁布一系列重要的管理措施以推进高校的创业教育,并且要求高校必须为本科生开设相关的创业基础课程。大学生创业实践行为也获得了前所未有的支持和鼓励。一些高校在各个层面的创业政策和资金支持下,已完全可以放手让有创业想法的学生大胆地去尝试一下。在一些高等教育交流会议上,创业教育议题也从来没有像今天这样获得重视。一些从事创业教育的教师甚至带着疑惑和希望的眼神笑问:是不是创业教育的春天来了？

变化会给人带来恐惧与希望。"恐惧",是因为今天的一切——无论辉煌的成功,还是落魄的失败——注定都会成为历史,每个人必须重新去迎接明天的新挑战。"希望",是因为变化会带来意想不到的新机会,在新机会面前,谁都有可能创造出新的辉煌与奇迹。对于真正的创业者来说,变化的未来就是一种希望!

世界的变化确实难以预料。如果有人告诉你,他可以准确预测未来,帮助你创业成功,这一定是在忽悠你。对于创业者来说,准确预测未来是件可遇不可求的事,更重要的是自己要具备应对未来变化和挑战的心态、思路和方法。对此,主要应有以下一些理解和认知:

第一,从个体层面来看,创业者要真诚地审视自己是否具备创业的梦想与能力。创业是我们人生的一种选择,却不是唯一选择。当我们选择创业以后,实际上就是选择了一种人生模式。与组织中的普通员工不同,创业者要自己从环境中寻找、发现和选择机会,制定自己未来发展的目标,并朝着这个目标不断努力,克服困难,直至实现目标。在这个过程中,创业者要能不断反省自己在能力和技能上的优势和不足,并找到相应的方法以提升和完善自己,从而更好地实现创业目标。那些经历过创业磨炼的成功企业家,往往发现创业过程就像是一次次的涅槃重生,每一次都是自己能力和境界的升华。因此,创业者在作出创业的选择之前,最好先想清楚自己希望拥有一个怎样的人生,并为自己的选择作出承诺与担当。

第二,从创业成长要求来看,创业者需要全身心地探索和洞悉创业过程中的规律。创业有时并不像许多媒体或文艺作品描写的那样:创业主人公树立远大目标,艰苦奋斗,励精图治,最终实现了目标。其实,创业者受到的激励并不完全来自于最终想实现的目标,创业过程本身同样也在激励创业者一路前行。创业过程中当然会有困难与艰辛,同样也有着快乐与惊喜。创业有时就像一个探险的过程,创业者在这条路上可以不断地去创造新的东西,尝试新的事物,发现新的自己。那些对创业事业非常执着和痴迷的人,往往是能够全身心地探索创业规律的人,也是最有可能取得巨大成功的人。就像自然界有运行的规律一样,我们相信创业活动也是存在一些规律的。随着人们的实践与学习越来越多,相信创业者能够更好地掌握这些规律。实际上,我经常会惊叹一些年纪轻轻的创业者竟然有如此丰富的历练,对自己和世界竟然有如此之深的领悟,真羡慕他们有如此充实的生命!

第三,从环境层面来看,创业者要充满激情和理性地去拥抱不断变化的未来。虽然我们无法准确预测未来,但是这不等于我们只能坐等未来的到来。乔布斯说过,"活着就是要改变世界",这是真正优秀的创业者的进取心态。作为一名初出茅庐的创业者,其影响力也许微乎其微,但是依旧要有乔布斯那种去影响和改变世界的愿景与抱负。面对不断加速变化的外部环境,创业者又该如何去思考和应对? 首先,要有理性的思维。理性是人类特有的属性与优势,也是人类文明的重要推动力。理性要求我们能从过去的发展历史中总结经验和找到规律。虽然历史不会重演，但是历史总是惊人的相似。历史的经验不仅会告诉我们前辈们是如何抓住机会获得成功的，而且能带给我们接受新挑战的信心与勇气。其次，要有激情和开放的心态去接受不断出现的新事物。在某种程度上，不是变化的环境淘汰了我们，而是因为我们不愿意接受新环境，或者对环境的变化视而不见，或者因恐惧而逃避环境的变化。不要只是功利性地想去预测和利用未来的变化，更好的心态是作为变化的环境的一部分，积极地理解、参与和融入未来的变化潮流之中。如果能尝试着用新的思维与心态去面对外部环境的变化，相信我们的认知和应对都可能出现一片崭新的天空。

正是基于以上对创业的理解和认知，本书共设计了三篇十章，其内容与目标主要如下：

发展趋势篇，用了三章分别对创业经济、创业产业、创业教育等内容进行了探讨，主要想达到以下三个目标：首先，与大家一起对创业经济与产业发展的历史进行回顾，回忆和总结那些曾经改变了我们社会和历史的创业者、创业组织及其创业行为。从前辈们的创业行为与事件中，我们不仅要萃取他们创业的经验与智慧，还要传承他们宝贵的创新与创业精神。其次，更重要的是，引导大家一起去探讨和展望创业经济与产业的未来发展趋势，激发大家憧憬未来、思考未来、参与未来、改变未来的热情与行动。最后，帮助大家审视自己实际所处的创业环境，清醒地判断自己所处的时代与空间是否具备一些天时、地利、人和的创业环境要素。

成长思维篇，主要对影响创业成长与成功的一些重要问题进行了探讨，安排的四章内容广泛地涉及创业机会、商业模式、成长周期、成长战略等重要知识点。本篇在内容上占据了本书的最大篇幅，主要有以下三个目标：首先，寻找创业的"牛鼻子"——创业机会。人人都渴望获得机会的垂青，但是最终只有少数人如愿以偿。把握各种机会是创业者不可推卸的一种使命。理解和发现机会，不仅需要直觉，更需要我们在持续的实践与试错中总结规律，找到更为科学的方法。其次，探索创业机会的实现模式。好的机会并不必然带来成功的创业，能否找到实现创业机会的可行商业模式可能是一个更加重要的前提。商业模式已是当前互联网经济中不可或缺的商业逻辑思考。与传统的商业竞争逻辑相比，商业模式的竞争逻辑让我们的创业思考更有深度和内涵，也更有创新的空间。最后，探求创业持续成长的动力与规律。创业成功不是一蹴而就的事，如何获得持续的成长动力是伴随创业发展的永恒话题。商业组织已有数百年的发展历史，我们对其成长规律已有了丰富的研究和认识，深入地学习和洞悉这些规律，不仅有助于创业者找到创业成长的路径，还可以让创业者少犯一些不必要的错误。

实务能力篇，用了三章分别对创业能力、创业融资、商业计划书等创业过程中涉及的实务能力与技能问题进行了探讨。本篇更偏重实务能力的培养,因为创业终究是一种实践行为,创业者有许许多多的实践问题需要解决,这对创业的成功同样非常重要。本篇内容的设计不像前两篇那样有较为严谨的内在关联逻辑,而只是把与创业者和创业组织有关的实务问题放在了这一篇。其实,相关的实务问题是无穷无尽的,用再多的篇章也难以言尽。因此,本篇内容的增添与取舍可以根据需要进行灵活处理。

总体上,本书在篇章结构和内容上选择了从宏观视角到微观视角、从理论知识到实务能力,有一个让学生逐步深入了解创业精神、创业理论知识、创业方法和技能的渐进过程。

需要进一步说明的是,与传统课程以知识传授为主的教育方式不同,创业课程不仅要传授与创业相关的知识,更要关注如何能让创业者将这些知识有效运用到创业实践中,否则就很难让人信服创业教育的有效性,而这一点是非常具有挑战性的。实际上,要让一个人真正具备创业能力并成功走上创业之路,需要改变的不仅仅是知识结构,其个人的沟通、协调、激励、执行等实践能力的提升同样非常关键,甚至还需要改变个人的创业理念与价值观等深层次因素。

因此,作为一本创业管理教材,本书不希望只是创业知识体系的一个荟萃,通过吸众家之长,展现浩瀚的创业知识体系,而是希望成为教师施教过程中与学生进行沟通的一个桥梁或媒介。基于这一考虑,本书的内容虽涉及与创业相关的诸多知识点,但这仅仅是一个起点,实际的教学中可以围绕这些知识点或问题,运用多维教学模式,训练学生的创业能力。例如,可以尝试运用创业软件模拟、微课、公众号、视频、创业实践等多种互动学习形式。

本书既可用于本科生教学,也可用于 MBA、EMBA 和研究生教学。同时,本书还可用于创业机构相关的培训活动。需要说明的是,在使用本书时,不需要完全按章节顺序逐章施教,使用者可以根据自己的需求与偏好,将这些内容调整或重新安排,灵活运用其中的内容。

王　辉
2017 年 1 月 25 日

目 录

发展趋势篇

第一章 创业经济的兴起 ……………………………………………… (3)
  第一节 美国的创业经济 ………………………………………… (6)
    一、美国创业经济的兴起 ……………………………………… (6)
    二、创业在美国经济中的地位 ………………………………… (7)
    三、美国创业经济的代表性人物 ……………………………… (8)
  第二节 中国的创业经济 ………………………………………… (10)
    一、中国创业经济发展浪潮 …………………………………… (10)
    二、中国创业发展环境特征 …………………………………… (21)

第二章 创业产业发展趋势 …………………………………………… (28)
  第一节 工业革命与创业浪潮 …………………………………… (31)
    一、三次工业革命带来的创业浪潮 …………………………… (31)
    二、熊彼特的创新与创业理论 ………………………………… (37)
  第二节 互联网趋势下的创业机遇 ……………………………… (40)
    一、互联网掀起的创业浪潮 …………………………………… (40)
    二、互联网发展与创业趋势 …………………………………… (46)
  第三节 未来创业产业发展趋势 ………………………………… (49)
    一、未来科技发展的力量 ……………………………………… (49)
    二、未来创业产业发展趋势 …………………………………… (50)

第三章　创业精神与创业教育 ……………………………………………（58）
第一节　创业与创业精神 …………………………………………（60）
一、创业的基本概念 ……………………………………………（60）
二、创业精神的内涵 ……………………………………………（62）
第二节　创业教育的兴起与发展 …………………………………（69）
一、创业教育兴起的背景 ………………………………………（69）
二、美国创业教育的发展 ………………………………………（70）
三、中国创业教育的发展 ………………………………………（75）

成长思维篇

第四章　创业机会与愿景 …………………………………………………（85）
第一节　创业梦想与愿景 …………………………………………（88）
一、唤醒创业梦想 ………………………………………………（88）
二、构建创业愿景 ………………………………………………（89）
第二节　创业机会的评价与选择 …………………………………（90）
一、创业机会的特征与类型 ……………………………………（90）
二、创业机会的来源与识别 ……………………………………（95）
三、创业机会的评价与选择 ……………………………………（99）
四、创业风险的识别与防范 ……………………………………（104）
第三节　创新的过程与方法 ………………………………………（106）
一、创新的类型 …………………………………………………（106）
二、新产品开发过程 ……………………………………………（107）
三、创新的方法 …………………………………………………（108）

第五章　创业商业模式 ……………………………………………………（113）
第一节　商业模式的概念与内涵 …………………………………（116）
一、"商业模式"的提出 …………………………………………（116）
二、商业模式的定义 ……………………………………………（118）
第二节　商业模式要素模型 ………………………………………（120）
一、商业模式的构成要素 ………………………………………（120）
二、商业模式的要素模型 ………………………………………（121）
第三节　典型商业模式与创新 ……………………………………（126）
一、典型商业模式 ………………………………………………（126）
二、商业模式的创新 ……………………………………………（134）

第六章　创业成长周期与管理……………………………………(141)
第一节　企业生命周期理论………………………………(145)
一、企业寿命与影响因素…………………………………(145)
二、五阶段企业生命周期…………………………………(150)
三、爱迪思的企业生命周期模型…………………………(152)
第二节　创业企业成长管理………………………………(159)
一、企业成长的经济学解释………………………………(159)
二、创业企业成长的主要困境……………………………(162)
三、创业企业成长的管理模式……………………………(164)

第七章　创业成长战略思维……………………………………(172)
第一节　企业成长战略思维………………………………(176)
一、一般成长战略思维……………………………………(176)
二、价值创新思维…………………………………………(177)
三、蓝海战略思维…………………………………………(179)
第二节　创业竞争战略思维………………………………(181)
一、波特的一般竞争战略…………………………………(181)
二、新创企业竞争战略思维………………………………(186)
第三节　创业战略的创新思维……………………………(190)
一、创业企业成长的创新基因……………………………(190)
二、创业成长战略的创新思维……………………………(192)
三、跨行业边界寻求创业成长……………………………(195)
四、战略创新生态系统思维………………………………(196)

实务能力篇

第八章　创业能力与团队修炼…………………………………(201)
第一节　创业能力修炼……………………………………(205)
一、创业者能力要素………………………………………(205)
二、创业者能力的修炼……………………………………(210)
第二节　创业团队修炼……………………………………(219)
一、团队角色理论…………………………………………(219)
二、高效的创业团队………………………………………(223)

第九章　创业融资………………………………………………(233)
第一节　天使投资…………………………………………(235)

一、天使投资的基本概念……………………………………………(235)
　　二、天使投资如何评估企业…………………………………………(238)
　　三、如何获得天使投资………………………………………………(242)
　第二节　风险投资……………………………………………………(245)
　　一、风险投资的基本概念……………………………………………(245)
　　二、风险投资的运作…………………………………………………(248)
　　三、风险投资估值方法………………………………………………(250)
　第三节　股权众筹……………………………………………………(254)
　　一、股权众筹的基本概念……………………………………………(254)
　　二、股权众筹的平台模式……………………………………………(255)
　　三、股权众筹的运作流程……………………………………………(257)
　第四节　IPO 融资……………………………………………………(260)
　　一、企业为什么选择 IPO 融资………………………………………(260)
　　二、企业生命周期与 IPO 决策………………………………………(261)
　　三、股票发行上市的主要流程………………………………………(263)
　　四、创业企业上市融资渠道…………………………………………(264)

第十章　商业计划书……………………………………………(274)
　第一节　商业计划书概述……………………………………………(276)
　　一、什么是商业计划书………………………………………………(276)
　　二、商业计划书的主要作用…………………………………………(277)
　　三、谁会阅读商业计划书……………………………………………(279)
　第二节　撰写商业计划书前的准备工作……………………………(280)
　　一、评估兴趣与优势…………………………………………………(281)
　　二、收集相关资料……………………………………………………(284)
　第三节　商业计划书的撰写…………………………………………(286)
　　一、成功的商业计划书的基本特征…………………………………(286)
　　二、商业计划书内容的基本规范……………………………………(287)
　　三、商业计划书的常见问题与检查修改……………………………(295)
　第四节　商业计划书的演示…………………………………………(297)
　　一、商业计划书的呈现形式…………………………………………(297)
　　二、商业计划书的路演过程…………………………………………(301)
　　三、商业计划书路演的技巧…………………………………………(302)

参考文献……………………………………………………………(306)

发展趋势篇

第一章　创业经济的兴起

本章学习目标

1. 了解美国创业经济兴起的背景；
2. 了解美国硅谷创业经济的发展历程；
3. 了解美国创业经济的代表性人物；
4. 了解中国经济发展中的几次创业浪潮；
5. 了解中国经济创业浪潮中的代表性人物；
6. 了解创业环境的主要要素及其影响；
7. 了解中国创业环境的发展状况。

 案例导读

创业沃土：硅谷

在美国的创业经济中，硅谷被誉为"创业者的天堂"。硅谷在一定程度上是美国创业经济与创业文化精髓的体现。硅谷位于美国加利福尼亚州旧金山以南圣塔克拉拉县帕洛阿尔托到圣荷塞市之间，是长约50公里、宽约16公里的谷地。因为最早这里的半导体工业特别发达，而半导体的主要材料是硅，故被称为"硅谷"。

硅谷原本是一个美国海军工作站点，在海军转移走之后，这个区域逐渐成为航空航天企业的一个聚集区。当时硅谷还没有民用高科技企业，虽然有很多较好的大学，可是学生们毕业之后，一般喜欢选择到东海岸去寻找工作机会。斯坦福大学一位才华横溢的教授弗雷德·特曼（Frederick Terman）发现了这一点，于是他在学校里选择了一块很大的空地，用来鼓励学生们在当地发展他们的"创业投资"事业。在特曼的指导下，他的两个学生威廉·休利特（William Hewlett）和戴维·帕卡德（David Packard）在一间车库里凭着538美元建立了一家高科技公司——惠普公司（Hewlett-Packard）。

硅谷在发展初期以晶体管、半导体制造业等技术行业为主导，著名的企业有英特尔、苹果、太阳微系统等。20世纪70年代末，硅谷开始转向电子信息、计算机、网络技术等高新技术产业，著名的企业有思科、雅虎等。硅谷在完成初期的

资本积累以后,由于其持续的创新能力与经济的快速发展,所带来的是大量技术企业的快速集聚,极大地扩展了硅谷的技术构造和技术基础,使硅谷的研究和生产的范围从激光技术和微波技术扩大到医疗器械、生物技术等。目前,硅谷已形成以高新技术产业和相关服务业为支撑的产业群,其主导产业群主要有以下七类:计算机和通信硬件生产、半导体和半导体器材生产、电子元件生产、生物医学、软件、创意和创新服务、公司办公室。

在硅谷七大产业群中,不仅仅是高科技产业,创意和创新服务产业群的企业数量也非常多,囊括了技术服务和商业服务(如人力资源和法律事务),综合了艺术、设计和技术等有关的创造服务(如图表设计、广告、营销),从业人数仅次于软件业,成为硅谷的第二大产业群。硅谷的"创意先锋"不仅仅包括艺术家和其他的专业工作者,这一地区绝大部分就业人员都要求具有一定的创造性,创意型人才渗透到硅谷各行各业的从业人员中。以硅谷所在的圣塔克拉拉县为例,62%的非技术工人和70%的技术工人的工作中都要求具有一定量或大量的创意。

国际知名公众政策研究机构布鲁金斯学会(Brookings Institution)2012年发布的一份报告显示,硅谷的创新实力依然在全美居首位,并且正在扩大其领先优势。布鲁金斯学会对美国的358个大型城市进行了调研,发现位于硅谷中心地带的圣塔克拉拉县有着最强的创新实力——2012年,该地区的雇员人均产生12.57项专利。布鲁金斯学会在报告中指出:硅谷自1988年以来就一直是美国创新实力最强的地区。2012年,硅谷还是全美唯一一个雇员人均专利数量达到两位数的地区——排名第二的俄勒冈州科瓦利斯市为5.27,还不到硅谷的一半。

在技术创新过程中,斯坦福大学以其雄厚的基础研究成为技术创新的后盾,不断地将科研成果转化为社会生产力。早在20世纪50年代,硅谷尚处于初创期,斯坦福大学就通过合作计划对当地公司开放其课堂,鼓励电子企业的科技人员直接或通过专门的电视教学网注册,学习研究生课程。这不仅强化了企业与斯坦福大学之间的联系,而且有助于工程师们学习最新的技术,将本行业的最新研究水平引入到企业之中。同时,这也给不同企业的技术人员提供了相互交流、交往的场所与机会,有利于他们创新思路的启发与扩展。企业界和高校之间交流密切,实践中的经验能很快地反馈到基础研究中,如此良性循环,大大促进了技术发展。大学是硅谷科学技术发展的源泉,其高新技术成果不断输送给硅谷。例如,晶体管、集成电路核心技术、微信息处理机技术等一大批高水平的技术创新成果都源于斯坦福大学等一批大学,这为硅谷的迅速崛起,继而成为世界最高水平的电子信息产业研发和制造中心奠定了基础。硅谷与斯坦福大学电子工程系的相互关系流程图反映了双方在硅谷创新体系中的互动。

此外,为高新技术产业服务的行业也是硅谷的主要产业群之一。在硅谷上万家企业中,有40%是服务性的第三产业,包括金融、风险投资等公司。为某个高新技术行业服务的企业数可能比该行业的企业数还多。例如,在硅谷就有3000多家企业为2700多家电子信息企业服务。硅谷以研发、设计和高新技术服务为主,处于全球产业分工的高端环节。硅谷是风险投资的发源地,风险投资成为促进硅谷高新技术产业发展的主要动力。硅谷地区成功发展的实践证明,风险投资是高新技术产业和新经济发展的有利条件,也成为高新技术企业创业的催化剂。美国是世界上风险投资规模最大的国家,已占世界风险投资的一半以上,而硅谷地区吸收了全美35%的风险资本。美国几乎50%的风险投资基金都设在硅谷。目前,硅谷的风险投资公司有200多家。应当说,在硅谷高新技术产业发展史上,风险投资功不可没。著名的英特尔公司、先进微器件公司、罗姆公司、苹果公司等都是靠风险投资发展起来的。在过去的10年中,在纳斯达克上市的公司有4416家,筹集资本高达1500亿美元。因此,风险投资和硅谷地区的发展形成了一种相互促进的良性循环机制。

硅谷风险投资发展活跃的一个重要原因是有良好的投资环境和宽松的法律环境。美国早在1958年就颁布了《小企业投资法案》,促进了一大批小企业的建立。此外,政府还从税收、融资、贴息贷款等方面提供优惠。美国政府一系列的投资收益税率政策加快促进了风险投资的发展:1975年,修改《国内收入法》,允许投资者冲销投资损失,降低其税收负担;1978年《雇员退休收入保障法》将投资收益税率从49%降到28%;1981年《经济复兴税法》将投资收益税率进一步降到20%;1986年《税收改革法》按投资额的百分比减免所得税;1997年《投资收益税降低法案》进一步降低投资收益税率。

此外,政府通过加大研发投入和出台相关政策促进硅谷技术发展。政府对基础的、符合国家科学发展的研发给予直接的资金与各方面的投入。例如,政府对斯坦福大学的研究项目提供大量的直接赞助经费。据统计,2000年,斯坦福大学16亿美元的年收入中有40%来源于受政府委托的研究项目。另外,政府还对中小企业进行研发投入,并通过税收政策等鼓励企业自己进行项目研发。例如,通过"中小企业技术创新法案",利用国防、卫生、能源等部门的研发基金支持中小企业相关技术创新,满足联邦政府研究开发以及商业市场的需要;实行"研发抵税"的政策;设立小企业局,为中小企业提供贷款担保,担保率为75%—80%。

政府还通过严格实行专利制度,对知识产权进行保护,促进了技术交易市场的建立;建立行业标准,推进技术的完善与进步;制定了宽松的技术移民签证政策,实施专门的旨在吸纳国外人才的签证计划,增加签证发放的数额。除了联邦政府的支持,州政府和地方政府的支持也对硅谷发展起到了关键作用。硅谷所在的加州是"技术之州",有明确的科技政策,如鼓励政府内部和政府外部的研究发展工作,设立科学技术办公室,鼓励发展教育尤其是技术教育等。另外,加州宽松的法律环境也为硅谷的发展创造了便利条件。例如,加州有关保护商业秘密的法律比较宽泛,因此使得跳槽相对容易,这就有利于人才的流动和信息的交流。

20世纪90年代以来,美国经济持续繁荣,实现了高增长、低失业、低通胀的发展,被学者们称为"新经济现象",而作为"新经济发动机"的硅谷自然功不可没。据资料显示,世界上最大的100家高科技公司中,约有20%把总部设在硅谷。过半数的风险投资公司的总部也集中在硅谷。仅1998年,硅谷地区获得的投资就占了美国当年信息技术投资的1/3以上。硅谷还创造了大量的就业机会,仅1996年就提供了5万个新的就业机会。硅谷人均年收入达到8万美元,为全美之最,远远高于美国员工年平均收入3万美元的水平,且增长幅度比全美平均水平高出5倍。

硅谷对美国新经济的贡献不仅表现在经济增长量上,它还创立并发展了有利于创新的文化:硅谷文化。硅谷文化在全球范围内吸引、凝聚了各方优秀人才进入硅谷。实际上,硅谷文化凝聚人才、发展创业经济的示范效应和深远影响已大大超过了其自身的创业经济增长。

资料来源:大卫·卡普兰.硅谷之光[M].刘骏杰,译.北京:中国商业出版社,2013.

第一节 美国的创业经济

一、美国创业经济的兴起

美国创业经济的兴起可以追溯到19世纪末,一些富有的大家族对钢铁、石油和铁路等新兴行业进行投资,从而获得了高回报。当时对新兴行业的投资可以说是美国创业投资活动的最初萌芽。到20世纪30年代,人们又开始注意到小企业的积极作用,一些具有敏锐商业头脑的、富裕的家庭和个人投资者为初创企业提供私募资本,并利用自己丰富的经验向所投资的小企业提供帮助。其中的一些小企业后来发展成为诸如东部航空公司、施乐等知名大企业。1946年,美国研究与发展公司(AR&D)成立,它是由时任麻省理工学院(MIT)的院长卡尔·康普顿(Karl Compton)、哈佛商学院的教授乔治·多里特(George Doriot)以及波士顿地区的一些商业人士共同设立的。与私募的个人资本不同,AR&D公司主要为那些新成立的和快速成长中的公司(种子阶段、创业阶段)提供权益性融资。AR&D公司是风险投资行业诞生的一个标志。

20世纪50年代末以后,由于创业投资带来的外部经济效益逐渐显现,美国政府开始采取一系列措施以促进创业经济的发展。1958年,美国颁布了《小企业投资法案》,启动了"小企业投资公司"计划,目的是通过该计划让政府有限的财政资金最大限度地撬动民间资本,为创新与创业型小企业提供资本支持。SBIC的推行培育了一大批有经验的创业企业家和创业投资家,直接推动了美国创业投资基金的组织制度创新,即有限合伙创业投资基金的出现。SBIC对于美国创业经济的初步繁荣功不可没,在优化创新环境、鼓励创新方面发挥了重要作用,如成功培育了英特尔、耐克等著名国际企业。

　　在创业投资中,创业资本的退出对创业资本的筹集起到制约作用。为此,1963年,美国政府针对国内所有的场外交易(OTC)市场进行了一项特别调查,决定摒弃落后的电话联系系统,而采用当时已经出现的电子计算机和现代通信技术,将分散在各OTC市场的股票纳入统一的电子交易系统。这个电子交易系统就是后来的纳斯达克(NASDAQ)市场,它从1971年开始正式运行。纳斯达克市场不但为创业资本提供了更加良好的退出和增值场所,同时产生了极大的示范效应,提高了民间资本进行创业投资的收益预期。事实也表明,纳斯达克市场的建立为美国创业经济的发展做出了重要的贡献。

二、创业在美国经济中的地位

　　创新与创业在美国经济中具有重要的作用,美国二战结束以来的经济增长主要来自产业创新和技术革新。美国对科技创新的重视有着深厚的文化传统,对世界各国先进技术成果和优秀人才兼容并蓄,能积极引进并在此基础上再次创新。世界上很多具有划时代意义的发明并非由美国人实现,但是美国人往往能够最先把这些发明予以应用,从而推动本国经济发展。例如,虽然德国人发明了发电机,但是美国人引领了以发电机带动的第二次工业革命。

　　第三次工业革命直接由美国发起,它是以原子能、电子计算机和空间技术的广泛应用为主要标志,涉及信息技术、新能源技术、新材料技术、生物技术、空间技术和海洋技术等诸多领域的一场技术革命。美国在这些领域无疑都保持着明显的优势。正是这种持续不断的科技创新和应用,使美国迅速从一个新大陆的农业国转型为新兴的工业大国,并最终成为一个超级大国。

　　美国营造了一个良好的创新与创业的政策环境。美国于1787年率先在宪法中对专利保护进行了明确规定,此后出台的一系列法律法规又为专利产权提供了更为有效的保障。这刺激了美国的技术进步,并带来了极大的经济效益。

　　美国的科研经费投入充足,科研资金和组织渠道呈多样化。在科研经费投入方面,美国牢牢占据世界第一的位置。即使是在经济衰退期间,美国政府也不会削减研发费用,有时还会逆势增加,以此走出经济困境,实现经济复苏。美国政府还积极引导民间资金进入技术投资领域。实际上,在美国的科技研发中,民间资金尤其是企业资金才是科技创新投资的主体。这些机构的专业化水平往往较高,具有较强的风险承受能力,同时还能给被投资企业提供专业的管理咨询等服务,这些都促进了科技创新与创业经济的良性发展。

美国广泛推广的技术"孵化器"也加快了科学技术在产业中的应用。这些"孵化器"一般都是通过大学、产业与政府之间的合作建立起来的,主要目的是促进技术向当地经济应用和扩散。美国的一些著名企业,如康柏、英特尔、苹果等,都是出自"孵化器"。

美国政府认为,要在科技领域具备领先的优势,重要保障之一就是要有雄厚的基础研发投入。为此,美国政府通过一系列措施予以保障。例如,奥巴马政府2011年发布《美国创新战略:确保经济增长与繁荣》,提出未来推动美国创新的举措是五个行动计划——无线网络计划、专利审批改革计划、教育改革计划、清洁能源计划、创业美国计划。正因为如此,美国整体的科研水平和创新能力在全球才能持续保持领先地位。

三、美国创业经济的代表性人物

美国的 Biography Online 在网上发起投票,评选出 10 位全球最伟大的创业者,其中来自美国的创业者就有 6 位,包括爱迪生、福特、乔布斯、盖茨、奥普拉、佩奇。这 6 位创业者几乎可以代表美国近百年的创业经济发展历程,以下介绍其中 3 位。

1. 爱迪生

托马斯·阿尔瓦·爱迪生(Thomas Alva Edison)是举世闻名的电学家、科学家和发明家,被誉为"世界发明大王"。他除了在留声机、电灯、电报、电影、电话等方面的发明和贡献以外,在矿业、建筑业、化工业等领域也有不少著名的创造和真知灼见。爱迪生发明了很多东西,包括对世界产生极大影响的留声机、电影摄影机和钨丝灯泡等。在美国,爱迪生名下拥有 1093 项专利。在英国、法国、德国等国,属于爱迪生的专利累计超过了 1500 项。

实际上,爱迪生不仅是位发明家,更是位成功创业者,是美国两百多年商业史上少有的兼具成功发明家与企业家两重身份的天才。爱迪生创业的"第一桶金"是靠卖专利赚来的,他曾卖给美国西部联合公司一项专利而获得 4 万美元资金。用这笔钱,爱迪生在新泽西州纽瓦克开了一家自己的工厂,并雇用了 50 名工人生产自动收报机,工人两班倒,他自己则担当工头,由此走上了创业之路。在这座工厂,爱迪生做出了诸如蜡纸、油印机等产品。1872—1875 年,爱迪生先后发明了二重、四重电报机。1879 年,爱迪生创办"爱迪生电力照明公司"。不到一年,白炽灯上市销售。1882 年 9 月,爱迪生在纽约珍珠街建起第一个电力照明厂。接下来是电气化铁路的试验和对水泥生产的投资。在后来几年中,蓄电池、无线电设备、有声电影和各种家用电器的发明,都不断地显现出爱迪生这位创业大师的天赋。

2. 乔布斯

史蒂夫·乔布斯(Steve Jobs)被认为是计算机业界与娱乐业界的标志性人物,他经历了苹果公司几十年的起落与兴衰,先后领导和推出了麦金塔电脑(Macintosh)、iMac、iPod、iPhone、iPad 等风靡全球的电子产品,深刻地改变了现代通信、娱乐、生活方式。

1976 年 4 月,年仅 21 岁的乔布斯与好友史蒂夫·沃兹尼亚克(Steve Wozniak)商量创建自己的公司。为了创业,两人"卖掉了他们最值钱的东西",乔布斯卖掉了大众小巴,沃兹尼亚克则卖掉了惠普科学计算器。他们一共筹到了 1300 美元,在乔布斯家的车库内创办了苹果电脑公司。

毫不夸张地说,乔布斯是 IT 时代最具创业精神的代表性人物,美国前总统奥巴马曾给予其高度评价:他改变了我们的生活,重新定义了整个工业,并达成了人类史上最罕见的成就之一:改变了我们每个人看世界的方式。"

3. 奥普拉

奥普拉·温弗瑞(Oprah Winfrey)是当今世界最具影响力的女性之一,她的成就是多方面的,其中包括通过控股哈普娱乐集团,拥有超过 10 亿美元的个人财富。喜欢奥普拉的人甚至认为如果她去竞选美国总统,获胜的把握也很大。美国伊利诺伊大学甚至开设了一门课程,专门研究奥普拉。

奥普拉的创业故事更能说明创业是如何改变一个人的命运的。奥普拉 1954 年出生在密西西比的一个小镇。她的童年并不幸福,父母没有结婚,在她很小的时候就已分手。她直到 6 岁才离开外婆,回到母亲身边。那段时间,就如同电影《猜火车》中的少年一样,她抽烟、喝酒、吸毒,生活混乱不堪。1963 年,9 岁的奥普拉被亲戚强奸;13 岁,她因遭到强奸和侮辱而屡次离家出走,差点被送进少管所;14 岁,她产下一个早夭的孩子。直到 80 年代站稳了脚跟,奥普拉才有勇气把这段不堪回首的往事公之于众,并承认这些经历对她后来的生活产生了深远的影响。

14 岁之后,奥普拉与父亲一起生活。在他严格的教育下,奥普拉原本黯淡无光的生活终于开始泛出色彩。17 岁,她摇身一变,成为"那斯威尔防火小姐",同年又夺得了"田纳西州黑人小姐"的桂冠。昔日的街头野孩子进入田纳西州立大学学习大众传媒,并成为当地电视台第一个非洲裔美国记者。在电视界摸爬滚打 10 余年后,奥普拉终于碰到了人生的一个机遇。1984 年,脱口秀节目《芝加哥早晨》的负责人让她接手这个半死不活的节目。仅仅一个月后,节目收视率扶摇直上。一年后,节目改名为现在大家熟知的《奥普拉·温弗瑞秀》,并由此打造出一个电视史上具有最高收视率的脱口秀品牌。奥普拉成为享誉美国的"脱口秀女皇"。

在奥普拉的事业蒸蒸日上时,她又遇到了另一位改变她命运的人——杰夫·杰克伯斯(Jeff Jacobs),当时的杰夫是芝加哥一位不出名的律师。杰夫提醒奥普拉,仅靠替人打工并不能使她真正成功,她应该组建自己的公司。于是,1986年,他们两人合伙创建了哈普娱乐集团。公司由杰夫任总裁,拥有10%的股份;奥普拉任董事长,拥有90%的股份。公司定期制作脱口秀节目,并出售给各家电视台。在杰夫的精心打理下,哈普娱乐集团迅速取得了成功,开始多元化经营,涉足电影制作、女性杂志等多个领域,均取得了不俗的成绩。

第二节 中国的创业经济

一、中国创业经济发展浪潮

如果把创业狭义地视为新企业的创建过程,那么在改革开放之前,我国实施的是计划经济体制,新企业的创建必须在国家的计划指令下才能得以发生。因此,真正意义上的创业活动应发生在改革开放之后。

1. 改革开放初期的创业潮

改革开放之初,我国社会经济短缺,生活资料匮乏。当政府部分放开商品贸易、允许小市场经营以弥补供给不足时,最早的民间创业者便有了成长的空间。这一时期的创业者大部分都是在体制外孕育成长的,其中一些甚至是社会闲散人员。这些早期创业者只能用很少的资金在路边摆摊经营,或靠自己的某种手艺承揽一些小商品的加工,或在农村通过家庭承包的土地、滩涂进行种植、养殖。还有少部分创业者是在国有企业改革进程中,通过租赁、承包经营发展起来的,他们相对来说起点稍高,也较为艰辛。这一批在体制外谋生的创业者的文化素质普遍不高,艰苦创业至今仍有相当一部分在做小本生意,只有少部分因经营有方或机遇较好而发展起来。这批创业者具有勤劳踏实、吃苦耐劳、坚韧不屈的品质,其中的成功者多数还具有头脑灵活、对市场反应灵敏和商业意识强烈的特点。

另一个创业者成长的机遇是乡镇企业的蓬勃发展。乡镇企业的兴起代表了一个特定历史阶段,也是新中国成立以来第一次创业潮。我国乡镇企业遍地开花,包括所有成立于农村地区、由农民投资和组建的企业,即乡、镇和村的集体企业,农民组办、联户办和农个体办的企业。1984年,在农村领域,政府放宽了对个体私营企业的限制,允许农民集体和个人从事商业和运输业活动,乡镇企业由此得到较大的发展机遇。20世纪80年代乡镇企业的勃兴与活跃,催生了我国改革开放以来的第一次创业潮。

第一章 创业经济的兴起 11

 创业阅读

不断超越自我,农民企业家鲁冠球演绎创业传奇

鲁冠球1945年出生于浙江萧山,首次创业是办了一家米面加工厂,后因被人指斥为办地下黑工厂而遭关闭,机器被廉价拍卖,他只好出卖刚过世的祖父遗下的三间旧房,才得以还清向亲友借贷的3000元欠款。这一次创业几乎使他倾家荡产。1969年,鲁冠球受宁围公社领导邀请,接管了宁围公社农机修配厂,开始第二次创业。他依靠作坊式生产,拾遗补阙,生产犁刀、铁耙、万向节等五花八门的产品。这种"多角经营",为他完成了最初的原始积累。

到20世纪70年代中期,有了一定的积累以后,鲁冠球开始选择专业化的发展道路,专攻万向节。在三十多年的经营中,他不断超越自我,演绎出一个个创业神话。70年代,企业制定了"求实、图新"的战略,招本乡人,用国营厂退役的旧设备,产品供当地使用,企业生存了下来。80年代,企业制定了"立足国内创业,面向国际创汇,扎根企业内部,脚踏实地工作"的战略,在全市招人,用的是国内先进设备,产品销往全国。90年代,企业制定了"大集团战略、小核算体系、资本式运作、国际化市场"的战略,在全国范围内招聘员工,用上了国际先进设备,产品销往国际市场。21世纪,鲁冠球把战略方针调整为"大集团战略、小核算体系、资本式经营、国际化运作",万向开始从国际营销到国际生产,再到国际资源配置,不断融入全球化的市场。

企业是企业家的放大,企业家是企业的缩影。几十年来,鲁冠球带领万向集团牢牢抓住汽车零部件主业不放松,坚持以高新技术改造传统产业,不断提高产品的技术含量,向新型工业化道路迈进,得到了国家产业政策的积极支持,企业发展不断迈上新台阶。

2001 CCTV中国经济年度人物颁奖词这样评价鲁冠球:他是民营企业家中的常青树,他把一个小作坊发展成通用、福特汽车的合作伙伴,一举开创民营企业收购海外上市公司的先河。人们从他身上见证了民营企业的过去,也看到了民营企业的未来,他向我们展示了一个民营企业家与时俱进的真实传奇。

资料来源:钟鸣. 不断超越自我——袁宝华企业管理金奖获得者鲁冠球的企业家生涯[J]. 企业管理,2005(5).

20世纪80年代中后期,经济体制的改革由农村转向了城市,流通体制的改革使得经济发展步入双重运行规则并存时期。生产资料成为商品,部分进入市场流通,价格实行"双轨制"。这为在流通领域创业提供了机会。钢材、木材、水泥等计划价格和市场价格之间的利差催生了一大批中间商。这些创业者在这一

时期借助流通领域的运作完成了创业的原始积累。与 80 年代上半期的创业者相比,这些创业者的个人素质有了较大程度的提高,所处社会阶层更为复杂。他们中的许多人或是改革开放初期大学毕业,或是部队转业,或由官转商,在生产第一线积累了相当丰富的技术和管理经验后,在向市场经济过渡初期脱颖而出。像柳传志、王石、张瑞敏、任正非等优秀企业家,他们具有较强的商业意识,有经济头脑和创业意识,善于发现机会、把握机会。

任正非的华为创业

任正非 1944 年生于贵州安顺镇宁县,重庆建筑工程学院毕业。毕业后,他就业于建筑工程单位。1974 年,他为建设从法国引进的辽阳化纤总厂,应征入伍,加入承担这项工程建设任务的基建工程兵部队,历任技术员、工程师、副所长(技术副团级),无军衔。1978 年,他以军队科技代表的身份出席全国科学大会。1982 年,他出席中共第十二次全国代表大会。1983 年,国家撤销基建工程兵,他与妻子一起复员转业至深圳南海石油后勤服务基地。

1988 年,43 岁的任正非开始正式创业,作为军方通信设备代理进入电信营运商市场。创立初期,华为靠代理香港某公司的程控交换机获得了"第一桶金"。此时,国内在程控交换机技术上基本是空白。任正非敏感地意识到了这项技术的重要性,他将华为的所有资金投入到研制自有技术中。此次孤注一掷没有让任正非失望——华为研制出了 C&C08 交换机。由于价格比国外同类产品低 2/3,功能与之类似,C&C08 交换机的市场前景十分可观。成立之初确立的这个自主研制技术的策略,虽让华为冒了极大的风险,但最终也奠定了华为适度领先的技术基础,成为华为日后傲视同业的一大资本。

但是,当时国际电信巨头大部分已经进入中国,"盘踞"在各个省市多年,华为要与这些拥有雄厚财力、先进技术的"百年老店"直接"交火",未免是以卵击石。最严峻的是,由于国内市场迅速进入恶性竞争阶段,国际电信巨头依仗雄厚财力,也开始大幅降价,试图将华为等国内新兴电信制造企业"扼杀在摇篮里"。

熟读毛泽东著作的任正非选择了一个后来被称为"农村包围城市"的销售策略——华为先占领国际电信巨头没有能力深入的广大农村市场,步步为营,最后占领城市。

电信设备制造是对售后服务要求很高的行业,售后服务要花费大量人力、物力。当时,国际电信巨头的分支机构最多只设立到省会城市以及沿海的重点城市,对于广大农村市场无暇顾及,而这正是华为这样的本土企业的优势所在。另外,由于农村市场购买力有限,即使国外产品大幅降价,也与农村市场的要求有段距离,因此国际电信巨头基本上放弃了农村市场。

事实证明,这个战略不仅使华为避免了被国际电信巨头扼杀,更让华为获得了长足发展,培养了一支精良的营销队伍,形成了一个优秀的研发团队,积蓄了打"城市战"的资本。因此,在当年与华为一样代理他人产品的数千家公司,以及随后也研制出了类似的程控交换机的中国籍新兴通信设备厂商纷纷倒闭的时候,华为在广大的农村市场"桃花依旧笑春风"。

任正非是一个危机意识极强的企业家,当华为渡过了死亡风险极高的创业期,进入快速发展轨道的时候,他已经敏感地意识到了华为的不足。

1997年圣诞节,任正非走访了美国IBM等一批著名高科技公司,所见所闻让他大为震撼——他第一次那么近距离、那么清晰地看到了华为与这些国际巨头的差距。任正非回国后不久,一场持续五年的变革大幕开启,华为进入全面学习西方经验、反思自身、提升内部管理的阶段。这个"削足适履"的痛苦过程为华为国际化作了充分准备。

1999年,华为员工达到15000多人,销售额首次突破百亿元,达120亿元。已经在国内市场站稳脚跟的华为,先后在印度班加罗尔和美国达拉斯设立了研发中心,以跟踪世界先进技术走向。这一年,华为海外销售额虽然仅0.53亿美元,但是已经开始架构其庞大的营销和服务网络,其宏伟的国际创业战略又开始起航。若干年后,在国际舞台上又出现了一个让西方跨国巨头不可小觑的中国企业。

资料来源:根据相关资料整理。

---

2. 邓小平南方讲话之后的创业潮

从1992年1月18日到2月21日,改革开放的总设计师邓小平视察了武昌、深圳、珠海、上海等地并发表重要谈话,提出"要抓紧有利时机,加快改革开放步伐,力争国民经济更好地上一个新台阶"的要求,为中国特色社会主义市场经济发展奠定了思想基础。之后,邓小平南方讲话的旋风席卷全中国,掀起了又一轮改革开放的热潮。这一阶段的创业者与民营经济的关系密切,民营企业成为我国创业活动第二个高潮的主导者。如表1-1所示,从1992年开始,计划经济体制下的国有企业与集体企业数量增长呈下降态势;而市场经济激发下的民营企业数量则迅速增长,特别是头几年,呈井喷态势。

表 1-1 1992—2006 年各类所有制企业户数

年份	国有企业户数	国有企业增长率(%)	集体企业户数	集体企业增长率(%)	民营企业户数	民营企业增长率(%)
1992	1547190		4159417		139633	
1993	1951695	26.14	5156519	23.97	237919	70.39
1994	2166331	11.00	5456818	5.82	432240	81.68
1995	2218615	2.41	5337734	－2.18	654531	51.43
1996	2163346	－2.49	5013416	－6.08	819252	25.17
1997	2078348	－3.93	4470469	－10.83	960726	17.27
1998	1836289	－11.65	3736365	－16.42	1200978	25.01
1999	1649870	－10.15	3172471	－15.09	1508857	25.64
2000	1492164	－9.56	2627061	－17.19	1761769	16.76
2001	1317822	－11.68	2208516	－15.93	2028548	15.14
2002	1172479	－11.03	1882879	－14.74	2435300	20.05
2003	1090768	－6.09	1782402	－5.34	3005500	23.41
2004	1001920	－8.15	1657422	－7.01	3650700	21.47
2005	978654	－2.32	1592870	－3.89	4300000	17.79
2006	932926	－4.67	1550293	－2.67	4928765	21.47

资料来源：宁亮. 改革开放以来我国创业活动的变迁与总体特征[J]. 重庆社会科学，2008(11)：12—17.

在这一次创业潮中，一些具有创业优势的人开始创业，其中包括政府部门的在职公务员，他们嗅到了商业大潮中的机会，果断辞职"下海"。这些人本身具有很好的个人素质，有些人曾经在工商企业的主管部门工作过，对国有企业的经营已经比较熟悉，对经营企业也有了一定的把握。另一批人就是大学毕业生，在商业大潮面前，他们抛弃"学而优则仕"的传统观念，开始主动进入民营企业工作。有些大学生甚至一毕业就放弃就业的机会，直接创业。

创业阅读

下海从商：朱新礼创业发家史

20 世纪 80 年代后期，"要致富，种果树"一度成为沂蒙山区的开发之路。但是，由于交通、信息、加工业的滞后，果农丰产不丰收，有果卖不出。有的果农只能眼睁睁地看着成熟的苹果烂掉。有的果农干脆砍掉山坡上的果树，再去种粮。

1992 年春天，邓小平南方讲话犹如一股春风吹遍祖国大地，机遇和责任激励了许多人，走进商品经济的大潮。当年 6 月，朱新礼毅然扔掉了令人羡慕的

"铁饭碗",决心为广大果农闯出一条致富之路。

"我当时接手的是一个负债千万元、停产三年、已经倒闭的县办罐头厂。工人吃饭的钱都没有,去银行贷款更是困难,因为人家看不起你,不信任你。我们就用补偿贸易的方法,用外国人的设备去挣外国人的钱。"朱新礼回忆着。

1993年,第一批浓缩苹果汁生产出来了,朱新礼只身一人带着样品,背着煎饼去德国参加食品展。请不起翻译,他就请朋友在国外读书的孩子客串帮忙。没钱吃饭,他每天在宾馆用煎饼充饥。优质的产品连同朱新礼的真诚,终于打动了外国公司。他把第一批价值500万美元的订单拿回来时,许多人仍不敢相信这是事实。

初尝胜果,朱新礼并没有就此而止。1994年,他带领自己的队伍来到北京顺义"安营扎寨"。亲人和员工十分不理解:刚过了几天安稳舒服的日子,又到人生地不熟的北京创业,岂不是冒险!但是,朱新礼有他的想法:要想为广大果农带来更多实惠,就要把事业做大;要想把事业做大,就要走出大山。

北京独特的地理、交通、信息、人才、市场优势,是一展身手的最好选择。朱新礼讲述了他当年的想法:"风险肯定有,但怕风险,一辈子也成不了大事。在北京创业的日子里,我们三十多个人,夜间是车间工人,白天是营销人员。几辆老掉牙的破旧面包车,跑遍了北京的大街小巷。虽然困难重重,我却信心百倍。因为我坚信我的选择,坚信我的产品。"

经过坚持不懈的努力,"汇源果汁"终于叩开了北京市场的大门。从此,"汇源"的名字叫响了京城,叫响了全国,叫响了世界。随着企业名声变大,汇源面临着进一步的合作。

1998年以来,各地政府、企业甚至国外企业来找汇源投资、合作的络绎不绝。对此,集团内部曾有两种截然不同的意见:一种是审慎行事,稳扎稳打;一种是快速出击,加快发展。

正在艰难抉择的时候,朱新礼看到了长白山区那漫山的苹果梨,看到了山西右玉那殷红的沙棘果,看到了河北保定那一望无际的草莓,看到了重庆那几十万亩柑橘林。朱新礼产生了一种难以名状的冲动和激情。朱新礼了解果农,知道那种丰产不丰收的滋味,了解他们渴望脱贫致富的心情。

朱新礼觉得自己作为一名共产党员,有责任、有义务尽自己所能,去解除果农们的忧愁。这些年来,朱新礼带领着汇源集团,先后在经济欠发达的河北保定、山西右玉、吉林延边、湖北黄冈、陕西咸阳、重庆万州等地投资建厂。

资料来源:根据相关资料整理。

3. 以互联网为代表的新兴技术创业潮

互联网技术的兴起带来了中国的第三次创业潮。当互联网在美国被发明并兴起之后,许多人感觉到其中蕴含着巨大的创业潜力,至于到底会有多大,没人能回答。一批有敏锐创业嗅觉的中国年轻人发现了这个机会,他们甚至还没有真正理解互联网,但是相信:美国人现在做的,可能就是中国人未来要做的。如果从创业的成长速度和价值来看,传统行业的创业者可能没有预料到互联网带来的创业潮,其威力会如此之大,影响力是如此之广,以至于对传统行业产生了巨大的冲击。

第三次创业潮的一个重要特征是,国内外的风险投资发挥了重要作用。互联网创业的商业模式与传统行业相比,具有革命性的创新,所需的合作模式也更加复杂,资本的力量在其中发挥了不可或缺的作用。互联网创业公司通过风险投资和股票股权让整个公司参与创业过程,而公司一旦上市,创业团队一夜之间可以成为富翁。这种创业风险巨大,创业公司一般都会实施股权激励,大多数员工都可能拥有股权,这使得互联网创业的造富效应非常明显。千万富翁和亿万富翁在这些公司不是什么新鲜事。

互联网创业中的成功典范非BAT(百度、阿里巴巴、腾讯三大互联网公司首字母缩写)莫属。李彦宏、马云、马化腾成为这一波创业潮中的"超级巨星",其中马云的成功创业历程已成为一个媒体追逐和民间热议的话题。与前两次创业潮不同,互联网创业的成功创业者越来越多是"草根",他们没有什么背景,往往是白手起家,通过不断的奋斗获得了最终的成功。所以,这次创业潮的社会影响力同样深远,一点也不亚于经济影响力。

 创业阅读

阿里巴巴:马云的电子商务创业梦想

马云1964年出生于杭州西子湖畔的一个普通家庭。1984年,在经历了三次高考之后,他才幸运地考入杭州师范学院外语系。大学毕业后,他在杭州电子工业学院教英语。1991年,他初涉商海,和朋友成立海博翻译社。结果,第一个月收入700元,房租2000元,遭到许多讥讽。在大家开始动摇的时候,马云坚信:只要做下去,一定有前景。于是,他一个人背着个大麻袋到义乌、广州去进货,翻译社开始卖礼品、鲜花,以最原始的小商品买卖维持运转。

马云首次接触到互联网是在1995年初,当时他受浙江省交通厅委托到美国催讨一笔债务。结果,钱虽没要到一分,但他发现了一个"宝库"。在西雅图,对计算机一窍不通的马云第一次上了互联网,这对他来说是一个新的冲击。他发

现当时网上没有任何关于中国的资料，出于好奇，便请人做了一个自己翻译社的网页。没想到，3个小时就收到了4封邮件。马云敏锐意识到：互联网必将改变世界！虽然此时的马云已经是杭州十大杰出青年教师，但是看好互联网未来、特立独行的他毅然"下海"，开始筹备创业。马云回忆："当时觉得互联网不错，就找了24个人到我家里，对着他们讲了2个小时，他们没听懂，我自己也没讲明白，最后问：到底怎么样？其中23个人说算了吧，只有一个人说你可以试试看，不行赶紧逃回来。想了一晚上，第二天一早，我还是决定继续做。"于是，1995年4月，马云创建了"海博网络"，成为中国最早的互联网公司之一，产品就是"中国黄页"。马云每天出门就对人讲互联网的神奇，请人家心甘情愿地付钱把企业的资料放到网上去。没有太多人相信他，1995年的杭州，很多人还不知道互联网是什么东西。在那段时间里，马云过的是一种被人视为骗子的生活。但是，马云的网站为上网的企业带来了客户，他的网站盈利了。1996年，网站的营业额不可思议地做到了700万元！

　　1997年，在国家外经贸部的邀请下，马云带着自己的创业班子挥师北上，建立了外经贸部官方网站、网上中国商品交易市场、网上中国技术出口交易会、中国招商、网上广交会、中国外经贸等一系列国家级站点。当马云回顾这段经历时，不禁感慨："在这之前，我只是一个杭州的小商人。在外经贸部的工作经历，使我知道了国家未来的发展方向，学会了从宏观上思考问题，我不再是井底之蛙。"

　　1998年对马云而言是一段非常沮丧的回忆。马云说："当时我对一直跟着我的人说，我准备离开北京回家创业，钱也没有，如果十个月以后失败，大家一起找工作，回去创业做什么还没有想清楚，反正我有一个做事业的梦想，你们可以考虑三天，三天以后再告诉我考虑结果。但是，三分钟后，他们就告诉我：'马云，我们一起回家。'当时什么都没有了，幸好还有一个团队的精神在支持着我。"

　　1999年底的一个傍晚，马云在旧金山给尚在雅虎担任搜索研发部门主管的吴炯打电话："我有这样一个想法，想创业，想做一个网站。"马云在外经贸部工作这几年，发现内地有无数的中小制造企业，生产水平越来越好，工作非常努力，价格仍然很低，在国际市场上非常有竞争力。但是，这些企业现在太缺乏信息了，甚至无法知道国际上哪些产品最有销路，信息不对称是最困扰它们的问题。马云觉得互联网是个绝妙的平台，可以为中国的中小企业解决这个信息不对称的问题。同时，一个中国小厂做出这些东西，其中大量利润被中间人拿走了，如果能够直接找到买家，这简直是所有中国工厂的福音。身在中国本土的马云深深预感到了这个前所未有的商业机会。

　　当时国内也正是互联网热潮涌动的时刻，然而无论是投资商还是公众，注意力始终都放在门户网站上。马云在这个时候建立电子商务网站，在国内是一个逆势而为的举动，在整个互联网界开创了一种崭新的模式，后来被国际媒体称为继雅虎、亚马逊、eBay 之后的"第四种互联网模式"。

6 年后，马云如愿以偿，阿里巴巴成功地成为全球著名的 B2B 电子商务服务公司，为来自 220 多个国家和地区的 600 多万企业和商人提供网上商务服务，是全球首家拥有百万商人的商务网站。在全球网站浏览量排名中，阿里巴巴稳居国际商务及贸易类网站第一。阿里巴巴两次被哈佛商学院选为 MBA 案例，在美国学术界掀起研究热潮，连续五次被美国权威财经杂志《福布斯》选为全球最佳 B2B 站点之一，多次被相关机构评为全球最受欢迎的 B2B 网站、中国商务类优秀网站、中国百家优秀网站、中国最佳贸易网，被国内外媒体、硅谷和国外风险投资家誉为与雅虎、亚马逊、eBay、美国在线比肩的五大互联网商务流派代表之一。马云被著名的"世界经济论坛"选为"未来领袖"，被美国亚洲商业协会选为"商业领袖"，是半个多世纪以来第一位成为《福布斯》封面人物的中国企业家，并曾多次应邀到全球著名高等学府如麻省理工学院、沃顿商学院、哈佛大学讲学。

2014 年 9 月 19 日，创业 15 年的阿里巴巴在美国纳斯达克宣布上市，IPO 发行价为 68 美元，募集资金超过 240 亿美元。此次上市创造了美国股史上最大规模的 IPO，而阿里巴巴也成为全球最有价值的科技公司之一。

资料来源：根据相关资料整理。

4. "大众创业、万众创新"背景下的创业潮

在 2014 年 9 月的夏季达沃斯论坛上，李克强总理第一次提出"大众创业、万众创新"，强调要借改革创新的"东风"，在全国掀起"大众创业""草根创业"的新浪潮。李克强总理多次强调，创业与创新是中国经济发展的一个新发动机、新引擎，能够给我们整个经济结构带来重要变化。"创客""众创空间"等新名词也开始出现在政府工作报告中，并成为社会流行语。所谓"众创空间"，就是在研究车库咖啡、创客空间、创新车间等的基础上，为创业创新者提供工作空间、网络空间、社交文化和资源共享空间服务的新型创业孵化模式。由于开源软硬件、云计算、大数据等新技术的广泛应用，"创客空间"的技术门槛和创业成本都大大降低。

2015 年 9 月 23 日，国务院正式印发《关于加快构建大众创业万众创新支撑平台的指导意见》，这是对大力推进"大众创业、万众创新"和推动实施"互联网＋"行动的具体部署，是加快推动众创、众包、众扶、众筹（统称"四众"）等新模式、新业态发展的系统性指导文件。该指导意见强调，加快发展"四众"，能够有效拓展创业创新与市场资源、社会需求的对接通道，搭建多方参与的高效协同机制，丰富创业创新组织形态，优化劳动、信息、知识、技术、管理、资本等资源的配置方式，为社会大众广泛平等参与创业创新、共同分享改革红利和发展成果提供

更多元的途径和更广阔的空间。该指导意见从营造宽松发展空间、夯实健康发展基础、塑造自律发展机制和构建持续发展环境四个方面提出了17项政策措施：一是推进放管结合：完善市场准入制度、建立健全监管制度、创新行业监管方式、优化提升公共服务、促进开放合作发展。二是完善市场环境：加快信用体系建设、深化信用信息应用、完善知识产权环境。三是强化内部治理：提升平台治理能力、加强行业自律规范、保障网络信息安全。四是优化政策扶持：落实财政支持政策、实行适用税收政策、创新金融服务模式、深化科技体制改革、繁荣创业创新文化、鼓励地方探索先行。

在2016年的夏季达沃斯论坛上，优步创始人兼CEO特拉维斯·卡兰尼克（Travis Kalanick）表示，在"分享经济"下，正催生一个"创业经济"的新模式，而中国目前正站在"创业经济"的最前端。中国目前在大力提倡"互联网＋"和创业创新，在"创业经济"下，通过利用日常闲置的资产，使成百上千万人通过灵活的就业机会支撑家庭或自行创业。预计到2020年，"创业经济"将占中国国内生产总值的10%。

一些经济学家对政府的创业导向政策给予正面反馈，认为经济新常态下提出"大众创业、万众创新"是十分有必要的。虽然中国经济环境比以前已经好多了，创业融资环境得到了大大改善，但是公共服务并没有向创业青年倾斜，整个社会还没有一个创业培训服务机制，因此还没有形成一个对创业支持和辅导的社会氛围。未来政府还有许多可以深入完善的地方，以真正营造出一个"大众创业、万众创新"的良好创业环境。

如果说21世纪初的互联网创业潮是由创业者和民间组织自下而上发起的，那么这次创业潮则是由政府自上而下发起的，其内在的动力来自深化改革的需求。就像李克强总理所说，"大众创业、万众创新实际上是一个改革"。政府推动这次创业改革的核心就是如何为创业创新清障搭台，其中包括简政放权、商事制度改革在内的多项改革措施直指过去阻碍创业创新环境的体制机制，通过改革将创新的时代热潮作为解决经济社会困局、驱动新一轮发展的战略红利。值得注意的是，"大众创业、万众创新"的氛围下，大学生创业越来越得到关注。政府工作报告中，越来越强调大学生在未来创业经济中的重要性。

 创业阅读

"大众创业、万众创新"这波利好千万别错过

2015年两会上，李克强总理在政府工作报告中提出要把"大众创业、万众创新"打造成推动中国经济继续前行的"双引擎"之一。为何要把"大众创业、万众

创新"提升到如此高的高度来阐释?"大众创业、万众创新"如何驱动中国经济向前发展呢?

20世纪80、90年代,曾经兴起一阵"下海潮",知识分子、机关干部、国企员工等各个群体中都有人"下海"创业经商,诞生了一大批如联想、万科、万通这样的业界巨头,相应地成就了柳传志、王石、冯仑这样的企业家。直到现在,还有很多人后悔自己没赶上这一波"致富潮"。

21世纪初,互联网产业蓬勃兴起,又有一批年轻人投入到互联网创业大潮中去,这些年轻人中就包括马云、马化腾、李彦宏等,阿里巴巴、腾讯、百度不仅成为中国互联网企业的领头羊,也成为中国企业闯荡世界的名片。

2014年以来,党中央、国务院高度重视大众创业创新,李克强总理也多次对大众创业创新做出重要指示,强调要将此作为新常态下经济发展的新引擎。仅在2014年,国务院和相关部委就出台了13个关于促进创业创新的文件,这其中包括了简政放权、金融支持等多个方面的鼓励扶持政策。

2015年,国务院又设立了总额为400亿元的"国家新兴产业创业投资引导基金"以助力创业创新。

面对来自中央政府层面的鼓励与支持,面对众多利好政策,这次创富机会如果再错过,你能忍吗?

"大众创业、万众创新"不仅给许多年轻人一个追梦的机会,对社会经济来说也具有极其重要的现实意义。

2015年,全国高校毕业生总数高达近750万人,高校毕业生迎来最难"毕业季"。不仅如此,2015年,归国留学人员总数有近40万,海归就业也成了"问题"。

如此众多的毕业生找工作,看起来似乎是一个很难的问题。但是,如果转变一下思路,鼓励和帮助大学毕业生中一些有创业能力和意愿的人"创造工作",几个志同道合的同学像"中国合伙人"一样组团创业,不仅自己的就业问题解决了,发展得好还可以吸纳更多的人就业。

其实,近两年不仅仅是高校毕业生,就连许多工作多年的"老鸟",甚至是知名企业的高管大佬也踏上了创业之旅。创业当老板,似乎已经形成了一股风潮。北京、上海等大城市还出现了"创客空间",创业者们聚在一起分享想法,把想法变成现实。

数据显示,2014年,中国全年实现城镇新增就业1322万人,大幅超额完成了2013年政府工作报告制定的就业目标。截至2014年底,全国个体私营经济从业人员实有2.5亿人,比2013年底增加3117.66万人,增长14.26%。个体工商户和私营企业以及服务业成为吸纳新增就业的主渠道。其中,创业公司吸纳就业数量不可忽视。

2015年政府工作报告提出,当年城镇新增就业目标为 1000 万人以上,城镇登记失业率控制在 4.5% 以内。要顺利完成这个目标,推进"大众创业、万众创新"将成为关键。

传统的拉动经济增长的"三驾马车",在中国经济新常态下角色也发生了转变。消费对经济的拉动作用超过外贸和投资之和,成为中国经济发展的"稳定器"。

培育和促进新的消费需求成为新的经济增长点,成为稳定和拉动经济发展的突破口。

创造新的消费需求,需要创新,来自"草根"的创业者对普通消费者更加了解,更能够创新出新的产品、新的商业模式,创造出新的消费需求。反过来,人们新的消费需求又需要更多的创新来满足,会激发更多的创新和创业。

正如李克强总理在政府工作报告中说的那样,中国有 13 亿人口、9 亿劳动力资源,人民勤劳而智慧,蕴藏着无穷的创造力,千千万万个市场细胞活跃起来,必将汇聚成发展的巨大动能,一定能够顶住经济下行压力,让中国经济始终充满勃勃生机。

资料来源:孙博洋."大众创业、万众创新"这波利好千万别错过[EB/OL].(2015-08-13)[2016-05-26]. http://sh.people.com.cn/n/2015/0813/c176738-25969969.html.

二、中国创业发展环境特征

1. 创业环境要素与影响

创业环境是指创业企业在创建与成长过程中所依赖的外部条件和要素的总和。创业环境对创业企业的发展与成功会产生重要影响。良好的创业环境可以为创业者提供更多的创业机会,提高创业的活跃程度以及创业的成功率,从而促进一个地区创业经济的蓬勃发展。基亚瓦里(Gnyawali)和福格尔(Fogel)在 1994 年就提出过一个五维度模型,列出了创业环境的五个要素:政府政策和工作程序、社会经济条件、创业和管理技能、对创业的资金支持、对创业的非资金支持。

由英国伦敦商学院和美国百森商学院共同发起成立的全球创业观察(Global Entrepreneurship Monitor,GEM),联合全球几十个国家的研究机构和学者,对不同国家和地区的创业环境进行研究,以发掘国家创业活动的驱动力、创业与经济活动之间的作用机制,评估国家的创业政策。GEM 提出的创业环境模型中,创业环境由金融支持、政府政策、政府项目、教育和培训、研究开发转移、商业和专业基础设施、市场开放程度/进入障碍、有形基础设施、文化和社会规范九个方面的要素组成。例如,如果政府对某个行业的市场进入施以限制,那么新创企业想要进入就非常难,这样的行业之中的创业氛围一般是不活跃的。此外,政府还可以通过税收和关税等政策鼓励或限制一些领域的创业积极性,当有税收或其他优惠政策或措施时,就可能对创业行为产生积极作用。

GEM 在最近的研究报告中又提出了"创业生态系统"(Entrepreneurship Ecosystem)的概念,认为影响创业的环境要素有 11 个,主要包括:创业融资、政府政策、税收和官僚体制、政府程序、校内创业教育和培训、离校创业教育和培训、研发转化、商业和法律基础、内部市场动态性、物理和服务类基础设施条件、文化和社会规范。可以看出,GEM 的创业环境要素观点开始强调创业教育和培训对创业的影响,认为政府应提升各层面教育系统,将不同创业活动类型的相关概念融入教育之中,比如自我雇佣、雇主公司、成长型企业、组织内创业、社会创业等;同时,要加强对年轻"草根"群体的创业技能培训,主要包括技能培训中心的设立、信息通信技术的培训、孵化器的构建等。

2. 中国创业环境发展特征

中国与 GEM 的合作始于 2002 年,由清华大学中国创业研究中心发起,在 GEM 研究框架下,组织协调全国 16 家单位共同完成的中国城市创业观察,第一次系统地实证研究了中国的创业环境。在 2002 年的调查中,共 37 个国家参与了研究,中国的创业环境排名为第 23 位。在创业环境的 9 个要素的评分中,中国的评分多在平均水平以下。随着经济的发展,中国的创业环境开始有较大的改善,一些创业环境要素已具有一定的优势地位。综合起来,中国创业环境的相对优势和劣势表现如下:

(1) 中国创业环境的相对优势

第一,市场机会多。中国庞大的人口基数蕴含了巨大的市场机会。以移动互联网为例,目前国内移动用户大概有 7 亿,其中一半是能够用手机支付的,这个数字对互联网创业者来说是至关重要的。同时,中国上网人口集中在大城市里,这对打车、订餐、配送等 O2O 创业项目来说具有天然的优势。所以,中国在电子商务领域的创业具有一些独特的优势。中国在市场规模上的优势同样还能体现在其他诸多创业领域。

第二,创业门槛不断降低。随着经济全球化的推进,中国政府的管理趋向透明,法律更加健全,竞争环境更加宽松、公平,这些都使创业非常适合普通创业者的进入。近年,中国政府又提出了"大众创业、万众创新"的经济发展思路,将会进一步降低创业门槛,促进政府在政策和管理上作出改革,以帮助更多的人实现自己的创业梦想。同时,随着以电子商务为主的网络购物和微信、微博等互联网创业的兴起,也使创业门槛大幅降低。

第三,创业融资环境不断改善。以前,融资环境是制约创业企业成长的主要瓶颈。但是,经过多年的发展,中国的创业融资环境已有了翻天覆地的变化。目前,创业投资从"天使早期"和A轮、B轮两个成长轮,到私募二级市场和上市新三板,整个创业生态圈已经慢慢完善起来。以前创业者的早期融资主要靠亲戚朋友的借贷,现在一大批天使投资者涌现出来,其中许多是以前就创业成功的富裕企业家,他们成功后出来做天使投资,不仅为创业市场注入了大量资金,还带来了更宝贵的创业经验与创业者分享。

第四,创业人才不断涌现。2015年,中国高校毕业生总数近750万,归国留学人员达40万。这些受过高等教育的人才是中国创业经济雄厚的人才储备。从近几年的创业现象可以观察到,年轻人已成为中国创业的主力军。企业家或优秀创业者是创业经济中最为重要的要素,随着其中参与创业的人越来越多,将成为中国创业环境最具优势的要素之一。

(2)中国创业环境的相对劣势

第一,商务环境有待进一步优化。商务环境包括有形基础设施和配套服务工作。在有形基础设施上,中国有了很大的改善,但是相应的配套服务还需要进一步完善。比较起来,软性的配套服务对创业企业的成功可能更为重要。因此,这需要提供相关配套服务的政府机构或民营机构能够提升自身的管理能力和素质,真正为创业者带来有价值的服务。

第二,法制环境有待完善。完善的法制环境有助于保护创业者的积极性和创造性,保护他们通过创业享有的财富和权利。其中,知识产权保护的相关法律制度及其执行需要继续完善。实际上,完善的法律制度对降低市场的交易成本,使创业者形成稳定的市场预期,有积极的作用。

第三,需要大力发展创业教育和培训。中国在创业教育和培训方面起步相对较晚。GEM的调查显示,中国的创业者中,具备创业技能和经验的人约占40%。与一些发达国家相比,中国的中小学教育在"鼓励创造性、自立和个人的主动性、市场经济的知识以及关注创业和创办公司"方面仍有一定差距。高校的创业教育在中国虽已开展了十多年,但总的来讲仍然处于初级阶段,尤其在"商业与管理教育水平和创业类课程与项目"等方面,与其他国家和地区还存在较大差距。中国高等教育和职业教育不仅要提高创业教育的有效性和覆盖面,还要克服简单沿用其他学科和传统教学法的弊端,探索新的创业教育方法。

 创业阅读

中国成为全球最强创业经济的六大途径

在领先世界几十年后,中国经济增速开始放缓。20世纪70年代末,邓小平启动了中国的改革开放。在此后几乎30年的时间里,中国经济一直维持着

10%左右的年均增速。有鉴于此,中国经济增速放缓或许不可避免。

但是,中国还有一个领域在继续蓬勃发展,那就是不断涌现的私营企业。2014年2月,中国简化了企业注册的流程。自那以后,新注册的企业数量有了大幅攀升。国家工商行政管理总局的数据显示,中国新注册的企业2014年多达365万家,比2013年增加了46%。

在过去几十年中,私营企业推动了中国经济的发展。在中国逐步发展成为世界最大经济体的过程中,私营企业仍将发挥重要作用。

不断发展的私营部门

在近年企业注册数量激增之前,中国经济已经开始了转型进程,即从国企占据主导地位向发展私营企业转型。国家工商行政管理总局(负责管理全国范围内企业注册事务)的数据显示,到2012年,中国共有5000万家活跃的注册私营企业,其中4000万家为规模较小的个体企业。相对于经济改革刚刚起步的1978年,这已经是一个巨大的转变了。在那个时候,中国注册的私营企业仅有14万家,占国民经济的比例不到1%。

现在,私营部门至少占据了中国经济3/4的份额,甚至更多。私营企业创造了90%的新增就业岗位。在中国的许多地区,私营企业都是最大的雇主。

此外,随着私营部门的不断壮大,国有部门的经济份额不断下滑。相关统计数据显示,在大多数人生活的城市里,国企创造的就业比例从1990年的70%跌落至2012年的25%。

21世纪初,中国对小型国有企业以及集体所有的村镇企业实施了大范围的私有化改革,私营部门开始得到真正的发展。在20世纪80、90年代,民营企业家注册私营企业的难度要大于注册集体企业(也就是国有企业),这一现象妨碍了创业精神的自由发挥。

政府的角色

过去十多年中,私营企业已经成长为中国经济的推动力量,这是中国改革开放以来最为重要的一次结构性变革,它将从根本上调整中国的经济所有制,推动经济从国家所有向私人所有转型。

但是,从国家所有向私人所有转型,并不意味着党和政府在中国经济中的角色就会被边缘化。在调控市场、支持国有企业发展和打造企业经营环境等方面,国家依然会发挥重要作用。

事实上,国家正在通过持股以及其他非正式的手段掌控着许多民营企业,尤其是那些在上海和深圳证券交易所上市的民营企业。在此背景下,中国政府还会继续支持国有企业,为其提供民营企业所无法享有的市场机会、资金以及政治支持。

推动经济持续增长

私营部门能否持续发展将会决定中国未来的经济增长。因此,中国政府应该采取如下六项举措,鼓励私营部门的发展:

第一,打造有利的宏观经济环境。政府可以继续改善宏观经济环境,比如实行科学的货币政策,对基础设施进行持续投资,为企业家发展企业创造机遇。此外,如果中国政府持续刺激经济,进一步放开市场,鼓励透明竞争,将会促进私营部门的发展。

第二,优先发展私营部门。在发展宏观经济的过程中,政府应当采取一些针对性的措施,促进私营部门的发展。比如,政府可以就重大项目与私营企业——而不是国有企业——签订更多合同,政府采购也可以进一步向私营部门开放。此外,对于国家偏好的大型国有企业,政府也需要进一步弱化与它们之间的密切关系。

第三,支持并资助企业家的发展。国家可以为私营部门提供更多的支持,既可以直接推动其增长,也可以实行有利于私营企业的政策和监管制度。国家可以公开支持创业精神,宣传初创企业及私有权,鼓励人们认同创业的价值,并把创业作为一种积极的职业选择。

第四,保护私有财产。政府可以加强对私有财产的保护,更加积极地实施2007年出台的《物权法》。如果国家能为私有产权提供司法保护,设定机制帮助企业家明确并登记其产权,将会产生积极的意义。此外,在中国当前的反腐浪潮中,政府可以采取更多措施,防止官员掠夺民营企业的财产。

第五,投资新创企业与成长型企业。大多数新增就业岗位与财富都是由少数快速增长的新生企业创造的,这些企业在创立以后就可以快速扩张。对于经营这类企业的民营企业家,政府可以提供更多的资金支持。中国的国有银行仍然偏好国有企业,对于私营部门的借贷普遍缺乏意愿。如果政府建立一个面向私营企业的投资机制,就能为私营企业提供急需的资金,进一步促进私营企业的发展。

第六,支持并资助私营部门的创新。如果政府能够为创新提供非常便利的环境,并让私营企业深入参与进来,中国经济将更有竞争力。目前,中国大量的研发资金都集中在国有企业和国家部委的手中,如果政府能向私营企业开放这些资金,并制定资助私营企业的机制,中国经济将更具创新力。

资料来源:安德鲁·阿瑟顿. 中国成为全球最强创业经济的六大途径[EB/OL]. (2015-02-18)[2016-06-18]. http://www.csr-china.net. 原文链接:http://theconversation.com/six-things-china-can-do-to-become-the-worlds-most-entrepreneurial-economy-37191.

本章要点

1. 创业经济对美国经济的发展起到了非常重要的推动作用。

2. 美国创业经济的发展首先来自民间对新兴行业的投资,研究与发展公司(AR&D)的成立是风险投资行业诞生的一个标志。

3. 纳斯达克的建立为美国创业经济的发展做出了重要的贡献。

4. 硅谷在一定程度上是美国创业经济与创业文化精髓的体现,目前已形成以高新技术产业和相关服务业为支撑的创业产业群。

5. 斯坦福大学雄厚的基础研究成为硅谷创业经济发展的重要支撑力量。

6. 中国经历了三次创业潮,目前已迎来第四次创业潮,并且政府在第四次创业潮中起到了重要的推动作用。

7. 中国改革开放后的第一批创业者是"敢于吃螃蟹的人",他们抓住了重要改革时期带来的机遇。

8. 百度、阿里巴巴、腾讯是中国互联网创业的成功典范,它们的成功是抓住了时代的发展趋势。

9. 中国将进入一个大众创业的时代,创业不再局限于少数精英,未来社会经济的发展中将会出现越来越多的普通创业者。

10. 全球创业观察(GEM)提出了"创业生态系统"的概念,认为影响创业的环境要素主要包括:创业融资、政府政策、税收和官僚体制、政府程序、校内创业教育和培训、离校创业教育和培训、研发转化、商业和法律基础、内部市场动态性、物理和服务类基础设施条件、文化和社会规范。

11. 根据全球创业观察的调查数据,尽管中国的创业环境还存在很多问题,但是许多要素正在不断得到改善。

思考与练习

1. 哪些因素促进了美国创业经济的兴起?为什么硅谷会成为"创业者的天堂"?

2. 在中国不同创业潮下的成功企业家具有什么特征?

3. 你如何理解李克强总理提出的"大众创业、万众创新"?

4. 比较中国和美国两个国家在创业文化上存在的不同特征。

5. 选择一个你熟悉的企业家,叙述并总结其创业历程。

6. 了解北京中关村的创业发展状况,然后与硅谷作比较,看看两者存在什么不同的特征。

7. 选择一个你熟悉的城市,对该城市的创业环境进行调查和评价。

拓展阅读

1. 大卫·卡普兰.硅谷之光[M].刘骏杰,译.北京:中国商业出版社,2013.
2. 吴建国,冀勇庆.华为的世界[M].北京:中信出版社,2006.
3. 王利芬,李翔.穿布鞋的马云[M].北京:北京联合出版社,2014.
4. 沃尔特·艾萨克森.史蒂夫·乔布斯传[M].管延圻,等,译.北京:中信出版社,2011.

第二章　创业产业发展趋势

1. 了解历史上几次重要的工业革命；
2. 了解企业家在工业革命中的作用；
3. 理解熊彼特创新理论的核心观点；
4. 回顾和预测互联网带来的创业机遇；
5. 预测未来的科技与产业发展趋势。

案例导读

寻找创业的"台风口"

随着小米走向成功，雷军开始成为一个公众人物，逐渐成为人们关注的对象。在"2013 中国企业领袖年会"的主题演讲中，雷军指出，创业成功的关键在于找到未来的发展趋势。其中，"站在台风口，猪都能飞起来"的形象比喻成为 2014 年最为时髦的创业流行语。回顾雷军二十多年的创业历程，也能清晰地感觉到，雷军一直在寻找创业的"台风口"。

广泛涉猎计算机行业

雷军 1969 年出生于湖北仙桃，1987 年考入武汉大学计算机系。在读大学的同时，雷军开始在计算机领域闯荡并广泛涉猎。在接下来的几年里，雷军和同事一起出版过书，做过加密软件、杀毒软件、财务软件、CAD 软件、中文系统以及各种实用小工具等，并和同学王全国一起做过电路板设计、焊过电路板，甚至还干过一段时间的黑客，解密各种各样的软件。这使得雷军和各家电脑公司老板之间都成了熟人，成了武汉电子一条街上甚有名气的人物。

可以说，这段经历让雷军对计算机各细分领域有了充分的认识，同时积累了大量的人脉，为以后的成功作好了铺垫。

首次创业聚焦金山汉卡

1991 年，在大学四年级的时候，雷军和同学王全国、李儒雄等人创办了三色公司，当时的产品是一种仿制金山汉卡。可是，随后出现了一家规模比他们公司更大的公司，盗版了他们的产品，而且这家公司可以把同类的产品做得量更大，价格也更低。三色公司度日维艰,最终不得不解散。

这次失败的创业经历让雷军认识到价格竞争的威力与残酷事实,也是小米在推出第一版产品时便喊出了配置可以媲美于 iPhone,价格却只有不到 iPhone 一半的口号之原因。

带领金山软件在香港上市

大学毕业后,雷军只身闯荡北京,1991 年底在中关村与求伯君结识,随后加盟金山软件,成为其第六名员工。由于表现出色,他先后出任金山软件北京公司开发部经理、珠海公司副总经理、北京公司总经理等职务。1998 年,29 岁的雷军升任金山软件总经理。直到 2007 年 12 月,雷军才辞去了这一职务。

在金山软件的十几年里,雷军历经公司产品从办公软件到词霸、毒霸,再到向游戏和网络的多次转型与起落。雷军带领金山软件五次冲击 IPO,最终依靠网络游戏的业绩,在 2007 年 10 月成功在香港上市。但是,金山软件当年的上市估值远不如同一年在香港上市的阿里巴巴,更不及早几年在美国上市的盛大、百度等互联网企业。

多年之后,雷军回忆起这一段还颇为感慨:"90 年代我们还挺火,1999 年互联网大潮开始的时候,或者说互联网这个'台风口'来的时候,我们忙着做 WPS,忙着对抗微软,忙得不亦乐乎,根本无暇顾及。2003 年,我们环顾四周,发现自己远远地落后了。在那一瞬间,我们其实压力非常大,作为金山软件的 CEO,我在那两三年里面几乎每天都在想:什么地方出问题了?是我们的团队不够好,还是我们的技术不够好,又或者是我们自己不够努力?是不是我雷军有问题,是不是我能力不行,是不是我不够聪明,还是我不够勤奋?"

最后,雷军想明白了创业成功的一个重要问题:成功靠勤奋是远远不够的,最最重要的是找到一个大的市场,顺势而为。换用比较通俗的语言来表达,就是找一个最肥的市场,然后等待"台风",就是我们讲的"台风口"。

投资移动互联网行业

离开金山软件的雷军转身成了天使投资人,开始从大势出发,以更大的视角观察和思考互联网。雷军是最早投身移动互联网的一拨人。2008 年,他在个人博客中写下:移动互联网是下一波创业潮的大机会。同时,雷军在移动互联网、电商、社交等多个领域连续投出多个业界知名的"案子"——拉卡拉、UC Web、凡客诚品、YY、乐淘、多玩、多看等。其中,凡客诚品风靡一时,YY 后来也在美国上市。

做投资让雷军更加深入了解互联网,也获得了异常丰厚的回报。但是,所投资的这些公司很难说是雷军自己的事业。在内心深处,雷军仍想做一个真正属于自己的事业,一家真正伟大的公司,从而奠定自己的"江湖地位"。

很快,雷军找到了自己的"势"——智能手机和移动互联网的大爆发。

准确锁定智能手机风口

2010年初,雷军非常看好魅族的发展模式,并开始与黄章洽谈投资魅族事宜,但是由于诸多原因,投资并没有谈成。正在此时,雷军接触到师弟李华兵推荐的一个从德信无线(中国最大的手机软件和整机方案设计供应商之一)出走的手机硬件团队,认为这是一个千载难逢的机遇。于是,雷军找来林斌(谷歌中国研究院副院长)、黄江吉(中国工程院开发总监)、刘德(北京科技大学工业设计系主任)、黎万强(原金山词霸总经理)、周光平(摩托罗拉北京研发中心高级总监),共同组建小米科技。

2011年7月12日,小米正式宣布进军手机市场,并发布了小米手机,宣称这是全球主频最高的智能手机,也是国内首款双核1.5GHz主频手机,售价仅1999元,且只在小米官网上零售。尽管如此,小米的高速增长还是有点出人意料,其在资本市场上的估值节节攀升,2010年2.5亿美元,2011年10亿美元,2012年40亿美元,2013年100亿美元,2014年450亿美元,一次又一次刷新估值记录,成为智能手机行业的一匹黑马。

当大家都在惊讶小米巨大的成功,并尝试总结和模仿小米模式的时候,雷军自己站出来,把小米的成功归结为互联网思维的胜利,是先进的互联网生产力对传统生产力的胜利。准确地说,就是雷军常讲的七字箴言——专注、极致、口碑、快。

不仅仅是互联网思维,雷军创业的管理思路也发生了颠覆性的变化。小米公司员工不打卡,不进行KPI考核。公司组织架构非常扁平,合伙人一层,团队带头人一层,工程师一层,会议也很少。雷军说,互联网时代,KPI容易被量化,也容易造假,所以小米选择去管理层、去KPI,目的是提高效率,专注于产品创新。

以多元战略开拓智能家居

小米的成功很快引来了同行的模仿,这让雷军想起了曾经的三色公司失败的惨剧。由于无法成功寻找到有效方法规避手机领域的竞争,智能手机这片"价值洼地"早晚会被大家填平,再加上小米在路由器、智能TV方面的尝试经历,不禁让雷军想到了开拓智能家居这个新领域。

于是,雷军为小米定下了三大战略:第一,放弃PC这种已经高度互联网化的产品;第二,对于多倍行业巨头掌控的大家电领域,能投资最好,否则就联合一起做;第三,对于剩余的一类,就是诸多的细分智能硬件产品,比如灯、耳机、移动电源、平衡车、门锁、音响等,进行深度投资,甚至是实现控股,从而分享硬件智能化这个巨大的红利。可以说,小米这一战略,如同当初进军智能手机市场一样,又一次将智能手机领域的同行甩到了身后。

不断寻找未来的"台风口"

相信只要雷军创业不息,寻找"台风口"的步伐就不会停止,因为寻找和把握未来的大趋势是获得创业大成功的前提。这不仅是雷军创业多年的深刻领悟,同时也是创业永恒不变的成功规律。任何一次台风都有停止的时候,新的台风又总是在不断酝酿与演化之中,创业的魅力就是让充满好奇与激情的人能不断期盼和寻找未来的"台风口",这既是一种挑战,也是一种充满使命感的乐趣。

你对小米未来的发展趋势又会有怎样的预测与期盼?

资料来源:根据雷军在"2013(第十二届)中国企业领袖年会"上的主题演讲整理。

第一节 工业革命与创业浪潮

一、三次工业革命带来的创业浪潮

工业革命又称为"产业革命",一般是指由于科学技术上的重大突破,使国民经济的产业结构发生重大变化,进而使经济、社会等各方面出现巨大调整和变化。

1. 第一次工业革命(18世纪60年代至19世纪40年代)

第一次工业革命从工作机的诞生开始,以蒸汽机作为动力机被广泛使用为标志。这场革命首先出现于新兴的棉纺织业。1733年,机械师凯伊(Kay)发明了飞梭,大大提高了织布速度,棉纱顿时供不应求。1765年,织工哈格里夫斯(Hargreaves)发明了珍妮纺纱机,大幅度增加了棉纱产量。珍妮纺纱机的出现首先在棉纺织业引发了发明机器、进行技术革新的连锁反应,揭开了工业革命的序幕。

此后,在棉纺织业出现了骡机、水力织布机等机器。在采煤、冶金等许多工业部门,也陆续有了机器生产。随着机器生产的增多,原有的动力如畜力、水力和风力等已经无法满足需要。在英国伯明翰,瓦特(Watt)先后三次对蒸汽机进行改良。1785年,瓦特新改良的蒸汽机投入使用,提供了更有效率的动力。蒸汽机的迅速推广,大大推动了机器的普及和发展,将人类带入了一个前所未有的"蒸汽时代"。

在第一次工业革命中,许多机械师发明的新机器和新技术在生产中获得了利用,并大大提升了生产效率。其中,一些有商业头脑的机械师成为当时的创业者和企业家,不但获得了巨额财富,还逐步获得了由财富带来的社会地位。

随着工业生产中机器生产逐渐取代手工操作,一种新型的生产组织形式——资产阶级工厂诞生了。从生产技术方面来说,工业革命用机器生产代替了手工劳动,使工厂制代替了手工工场。1840年前后,英国的大机器生产已基本取代了工场手工业生产,一跃成为世界上第一个工业国家。

创业阅读

阿克莱特:穷小子的创业逆袭

18世纪早期,工业革命的火种已在英国出现。通过资产阶级革命,英国的资产阶级推翻了封建专制制度,在政治上为工业革命扫清了道路。在国内,资产阶级通过"圈地运动"使大量农民失去土地,进入手工工场,成为廉价劳动力。在国外,他们通过海外贸易的扩张,积累资本,抢夺海外市场和廉价原料产地。蓬勃发展的工场手工业仍无法满足不断扩张的市场需要,生产手段的革新迫在眉睫。变革首先发生在工场手工业最为发达的棉纺织业。几百年来,人们一直使用的是手摇织布机,纺织工人把带线的梭子从一只手抛到另一只手,工作枯燥而缓慢;如果要织出幅面宽的布匹,还需要两名劳力配合,费时费力,生产效率很低。

1733年,钟表匠约翰·凯伊发明了飞梭,大大提高了织布的速度,而且一个人操作完全胜任。棉纱顿时供不应求,英国多地甚至出现了"面纱荒"。如何提高纺纱效率成为亟待解决的问题。

就在1732年,飞梭诞生的前一年,在英国普雷斯顿一个贫穷的家庭里,理查德·阿克莱特(Richard Arkwright)呱呱坠地。因为家里孩子众多(13个),所以虽然是其中最小的一个,但是阿克莱特并没有得到什么特殊的关爱和照顾。家里没钱供他接受正规的学校教育。13岁的时候,他就去当学徒,学习理发和制作假发。1750年,这个18岁的学徒决定自己单干,他离开故土,在博尔顿一个地下室的酒窖里开了间发廊。

因为出身贫寒,阿克莱特对于商业机会有敏锐的嗅觉和灵活的头脑。他在发廊入口处贴出标牌:"欢迎来地下发廊——1便士理一次发"。由于理发价格比其他理发师低,阿克莱特的发廊顾客盈门。当其他竞争者将理发价格也降到1便士的时候,却惊讶地看到,阿克莱特的发廊标牌内容居然换成了:"半便士剪个干净漂亮的头"。

与理发师们竞争,赚些养家糊口的小钱,显然并非阿克莱特的长远目标。通过妻子的嫁妆,他拿到了第一笔"启动资金",做起了制作假发的买卖。英国人戴假发的流行时尚传统大约始于12世纪。戴假发并不只是法官和律师的专利,上流社会的人都将此视为一种时尚,是出席正式场合或沙龙聚会时的正规打扮。

所以，阿克莱特认为假发生意绝对有利可图。他不但制作，对从收购原料、制作产品到市场推广的全部流程都亲力亲为。他自己从乡下收购头发，自己配色制作假发，再联系假发师推销产品。假发生意让阿莱斯特掘到了人生的"第一桶金"，同时积累了经营和推广的经验。

1765年，纺织工詹姆斯·哈格里夫斯发明了珍妮纺纱机，提高了纺纱效率，在一定程度上解决了纺纱和织布效率的不同步问题。

阿克莱特对赚钱机器——纺纱机也兴趣浓厚，他和钟表匠约翰·凯（John Kay）一起在普雷斯顿租了房子（现在那里被称为"阿克莱特的房子"）。他在1768年发明了水力纺纱机，还在次年获得了为期14年的专利。虽然专利被指控剽窃并且被撤销，但是精明的阿克莱特除了发明，更多的精力是放在如何让发明为产能服务上的。1771年，他在诺丁汉郊区建了一家棉纱工厂，雇用了五千多名工人，利用德文特河的水流做动力进行纺织作业。

阿克莱特为这家棉纱厂费尽心力，从选址到工序梳理，再到人员和资本的协调、规章制度的建立等各方面，他都显示出了出色的才能。为了解决劳动力短缺问题，他出资兴建村舍，吸引周边区域居民携家带口来工厂工作——没错，连小孩都能进厂成为工人。1785年，工厂的人员规模已达3万人。他还把工作时间从原来的14小时缩短为12小时，每天两班制轮换，每天上、下午以响铃提醒工人休息。每天下午6点，工厂准时关门停产。严格的、规范化的管理让工人觉得合理，也极大地提高了工作效率。

现在，人们普遍认为，阿克莱特可以被称为"现代工厂体制的创立人"。在1961年出版的《18世纪的工业革命》一书中，保罗·曼多（Paul Mantoux）盛赞阿克赖特"体现出了一个新型的大制造业者，既不是一个工程师，又不只是一个商人，而是把两者的主要特点加在一起，即有他自己特有的风格：一个大企业的创造者、生产的组织者和人群的领导者的风格"。

在纺纱领域的打拼让阿克莱特名利双收。1786年，他被封为爵士。1787年，他被选为地方治安官。1792年去世时，他留下了巨额财产（50万英镑）。

阿克莱特从一个一文不名的穷小子，最终成为英国最富有的棉纺厂主，固然离不开英国工业革命大潮的大背景，其个人的努力也是成功的重要因素。

在水力纺纱机的使用工程中，阿克莱特一直在坚持不懈地改进各个技术细节，直至达到耐用、实用，其间经历的无数次失败和波折只有他自己最明了。在很长一段时间里，他的工厂也被视作劳动人民的"敌人"，人们控告他剽窃专利权，甚至捣毁其工厂的机器，拒绝购买他的产品，高喊："很好，我们终于收拾了这个昔日为别人刮胡子、修面的家伙。"阿克莱特没有被打倒，他在别地另建厂房，重新开工。为了规范经营管理，他奔波在各个厂区间，经常从凌晨4点一直忙到晚上9点。即使出门旅行，他也在马车上办公。到了50多岁，他又开始学习英语语法,以改善自己的书写和拼写。这个一生奋斗不止的人曾经豪情万丈地对友人放言:"如果我能活得相当久,那我就能富有到可以把国债还清。"

除了留给亲人和国家巨额财富外,阿克莱特留给人们的还有一生奋斗不息的坚强意志。

资料来源:理查德·阿克莱特. 一个理发师的创业神话[EB/OL]. (2015-09-06)[2016-06-11]. http://news.xinhuanet.com/science/2015/09/06/c_134593554.htm.

2. 第二次工业革命(19世纪70年代至20世纪20年代)

第二次工业革命紧跟着18世纪末的第一次工业革命,并且从英国向西欧和北美蔓延。1870年以后,科学技术的发展突飞猛进,各种新技术、新发明层出不穷,并被迅速应用于工业生产,大大促进了经济的发展。当时科学技术的突出发展主要表现在四个方面,即电力的广泛应用、内燃机和新交通工具的创制、新通信手段的发明、化学工业的建立。

第二次工业革命以电力的广泛应用为显著特点。1831年,英国科学家法拉第(Faraday)发现电磁感应现象,并根据这一现象,对电作了深入的研究。在进一步完善电学理论的同时,科学家们开始研制发电机。从19世纪六七十年代开始,出现了一系列电器发明。1866年,德国科学家西门子制成一部发电机,后来几经改进,逐渐完善。到19世纪70年代,实际可用的发电机问世。1870年,比利时人格拉姆(Gramme)发明了电动机,实现了电能和机械能的互换,电力开始用于带动机器,成为补充和取代蒸汽动力的新能源。随后,电灯、电车、电钻、电焊机等电气产品如雨后春笋般涌现出来。电力工业和电器制造业迅速发展,人类跨入了"电气时代"。

第二次工业革命中涌现了一大批创业者。爱迪生就是其中的代表性人物,他凭借其技术发明天赋,不断地带给人们焕然一新的技术和产品。这些技术和产品不但极大地丰富了人们的生活,同时也使爱迪生获得了极高的声誉和地位。

 创业阅读

技术派鼻祖爱迪生的创业法则

爱迪生是众所周知的大发明家,而他作为大创业家的身份总是为人们所忽视。实际上,爱迪生是两百多年商业史上最成功的集发明家与企业家两重身份于一身的人。

创业是一种生活方式

从小爱做些小发明,捣鼓各类产品后,终于有了自己的专利,卖出专利获得

第一笔钱,之后就投建工厂,这便是爱迪生的创业轨迹。由此可以看出,创业只是爱迪生日常工作的延续,他根本就没把这当作多么重大的事情,套用当下的流行说法:创业是一种生活方式。

一次,西部联合公司的老总打算购买爱迪生的一项专利,问爱迪生多少钱才算合理。爱迪生想要 5000 美元,但是又觉得数目太大了,没有说出口。"4 万美元怎么样,能成交吗?"这位老总问爱迪生。

4 万美元,这就是爱迪生的创业资金。用这笔钱,爱迪生在纽瓦克开了一家自己的工厂。爱迪生称自己不是那种把钱锁在保险柜里的人,他很快雇用了 50 名工人生产自动收报机和其他一些仪器。工厂的工人两班倒,爱迪生自己则担当工头。

之后,工厂生意兴隆,爱迪生正式踏上了创业的漫漫征程,开始了伟大的发明生涯。在这座工厂,爱迪生有了诸如蜡纸、油印机等发明。从 1872 年至 1875 年,爱迪生先后发明了二重、四重电报机……发明和创业点子源源不绝。1879 年,爱迪生创办"爱迪生电力照明公司"。不到一年,白炽灯上市销售。1882 年 9 月,爱迪生首次在纽约珍珠街发动建设第一个电力照明厂,接下来是电气化铁路的试验,对水泥生产的投资……在后来的几年中,蓄电池、无线电设备、有声电影以及各种家用电器的发明等,都体现了爱迪生这位创业大师的天赋。

技术派创业家

爱迪生不仅是一位发明家,也是伟大的创业家。他很早就认识到,要想取得商业方面的成功,仅有技术远远不够。所以,他一直致力于发明可供商业开发的产品项目。

两大举措证明爱迪生是一位企业家,而不是单纯的发明者:

其一,爱迪生从一开始就追求系统的解决方案。爱迪生并不是唯一的发明灯泡的人,英国物理学家斯旺(Swan)也发明了灯泡。斯旺于 1850 年研制真空碳丝白炽灯泡的时候,爱迪生刚刚 3 岁。斯旺 1879 年 1 月制造出实用灯泡并安装在家里,而爱迪生的灯泡当年 10 月才首次试验成功。从技术上看,斯旺的灯泡更优秀,于是爱迪生购买了斯旺的专利权,并将之用于自己的灯泡生产中。

爱迪生不仅仅考虑技术方面的要求,他还着手考虑玻璃罩、真空管、闭合和发光纤维等技术性工作,此时就已经确定了一个"系统":他的灯泡是专为电力公司使用而设计的。

系统性解决问题,正是企业家的特质。爱迪生筹措了资金,并获得了给灯泡用户的接线权,使用户享用到电。另外,他还安排了分销系统。由此,爱迪生的白炽灯迅速取得全球压倒性优势。可以这么说,斯旺发明了一个产品,爱迪生则创造了一个产业。

其二,组建发明家团队。爱迪生是企业研究院的开创者,他创建了现代的科学研究发明体系,或者说是美国式的创新方式。爱迪生并非在自家车库里面敲敲打打、自甘寂寞的科学天才,而是聚集了一群有创新头脑的人为他工作,他组建的门洛帕克实验室是苹果、谷歌、微软等现代顶级企业研究院的先驱。

早在爱迪生来到纽约谋生不久的1870年,他用别人提供的资金担保,雇用了英国数学家查尔斯·巴彻勒(Charles Batchelor)、瑞士机械师约翰·克鲁齐(John Kluge),吸纳了威廉·昂格尔(William Wenger)作为公司合伙人,这时候就有了组建发明团队的举措。之后,由于公司扩张需要用房,爱迪生搬进了位于新泽西州门洛帕克的大楼里。在这里,先后有1093项发明研制成功。

多年以后,门洛帕克实验室作为世界上第一个产品研发性质的实验室而闻名于世,成为企业研究院的鼻祖。门洛帕克实验室成为包括施乐公司著名的帕洛阿尔托研究中心、贝尔实验室在内的类似机构的先驱。事实证明,这是科技发明成果成功实现商业化转化的一条有效途径。

资料来源:邱恒明.技术派鼻祖爱迪生的创业法则[J].中国对外贸易,2014(6):52—53.

3. 第三次工业革命(二战结束之后)

二战结束之后的第三次工业革命,是人类文明史上继蒸汽技术革命和电力技术革命之后科技领域的又一次重大飞跃。这次工业革命以原子能、电子计算机、空间技术和生物工程的发明和应用为主要标志,是涉及信息技术、新能源技术、新材料技术、生物技术、空间技术和海洋技术等诸多领域的一场信息控制技术革命。其中,最具划时代意义的是电子计算机的迅速发展和广泛应用,开辟了信息时代。第三次工业革命也带来了一种新型经济——知识经济,知识经济发达程度的高低已成为决定各国在综合国力竞争中成败的关键所在。

与第二次工业革命相比,第三次工业革命呈现出许多鲜明的特点:一是科学技术本身的发展速度越来越快,科技产品的结构越来越复杂、精密;二是科技成果商品化的周期越来越短,科学技术转化为生产力的速度越来越快;三是这次工业革命的内容极为丰富,而且联系密切,形成了一个群体形式;四是科学技术的社会化趋势大为增强;五是这次工业革命所形成的新的技术能力对人类社会产生了空前巨大而深刻的影响。

第三次工业革命极大地提高了世界生产力水平,加速了战后世界经济的恢复和发展;促进了国际贸易的发展、世界货币金融关系的变化和生产要素的国际流动;推动了跨国公司和国际经济一体化的发展,并且引起了世界经济结构和经济战略的变化。

第三次工业革命促进了社会经济结构和生活结构的变化。作为直接物质生产部门的第一产业和第二产业的产值和就业人数在整个国民经济中所占比重相对下降,而非物质生产领域的第三产业的产值和就业人数急剧上升。第三产业不仅仅是传统意义上的服务业、商业、运输业、通信业以及文化教育产业等,还包括大多数与信息工业相关的部门。这次工业革命不仅极大地推动了人类社会经济、政治、文化领域的变革,而且影响了人类生活方式和思维方式,使人类社会生活和人的现代化向更高境界发展。

二、熊彼特的创新与创业理论

经济学家约瑟夫·熊彼特(Joseph Schumpeter)对资本主义的经济发展历程进行了深入分析,提出了独到的经济发展周期理论。他把资本主义经济的发展分为三个长波(周期):(1) 1787—1842 年是工业革命发生和发展时期;(2) 1842—1897 年为蒸汽和钢铁时代;(3) 1898 年以后为电气、化学和汽车工业时代。熊彼特的一个核心观点就是把创新作为整个资本主义经济发展的核心驱动力。

熊彼特认为,创新就是要"建立一种新的生产函数",即"生产要素的重新组合",就是要把一种从来没有的关于生产要素和生产条件的"新组合"引入生产体系,以实现对生产要素或生产条件的"新组合";作为资本主义"灵魂"的企业家的职能就是实现创新,引进新组合;所谓"经济发展",就是指整个资本主义社会不断地实现这种新组合,或者说资本主义经济的发展就是这种不断创新的结果;这种新组合的目的是获得潜在的利润,即最大限度地获取超额利润。

熊彼特认为,创业是实现创新的过程,而创新是创业的本质和手段。他赋予创业家"创新者"的形象,认为创业家的职能就是实现生产要素的新组合。熊彼特把创新比喻为"革命",是"创造性的破坏"。"创新"是熊彼特的经济理论的核心概念,他的各种经济理论几乎均以"创新"观为核心。他认为,创新是"我们把所能支配的原材料和力量结合起来,生产其他的东西,或者用不同的方法生产相同的东西",即实现了生产手段的新组合,产生了"具有发展特点的现象"。熊彼特赋予其"创新"概念特殊内涵,主要包括以下五种情况:(1) 引进新产品;(2) 采用新的生产方法;(3) 开辟新的商品市场;(4) 控制原材料供应的新来源;(5) 实现企业的新组织。总体来说,创新是指创业家对新产品、新市场、新的生产方法和组织的开拓以及对新的原材料来源的控制,也就是创业家使一种从来没有过的生产要素和生产条件实现新组合,从而建立一种新的生产函数。

熊彼特强调,创业和发明不是一个概念,创业最终需要创新成果在市场上实现。创业家的职能"主要不在于发明某种东西或创造供企业利用的条件,而是在于有办法促使人们去完成这些事情"。他进一步认为,经济体系发展的根源在于创业活动。"创业是经济过程本身的主要推动力","这类活动就是能使经济肌体革命化地多次发生的'繁荣',和由于新产品和新方法造成干扰平衡的冲击而经常出现的'衰退'的主要原因"。创新是一个"创造性毁灭"的过程,打破了旧的经济均衡,导致更高层次的经济均衡。创新内生于动态的经济系统,以非同寻常的动力驱使创业家行动。正如没有永恒的利润一样,创业活动也只是一种暂时的状态。熊彼特认为,只有在进行新组合过程中,才有创业家创新。如果新组合实施完毕,企业进入"正常"生产经营状态,创业家不再是创业家,而成为普通的生产经营者。如果没有创新,市场将一直保持在均衡状态,创业家不能为企业带来利润,只有打破均衡,才能获得利润。如果竞争者或模仿者进入市场,将在更高的层次上实现均衡,利润也随之消失。一旦创业家的作用已经实现,利润就会立即从创业家的手中溜走。利润附着于新事物的创造,附着于未来的价值体系的实现。

 创业阅读

给爱迪生"平反"

爱迪生一直被看作人类最伟大的发明家,可实际上这种认识根本就是本末倒置,恰巧掩盖了爱迪生的真正价值及其对社会的主要贡献。更为不利的是,对爱迪生的曲解,阻碍了社会有效利用爱迪生为人类创造的财富,且对研究、发明和创新产生了严重误导。因此,我们必须给爱迪生"平反"。

爱迪生的最伟大之处,不在于他作为发明家的一面,而在于他作为创新者和企业家的贡献。他首先是最伟大的创新者,其次是企业家,最后才是发明家。真实的爱迪生与大众的认识有着天壤之别。

在大众眼里,爱迪生就是发明与原创的化身,而电灯总被当作例证。很多关于创造性的论著都把灯泡印在封面上。但是,事实上,爱迪生只是第23位发明灯泡的人。更有意思的是,爱迪生的这项发明还没有得到实际应用。社会广泛使用的灯泡其实源自英国物理学家斯旺。从技术上看,斯旺发明的灯泡更优秀,于是爱迪生购买了斯旺的专利,用于自己的灯泡生产。只有钨丝确实是爱迪生的贡献。

那么,为何大众把发明灯泡的殊荣都给了爱迪生呢?原因就在于他做了几件与众不同的事情。首先,爱迪生以变革家庭和办公照明方式为使命,把大众都用得上电灯当作自己的目标。他历经上千次实验失败,终于找到适合制作灯丝的材料钨,这才使在全社会普及电灯成为可能。其次,爱迪生的工厂生产的灯泡优质廉价,可以广泛应用,而其他灯泡都过于笨重,温度太容易升高,不适合家庭和办公普遍使用。更重要的是,爱迪生不只是发明了灯泡,而且发明了一整套电力照明系统,实际是电的应用。1882年,他在曼哈顿安装了世界上第一个商用

电力系统。这才是电灯应用成功的关键,也是比电灯更伟大的创新。另外,爱迪生在引入风险资本、筹措资金和借助新闻媒体推动电灯向社会扩散方面也卓有成效。他还很有远见地提前获得给电灯用户的接线权,使用户可以享用到电。

斯旺发明了一个产品,爱迪生创造了一个产业。因此,爱迪生可以销售和安装电力设施,斯旺却只能苦苦寻思谁会对他的技术成就感兴趣。爱迪生因此而名垂青史,斯旺却一直默默无闻。

熊彼特说,创新是发明的第一次商业化应用。毫无疑问,爱迪生就是实实在在地在创新,发明只是他整个创新链的一个环节。

灯泡的例子恰恰说明,人们实际上更重视创新,更看重那些把发明转变成实际应用的人。人类之所以把灯泡的发明归功于爱迪生,是因为他将灯泡从发明变成了创新。只是那个时候人们还没有对创新与发明作出区分。但是,今天我们必须重新解释这一切,这对企业战略和政府政策都有着不可估量的意义。

爱迪生发明、创新的方式也与大众的想象大相径庭。尽管有时发明与创新也需要灵感闪现,但这不是爱迪生发明、创新的主要源泉。他主要利用现有概念,把它们当作原材料,去创造新概念。爱迪生的灯泡借用的是斯旺的发明,灯泡的螺纹后座借用了油灯瓶口的设计概念。留声机的发明是在电报业原有发明基础上的扩展。电力系统又与先前的电报系统极为相似。爱迪生许多关于电的发明都可以在电报业中找到原型。这使我们想起毕加索说的话:"优秀的艺术家靠借,伟大的艺术家靠偷。"看来,过于强调原创性,不见得是最明智的创新策略。

爱迪生认为自己是将科学知识用于解决人类问题,特别是创造民用产品和服务的科学家,而非纯科学家。大多数纯科学家只是为了追求知识而追求知识,并未考虑其商业用途。爱迪生从未为了科学研究而创造新事物,他说过:"尽管那么多人坚持认为我是位纯科学家,但我自己不这样看。我并未探求自然法则,不研究自然规律,也从未有过相关发明。我的研究与牛顿、法拉第和亨利不同,他们只为求真知,我却是个专业发明家。我的研究和实验时刻与商业实用性紧密相连。"

确实,爱迪生总是把应用放在首位,只把发明当作实现目标的手段。这自然与他的经历有重要关系。爱迪生向政府推广他的第一个发明(电动计票机)时,遭到拒绝,于是他发誓:今后绝不搞没有商业实效的发明,所有发明都必须以商业应用为目的(创新)。也就是说,爱迪生把实用性发明当作自己的事业,只发明那些有商业价值的东西。尤为可贵的是,他一边搞发明,一边创建企业,把发明商业化。当然,他也因此遭到学术界的鄙视。美国国家科学院1911年否决了对爱迪生的提名,直到1927年才勉强承认其院士资格。

彼得·德鲁克把爱迪生称作高技术企业家的典范。爱迪生则把自己描述为"发明家的外表,一切从实际出发的头脑,商业的嗅觉,使发明生钱的才能"。"使发明生钱"就是将发明商业化,就是创新。

客观评价爱迪生,给我们启示:必须重新认识研究、发明、创新之间的关系,发起一场深刻的管理革命,重构企业创新机制和国家创新体系。

资料来源:陈伟.给爱迪生"平反"[J].财富,2007(6).

熊彼特的创新与创业理论对后来的学者产生了广泛的影响力。研究企业成长的英国经济学家彭罗斯(Penrose)认为,创业家的事业心和对风险的态度是一枚硬币的两面,因为创业家的事业心包含承担风险的意志、探索避免风险的热情、使企业持续发展的动力以及把对利润的追求当成自己的伟大使命。美国学者奈特(Knight)认为,所谓企业家,就是那些在极不确定的环境下,作出决策并必须自己承担决策全部后果的人。奥地利学派经济学家柯兹纳(Kirzner)将企业家定义为具有一般人所不具有的、能够敏锐地发现市场获利机会的能力且具有洞察力的人。

第二节 互联网趋势下的创业机遇

一、互联网掀起的创业浪潮

1. 互联网技术的兴起

世界上第一台电子数字计算机 ENIAC 出现在 1946 年,而通信技术的发展要比计算机技术早很多。在很长一段时间里,这两种技术之间并没有直接联系,处于各自独立发展的阶段。当计算机技术与通信技术都发展到一定程度,并且社会上出现了新的需求时,人们就产生了将两种技术交叉融合的想法。计算机网络就是计算机技术与通信技术高度发展、交叉融合的产物。

互联网起源于 20 世纪 60 年代中期由美国国防部高级研究计划局(Advanced Research Projects Agency,ARPA)资助的 ARPANET 项目。该计划局于 1957 年成立,主要是对当时苏联发射第一颗人造地球卫星作出的反应,其任务是打造美国国防及军事应用科技在世界上的领先地位。ARPANET 被设计成可在计算机间提供许多线路的网络,使计算机能够通过其中任一线路,而不仅限于通过某一固定线路发送信息。

到 1969 年底,美国建立起一个由 4 台计算机(节点)互连的分组交换试验网络 ARPANET。这 4 个节点分别是斯坦福研究院、加州大学巴巴拉分校、加州大学洛杉矶分校和犹他大学。1976 年,ARPANET 发展到 57 个节点,连接了 100 多台不同类型的计算机,网络用户发展到 2000 多个。到 70 年代末期,许多计算机学专家越来越认识到网络的重要性。一个研究小组向美国国家科学基金会(National Science Foundation,NSF)递交了一个网络项目的建议,该项目的目的是设计一个能将所有的计算机科研人员都连接起来的网络。NSF意识到互联网对科学研究的重要性之后,决定资助互联网的研究和发展。

1984年,美国开始组建NSFNET,采用的是一种层次型结构,分为主干网、地区网与校园网。其中,主干网连接美国六个超级计算机中心,它们分布在圣地亚哥(San Diego)、博尔德(Boulder)、尚佩恩(Champaign)、匹兹堡(Pittsburgh)、伊萨卡(Ithaca)和普林斯顿(Princeton)。各大学的主机连入校园网,校园网连入地区网,地区网连入主干网,主干网再通过高速通信线路与ARPANET连接。包括主干网与地区网在内的整个网络系统称为NSFNET。连入校园网的主机用户可以通过NSFNET访问任何一个超级计算机中心的资源,访问与网络连接的数千所大学、研究实验室、图书馆与博物馆,用户之间可以相互交换信息、发送和接收电子邮件。

互联网的用户最初只限于科学研究和学术领域。20世纪90年代初期,互联网上的商业活动开始缓慢发展。1991年,美国成立了商业网络交换协会,允许在互联网上开展商务活动,各个公司逐渐意识到互联网在宣传产品、开展商贸活动上的价值,互联网上的商业应用开始迅速发展,其用户数量已超出学术研究用户一倍以上。商业应用的推动使互联网的发展更加迅猛,规模不断扩大,用户不断增加,应用不断拓展,技术不断更新,使互联网几乎深入到社会生活的每个角落,成为一种全新的工作方式、学习方式和生活方式。

互联网应用技术发展分为三个阶段:第一阶段,互联网应用主要提供Telnet(远程登录)、E-mail(电子邮件)、FTP(文件传送)、BBS(电子公告板)与Usenet(网络新闻组)等基本的网络服务。第二阶段,互联网应用主要基于Web技术的出现,以及基于Web技术的电子政务、电子商务、远程医疗与远程教育应用的快速发展。第三阶段,互联网应用主要有:网络电话、网络电视、博客、播客、即时通信、搜索引擎、网络视频、网络游戏、网络广告、网络出版、网络存储与分布式计算服务等。这些新的网络应用为互联网与现代信息服务业增加了新的产业增长点。

2. 互联网经济的第一批弄潮儿

1994年,互联网开始引起公众注意。1996年,建一个公司网站已成为许多美国上市公司追逐的一种潮流。初期,互联网只是单向地免费出版和发布一些资讯类的内容。随着双向互动通信技术的推广,逐渐开启了以互联网为媒介的商务活动(电子商务),以及全球性的即时群组通信。人们开始意识到这种以互联网为基础的新商业模式将会兴起。因为这种可以低价在短时间内接触世界各地数以百万计的人并向他们销售及通信的技术,令传统商业信条,包括广告业、邮购销售、顾客关系管理等发生改变。互联网成为一种新的媒介,它可以即时把买家与卖家、宣传商与顾客以低成本联系起来。互联网带来了各种新商业模式,并引来了风险基金的投资。

互联网第一批弄潮儿初期主要出现在三个领域:(1)互联网网络基建,如World Com;(2)互联网工具软件,如 Netscape;(3)门户网站,如雅虎。风险资本开始向互联网领域蜂拥而入。由于目睹了互联网公司股价的创纪录上涨,互联网风险投资者不再像往常一样谨小慎微,而是选择让很多竞争者进入,再由市场决定胜出者以降低风险。由于互联网公司的新奇性,加上公司难以估价,许多公司股价一下被推上了令人瞠目结舌的高度,令公司的原始控股股东突然实现"纸面富贵"。2000年3月,以技术股为主的纳斯达克综合指数曾攀升到5132.52的历史高点,互联网经济泡沫似乎已达到难以维系的程度。

一些投资者、基金和机构意识到泡沫蕴含的风险,开始抛售股票。仅仅6天时间,纳斯达克综合指数就损失了将近900点。之后,越来越多的互联网公司开始耗尽资金,并被收购或清盘,域名则被旧经济模式下的竞争对手或域名投资者购入。其中,最大规模的World com被发现以会计方式夸大其利润,以10亿美元计。事件被揭发后,其股票价格大跌,短短数日后即申请清盘,成为美国历史上最大的清盘案。美国许多早期的互联网经济弄潮儿在泡沫的破灭中惨淡收场。

 创业阅读

网景:曾经让微软感受到威胁的公司

初试牛刀

1995年,在互联网领域,谈到关注度和创造财富这两点,没有一家公司比得上网景。这是一家位于硅谷的初创公司,推出了被称为"网景领航员"(Netscape Navigator)的网络浏览器产品,该软件立刻获得了巨大成功,吸引了数以百万计的网民。

网景的产品堪称划时代的发明。网景浏览器2.0据称一度占据了70%的浏览器市场份额。它所具备的插件架构让第三方程序员可以自行开发附加功能。同时,它还支持Java Applet(运行于网页上的小程序),让静态网页更加生动,为用户提供动态效果体验。

1995年夏季和秋季对于这家初创公司来说是最好的时光,公司员工数量增加至500,5倍于年初的数量。当年第四季度,公司收入超过4000万美元,较上一季度增长100%。公司的销售收入主要来自于浏览器的许可费用,其他的互

联网服务器及相关软件也贡献了一部分收入。

硅谷世仇

网景浏览器的发展趋势和潜力对微软的 Windows 操作系统构成了巨大威胁。网景公司创始人之一安德森（Andreessen）——在 20 世纪 90 年代被称为"下一个比尔·盖茨"——曾夸下海口，称在网景面前，Windows 只能充当一堆设计拙劣的设备的驱动程序。

两家公司的对立日益尖锐，虽然双方经过了多次会谈，以求合作和解，但是始终没有达成任何协议。最后，网景公司筹划上市，摩根士丹利与汉博奎斯特一同承销了网景的股票。网景公司上市获得了资本市场的追捧。《纽约时报》当时评价："无论以何种发行规模来看，这都是华尔街历史上首日上市交易的股票中表现最好的一只。"这次 IPO 向世人证明，网络可能成为快速造富的一个场所。据《华尔街日报》的观察，要达到 27 亿美元的市值，通用动力公司花了 43 年，而网景公司花了"大约 1 分钟"。

具有讽刺意味的是，IE 是在安德森开发的 Mosaic 代码的基础上发展而来的。当然，微软获得了伊利诺伊大学的许可。紧接着，在 1995 年 12 月 7 日，网景面临重大危机：盖茨声称微软是"互联网的中坚分子"，而它的众多举措之一就是改进浏览器，使其速度更快，而且免费。

泡沫破灭

网景与微软之间的"浏览器战争"如火如荼地进行着。网景 IPO 15 天后，微软公布了备受期待的 Windows 95 操作系统，预装了微软自己的网络浏览器——IE 浏览器 1.0。虽然 IE 1.0 浏览器的表现乏善可陈，但是随后盖茨对媒体表示，公司将会介入并扩大自身在网络领域的影响。在盖茨发表讲话两天前，网景的股价最高达到了 171 美元，这是之后再也无法企及的高度。投资者意识到，微软拥有压倒性优势，网景的"狂欢"结束了。

即便如此，网景仍然在市场份额方面占据巨大优势，它的统治地位让微软烦躁不安。一位微软资深高管在内部备忘录中表达了自己对此深感不安的心情。但是，事情很快就发生了戏剧性转变。如同盖茨允诺的那样，微软的浏览器得到了大幅改进。微软于 1996 年推出的 IE 3.0 在技术上至少与当时最新的网景领航员 3.0 一样出色。此外，对于计算机用户，尤其是那些新用户来说，很少有动力去下载网景浏览器并安装在 Windows 平台上。原因很简单，IE 已经被预装在系统中了，而且性能上没有任何问题。

接下来的数月，网景浏览器逐渐失去市场份额。网景于 1997 年第四季度曝出 8800 万美元的亏损，股价滑落至不足 20 美元。1998 年 8 月，IE 成为最受欢迎的浏览器。网景耀眼的光辉于 1998 年 11 月彻底消失，美国在线以价值 42 亿美元的股票作为对价将公司收购。这是互联网领域的第一起重大并购事件。

网景的传奇——从迅速蹿升的新星,到获得霸主地位,到霸权旁落,再到耻辱般地被美国在线收购——这一切都发生在短短不到5年时间里。但是,网景帮助定义了"互联网时代",其崛起与衰亡本身也成为互联网时代的标志之一。

资料来源:汪天盈.网景:曾经让微软感受到威胁的公司[EB/OL].(2005-01-28)[2016-05-15].http://tech.163.com/15/0128/18/AH2MBRKA000915BF.html.

3. 互联网"引爆"的大众创业潮

互联网催生的不仅是一个全新的产业,更重要的是真正激发了普通民众的创业热情,这股热情让千千万万普通人的创造力和创新能力得到极大释放。尤其在中国,互联网创业的影响力更加民众化,这不仅体现在中国网民数量高居世界之首,而且依靠互联网进行创业的"草根"更是遍地开花结果。这已经引起了中国政府的关注。2014年11月,李克强总理出席首届世界互联网大会时指出,互联网是"大众创业、万众创新"的新工具。

中国民众通过互联网进行创业的方式非常多样化,许多互联网平台都为想创业的人提供了非常好的条件。其中,对个人和小微企业创业影响最为广泛和最具渗透力的互联网平台有两个:一个是马云创建的阿里巴巴平台,另一个是马化腾创建的微信社交平台。

(1) 帮助创业者成功的阿里巴巴

阿里巴巴是由马云在1999年创立的B2B网上贸易市场平台。阿里巴巴成立的重要使命是让天下没有难做的生意,其愿景是让客户相会、工作和生活在阿里巴巴,并持续发展最少102年。马云在创立初期就坚持认为,中国的电子商务一定会成为全世界最先进的,中国中小型企业的出路一定在电子商务上面,电子商务一定能够帮助中国中小型企业成长。阿里巴巴平台经过10多年的发展,企业注册用户超过1.2亿;有1千多万家企业开通公司商铺,覆盖服装、家居、工业品等49个一级行业,1709个二级行业;每天超过1200万客户访问阿里巴巴;阿里巴巴已和全国百强产业带签约达成合作,带动产业带政府实行电商化。

2003年5月,阿里巴巴集团又投资创办淘宝网,进军C2C电子商务。2004年前,在互联网实验室电子商务网站CISI的人气榜上,还没有淘宝网的位置。但是,从2004年2月开始,淘宝网以每月768%的速度上升到仅次于eBay的第二位。在推出1年后,淘宝网排名已经超过eBay,位居第一。2014年6月起,马云又把淘宝拆分为3家公司:沿袭原C2C业务的淘宝网、平台型B2C电子商务服务商淘宝商城(即后来的天猫商城)以及一站式购物搜索引擎—淘网。

其中,淘宝网用户数已超过5亿,其目标是帮助胸怀创业梦想的人通过网络平台实现创业和就业。淘宝网已通过提供生态化的基础电子商务服务,帮助更多的创业企业开拓市场、建立品牌,实现产业升级,并创造了超过 1000 万个就业岗位。在大学生就业形势越来越严峻的今天,一些学校甚至开始鼓励大学生通过淘宝平台进行创业。

(2) 微信社交平台带来的创业潮

2010 年 10 月,一款名为 Kik 的 App 因上线 15 天就收获了 100 万用户而引起业内关注。腾讯广州研发部总经理张小龙敏锐地注意到了 Kik 的快速崛起,他随即向马化腾写了封邮件,建议腾讯试着做类似的东西。11 月 19 日,微信项目正式启动。2011 年 1 月 21 日,微信 1.0 的 iOS 版上线。微信对于腾讯是个全新的领域,很多人一开始并不看好这个项目。但是,2012 年 3 月 29 日,微信的用户数突破 1 亿。让用户数从 0 增长到 1 亿,微信用了 433 天。

微信经历了三个发展阶段:一是连接人与人沟通的"人联网"阶段;第二个阶段做连接线下商户的产品和基础功能;到第三个阶段,微信商业化"进化"成为一种全新的"智慧型"生活方式,即以微信公众号+微信支付为基础,帮助传统行业将原有商业模式"移植"到微信平台,通过移动电商入口、用户识别、数据分析、支付结算、客户关系维护、售后服务和维权、社交推广等能力,形成整套的闭环式移动互联网商业解决方案。

微信将不再是一个简单的社交工具,像阿里巴巴一样,它将逐渐演变成一个生态系统。张小龙对微信的生态化发展作了一个解读:"微信希望建造一个森林,培育一个环境,让所有的动植物在森林里面自由生长出来,而不是建造一座自己的宫殿。"

微信给大众带来的创业潜力是非常有想象力的。目前,在微信上出现了众多的创业模式:

第一种是自媒体。微信公众平台上的自媒体有多种类型,如果以运作的人数为标准,有个人型和团队型两种。个人型一般就是由创业者个人独自运作的,这种模式是最多的,而要成为有知名度并且产生盈利的自媒体则不是太容易。例如,微信公众号"六神磊磊读金庸"的王晓磊,曾经在媒体行业工作,由于喜欢读金庸的小说,业余时间把自己的感悟写出来发布在公众号上,其特点是善用金庸小说中的情节解读社会热点,没想到粉丝众多,仅自媒体带来的收入就过百万元。团队型的自媒体则更有影响力。例如,"新闻哥"就是一个关注人数极多的微信公众号,大概有 200 万左右的真实用户,是各个微信排行榜时事类榜单和总榜单的榜首常客。这个公众号主要是把一些奇葩、好玩、吸引眼球的新闻找出来整理在一起,或者把一些重要的新闻找出来用搞笑的配图和易于阅读的配文进行解读。

第二种是微信运营管家。这是一种以微信为平台的 B2B 创业模式。以 90 后大学生刘真海的创业经历为例,他于 2013 年出资 10 万元创办了微型企业——重庆软晨科技有限公司。公司的业务主要是帮助各企业打造微信公众号平台。在很短的时间内,公司规模就达到60人,年营业额500万元。公司早期的业务是帮企业创立公众号,这种形式相当于一次性买卖,未来发展的空间不大,公司也无法做大做强。后来,公司转型,不再局限于做一次性的服务项目,而是为客户做微信运营,这样就能获得持久、稳定的收入。

第三种是微商。发展微商是微信最重要的战略布局。在2016年的两会上,马化腾强调将进一步推进对微信商业化的战略布局。目前,微信电商的创业模式有四种:以京东购物为代表的B2C电商、以微信小店为代表的C2C电商、以服务号为代表的企业电商、通过朋友圈卖货的微商。

微信最初只是一个社交软件,其发展势头令人刮目相看,特别是它带来的创业机会和商业模式的创新,更是让人们看到移动互联网创业的无限可能性。

二、互联网发展与创业趋势

1. 中国互联网的发展趋势

(1) 政府高度重视互联网发展

互联网产业已被作为中国经济发展的重要战略。2015年的中央政府工作报告中,明确提出制定"互联网+"行动计划,推动移动互联网、云计算、大数据、物联网等与现代制造业结合。2015年,国务院共出台相关文件达15项,当年7月还印发了《关于积极推进"互联网+"行动的指导意见》;工信部、网信办、工商总局、交通运输部、中国人民银行也有相应的文件出台。一系列的举措表明,政府的互联网战略越来越明确,即实施"网络强国"战略,全力推进"互联网+"行动计划,布局国家大数据战略。互联网发展战略得到了政府前所未有的重视。

(2) 互联网基础设施与用户普及率不断提升

政府全力推进"宽带中国"战略,互联网宽带接入用户不断攀升,光纤宽带用户占比不断增高,宽带用户平均接入速率不断提升,网络"提速降费"不断提升用户普及率,全国互联网普及率已过半,农村与城市的"数字鸿沟"进一步缩小。未来中国互联网经济规模仍将继续保持较高增速。预计到2018年,中国互联网经济整体营收规模将突破2万亿元。

(3) 互联网向移动端迁移

全球移动互联网使用量持续增长,截止到2014年5月,已占整体互联网使用量的25%。在2012年、2013年,诸多大型互联网公司移动端的流量已经超越PC端,很多大型互联网企业的PC业务用户往移动端迁移,呈现出PC业务增长放缓、移动业务增长迅速的态势。如果一个互联网企业没有在移动端的拳头产品,将很快被移动互联网的浪潮淘汰。

(4) 互联网社交平台将加速生态整合

在互联网社交应用中,整体网民覆盖率最高的是即时通信,达到了89%。未来各社交平台将加速相关社交生态的整合,以社交为基础,打造包括沟通、娱乐、生活、购物和学习等的一站式在线服务平台。

(5) 互联网广告将成为主流

在中国主流媒介中,2011年,网络广告的收入超越报纸的收入。2013年,网络广告收入超越电视广告收入,网络媒体成为第一大广告收入媒体。未来网络广告的收入份额还将继续增长,网络广告的市场份额将继续显著领跑市场。在美国,虽然互联网广告的市场份额还没有超越电视广告,但是差距在逐渐缩小。尤其是互联网的媒介消费时长已经显著超越了电视,这将促进美国互联网广告市场的进一步繁荣。美国市场的纸媒和广播,无论是媒介消费时长还是广告市场份额,都在严重萎缩。

2. "互联网+"的创业趋势

2015年3月,李克强总理在政府工作报告中首次提出要制定"互联网+"行动计划,推动移动互联网、云计算、大数据、物联网等与现代制造业结合,促进电子商务、工业互联网和互联网金融健康发展,引导互联网企业拓展国际市场。"互联网+"将充分发挥其在生产要素配置中的优化和集成作用,将互联网的创新成果深度融合于经济社会各领域之中,提升实体经济的创新力和生产力,形成更广泛的以互联网为基础设施和实现工具的经济发展新形态。

"互联网+"将不仅全面应用到第三产业,形成诸如互联网金融、互联网交通、互联网医疗、互联网教育等新业态,而且正在向第一和第二产业渗透。

第一,"互联网+"行动计划能够直接创造出新兴产业,促进实体经济持续发展。比如,"互联网+"金融激活并提升了传统金融,创造出包括移动支付、第三方支付、众筹、P2P网贷等模式的互联网金融,使用户可以在足不出户的情况下满足金融需求。

第二,"互联网+"可以促进制造业升级。工业互联网将加速改造制造业,助推中国向制造强国转型。"互联网+"工业的软硬一体化将造就新的工业体系,智慧工业将成为工业互联网的重要组成部分。工业生产模式发生改变,"两化"融合日益加深,即信息物理系统(CPS)产业化、标准化,智能制造将逐步成为新型生产方式,生产性服务业得到快速发展,加快从制造大国转向制造强国,重塑中国制造的全球优势。

第三,"互联网+"可以帮助农业变革。现代信息技术与农业融合加快,"互联网+"将改变传统农业生产经营格局。生产方面,智慧农业逐渐普及,农业的自动化水平稳步提高;流通方面,通过互联网解决信息不对称问题,通过与互联网的结合,将生产者和消费者直接连接起来,从而有效解决盲目生产的问题,实现农村生产营销一体化。互联网企业加速与地方政府合作建设,电商纷纷向村县扩展,将新信息、新商品、新资金带入农村。

 创业阅读

商业大佬眼中的互联网创业趋势

随着互联网的渗透力越来越强,它与传统行业的结合越来越广泛,众多创业者和投资者都对互联网未来的创业趋势寄予厚望。

曾多年被《福布斯》杂志评为全球第一风险投资人的吉姆·布雷耶(Jim Breyer)针对未来创业的投资趋势,主要看好四个领域:一是医疗应用领域,二是互联网金融服务,三是人工智能,四是在线教育。他认为,在移动互联网时代,现在是20岁到24岁之间的青年在应用开发和创新中创业的最佳时机。

百度公司创始人、董事长兼首席执行官李彦宏判断中国经济可能有两种结局:一是以后所有企业只剩下传统主流产业和互联网平台类型公司;二是传统产业真正"拥抱"互联网,找到提升核心竞争力的正确按钮。在传统企业和互联网企业发展趋势问题上,他认为,最主流的产业其实不是互联网产业,而是教育、医疗、金融、汽车、房产等代表经济支柱的产业。

京东商城创始人、董事局主席兼首席执行官刘强东认为,中国未来20年会出现巨大的竞争,就是中国品牌的崛起。未来20年就是全球化的中国品牌崛起的时间,也只有走到那一天,中国才是一个真正的全球化的国家。他希望创业者在任何困难的时候都要反思自己的商业模式和团队有没有问题。如果经过思考,你能够确定商业模式没有问题,团队也没有什么大问题,剩下唯一要做的一定是坚守、坚守、再坚守,一定要坚守到最后不能再坚守的时候。

联想集团有限公司董事局名誉主席柳传志表示,联想控股最看好的还是内需消费领域,中产阶级的增加、中国人消费意识的改变、政府的提倡鼓励等都会给消费领域带来机会。他认为,这些领域的发展总体上会比较平稳,受外界影响的主要是业务模式创新的挑战,像农业食品、医疗服务、互联网的消费服务、出行服务、金融服务等多个领域。"联想之星"重点看好TMT、医疗健康,也会积极布局人工智能、智能机器、互联网改造传统产业、生物技术、医疗器械这样的前沿领域。

腾讯董事会主席马化腾表示,腾讯将继续积极推进"互联网+"行动计划,帮助缩小不同地区之间的数字信息鸿沟,也将不断探索"分享经济"等新型的网络经济模式,推动网络经济创新发展。在手机之后,下一个时代是汽车、穿戴设备还是更神奇的AR、VR?可能以后不再需要用手机,通过视网膜就可以沟通,也可能是脑电波。马化腾认为,每隔大约20年,就可能有一次大的技术更迭,从大

型机到PC,从PC到移动终端设备。每一次终端的演变都会对整个信息业态,甚至对整个经济的业态产生重大影响,推动改变。

阿里巴巴集团董事局主席马云表示,目前正进入从IT向DT(数据处理技术)的转型,IT和DT巨大的差异在于思想上的差异,重要的差异就是成功者必须有"利他"思想,IT时代是让自己强大,而DT时代是让别人强大。马云提到"新实体经济",他认为互联网的技术正在发生翻天覆地的变化,社会的进步谁也阻挡不了,大家说实体不行,其实实体也不错,中国需要创业、创新、创造。未来,他除了关心互联网商业外,更关心娱乐和健康。

华为公司创始人和总裁任正非认为,是不是互联网公司并不重要,华为的精神是不是互联网精神也不重要,这种精神能否保证企业活下去是最最重要的。他对于互联网思维有自己的理解:一是应踏踏实实地用互联网的方式,优化内部供应交易的电子化,提高效率,及时、准确地运行;二是应踏踏实实地夯实基础平台,让端到端的实施过程透明化,以免误导青年员工;三是不要动不动就使用社会时髦语言"颠覆",不要妄谈颠覆性,谁要颠覆这个世界,那么最后他自己先灭亡;四是不要盲目创新,发散了公司的投资与力量,同时坚持稳定可靠运行,保持合理有效、尽可能简单的管理体系;五是坚信自己的价值观,坚持合理地发展。

今日资本创始人兼总裁徐新看好三个领域的投资:一是消费品品牌,二是零售连锁,三是消费互联网。她认为,在移动互联网时代,创业很残酷,品类机会来临的时候,创业企业要舍命狂奔,市场份额达到70%才安全。企业要想高速成长,第一是抓住消费者升级,第二就是实现品质提升。同时,徐新非常关注"分享经济",她认为当边际成本为零的时候,资本主义那套就行不通了,因为资本主义是逐利的,追求利润最大化,而当成本是零的时候,没有成本,就可以共享了。这里有一个"众筹"的概念,以后都是社会化的东西,没有必要养那么多员工,配送可以搞社会化。

资料来源:根据相关媒体报道整理。

第三节　未来创业产业发展趋势

一、未来科技发展的力量

"硅谷精神教父"、科技商业预言家凯文·凯利(Kevin Kelly)在其著作《必然》中提出了未来科技发展的四股力量:分享、互动、流动、认知。

第一,分享。在这个分享的世界里,能获取一个东西,使用一个东西,比拥有它更重要。因为这种获取权、使用权是被分享的。例如,优步是全球最大的出租车公司,但是它自己没有车队资产,它让人认识到分享一部车可以比拥有一部车产生更大的作用。优步模式使得按需经济成为可能,因为人们可以立刻获得自己想要的东西。人们可以定制自己的路径,还可以搭便车或搭顺风车,分享一段旅程。最重要的是,人们可以把优步模式延伸到其他方面。如旅店房间,Airbnb 是全球最大的酒店公司,但是它并没有自己的物业。它们的共性就在于没有自有资产,所有权的重要性在下降,更重要的是使用权。很多情况下,使用权比所有权更加优先。对于经营公司来说是如此,对于消费者来说也是如此。这些得益于技术的发展,使得我们可以更好地分享资产。

第二,互动。这是一个屏幕的时代,我们通过看屏幕了解到周边发生的很多事情。客厅里有屏幕,办公室里有屏幕,车上有屏幕,飞机上有屏幕,大厦的墙可以变成巨大的屏幕……我们甚至还可以有 3D 的屏幕,带上特制的 3D 眼镜,可以看到屏幕上的内容,它们是非常灵活的。任何一个表面都可以成为一个屏幕,这将革命性地改变我们互动的方式。

第三,流动。今后,我们将会提升流动事物的价值,让固定的事物都流动起来。现在最重要的流动内容就是数据,一切都与数据有关,所有的商业都是数据的商业,无论什么行业都是数据的行业。数据对于你和客户一样宝贵,你越了解客户,客户对你来说价值量就越大。这个数据如果只是被束之高阁是没有用的,而要跟别的数据连接起来,形成流动的数据,与人分享。这是数据流动,而非数据储存。

第四,认知。未来时代,最重要的技术将是人工智能,它会像两百多年前的电力一样重要。我们应该把智慧赋予事物,让它有智能化的意味,让它有认知的意味。人工智能现在能比人更好地读 X 光的照片,可以审阅证据,可以开车、开飞机。人工智还可以做医疗的诊断,它可以比一般的医生诊断得更好。还有机器人,也是由人工智能支持的。人工智能会成为一种服务,而不是一个产品。

二、未来创业产业发展趋势

1. 大数据时代

(1) 大数据的特征

英国学者维克托·迈尔-舍恩伯格(Viktor Mayer-Schönberger)在 2012 年出版了《大数据时代》一书,非常具有前瞻性地指出了大数据目前给我们的生活、思维、工作所带来的改变,强调大数据时代的开启是一个时代的重要转型。他认为,大数据时代给人类带来思维的重要变革,其中最大的转变是放弃对因果关系的渴求,取而代之关注相关关系。也就是说,只要知道"是什么",而不需要知道"为什么"。这就颠覆了千百年来人类的思维惯例,对人类的认知和与世界交流的方式提出了全新的挑战。

最早预测大数据时代到来的麦肯锡咨询公司认为:"数据已经渗透到当今每一个行业和业务职能领域,成为重要的生产因素。人们对于海量数据的挖掘和运用,预示着新一波生产率增长和消费者盈余浪潮的到来。"

那么,到底什么是大数据?我们可以从大数据的四个特征角度理解大数据:

首先是容量性。大数据时代到来与 IT 产业发展密不可分。在个人电脑普及前,由于存储、计算和分析工具的技术和成本限制,许多自然界和人类社会值得记录的信号并未形成数据。但是,现在数据产生的速度是惊人的,万物皆可数据化,人类生活的方方面面都可实现数据化。

其次是多样性。在进入以互动为特征的 Web 2.0 时代前,个人计算机用户不仅可以通过网络获取信息,还成为信息的制造者和传播者。在这个阶段,不仅数据量开始呈爆炸式增长,数据种类也开始呈多样性。多样性意味着要在海量、种类繁多的数据间发现其内在关联,这就要求我们对海量数据进行分析、处理和集成,找出原本看来毫无关系的数据间所存在的关联,把似乎没有用的数据变成有用的信息,以支持我们作出的判断和决策。

再次是高速性。数据正越来越向实时化的趋势发展。对普通人而言,开车去吃饭,会先用移动终端中的地图查询餐厅的位置,预计行车路线的拥堵情况,了解停车场信息,甚至是其他用户对餐厅的评论。通过各种有线和无线网络,人和人、人和各种机器、机器和机器之间产生无处不在的连接,这些连接不可避免地带来数据交换,而数据交换的关键是降低延迟性,以实时的方式呈献给用户。

最后是价值性。"大数据存在的主要意义是预测和价值。"大数据的崛起是在人工智能、机器学习和数据挖掘等技术迅速发展的驱动下,更有效地将信号转化为数据,将数据分析为信息,将信息提炼为知识,以知识促成决策和行动。

(2) 大数据改变竞争法则

大数据成为许多公司竞争力的来源,从而使整个行业结构都改变了。和工业时代不一样,公司的竞争力并不是体现在庞大的生产规模上。已经拥有的技术配备规模固然很重要,但是并非公司的核心竞争力,毕竟如今很多公司已经能够快速而投入较小地进行大量的数据存储和处理了。公司可以根据实际需要调整其计算机技术力量,这样就把固定投入变成了可变投入,同时也削弱了大公司在技术配备规模方面的优势。

商业竞争将越来越体现在数据的规模上,也就是说要掌握大量的数据,而且要有能力轻松地获得更多的数据。所以,随着拥有的数据越来越多,大数据拥有者将占据优势,因为他们可以把这些数据转化为价值。

大数据向小数据时代的赢家以及那些线下传统的大规模公司提出了挑战,同时为创业的小公司带来了机遇。聪明灵巧的创业小公司可能没有很多的固有资产,但是存在感非常强,也可以低成本地传播它们的创新成果。特别是最好的大数据服务都是以创新思维为基础的,所以它们不一定需要大量的原始资本投入。数据可以授权,但是不能被占有,数据分析能在云处理平台上快速且低成本地进行,而授权费用则应从数据带来的利益中抽取一小部分。

大大小小的公司都能从大数据中获利,这个情况很有可能并不只是适用于使用数据的公司,也适用于掌握数据的公司。大数据拥有者想尽办法增加其数据存储量,因为这样能以极小的成本带来更大的利润。首先,数据拥有者已经具备了存储和处理数据的基础。其次,数据库的融合能带来特有的价值。最后,数据使用者如果只需要从一人手中购得数据,那将更加省时省力。不过,实际情况要复杂得多,可能还会有处在另一方的数据拥有者(个人)诞生。因为随着数据价值的显现,很多人会想以数据拥有者的身份大展身手,他们收集的数据往往是和自身相关的,比如购物习惯、观影习惯,也许还有医疗数据等。

(3) 大数据带来的创业机遇

大数据使人们产生了很高的期望。2011年麦肯锡发布的报告《大数据:创新、竞争和生产力的下一个前沿》中,预测了大数据将给金融、政府公共管理、通信、零售及批发等一系列行业带来的商业变革,让人们看到大数据对新公司所能带来的创业机遇。

根据维克托的观点,从价值链来看,核心的大数据公司有三大类:第一类是基于数据本身的公司。这些公司拥有大量数据,或者至少可以收集到大量数据,却不一定有从数据中提取价值或者用数据催生创新思想的技能。最好的例子就是Twitter,它拥有海量数据这一点是毫无疑问的,但是它的数据都通过两个独立的公司授权给别人使用。第二类是基于技能的公司。这些公司通常是咨询公司、技术供应商或者数据分析公司,它们掌握了专业技能,却不一定拥有数据或提出数据创新性用途的才能。比方说,沃尔玛和Pop-Tarts这两个零售商就是借助大数据分析公司天睿公司(Teradata)的分析获得营销点子。第三类是基于思维的公司。Jetpac的联合创始人皮特·华登(Pete Warden),就是通过想法获得价值的一个例子。Jetpac通过用户分享到网上的旅行照片,为人们推荐下次旅行的目的地。对于某些公司来说,数据和技能并不是成功的关键。让这些公司脱颖而出的是其创始人和员工的创新思维,他们有怎样挖掘数据的新价值的独特想法。

从商业模式的角度看,有两类主要类型的公司:第一类是2B。这是目前大数据行业主要的商业模式,将大数据变为一种服务,服务的对象是企业或机构。比如,在现有的大数据企业里,星图数据、Hortonworks、Cloudera、星环科技、Talkingdata 都是 2B 的商业模式。从这些公司的运营状况看,2B 的商业模式要么是做解决方案,要么就是做工具。第二类是 2C。在我们的生活中,需要作很多的决策,目前一般人作决策是靠个人经验。大数据的一个很大的作用就是为个人决策提供依据。例如,在个人理财决策、家庭消费决策、职业发展决策、健康生活辅助等方面,都可以用到大数据。

2. 人工智能

(1) 人工智能的主要应用领域

人工智能(Artificial Intelligence,AI)是计算机科学的一个分支,是研究如何让计算机完成以往需要人的智力才能胜任的工作,也就是研究如何应用计算机的软硬件模拟人类某些智能行为的理论和技术。人工智能在机器人、经济政治决策、控制系统、仿真系统中得到广泛应用,所涉及的专业领域非常多,包括机器视觉、指纹识别、人脸识别、视网膜识别、虹膜识别、掌纹识别、专家系统、自动规划、智能搜索、定理证明、博弈、自动程序设计、智能控制、机器人、语言和图像理解、遗传编程等。

(2) 人工智能的重要影响

最新的人工智能趋势主要源自可以在机器中模拟人类智能的编程技术。其中,最为显著的是机器学习,这种技术可以通过训练让机器识别各种形态,并通过对海量数据的分析预测未来。从目前的发展趋势来看,人工智能将在人们的生活和工作中产生广泛而深远的影响。

第一,生活中的人工智能化。人工智能与人们接触最多的是在语音控制、指纹识别、人脸识别等领域。这些技术通常作为功能模块被嵌入智能硬件以及可穿戴设备中,通过人工智能实现人机交互。当前,人工智能技术已经越来越多地被应用到人们的日常生活场景中,比如用机器人扫地,用触控技术控制智能家居,用语音发送手机指令等。

第二,产业中的人工智能化。历史上的很多新技术都是为了提高工业生产的效率而出现的,人工智能也不例外。人工智能的智能交互、机器人技术等最早都是用在航天等尖端技术领域,以及化工合成等高危工业生产领域。当前,全球推广的工业 4.0 规范也是在倡导连接化与智能化,人与机器、机器与机器的连接与交互都离不开人工智能技术。例如,海尔集团通过各种人工智能技术建立了"互联工厂",富士康等厂家都用上了机器人生产技术。

 创业阅读

AlphaGo 的世纪之战

谷歌公司的 AlphaGo 与围棋界传奇棋手李世石的世纪之战,注定将成为人工智能发展史上的一座里程碑。围棋一直以来都被认为是一个计算机难以攻克的"高地"。但是,DeepMind 公司借助机器学习和神经网络技术,让 AlphaGo 具备了世界级围棋大师的思维能力,攻克了围棋这个被誉为"人类智慧的坚固堡垒"。这是否印证了人工智能已经发展到可以超越人类智能的阶段?未来人工智能的发展将走向何方?

大样本计算支撑 AlphaGo 取胜

据 AlphaGo 的研发者介绍,它之所以能在围棋这种超高难度棋类比赛中获胜,在于它突破了传统的程序,搭建了两套模仿人类思维方式的深度神经网络。第一种叫"策略网络",它让计算机程序学习人类棋手的下法,挑选出比较有胜率的棋谱,抛弃明显的差棋,使总运算量维持在可以控制的范围内。第二种叫"价值网络",主要用于减少搜索的深度,它不会一下子搜索一盘棋所有的步数,而是一边下一边进行未来十几步的计算,这样也就大量减少了计算量。

据 AlphaGo 的研究成员大卫·希尔韦介绍,这款程序还会自己与自己下棋。普通人一年也许能下一千盘棋,AlphaGo 每天能下三百万盘棋,通过大量的锻炼,它抛弃可能失败的方案,精中选精。这就是所谓的"深度学习"能力,即通过大样本量棋局对弈,不断从中挑选最优的对弈方案并保存下来。

成为人类强大的"秘书"

大卫·希尔韦称:"开发 AlphaGo 不是为了模仿人类,而是为了战胜人类。"但是,他也强调,相较于对弈本身,更希望大家把关注点放在 AlphaGo 可以给人类生活带来的变化上。与当年击败国际象棋世界冠军的"深蓝"不同,AlphaGo 可以学习医疗数据,掌握治疗方法,并可以利用它制造出可以完成各种杂事的家用机器人。据大卫·希尔韦介绍,AlphaGo 已经开始与英国国立卫生局合作提供"定制型医疗服务",还可以扩展到其他产业领域,带来积极、正面的变化。因此,人工智能也许可以成为人类一个非常强大的"秘书"。例如,它可以在暴风雨来临前,自动识别哪些地方可能被淹,哪些地方电力可能被中断,从而帮助分析整理数据,制订备选应急预案,或是在未来的医院应用这样的智能系统进行会诊。

资料来源:詹媛. AlphaGo 接连击败李世石,人工智能是魔鬼还是天使? [N]. 光明日报,2016-03-12.

(3) 人工智能的创业趋势

人工智能产业将保持高速增长。2015年,全球AI市场规模约为484亿元。根据BBC的预测,到2020年,全球AI市场规模将达到1190亿元。目前参与到人工智能领域的首先是一些国际知名科技公司,如谷歌、IBM、Facebook等。这些公司已公开了它们目前所拥有的一些领先技术,如谷歌的AlphaGo、Facebook识别人脸的Deep Face系统以及IBM的Watson问答系统。以百度、阿里巴巴、腾讯为代表的中国科技巨头在人工智能领域首先发力,代表性的产品包括:百度的机器人助理"度秘"和具有人工智能技术的无人驾驶车,阿里巴巴的人工智能平台DTPAI和客服机器人平台,腾讯的视觉识别平台腾讯优图、智能计算与搜索实验室、撰稿机器人Dreamwriter。

可以预见,未来会有更多的创业公司和投资者参与到这个行业中来,创业者也将会面临越来越多的创业机会。从产业链来看,人工智能产业链包括基础技术支撑、人工智能技术以及人工智能应用三个层次。从应用的领域来看,主要有个工业机器人和服务机器人。

首先,新型工业机器人依旧是一片"蓝海"。人工智能可涉及的领域包括工业设备、服务设备、汽车、飞机、业务系统等。这些领域很多的机械技术或机器平台本身已经很成熟,其进一步改进的方向就是利用智能技术实现新的突破,给机器带来强大的人工智能。人工智能机器在这些行业链条上存在巨大的需求。从目前的情况来看,互联网一方面给各行业与公司的销售渠道与市场营销等带来了革命性变化;另一方面就是通过SaaS模式提升了公司内部的组织管理,或者通过电子商务平台提升了公司的采购效率。但是,在大部分行业的生产、任务交付这些核心环节,互联网和人工智能的影响还较为有限。由于目前人工智能行业还缺乏巨头,而互联网巨头们暂时还不能凭借其流量和资本优势取得垄断地位,这对一些小的创业公司来说依旧是一片创业的"蓝海"。

其次,服务机器人将是一片新的"蓝海"。目前,全球服务机器人销售额复合增速已远远超过工业机器人销售额复合增速。按照这样的相对增长速度,未来全球服务机器人的市场占有率将超过工业机器人而成为主流,服务机器人将成为一片新的"蓝海"。短期内,服务机器人的发展将主要专注于解决某一类工作或生活问题。例如,国外研发出来的安保机器人可以自动巡逻,通过丰富的传感器捕捉现场环境的实时信息,然后再经过预测分析引擎,结合商业、政府、众包社交数据集等进行相关性处理,从而判断在现场环境中是否存在问题或威胁。服务机器人市场目前还处于早期开发阶段,其商业化发展刚刚开始,未来的创业机会和潜力还有待挖掘。

本章要点

1. 第一次工业革命从工作机的诞生开始，以蒸汽机作为动力机被广泛使用为标志。

2. 从生产技术方面来说，工业革命用机器生产代替了手工劳动，使工厂制代替了手工工场。

3. 第二次工业革命以电力的广泛应用为显著特点，电力工业和电器制造业迅速发展，人类跨入了"电气时代"。

4. 二战结束之后的第三次工业革命，是人类文明史上继蒸汽技术革命和电力技术革命之后科技领域的又一次重大飞跃。

5. 第三次工业革命促进了社会经济结构和生活结构的变化，不仅极大地推动了人类社会经济、政治、文化领域的变革，而且影响了人类生活方式和思维方式，使人类社会生活和人的现代化向更高境界发展。

6. 熊彼特认为，创业是实现创新的过程，而创新是创业的本质和手段。

7. "创新"是熊彼特的经济理论的核心概念，他的各种经济理论几乎均以"创新"观为核心。

8. 互联网掀起的创业浪潮将是人类生产力的大解放。

9. 马云的成功不仅是创建了阿里巴巴，更重要的是为更多的普通人提供了一个创业平台。

10. 微信不仅是一个社交工具，其带来的创业机会和商业模式的创新，更是让人们看到移动互联网创业的无限可能性。

11. 互联网技术不仅催生了新经济业态，它与传统工业和农业的结合，还将重塑业态，催生新的创业机会。

12. 凯文·凯利在其著作《必然》中提出了未来科技发展的四股力量：分享、互动、流动、认知。

13. 大数据时代的开启是一个新的转型时代，给人类带来思维的重要变革，对人类的认知和与世界交流的方式提出了全新的挑战。

14. 大数据的四个特征是：容量性、多样性、高速性和价值性。

15. 人工智能将在人们的生活和工作中产生广泛而深远的影响。未来会有更多的创业公司和投资者参与到这个行业中来，创业者也将会面临越来越多的创业机会。

思考与练习

1. 第一次和第二次工业革命是如何引发的？分别造就了哪些新产业的出现？

2. 你怎样理解互联网过去和未来将带来的创业机遇?

3. 你认为大数据会带来哪些创业机遇?它会如何为新创公司带来竞争优势?

4. 人工智能会给人类带来什么机遇和挑战?

5. 和同学一起分享使用微信的体会和经验,分析微信抓住了用户的哪些需求。

6. 选择一家成功或失败的互联网公司,对该公司的创业成功或失败的经验进行总结。

7. 选择一种你感兴趣的科学技术,搜索有关该技术的相关资料,分析探讨其未来的发展趋势,以及可能带来的创业机遇。

8. 组成讨论小组,畅想和描绘人类未来社会、经济、科技和人文的发展趋势。

拓展阅读

1. 凯文·凯利. 必然[M]. 周峰, 董理, 金阳, 译. 北京:电子工业出版社, 2016.

2. 凯文·凯利. 失控:全人类的最终命运和结局[M]. 东西文库, 译. 北京:电子工业出版社, 2016.

3. 维克托·迈尔-舍恩伯格, 肯尼思·库克耶. 大数据时代:生活、工作与思维的大变革[M]. 盛杨燕, 周涛, 译. 杭州:浙江人民出版社, 2013.

4. 周鸿祎. 周鸿祎自述:我的互联网方法论[M]. 北京:中信出版社, 2014.

5. 芬加. 云计算——21世纪的商业平台[M]. 王灵俊, 译. 北京:电子工业出版社, 2009.

6. 尼古拉斯·卡尔. 大转换:重连世界,从爱迪生到 Google[M]. 北京:中信出版社, 2016.

第三章　创业精神与创业教育

本章学习目标

1. 掌握创业与创业精神的基本内涵；
2. 了解全球创业教育兴起的背景；
3. 了解美国创业教育的特点；
4. 了解美国创业教育名校；
5. 了解中国创业教育的发展历程；
6. 了解中国创业教育发展的成果。

义乌商学院鼓励学生淘宝创业

一所原本普普通通的高职院校，却培养出了月收入上万元的在校创业生，超过一半的在校学生拥有不同规模的淘宝店铺，课堂上学生可以自由接受订单，创业经营业绩是评价学生的唯一标准……浙江义乌商学院（全称"义乌工商职业技术学院"）因为"创业立身，尚德崇文"的商业理念引发社会各界对大学教育本质的再探讨：大学究竟该教什么？

网友：淘宝改变命运

位于浙江的义乌商学院是一所普通的高职院校，不过在一些学子心中，这里是创业者的乐园，许多高中毕业生慕名而来。该校充分发挥背靠义乌国际小商品城的区位优势，推出"淘宝创业班"，淘宝开店月均收入达到 2000 元以上或获得相应信用值的学生可入选该班，享受学分、评优等优惠。该班的目标为大二实现月人均收入 5000 元，大三结束时增至 1 万元。现在，该创业班几乎人人都达到了这一要求，有的在校学生月收入甚至达到了 10 多万元。

面对这样辉煌的创业数字，有人惊呼："在这里，淘宝改变命运！"不少人称自己作为一个白领，工作头几年收入还不及这些学生，认为"这样的教育才是真正有用的教育"。很多人开始咨询义乌商学院是否招收成人学生。

另一方面，对义乌商学院推广商业理念，鼓励学生将主业由学习转为"做小买卖"，有人提出了异议。一些网友称，大学之道，在于树立正确的价值观和知识体系,将学生的时间消耗在电脑前面的"小买卖"上,有违大学教育的初衷。

校方:创业让学生活得有尊严

石豪杰是义乌商学院孕育出的典型人物之一。2012年刚大学三年级的他已经是6家公司的主人,2011年各项业务的总产值超过千万元,月收入十几万元。然而,同样是他,有6门课不及格。在许多学校,他早就该被打入退学的行列。

"他活得很有尊严,应该以我校优秀学生的身份提前毕业",义乌商学院副院长贾少华说,"我们觉得,他在创业过程中已经成长起来,没有被'就业难'打倒,甚至还雇用了几个人,帮别人解决了就业问题,完全达到了教育的目的"。

义乌商学院创业学院院长朱华兵坦言:"我们的特点,就是以学生个体发展为基础的实用主义。"他不无骄傲地告诉记者,浙江大学MBA最年轻的学员来自义乌商学院。"他们在创业中养成了学习的习惯,需要什么,就会主动去学习什么",朱华兵说,"这才是真正的大学教育"。

从实际效果看,学校教育与现实脱节导致的"就业难""收入低",从而"没有尊严"这样被社会普遍诟病的问题在创业班似乎都迎刃而解。这些从大一就进入创业班的学生用实践的方式硬碰硬地锻炼着"象牙塔"里并不多见的社会生活、商业法则。截至2012年,义乌商学院2009级创业班60%以上的学生实现了学费、生活费自理,高年级学生甚至已经通过赞助学校创业大赛开始了对下一届学生的帮助。

但是,这场创业教育带来的"制度造富"模式同样也有着另一面:像石豪杰这样的例子毕竟还是少数,义乌商学院还是有许多学生认可现行教育制度,而对创业教育反应冷淡。

"可能只有50%的人真心把淘宝当事业做,有些同学只是来玩玩的。"同为创业班一员的骆健认为,这一模式仍有许多弊端。

"好几次,我在教室里看见有同学在玩游戏,而那应该是发包裹最忙碌的时间啊!"骆健说,一些同学为了创业班政策才来,结果学习和创业都耽误了。对于曝出的成功范例,他表示,不应该过分夸大,"做的人多了,肯定有特别拔尖的,大多数人还是普普通通"。

教育领域:实践和学习都不可偏废

对于义乌商学院这样"在商言商"的举动,教育领域同样有着不同的见解。

"大学生也是学生,上大学就是学习,大学教育是为储备知识和全面发展奠定基础的重要环节。"西南大学副校长、教育学部主任靳玉乐认为,大学期间,学生的本职工作依然是学习。当然,学校应该多组织、多提供实践机会。但是,实践不能仅仅停留在实践本身,还应该注重培养学生的综合素质。

重庆师范大学教育科学学院副教授刘建银则认为,国家或社会应当鼓励高校特别是应用型的高职院校结合自身实际和区域特点,开展创新办学尝试,形成自身办学特色。从改革内容看,义乌商学院"真刀真枪"地开展实践锻炼,是高职院校教育教学改革发展的一个新尝试、新探索。他同时建议,在创新过程中,应该坚持学生自愿原则,加强创业风险教育,改变单一的网上开店锻炼模式;要引导学生根据自身条件尝试其他不同的商业模式,并保证必要的课程学习时间。

资料来源:王政,张翅.大学究竟该教什么?义乌商学院制度化鼓励淘宝创业引争议[EB/OL].(2012-02-01)[2016-05-15]. http://news.xinhuanet.com/society/2012-02-01/c-111476905.htm.

第一节 创业与创业精神

一、创业的基本概念

根据《辞海》的解释,"创业"的本义是"创立基业"。《现代汉语词典》对"业"有如下解释:行业、职业、学业、事业、财产、家业等。可见,"业"的内涵极为丰富。相应地,"创业"在中国文化中是内涵极为广泛的词语。

创业学作为一门学科,发源于国外,特别是创业经济发达的美国。在英语中,"创业"有两种表述方式:

第一个词是"venture"。它的最初意义是"冒险"。但是,在创业领域,它的实际意义并不是单纯的"冒险",而是被赋予了"冒险创建企业",即"创业"这一新的特定内涵。"venture"用于表示动词"创业",主要是在20世纪创业活动蓬勃兴起以后,它主要揭示"创建企业"的动态过程,表达了创业呈现出的增长态势。

第二个词是"entrepreneurship"。随着科技进步和企业兴衰更替的加速,创业活动正日益发挥着越来越重要的作用,"entrepreneurship"逐步被赋予"创业家活动"这一新的内涵。"entrepreneurship"的字面意义是"企业家精神"或"企业家活动",在国内的早期研究文献中多翻译成"企业家精神"。由于企业家的典型行为表现为创业,因此后来"entrepreneurship"一词逐步用"创业精神"来表达,以体现其本质内涵。

目前,学术界对"创业"概念的定义很多,不同学者从不同角度进行了定义。布奇(Butch,1986)将创业直接定义为"创建企业的活动"。辛格(Singh,2001)也认为创业需要建立一个新企业。但是,德鲁克认为,如果仅仅是开一家"既没有创造出新的令人满意的服务,也没有创造出新的顾客需求"的熟食店,这种没有创新的企业创建活动不是创业。德鲁克继承了创新经济学鼻祖熊彼特(Schumpeter)的观点,即创业是企业家所把握的一种机会,而真正有价值的创业机会来源于外部变化,这些变化使人们可以做以前没有做过的事情,或使人们能够以更有价值的方式做事。创业学教授蒂蒙斯(Timmons,1999)认为,创业已经超越了传统的"创建企业"的概念,在各种形式、各个阶段的公司和组织中都存在创业活动。他提出了一个很宽泛的创业定义:创业是一种思考、推理和行动的方法,它不仅要受机会的制约,还要求创业者有完整、缜密的实施方法和讲求高度平衡技巧的领导艺术。肖恩和文卡塔拉曼(Shane,Venkataraman,2000)也提出了一个基于创业机会的广义定义:作为一个商业领域,创业致力于理解创造新事物的机会是如何出现,并为特定个体所发现或创造的,这些人通过各种方法利用或开发它们,然后产生各种结果。

国内也有学者对创业进行了界定。例如,张玉利等学者(2006)认为,创业是一种思考、推理和行为方式,它为机会所驱动。把创业仅仅理解为创建新企业是片面的,创业的本质更在于把握机会、创造性地整合资源、创新和快速行动,创业精神是创新的源泉。创业是具有企业家精神的个体与有价值的商业机会的结合,是开创新的事业。创业行为普遍存在于各种组织和经营活动中,发扬创业精神是取得更大成绩和进步的前提。

面对"创业"概念的纷呈复杂,不少学者试图通过归纳这些定义得出一个综合的概念。加特纳(Gartner,1990)通过使用德尔菲法对"创业"概念进行了探究,认为这一概念的含义包括创业家的个人特性和创业的行为结果两个方面。创业家的个人特性包括人格特征、创新性、独特性、开拓新事业和谋求发展。创业的行为结果则被理解为价值创造、追求利润、成为企业所有者和管理者以及创建组织。莫里斯(Morris,1998)总结了欧美地区创业核心期刊和主要教科书中出现的77个创业定义,通过对这些定义中关键词出现的频率揭示了创业的内涵。在77个定义中,出现频率较高的关键词有:开创新事业、创建新组织、创造资源的新组合、创新、捕捉机会、风险承担、价值创造等。

基于国内外学术界众多对"创业"概念的讨论和界定,可以发现创业研究作为一个多学科和交叉学科研究领域,基于不同学科的研究视角阐释创业活动这一复杂现象,定会有不同内涵的侧重和理解,这既有利于促进创业研究蓬勃发展,同时又可能给从事创业研究的学者的交流与对话带来障碍。

为了理解和沟通上的方便,本书在借鉴不同学者对创业进行定义的基础上,作如下界定:**创业是个人、团队或组织把握环境中出现的机会,用创新的思维和方法来组织和整合各种资源,以开发和利用该机会,并实现新的价值创造**。该定义首先强调创业是对机会的把握、开发和利用,并且机会可以是营利性的,也可以是非营利性的,重要的是这个机会能够为客户或利益相关者创造新的价值;其次强调用创新的思维和方法来实现,并且创新可以是革命性的,也可以是渐进性的;最后,创业主体不局限于个人、团队,还可以是组织,因此大公司也可以成为创业主体。

二、创业精神的内涵

与"创业"概念相比,对创业精神的探讨和界定更是"百花齐放,百家争鸣"。如果把这些创业精神的内涵汇集起来,我们会惊奇地发现,创业精神可以囊括大部分人类心理或行为的精华特征。因此,我们无法通过梳理已有创业精神的内涵进行统一界定,对创业精神内涵的界定可能比"创业"概念本身更难以统一,仁者见仁,智者见智。我们希望能用有限的篇幅阐释几个核心的创业精神内涵。

1. 持续创新的精神

彼得·德鲁克在《创新与企业家精神》一书中提出,企业家精神或创业精神最重要的内涵就是"创新"。这里的"创新"不仅仅是指狭义上的创意或商业点子,而是指创业者把一种新的技术、产品或商业模式运用于商业领域,通过创新的手段,将资源更有效地利用,为市场创造出新的价值。因此,创业精神可视为一种能够持续创新、成长的生命力,创业者在个人愿景和使命的引导下,从事创新活动,进而创造一个新企业。实际上,德鲁克同样继承了熊彼特的观点,把创新视为创业的核心内涵,创新也是企业家的本质特征。

 创业阅读

乔布斯的创新精神

当56岁的美国苹果公司联合创始人史蒂夫·乔布斯因病去世后,苹果公司官方网站以惯常的简洁语言纪念他:"苹果公司失去了一位具有远见卓识和创造力的天才,整个人类世界失去了一位令人惊异赞叹的成员。我们作为有幸认识史蒂夫并与他一起共事的人,更失去了一位亲密朋友和不断启发我们的导师。史蒂夫留下了一个只有他才能建立的公司,他的精神将永远是苹果的基石。"

那么,乔布斯到底给苹果公司、美国和世人带来了什么精神?简而言之,就是永不停息的创新精神。乔布斯在三十多年的创业生涯中,给PC业、音乐业、唱片业、手机和移动互联网等诸多领域带来了前所未有的冲击和激动人心的创新革命。对于美国人来说,乔布斯就是这个时代的创新代言人。奥巴马曾高度评价:"乔布斯是美国最伟大的创新领袖之一,他拥有非凡的勇气,去创造与众不同的事物,并以大无畏的精神改变着这个世界,同时他的卓越能力也让他成为能够改变这个世界的人。"人们对乔布斯的创新充满了好奇,许多人也对乔布斯的创新进行研究,想洞悉乔布斯的创新秘诀。

卡迈恩·加洛(Carmine Gallo)写了一本名为《乔布斯的创新秘密》(*The Innovation Secrets of Steve Jobs*)的书,其中总结了乔布斯创新的一些心得:

1. 做自己感兴趣的事

换个角度看待事业。乔布斯遵从自己的内心,将整个生命投入于做自己感兴趣的事,事业的意义已完全不同。无激情,无创新。没有激情,就不能指望有突破性的创意。

2. 活着就是改变世界

换个眼光。乔布斯吸引志同道合的人,他们帮助乔布斯将想法变成改变世界的创新产品。激情成就苹果,乔布斯的远见指引目的地。

3. 从改变头脑开始

换个思考方式。没有创造力,就无法创新。对于乔布斯来说,创造力是连接事物的行为。乔布斯认为,广泛的经验拓宽了我们对人类体验的理解。

4. 出售梦想,而不是产品

换个角度对待客户。对于乔布斯,购买产品的人不是"消费者",他们是拥有梦想、希望和抱负的人。乔布斯创造产品,帮助人们追求自己的梦想。

5. 对1000件事情说"NO"

换个角度看待设计。乔布斯认为复杂的极致是简约。从iPod到iPhone,从苹果产品的包装到苹果官网功能的设计,创新意味着去掉不必要的,让必需的说话。

6. 创造神奇的体验

换个角度看待品牌体验。乔布斯对苹果零售店的客户服务制订了"黄金标准"。通过引入任何业务都能采用的简单创新,苹果零售店已成为全球最佳零售店,能够与客户进行深入交流,持久维系情感联系。

7. 掌控信息

来点特别的故事。乔布斯是一个伟大的企业故事讲述者,让产品的发布变成一种艺术。你可以拥有全球最创新的点子,但是如果你不能让人对此感到兴奋,一切都没用。

8. 将自己当作品牌

所有这些突破性创新的原则的前提是,你将自己看作一个品牌。不论你是大企业或小公司的老板,你自己是公司最重要的品牌。你怎样说话、走路和行动都是品牌的体现。最重要的是,你如何看待自己和你的业务将严重影响新的发展业务、提高客户生活质量的想法的产生。因此,你需要先评估自己的基本潜力。然后,设想一下,你通过真正的洞察力和灵感可以在业务中实现什么?想象一下,如果你有乔布斯为你指导决策,你能完成什么?想象一下,乔布斯会怎么做?

资料来源:卡迈恩·加洛.乔布斯的创新游戏[M].陈毅骊,译.北京:中信出版社,2011.

2. 敢于冒险的勇气

冒险精神是企业家的重要特征之一。由于市场环境下不确定性因素太多，创业一定是存在风险的，因此企业家在创业过程中必须具备一定的冒险精神。

冒险精神又可以分为两种类型：本性冒险和认知冒险。本性冒险型企业家的冒险精神多出于天性，这种强烈的冒险天性与生俱来，在日常生活和工作中均表现出具有一致性的冒险性格，认为有冒险才有机会，机会总是伴随着风险，没有风险的机会就没有追逐的价值，冒险是一种乐趣。这样的企业家往往随着经验教训的不断积累和其他品质的完善，屹立在市场潮头。认知冒险型企业家的冒险精神是在后天实践中培养起来的，从白手起家的艰苦创业到开拓创新的企业经营，经历了无数次失败和成功，终于在自己的人生哲学中坚定地认为，企业在市场中航行，惧怕风险、不敢冒险才是最大的风险。这样的企业家对风险有着深刻的理性认识，在经营中往往表现出稳健的风格。

 创业故事

敢于冒险的史玉柱

史玉柱创业的冒险精神大家都知道。当年在深圳开发 M-6401 桌面排版印刷系统，史玉柱的身上只剩下了 4000 元钱，他铤而走险，以软件版权做抵押，向《计算机世界》定下了一个 8400 元的广告版面，唯一的要求是先刊广告后付钱，付款期限是 15 天。史玉柱是在赌 15 天内可以卖出软件。广告登出后，开始并没有任何反馈，直到第 13 天才收到了 3 笔订单汇款，总共是 15820 元。两个月之后，公司赚到了 10 万元。史玉柱又将 10 万元全部投入做广告。4 个月后，公司的收入达到 100 万元。

这段有点传奇色彩的创业故事后来被人们津津乐道，但是回过头来想一想，如果当时的订单款项要 15 天之后才能到账，或者最初的订单款项还不够付广告费，那结果又会是怎样？因此，创业过程中面临着很多不确定性因素，需要创业者有一定的冒险精神。

其实，创业失败是个大概率事件，创业之所以需要冒险精神，就是因为创业行为往往要面对很大的失败风险。成功后的巨人集团后来筹建巨人大厦，最初设计 18 层，但是后来在各种因素的影响下不断"加码"。到开工典礼时，史玉柱宣布把巨人大厦建成中国第一高楼，总高 78 层。但是，这次冒险没有成功，巨人大厦因资金链断裂停工，巨人集团随后爆发财务危机。这次冒险让史玉柱从中国"首富"变成"首负"，付出惨痛代价，成为他创业人生中最心痛的一段经历。

史玉柱的冒险精神其实在创业之前就表现出来了。1989 年，史玉柱从深圳

大学研究生毕业后,没有回到原来安稳的政府统计局去上班,而是在周围人都反对的情况下,直接到工作单位办理了辞职手续,拿着4000元钱返回深圳开始了他的创业生涯。后来,史玉柱自己也承认,统计局的工作太过安稳和压抑,而他的个性还是想做些有挑战性的事情。

据史玉柱回忆,这种冒险精神在他小时候就有所表现。他小时候曾按照书上教的方法自己配制土炸药,后来炸药还爆炸成功。就因为这次爆炸,他获得了外号"史大胆",在当地无人不知、无人不晓。

让史玉柱最难忘的一次冒险经历是登珠穆朗玛峰。那次,为了省800元导游费,在没有雇导游,什么也不知道的情况下,他和其他3个人就自行向珠穆朗玛峰"冲击"了。然而,在准备下山的时候,氧气用完了。史玉柱事后回忆:"最后连路都走不动了,每走一步,都要坐下来休息一会儿,才能走下一步。"祸不单行,他们在冰川里又找不到下山的路了。"那时候觉得天就要黑了,在零下23摄氏度的冰川里,如果(等到)天黑肯定要冻死。"费尽周折之后,他们终于找到了路。"下来之后感觉到,我已经死过一回了。"史玉柱说:"我确实是捡了一条命回来。"因为死过一回了,"一下子人就放得特别开,在管理、营销各个方面再没有任何条条框框。"

资料来源:杨连柱.史玉柱如是说[M].北京:中国经济出版社,2008.

3. 自我超越的抱负

"自我超越"(self-transcendence)是由奥地利心理学家维克多·弗兰克(Viktor Frankl)提出的一个概念。他认为,人类存在的特征不是自我实现,而是自我超越;人的特征是"追求意义",不是"追求自己"。这种追求包含了对自然界、人类社会和文化以及人在其中所处位置的探索和理解,目的是更好地把握人生,更有意义地去生活。对人生意义的追求,不是满足于自我的平衡状态,而是一种对自我的超越,表现为勇于承担责任,敢冒风险,不断地创造。

自我超越的创业者对未来持有一种愿景,这是驱动其在创业道路上前行的重要内在动力。他们会努力理解和运用那些影响变革的力量,而不是抗拒。他们具有追根究底的精神,希望把事情的真相了解清楚。自我超越的创业者保持着一种终身学习的态度,他们认为创业不是以通过奋斗拥有财富或地位而结束,创业是一个终身修炼的过程。自我超越的创业者会敏锐地察觉到自身的无知、不足和弱点,并时刻保持一种危机感。当然,他们拥有足够的自信心去迎接未来的挑战。

不是每个创业者都具有自我超越的抱负,而那些创造巨大成就的企业家往往会表现出强烈的自我超越的抱负。华为创始人任正非领导公司员工开展自我批判,其目的就是鼓励员工修炼出自我超越的品质,而任正非自身就是一个具有不断自我超越精神的榜样。

 **创业阅读**

任正非:从泥坑里爬起来的人就是圣人

二十多年的奋斗实践,使我们领悟到自我批判对一个公司的发展有多么重要,如果我们没有坚持这条原则,华为绝不会有今天。没有自我批判,我们就不会认真倾听客户的需求,就不会密切关注并学习同行的优点,就会陷入以自我为中心,必将被快速多变、竞争激烈的市场环境淘汰;没有自我批判,我们面对一次次的生存危机,就不能深刻自我反省、自我激励,用生命的微光点燃团队的士气,照亮前进方向;没有自我批判,我们就会故步自封,不能虚心吸收外来的先进东西,就不能打破"游击队""土八路"的局限和习性,把自己提升到全球化大公司的管理境界;没有自我批判,我们就不能保持内敛、务实的文化作风,就会因为取得的一些成绩而少年得志,忘乎所以,掉入前进道路上遍布的泥坑、陷阱中;没有自我批判,我们就不能剔除组织流程中的无效成分,建立起一个优质的管理体系,降低运作成本;没有自我批判,各级干部不讲真话,听不进批评意见,不学习,不进步,就无法保证作出正确决策和确实执行。只有长期坚持自我批判的人,才有广阔胸怀;只有长期坚持自我批判的公司,才有光明的未来。自我批判让我们走到今天,我们还能向前走多远,取决于我们还能继续坚持自我批判多久。

别人说我很了不起,其实只有我自己知道自己,我并不懂技术,也不懂管理及财务,我的优点是善于反省、反思,像一块海绵,善于将别人的优点、长处吸收进来,转化为自己的思想、逻辑、语言与行为。孔子尚能"三省吾身",我们又不是圣人,为什么还不能?

自我批判是无止境的,就如"活到老,学到老"一样,陪伴我们终生。"学到老"就是自我批判到老,学了干什么,就是使自己进步。什么叫"进步"?就是改正昨天的不正确。我把"从泥坑里爬起来的人就是圣人"这句话送给他们。我想,八年前的自我批判大会和八年后的这个表彰大会,是有其内在的前因后果的。正是因为我们坚定不移地坚持自我批判,不断反思自己,不断超越自己,才有了今天的成绩,才有了在座的几千"圣人"。

自我批判不是自卑,而是自信,只有强者才会自我批判,也只有自我批判才会成为强者。自我批判是一种武器,也是一种精神。华为所有的领导层、管理层、骨干层,华为所有的产品体系干部,大部分是从交换走出来的。他们带去了你们自我批判的风气,以及不屈不挠的奋斗精神,在各条战线、多个领域,取得了一定的成绩。你们就像一所华为大学,源源不断地向公司输出了多少优秀干部,是自我批判成就了华为,成就了我们今天在世界上的地位。我们要继续提高竞争力,就要坚持自我批判的精神不变。

我们开展自我批判的目的也不是要大家专心致志地闭门修身养性,或者大搞"灵魂深处的革命",而是要求大家不断去寻找外在更广阔的服务对象,或者更有意义的奋斗目标,并且落实到行动上。因为无论你内心多么高尚,个人修炼多么超脱,别人无法看见,更是无法衡量和考核的。我们唯一能看见的是你在外部环境中所表现的态度和行为,并通过竭尽全力地服务于它们和实现它们,使我们收获一个幸福、美好、富有意义的人生。

"沉舟侧畔千帆过,病树前头万木春",人类探索真理的道路是否定、肯定、再否定,不断反思,自我改进和扬弃的过程。自我批判的精神代代相传,新生力量发自内心地认同并实践自我批判,就保证了我们未来的持续进步。

资料来源:任正非.从泥坑里爬起来的人就是圣人——任正非谈自我批判[J].创业家,2013(8).

4. 永不言弃的毅力

心理学博士安吉拉·李·达克沃夫(Angela Lee Duckworth)对不同行业的成功人士进行了长达数年的研究,发现能稳定地解释个人成功的特质因素只有一个:Grit(毅力)。她把毅力解释为对长期目标的一种热情和坚持。毅力需要耐力,是对未来日复一日的执着,它不只是一周或一月,而是年复一年努力地工作以实现自己的未来。有毅力的人把生活也看作一场马拉松,而不是短跑。

有毅力的人知道一件事情要在几年后才会有结果,但是从现在开始每一天都抱有艰苦付出的工作态度。大多数成功的创业者都不是凭一时的运气取得成功的,而往往是要经过多年的摸索、试错和调整。马云创业就是最好的例证,他创立的阿里巴巴,前十年都不算是成功的。这中间,他的创业团队走了很多弯路,犯了许多刻骨铭心的错误,但是他们坚持不断创新产品和调节战略,才获得了后来的成功。即使如此,马云在许多公开演讲的场合还是不断自勉:"今天很残酷,明天更残酷,后天很美好,绝大部分的人死在明天晚上,看不到后天的太阳。所以,我们干什么都要坚持!"

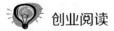 创业阅读

马云谈创业毅力：不要寄希望于自己成功

中小企业的成长和发展面临多种难题与困境。面对困境，中小型企业应该如何生存？马云的回答是："靠毅力取得最大的成功。"

毅力

第一，相信你能存活。第二，你要相信自己有坚强的存活毅力。阿里巴巴跟任何中小企业一样，在1999年、2000年、2001年也曾面临发不出工资的困境，当时他们没有什么收入，但要活下去。马云告诉自己和他的员工们，就是半跪着也要坚持，坚持到底就是胜利，让自己做最后一个倒下的人。

人贵在坚持，在困难和挫折面前，坚持需要意志，需要毅力。许多人在开创自己的事业时，都跌倒在失败的深渊，从此一蹶不振。马云深信，每次打击，只要你扛过来了，就会变得更加坚强。当你的抗打击能力强了，真正的信心也就有了。正是基于这样的理解，马云对毅力的理念也就显得与众不同。

马云说，所谓的毅力就是你期望的最好是失败，你不要寄希望于自己成功，这个可能跟大家的想法都不一样。我觉得对我来讲，从第一天创业到现在为止，我经常提醒自己这句话，就是我创业是为了经历，而不是为了结果。人的结果都是差不多的，都要去一个地方，就是火葬场。

创业者要有毅力，没有毅力做不好。每个创业者在创业的时候，都有一个美好设想的过程，而现实却并不会那么美好。所以，每个创业者都要让自己明白，一时的失败，千万不要气馁，应该照着自己的理想一路走下去。成功是由很多因素造成的，努力并不一定会成功，但如果不努力，就一定会失败。

永远不要忘记自己第一天的梦想

"放弃是很容易的，但我们绝不会放弃我们第一天的梦想"，这就是马云的态度。只要不忘记自己第一天的梦想，始终沿着最初的目标走下去，你所能取得的成就就会越来越大。即使会碰到许多困难和挑战，也绝不要放弃，成功就在不远处。

软银总裁孙正义说他成功的原因即是缘于"一个梦想和毫无根据的自信。一切都是从这儿开始的"。马云也曾说过他成功创业的原因，其中第一个就是"梦想"。因为梦想，所以才能坚持；因为一直没有忘记第一天的梦想，所以才能一直保持稳健的步伐。

创业者只有未来，没有昨天

对于那些即将创业或者正在创业的人来说，创业是一个艰辛的历程，困难重重。但是，你想创业成功，必须要有坚定的信念，相信自己未来一定能够成功。

对此,马云说:"其实每一个创业者都有很痛苦的经历,无论是60年代的人创业,还是70年代的人创业,或者80年代的人创业,每一阶段都有痛苦。但是,有一点,无论怎么痛苦,既然你选择创业了,那么就必须明白创业者只有坚持走下去,才有出路可言。"

人永远不要忘记自己第一天的梦想,你的梦想是世界上最伟大的事情。

资料来源:胡雨薇,赵晨. 马云谈创业毅力:不要寄希望于自己成功[EB/OL].(2015-12-28)[2016-08-16]. http://www.lnkp.gov.cn/newinfo-id-8595.aspx.

第二节 创业教育的兴起与发展

一、创业教育兴起的背景

"创业教育"(enterprise education)概念最早是在1989年联合国教科文组织于北京召开的"面向21世纪教育国际研讨会"上正式提出的,它被认为是与学术性和职业性教育护照具有同样地位的"第三本教育护照"。"创业教育"的提出者柯林·博尔(Colin Ball)将创业教育总结为:通过开发和提高学生创业基本素质和创业能力的教育,使学生具备从事创业实践活动所必需的知识、能力以及心理品质。1995年联合国教科文组织发表的《关于高等教育的变革与发展的政策性文件》指出:在一个"学位=工作"这一公式已不再适用的时代,高等教育培养的未来的毕业生不仅是求职者,而且还应该是成功的企业家和就业创造者。1998年世界高等教育大会通过的《世界高等教育会议宣言》也明确指出:开发创业的能力和精神,必须成为高等教育的主要任务,以便促进毕业生就业,使他们不再是求职者,而应成为就业机会的创造者。

创业教育的兴起主要基于以下几个背景因素:

首先是新经济的出现。20世纪90年代以来,以信息经济和知识经济为代表的新经济的出现为大学生带来了无限的创业商机,特别是在计算机、互联网与服务业等领域极大地释放了大学生的创新与创业潜能。同时,新经济、新产业也改变了企业的生存竞争法则,企业竞争的重心由规模与效率转向创新与创意,智力资本和创新能力在企业的生存竞争中发挥越来越重要的作用,企业越来越需要具有创业精神的大学毕业生。

其次是严峻的就业形势。就业一直是令各国政府头疼的问题,特别是金融危机的爆发更是恶化了全球的失业问题。以中国为例,自20世纪末高校扩招以来,大学生的就业形势相当严峻。大学生毕业人数屡创新高,2016年达765万,再创历史新高。随着毕业生人数的增长,全国的就业压力很大。麦可思数据有限公司的调研显示,近几年应届大学毕业生的失业率居高不下,均维持在10%以上。

最后是大学职能的革命性转型。从本质上看,创业教育的兴起是大学自身发展的内在需要。创建于中世纪的大学,其主要职能是传播知识并为少数关键职业提供训练,在19世纪通过基础研究成为新知识的创造者。这种创造新知识的研究职能一直是西方主流大学发展的重点,同时也是中国主流大学的功能定位。但是,在一百多年以后的20世纪末,大学职能开始发生变革,被称为"第二次大学革命",即大学不仅从事教学和研究,还成为促进经济与社会发展的重要阵地。知识的资本化与大学研究成果的产业化开始进入大学发展议程,研究型大学也开始向"教育—研究—创业"三位一体模式转变。大学职能的转变深刻地反映了知识在国家和区域创新系统中日益增长的重要性,未来的主流大学将不仅是知识和技术的创造者和发明者,同时也应是这些知识和技术商业化转换的推动者和实施者。可以预计,创业教育将是高等教育发展的重要趋势之一,培养大学生的创业精神也必将成为高校未来的重要使命。

二、美国创业教育的发展

美国高校的创业教育实践可以追溯到1947年的哈佛商学院,迈尔斯·梅斯(Myles Mace)教授率先开设了一门创业课程"新创企业管理"(Management of New Enterprises)。经过半个多世纪的发展,创业教育已成为美国高等教育的重要内容,几乎所有参加美国大学排名的大学均已开设了创业课程,创业学成为许多美国高校本科、MBA的主修或辅修专业,像哈佛大学等一些大学早已开始培养创业学方面的工商管理博士。应该说,创业教育在美国已经成为一个相对成熟的领域,其成长正走出商学院和美国以外。

1. 美国创业教育的特点

(1) 创业教育正逐步形成一个完整的社会体系和教学研究体系

在过去的二十多年中,创业学成为美国大学,尤其是商学院和工程学院发展最快的学科领域之一。目前,美国的创业教育已被纳入国民教育体系之中,内容涵盖了从初中、高中、大学本科直到研究生的正规教育。截止到2005年初,美国已有一千六百多所高等院校开设了创业学课程,并且已经形成一套比较科学、完善的创业教育教学、研究体系。

(2) 注重创业实践并有效地开发和利用全社会创业资源

美国的创业教育十分注重实践性和应用性。创业教育体系中不仅包括创业学课程的普遍开设、本科和研究生创业管理专业的设立,还包括高校创业中心、创业教育研究会等的建立;不仅在校园内营造浓厚的创业文化氛围,还通过创业中心与社会建立了广泛的外部联系网络,包括各种孵化器和科技园、风险投资机构、创业培训机构、创业资质评定机构、小企业开发中心、创业者校友联合会、创业者协会等,形成了一个高校、社区、企业良性互动式发展的创业教育生态系统,有效地开发和整合了全社会各类创业资源。

(3) 大力培养和稳定创业教育的师资队伍

一方面,美国高校十分重视对创业教育的师资进行选拔和专门培训,鼓励和选派教师从事创业实践,进行创业教育的案例示范教学或研讨会,交流创业教育经验,从而有效地提高了教师创业教育水平,稳定了师资队伍。另一方面,美国高校注重吸收社会上一些既有创业经验又有一定学术背景的人士从事兼职教学和研究,特别是聘请成功的企业家作为创业教育的客座教授,收到了良好的效果。

(4) 高校的创业活动已成为美国经济的直接驱动力

在美国的创业热潮中,大学生的创业活动引人注目,当代许多著名的美国高科技大公司,几乎都是大学生创业者们利用风险投资创造出来的,如 Intel 的摩尔(Moore)、葛鲁夫(Grove)、微软的盖茨、艾伦(Allen)、惠普的休利特、帕卡德、Netscape 的安德森、Dell 的戴尔(Dell)、雅虎的杨致远等无不是创业者的典范。据麻省理工学院(MIT)的一项统计,自 1990 年以来,MIT 毕业生和教师平均每年创建一百五十多个新公司。截至 1999 年,该校毕业生已经创办了四千多家公司,雇用了一百多万人,创造出两千多亿美元的销售额,对美国特别是麻省的经济发展做出了卓越的贡献。可以毫不夸张地说,高校创业活动已成为美国经济发展的直接驱动力。

2. 美国创业教育名校

(1) 百森商学院(Babson College)

美国创业教育的主体是商学院。百森商学院是美国的一所私立商学院,自 1919 年成立以来始终是创业学领域的领导者,在创业管理教育方面为世界所公认。百森商学院开设本科、MBA 和专业性的硕士学位教育,并向全球企业管理人员提供高层经理研修课程。早在 1967 年,百森商学院就在全球第一个推出创业管理的研究生课程,其创业管理本科教育屡获《美国新闻和世界报道》排名第一,创业管理方向的 MBA 教育获《金融时报》(2000 年和 2001 年)和《美国新闻和世界报道》(1994 年至 2001 年连续 8 年)排名第一。《华尔街日报》在 2001 年把百森商学院的"毕业生创业技能"列为第一,并称它是所有商学院中亟待发掘的最佳的"深山美玉"。

(2) 斯坦福大学(Standford University)

斯坦福大学管理学院共开设了 17 门创业管理课程,非常重视创业战略与创业环境的研究,尤其是创业过程中各阶段、各层面的策略与操作议题,以及产学合作、产业网络等方面的议题。主要课程有"投资管理与创业财务""环境创业精神""新兴国家中的创业家与投资环境""创业精神—创办新企业""创业精神与风险投资""营销与生产一体化设计""成长企业的管理""创业机会评估""创业战略""创业与社会发展""信息处理产业的战略制定与实施""技术创新的战略管理"等。作为著名的理工科大学,斯坦福大学非常注重应用导向和学科间的优势互补,学生必须学会评估创业机会,全面了解如何将一个创意点子转变成为一个完整的企业。事实上,雅虎、Excite、Netscape等公司就是在斯坦福大学校园的这种创业氛围中诞生的,正是它们给硅谷的发展注入了勃勃生机。

(3) 麻省理工学院(Massachusetts Institute of Technology, MIT)

MIT创业教育从点到面,覆盖各类学生需求,突出体现校企之间密切合作,注重知识创新和成果转化,直接参与不同产业的科研、咨询服务,形成了一个高校、企业、政府与大学生之间彼此关联、彼此促进的"创业教育生态系统"。"创业教育生态系统"的提出者凯瑟琳·杜恩(Katheryn Dunn)认为,MIT的创业教育已形成了数十个项目组织和中心,共同在校园内培养创业精神的"创业教育生态系统"。MIT管理层认为,从创新到创业的产学研转化过程主要包括七个阶段,即创意阶段、技术发展阶段、商业化计划阶段、企业计划阶段、形成企业阶段、早期成长阶段以及高速增长阶段。为迎合不同阶段的需求,MIT先后建立了多个官方组织进行创业教育,例如:MIT创业中心,主要进行创业教育各种资源的整合;创业辅导服务中心,主要提供创业咨询与支持;技术专业办公室,主要帮助校内科研成果进行专利申请与转移;资本网络,主要吸纳与提供创业所需资本,实现创业资本的流通。围绕着专利权问题,校方还成立了专利委员会和专利管理委员会,用以解决发明权的认定、权属和收益分配问题。除了官方组织以外,MIT还存在多种多样的学生社团组织,极大提高了学生创业的积极性与参与度。例如,全球创业工作坊、创业者俱乐部、创业社区等组织为学生之间的信息流通、创意激荡、经验分享提供了平台,而风险资本和私人直接投资俱乐部则为"创业教育生态系统"注入了宝贵的资金流。另外,社会上也存在各种多元化机构支持MIT创业教育。(详见下文"创业阅读")

(4) 哈佛大学(Harvard University)

哈佛大学是美国最早开设创业课程的大学之一,认为创业精神代表一种突破资源限制,通过创新创造机会的行为;创业精神隐含的是一种创新行为,而不是一个特别的经济现象或个人的特质表现。截止到2001年底,哈佛大学共开设了15门创业管理课程,较具代表性的有"创业财务""创业管理""创业营销""专业服务公司""小企业的经营与成长""创业精神、创造性与组织""风险投资与个人股权""开创新企业"等课程。哈佛大学的优势在于,针对创业管理建立完整的资料和案例库,为研究者提供良好的学习和研究环境。哈佛大学是唯一为创业管理与创业教育研究发行期刊的院校。

 创业阅读

MIT 创业教育经验

麻省理工学院（MIT）由威廉·巴顿·罗杰斯（William Barton Rogers）于 1861 年创立。他以在当时看来全新的、与企业相联系、以科学为基础的技术大学的办学理念为基础，通过创建技术知识层，在制造业发展、引进新机器和生产工序的过程中实现科学原理在企业中的应用，并在波士顿地区一大批企业家的支持下创办了 MIT。MIT 于 1865 年迎来了第一批学生，之后在自然及工程领域迅速发展。1903 年，化学教授阿尔弗雷德·诺伊斯（Alfred Noyes）建立了美国第一个研究导向的物理化学实验室。1908 年，创业型科学家威廉·沃克（William Walker）成立了应用化学实验室。这两个实验室代表了 MIT 不同的未来，一种是以基础研究为导向的研究型大学，另一种是为企业培养本科生的工程技术大学。从长远发展来看，MIT 包含了这两种选择。但是，当时美国政府更多地支持那些能够快速产生实际应用效果的实验室，而较少支持那些研究成果高深的机构，使得应用型实验室占据了主导地位，并强化了 MIT 致力于技术领域以及与企业建立联系的宗旨。MIT 正是通过与外部建立联系与在内部进行组织转型，实现了向创业型大学的转变，并成为当今世界上久负盛名的理工科大学。

MIT 作为创业型大学的成功案例具有一系列价值不可估量的经验值得我们借鉴与学习。其中，最核心的特点就是整个创业教育的系统化。具体来说，有以下几点：

1. 准确的大学定位

大学的定位直接影响着大学的发展方向，也决定了大学在社会中的存在地位及价值。建校之初，MIT 便明确了它的目标是注重应用科学的研究，并将"手脑并重"（Mind and Hand）作为 MIT 校训。在该理念引导下，MIT 确立了一种全新的、与企业相联系并以科学为基础的大学办学模式——创业型大学。为了更好地建设创业型大学，MIT 采取了两个层面的措施：

（1）强调"干中学"。MIT 将基础理论教育与实际操作能力相结合，认为学生应当从具体的实践中掌握到相关结论，通过实验进行教学，把个人的经验转化成知识；同时，强调对学生潜力的挖掘，鼓励给他们从事独立、有激励性的工作的科研机会。

（2）建立创业中心。创业中心是 MIT"进军"创业型大学道路上的重要举措。它的成立不仅使 MIT 牢牢把握住"创业教育生态系统"的核心，更明确了 MIT 在整个"创业教育生态系统"中的主体地位，使其成为校内外各种资源整合

的枢纽。

2. 全方位的课程设置

（1）完善的课程体系。MIT打破了专业教育与创业教育之间的"围墙"，创业教育课程体系涵盖了完整的教育周期，完美"演奏"了创业教育"三步曲"。首先是创业相关知识的普及。这其中不仅包括"公司创业""社会创业""创业营销""设计和领导创业组织""创业金融"等创业知识普及课程，同时也包括"创业管理者法律知识"等有关创业法律知识的普及课程。其次是创意资产纸质化。该类课程主要教授大学生如何将创意形成创业计划，包括"商业计划的具体细节"等课程。最后是创业实践体验。该课程将来自于不同学院、不同专业的学生组成团队，参与高科技企业管理，使参加成员亲身体会如何成立与运作一个新创企业。

（2）丰富的第二课堂，搭建知识传授与创业活动之间的桥梁。MIT有很多关于创业的活动，形成了丰富多彩的创业教育第二课堂。MIT还经常邀请知名校友或者知名人士分享其亲身体验，使学生在与成功人士的交流中得到学习与提升。同时，MIT为广大在校学生提供了大量科研项目。如MIT"大学生研究机会计划"，以研究性项目为基础，使本科生作为教师的初级同事参与研究工作。另外，MIT的"10万美元创业大赛"同样出名，每年都有多家新企业从这项竞赛中诞生。一项统计表明，如今美国表现最优秀的50家高新技术公司中有46%出自这项竞赛。

（3）特色跨学科设计，跨越专业教育与素质教育之间的鸿沟。MIT设立、发展了大量文理交叉、理工交叉的跨学科课程，并允许学生跨专业、跨学科、跨学院学习。一方面，MIT强调科学与人文的联系，加强理工科专业的人文与经济学课程的比重，培养学生从工程科学与社会人文两个方面综合处理问题的能力。另一方面，MIT跨学科聘请教师，向学生提供大量知识新颖、交叉性强、水平较高的课程和讲座，不断丰富和更新学生的知识结构，培养其前沿意识和创新能力。例如，MIT成立了科学、技术与社会规划学院，在自然科学、技术科学、人文科学、社会科学等学科领域进行跨学科交叉教育。

3. 多维度的支撑平台

在创业教育支持方面，美国政府从以下三方面给予了大力支持：

（1）制定相关政策法规，保护高校合法权益，为大学生创新创业提供良好的政策法规环境。例如，出台相应的中小企业免税法，采用调控手段以使资金流向大学生创业主体等。

（2）优先向新创企业采购。

（3）成立相关政府机构，为创业者提供广泛的支撑项目，包括技术支持、融资支持、咨询与培训服务等。除了政府相关机构外，社会上也存在各种多元化机构支持 MIT 创业教育,包括各种科技园、风险投资机构、创业培训机构、创业资质评定机构、小企业开发中心、创业者校友联合会、创业者协会、青年创业家大使联盟、创业基金会、柯夫曼创业中心等。这些组织大多是非营利组织,它们通过开展创业教育宣传,开发创业教育课程,为创业者出谋划策,提供创业经费赞助,奖励优秀学生等方式,促进 MIT 创业实践和创业教育成果的市场化运作与转化。

4. 浓郁的创业氛围

无论是教职人员还是在校学生,MIT 内部对知识成果的转化或者大学需增进与企业界的联系均持赞同观念,并以自身行动积极参与到各种创业活动中,从而最终形成大家共有的"学术与创业相依存"的价值理念和行为准则。另外,校园中还有 MIT 创业论坛,为大学生创业者提供交流学习的空间。《科技创业》《技术评论》《斯隆管理评论》《MIT 知识产权办公室建议》《MIT"创新影响"研究报告》等评论杂志提供了关于创业创新的各种信息。这些都为营造浓厚的校内创业文化氛围奠定了基础。同时,由于美国鼓励创新、允许失败的创业文化,形成了一个由风险资本家、风险投资家、各种中介机构组成的高效运作的风险投资市场。风险企业都具有较强的市场意识,善于通过资本市场为自己的新产品、新技术寻找资金的支持。同时,通过市场中风险资本家的职业眼光检验自己的创新设想,保证了创新企业能够比较健康、快速地发展。高校及社会创业文化氛围以潜在的动力推动政府、企业、个人广泛参与到创业教育与创业活动中,对于高校、政府、企业良性互动式发展的 MIT"创业教育生态系统"的形成及发展起着潜移默化的作用。

资料来源:凯瑟琳·杜恩. MIT 创业生态系统[J].中国孵化器,2009(9):22—26.张昊民,张艳,马君.麻省理工学院创业教育生态系统成功要素及其启示[J].创新与创业教育,2012(2):56—60.

三、中国创业教育的发展

1. 中国创业教育的兴起与发展

1998 年,清华大学举办首届创业计划大赛,这是中国创业教育兴起的一个标志。1999 年,共青团中央将该赛事予以推广,由共青团中央、中国科协、全国学联主办,清华大学举办首届"挑战杯"中国大学生创业计划竞赛(以下简称"创业计划竞赛")。创业计划竞赛架起了投资家、企业家与青年创业者之间的桥梁,极大地促进了大学生创新与创业教育,迅速在全国范围内形成了很好的示范效应。创业计划竞赛目前已经成功举办了十多届,先后诞生了视美乐、Fanso、慧点、瑞福科技、汗青环保、奇乐无限等数十家优秀创业公司。首届创业计划竞赛冠军队队长童之磊和休学创业的周亚辉两位清华学子创办的"中文在线""昆仑万维"两家创业公司后来在深交所创业板同时上市。在清华大学创业计划大赛的影响下,创业大赛模式在全国各地的高校迅速得到推广,从而让成千上万的大学生得到了创业训练和素质提升,在高校乃至整个社会中产生了深远影响。

2002年,教育部确定了清华大学、北京航空航天大学、中国人民大学、上海交通大学、南京经济学院、武汉大学、西安交通大学、西北工业大学、黑龙江大学9所高校率先进行创业教育的试点工作。这些高校有步骤、有层次地进行创业教育的探索,形成了几种比较典型的创业教育模式(刘帆,徐林,刘川,2007):(1)课堂式创业教育,强调创业教育"重在培养学生创业意识,构建创业所需知识结构,完善学生综合素质",并通过第一课堂与第二课堂的结合开展创业教育,同时辅之以各种创业教育讲座以及各种竞赛、活动等方式。(2)实践式创业教育,以提高学生的创业知识、创业技能为侧重点,特点是商业化运作,建立大学生创业园,教授学生如何创业,并为学生创业提供资金资助以及咨询服务。(3)综合式创业教育,一方面将创新教育作为创业教育的基础,在专业知识的传授过程中注重学生基本素质的培养;另一方面为学生提供创业所需资金和必要的技术咨询。

2006年4月,在国家自然科学基金委员会和全国MBA教育指导委员会的支持下,南开大学商学院和美国百森商学院在天津联合主办了"创业研究与教育国际研讨会"。会议以"创业、创业管理与创业教育"为主题,进行了深入研讨,达成了几点共识:第一,作为科学技术转化为现实生产力的桥梁,创新和创业活动日益成为经济发展的引擎和重要推动力,鼓励创新和创业已成为各国竞相实施的国家战略。中国没有任何时候比今天更需要创新,更重视创业。为此,中国应借鉴发达国家建设创业型经济和创新体系的成功经验,大力加强创业研究与教育,培养出大批具有创业精神的人才,营造创业环境,培育国家创新体系。第二,创业是一种思考和行为方式,而并非只是开办一家企业,强调把握机会,善用资源,承担风险,创造价值;是存在内在规律的可管理过程,而并非零散的随机事件,注重机会、资源和团队之间的动态平衡。开展创业研究是为了顺应新时期社会经济实践的变革和挑战,挖掘创业活动的内在机理,重新审视传统管理理论,谋求理论创新。相应地,大力推动创业教育是强调创业素质教育,培育创新人才。第三,应搭建稳定的交流沟通平台,形成创业研究与教育的年会制度,加强彼此之间的交流、沟通与合作,共同推动创业研究与教育的快速发展。

2010年5月教育部下发的《教育部关于大力推进高等学校创新创业教育和大学生自主创业工作的意见》指出,大学生是最具创新、创业潜力的群体之一;在高等学校开展创新创业教育,积极鼓励高校学生自主创业,是教育系统深入学习实践科学发展观,服务于创新型国家建设的重大战略举措;以提升学生的创业能力作为创业教育的核心内容之一。

2012年3月教育部印发的《教育部关于全面提高高等教育质量的若干意见》明确提出,把创新创业教育贯穿于人才培养全过程。同年8月教育部印发的《普通本科学校创业教育教学基本要求(试行)》提出,高等学校要把创业教育教学纳入学校改革发展规划,纳入学校人才培养体系,纳入学校教育教学评估指标。这些政策措施为中国创业教育的发展提供了基本遵循,也为高校创业教育的探索和推广提供了重要指导。

2015年6月,首届中国"互联网+"大学生创新创业大赛拉开序幕。大赛由教育部与中宣部、国家发改委、科技部、工信部、人社部、商务部、团中央等部委和吉林省人民政府共同主办。大赛的主要目的,一是深化高等教育综合改革,培养学生创新精神、创业意识、创新创业能力,激发大学生的创造力;二是推动赛事成果转化,促进"互联网+"新业态形成,推动互联网与实体经济融合,主动服务经济提质增效升级;三是以创新引领创业、创业带动就业,推动高校毕业生更高质量创业就业。从参赛项目的类型来看,主要包括四种:一是"互联网+"传统产业,即新一代信息技术在传统产业领域应用的创新创业项目;二是"互联网+"新业态,即基于互联网的新产品、新模式、新业态创新创业项目,优先鼓励人工智能产业、智能汽车、智能家居、可穿戴设备、互联网金融、线上线下互动的新兴消费、大规模个性定制等融合型新产品、新模式;三是"互联网+"公共服务,即互联网与教育、医疗、社区等结合的创新创业项目;四是"互联网+"技术支撑平台,即互联网、云计算、大数据、物联网等新一代信息技术创新创业项目。

2016年6月13日,教育部发布《教育部关于中央部门所属高校深化教育教学改革的指导意见》,提出要把创新创业教育作为全面提高高等教育质量的内在要求和应有之义,修订专业人才培养方案,将创新精神、创业意识和创新创业能力作为评价人才培养质量的重要指标。该意见要求各中央部门所属高校改革教学方式方法,广泛开展启发式、讨论式、参与式教学;改革教学和学籍管理制度,完善个性化的人才培养方案,建立创新创业学分积累和转换制度,允许参与创新创业的学生调整学业进程,保留学籍休学创新创业;开展大学生创新创业训练计划,支持学生参加国家级创新创业大赛。

2. 高校创业教育方法的探索

创业教育方法的广泛探索将更有益于创业教育的推广。有别于传统管理教育,创业教育方法的选择应注重创业活动的两个重要特点:第一,创业过程的整体性。与传统管理教育按职能模块教育的方法不同,对创业管理的教育应把握其整体性的特点,基于创业的整体过程,理解和学习相关的创业管理理念、知识和技能。第二,创业活动的实践性。创业管理教育很难借鉴传统管理教育的成熟方法,必须摸索出自己的一些实践教学方法。综合已有的一些创业教育实践和研究,中国创业管理教育可以完善和创新以下三种方法:

(1) 理论教学方法

理论教学方法主要以传统的课堂教学为主。目前,许多高校都在开展创业管理的课堂教学。课堂教学除了要完善现有的创业管理课程体系外,还应注重课堂教学方法的改进。以说教为主的传统的教学方法在一定程度上难以满足创业管理教育的要求,因此可以开展更多以互动和对话为手段的课堂教学,如案例分析法、游戏学习法、小组讨论法、自我测试法、课堂演示法、小组活动法、头脑风暴法、嘉宾座谈法、网络媒体法等。例如,嘉宾座谈法是将一些在创业的某些方面有经验的人士请到课堂,让学生与其面对面地交流。这些专家可能是为小企业服务的银行家、税收咨询专家、财务咨询专家、风险投资专家或是成功创业者等,学生能够就一些与创业有关的问题与其沟通。

(2) 实践教学方法

创业管理的实践性决定了其教育方法也要运用大量的实践教学。许多高校的实践教学主要采用建立大学生创业园的方式开展。例如,清华大学的创业园就主要为大学生创业服务,自1999年设立以来取得了不错的成果,成立了近百家大学生创业企业。除此之外,还可以采取企业实习基地、学校创业中心、学生创业社团、创业实践岗位等不同形式的实践教学途径。例如,企业实习基地是以各种性质的合作企业为基地,在企业指导人员和学校指导老师的联合指导下,促使大学生把所学理论应用于实践,把书本知识和实际工作结合起来,在实践学习的过程中获得创业的基本技能,并逐渐内化为自己的实战创业能力。

(3) 模拟教学方法

随着计算机技术和网络技术的发展,模拟教学越来越广泛地应用于各个学科的教学中,其科学性和合理性正越来越得到人们的认可。在创业管理教育中运用模拟教学方法,在一定程度上能综合理论教学与实践教学的优点,同时相对克服两者的缺点。因为模拟教学一方面比理论教学更直观、更具体、更现实,另一方面又比实践教学更综合、更灵活、更有效率。从现有管理学领域的应用来看,模拟教学方法主要有情景模拟教学和计算机软件模拟教学。前者主要是围绕某一教学主题,创设情景并引导学生扮演角色,将事件发展过程模拟或虚拟再现出来,让学生从中领悟和学习相关理论与技能;后者则借助于计算机软件环境或网络环境,开展模拟教学。通过模拟教学,可以为学生提供仿真的实践平台,低成本、高效率地培养学生观察、分析和综合的思维能力,训练学生在特定环境或条件下的应变能力,让学生在亲身体验中自觉地将理论知识与实际操作结合起来,进而培养学生综合的创业管理素质。

3. 中国创业教育的国际合作项目

(1) KAB 创业教育项目(www.kab.org.cn)

KAB(Know about Business)创业教育项目是国际劳工组织为培养大中学生的创业意识和创业能力而专门开发的课程体系,与已经在各国广泛实施的"创办和改善你的企业"项目(SIYB 项目)共同构成一个完整的创业培训体系,目前已在全球三十多个国家开展。该项目通过教授有关企业和创业的基本知识和技能,帮助学生对创业树立全面认识,切实提高其创业意识和创业能力,培养有创业和创新精神的青年人才。

KAB 创业教育(中国)项目是共青团中央、全国青联与国际劳工组织合作的国际项目,在清华大学、中国青年政治学院、北京航空航天大学、浙江大学等众多高校开设了"大学生 KAB 创业基础"课程,课程内容和授课方法受到许多师生的好评。

(2) SIYB 创业培训项目(www.siyb.com.cn)

"创办和改善你的企业"(Start and Improve Your Business,SIYB)中国项目由中国劳动和社会保障部与国际劳工组织共同实施,由英国国际发展部提供资金支持。SIYB 创业培训项目的总体目标是,为消除社会贫困和创造就业机会做出贡献。该项目的直接目标是,通过培训和技术支持提高失业人员,尤其是下岗工人的能力和技能,使他们能够创办和发展自己的微型和小型企业,并在此过程中为社会上的其他人提供体面的就业机会。

SIYB 创业培训项目实施以来取得了积极的成果,培训对象的范围不断扩大,地域不断拓展,促进就业效果凸显。从对象看,已从下岗失业人员逐步扩展到青年学生、农村转移劳动力以及残疾人、刑满释放人员等特殊群体;从地域看,不仅在项目地区,在全国其他地区也广泛开展,目前一些偏远地区也不同程度地引进了 SIYB 创业培训技术。

(3) 中国青年创业国际计划(www.ybc.org.cn)

中国青年创业国际计划(Youth Business China,YBC)是共青团中央、中华全国青年联合会、中华全国工商业联合会等共同倡导发起的青年创业教育项目。该项目参考总部在英国的青年创业国际计划(Youth Business International)扶助青年创业的模式,动员社会各界,特别是工商界的力量,为青年创业提供咨询以及资金、技术、网络支持,以帮助青年成功创业。

YBC 这项源起于英国、已在全球 39 个国家运行的扶持青年创业的项目,已在中国得到广泛推广,并在积极探索适合中国的本土化特色。创业项目涉及多个领域,包括中式餐饮、DV 拍摄、手工设计制作、小百货连锁、家政服务、电子商务、高科技等诸多行业。

本章要点

1. 不同学者对创业有不同定义。总体上,创业有广义与狭义之分。

2. 狭义的创业可以指创建一家企业。广义的创业可以是个人、团队或组织把握环境中出现的机会,用创新的思维和方法来组织和整合各种资源,以开发和利用该机会,并实现新的价值创造。

3. 创业精神可以表现在很多方面,包括持续创新的精神、敢于冒险的勇气和自我超越的抱负。

4. "创业教育"的概念最早是在1989年联合国教科文组织于北京召开的"面向21世纪教育国际研讨会"上正式提出的。

5. 创业教育的兴起主要基于一些重要的因素:新经济的出现、严峻的就业形势和大学职能的革命性转型。

6. 美国的创业教育发展得较早,逐步形成一个完整的社会体系和教学研究体系,目前在全球居于领先的地位。

7. 高校创业活动已成为美国经济发展的直接驱动力。

8. 美国创业教育名校很多,形成了各种风格和特色。

9. 麻省理工学院形成的"创业教育生态系统"在创业教育中发挥了积极的作用。

10. 清华大学1998年举办首届创业计划大赛,这是中国创业教育兴起的一个标志。

11. 教育部2002年确定了9所高校率先进行创业教育的试点工作,经过多年的发展,已逐步摸索形成了几种典型的创业教育模式。

12. 教育部近年出台了一系列重要文件,全力推进高校创业教育的发展。

13. 国际创业教育合作项目为中国创业教育的推进做出了积极贡献。

思考与练习

1. 中国创业现象活跃背后的原因有哪些?
2. 美国高校创业教育发展的驱动力有哪些?
3. 中国应如何借鉴美国创业教育的经验?
4. 与同学组成小组,探讨和归纳大学生的创业精神表现在哪些方面。
5. 对你所就读的大学进行调查,总结其创业教育的整体规划以及实施的效果。
6. 选择一所你喜欢的美国高校,从网络上了解其创业教育的发展历史与现状。
7. 了解中国政府相关机构近年来颁布的关于创业教育的政策与文件。

拓展阅读

1. 卡迈恩·加洛. 乔布斯的创新游戏[M]. 陈毅骊,译. 北京:中信出版社,2011.

2. 维克多·E. 弗兰克尔. 追寻生命的意义[M]. 何忠强,杨凤池,译. 北京:新华出版社,2003.

3. 牛长松. 英国高校创业教育研究[M]. 上海:学林出版社,2009.

4. 郑刚,郭艳婷. 世界一流大学如何打造创业教育生态系统——斯坦福大学的经验与启示[J]. 比较教育研究,2014(9):4—4.

成长思维篇

第四章 创业机会与愿景

本章学习目标

1. 理解创业梦想与愿景的意义；
2. 理解创业机会的内涵与特征；
3. 了解创业机会的来源；
4. 掌握创业机会的评价方法；
5. 熟悉创业机会的识别步骤；
6. 提升把握创业机会的能力。

 案例导读

创业梦想家：艾伦·马斯克

成功的创业往往源自年少时的一个梦想。艾伦·马斯克(Elon Musk)认为自己的创业选择就是源自年少时的梦想。

艾伦·马斯克出生在南非一个普通家庭。12岁时，他写了一个名为"Blastar"的游戏软件，卖了500美元，挖掘到人生"第一桶金"。17岁那年，为了逃避服兵役，马斯克选择随着母亲移居北美，因为在他心中："美利坚是奇迹发生的地方。"

1992年，21岁的马斯克离开加拿大，前往美国宾夕法尼亚大学攻读商业和物理学学位，他就读的沃顿商学院是全球最顶尖的商学院之一。拿到经济学和物理学双学位后，马斯克前往硅谷，试图修读斯坦福大学的应用物理学博士学位。但是，他很快对修读学位失去了兴趣。在硅谷浓厚的创业氛围熏陶下，马斯克决定以乔布斯、比尔·盖茨等为榜样，开始创业。1995年，马斯克和弟弟金博尔·马斯克(Kimbal Musk)一起开始编写一个为新闻出版机构进行线上排版的软件Zip2。该软件在1999年卖出了307万美元的价格，这是马斯克创业掘到的第一笔巨资。

初到硅谷，马斯克就已经决定了人生的创业目标：网络、永续能源和太空。在他看来，人类极端脆弱，网络将彻底改变人们的生活方式；而永续能源则是人类得以在地球上存续的前提；只有移民太空，人类才能避免像恐龙那样因为一颗

小行星撞击地球而灭绝。1999年,马斯克拿着卖软件拿到的钱创立了X.com,并开始实现人生的第一个目标:在互联网领域大干一场。马斯克认为P2P支付方式拥有巨大的应用前景,他研发了一套名为"PayPal"的在线支付系统。除了技术上的创新,马斯克还显示出了惊人的营销天赋,他首创了"病毒式营销":每个使用PayPal的用户和将PayPal推荐给他人使用的用户都可免费获得10美元,这种策略令PayPal滚雪球似的膨胀。2002年,eBay支付15亿美元,买断了PayPal。马斯克本人大约拿到1.8亿美元。

在PayPal的收购尘埃落定后,马斯克前往里约热内卢的海滩享受假期。在度假期间,他开始阅读《火箭推进基本原理》。因为这时候,他已经决定实现自己人生的第二个梦想:进军太空。在当时,航天工业在任何国家都是国家战略层面的事,一个企业家想白手起家涉足这一行业,无异于痴人说梦。

马斯克似乎天生就拥有"狗一般灵敏的商业嗅觉"。事实上,当时美国政府在航天领域面临两个窘境:缺钱,缺飞船。马斯克的切入点就是研发低成本商用火箭和航天器,这就像为政府造"太空的士",一旦产品研发成功,其后续的商业价值不可限量。马斯克将这家公司命名为"Space X"。当下有许多人将马斯克和乔布斯相提并论,撇开其他不谈,两人至少有一个惊人的相似点:极具个人魅力,口才了得。在Space X还一无所有的时候,马斯克就把诸如制造出世界上最大的发动机引擎的专家蒂姆·布扎(Tim Buzza)、火箭结构设计师克里斯·汤普森(Chris Thompson)等招致麾下,热火朝天地开始"二次创业"。

Space X在2006年、2007年、2008年的三次试射中,均告失败,马斯克个人投资的1亿美元血本无归,公司濒临破产。这时候,马斯克又展现出神奇的"忽悠"功力,他跑到国会发表演讲,让政坛大佬们相信私人发射火箭的可行性,从NASA成功拿到了16亿美元的大合同。2008年9月28日,发射11分钟之后,猎鹰1号成功地进入了地球轨道。2010年,马斯克邀请奥巴马参观了Space X的发射基地。彼时,Space X最新一代的猎鹰9号和"龙飞船"已经研发成功,马斯克需要一个强有力的支持,说服NASA将Space X列为向国际空间站运输货物的第一家民营企业。奥巴马的大驾光临让马斯克的"诡计"得逞,2012年5月25日,"龙飞船"成功与国际空间站对接。马斯克和他的Space X一起,成为历史上继美国、欧盟和日本后,第四个拥有与国际空间站对接能力的实体。

在Space X之外,马斯克从未忘记自己的第三个梦想:永续能源。2003年,他以公司创始人和首席产品设计师的身份,创立了特斯拉(Tesla)电动汽车公司。在创立之初,马斯克和联合创始人马丁·艾伯哈德(Martin Eberhard)就喊出了"让燃油车绝迹"的口号。

马斯克挖来丰田的工厂监造高层吉伯·帕桑(Gilbert Passin)。吉伯·帕桑如此描述他和马斯克的第一次会面:"他找到我,告诉我,他需要一间全世界最棒的工厂，拥有全世界最棒的员工，生产全世界最棒的房车。我问他：车间在哪儿呢？他说：你自己去找。我又问他：员工在哪儿呢？他说：你自己去找。"最后，他们买下了通用和丰田在硅谷边缘的一间废弃工厂（价值10亿元，马斯克花了4200万美元买下来），并把这个阴暗灰沉的传统汽车制造车间改造成具有典型硅谷风格的高科技生产车间。

拥有"狗一般灵敏的商业嗅觉"的马斯克对特斯拉的商业定位是：先笼络富人，然后在他们的言传身教下，逐步让普通民众接受电动汽车。从目前来看，他的这一策略出奇制胜。特斯拉的第一款量产车是基于莲花底盘的 Roadster，这款车在31个国家总共卖出约2500辆，单价高达11万美元。用户包括谷歌创始人、布拉德·皮特（Brad Pitt）等。简而言之，这款车就是一个超级富豪的玩具。

在从零起步到造出 Roadster 的这几年，特斯拉举步维艰。马斯克在2004年投入630万美元，到2007年再追加投资2000万美元。2008年的全球金融危机让本就巨亏的特斯拉濒临崩溃。在 Space X 的试射接连失败的情况下，马斯克几乎破产，他将最后的2000万美元注入特斯拉，自己则借钱度日。最困难的时候，马斯克良好的人脉和"三寸不烂之舌"再次发挥奇效，他成功申请到美国政府的4.65亿美元贷款。金融危机令奥巴马政府自2009年开始大力推广电动汽车。2010年6月，特斯拉在纳斯达克上市。在上市前几天，《纽约时报》曝出马斯克已经濒临破产。特斯拉成为美股继1956年福特之后第二家上市的车企，融资2.26亿美元。这些资金和政策支持帮助特斯拉起死回生。

特斯拉的第一款量产车 Roadster 虽然价格昂贵，销量稀少，但是由于具有高超的性能：起步加速比阿斯顿·马丁制高点还快，以及名人车主的推广效应，令特斯拉品牌一炮打响。马斯克心目中攸关特斯拉生死存亡的一款电动房车 Model S，于2012年6月在加州工厂下线。这款车的售价仅为 Roadster 的一半，从动力、外观、内饰到各个细节，可谓"惊为天人"。

特斯拉的另一大创新是完全基于网络支付的直营模式，这与马斯克对于 P2P 支付模式的深刻理解密不可分。要购买 Model S，顾客只能通过向特斯拉官网发送邮件，待邮件确认后支付定金，然后特斯拉才会生产，并在约两个月后将 Model S 送到顾客手中。这种模式等于直接砍掉了几级经销商，将 Model S 的购买成本最小化。如果顾客想要接触 Model S 实车，没问题，特斯拉在核心商圈开设有"城市体验店"，通过讲解、切身体验甚至是前卫的装修，令消费者对特斯拉的产品和文化产生认同感，从而促成购买行为。另外，这种模式也保证了特斯拉几乎可以做到零库存，极大降低了生产储存成本。

2013年第一季度的财报显示，特斯拉10年来首次实现盈利。过硬的产品、新奇的营销外加马斯克那张"化腐朽为神奇"的嘴，使特斯拉的股价狂飙猛进，一路突破一百美元大关，市值甚至超过了老牌车企菲亚特。马斯克也从为了特斯拉几乎倾家荡产一跃成为身价超过 30 亿美元的超级富豪,可谓"名利双收"。在股价一路狂飙的同时,特斯拉也从一个"人见人踩"的车企异类摇身一变,成了媒体吹捧的"电动汽车新贵"。这就像马斯克本人一样,他做的几乎每一件事,从一开始就不为世俗所接受。但是,到了最后,你会惊奇地发现,这个"疯子"总能把"不可能变成可能"。

资料来源:阿宝."梦想家"艾伦·马斯克[EB/OL].(2013-06-18)[2016-05-13].http://auto.163.com/photoview/53FP0008/158310.html#P=91M3HLFH53FP0008.

第一节 创业梦想与愿景

一、唤醒创业梦想

"理想很丰满,现实很骨感!"这句话用在创业上也非常恰当,起初的创业梦想会非常美好,真正的创业现实却往往是"骨感"的。面对残酷的创业现实,支撑创业者坚持走下去的,往往又是当初美好的创业梦想。

人生充满着期待,梦想连接着未来。金山软件的雷军在功成名就之后,没有去享受创业的成功果实,而是怀着更大的创业抱负创建了小米科技。因为雷军从大学开始就一直有一个梦想:建一个受世人尊敬的伟大企业。雷军坚信:"人因梦想而伟大,只要我有这么一个梦想,实现这一梦想,我就此生无憾。"

2014 年 9 月 19 日,阿里巴巴在美国上市,这距离马云 1999 年创建阿里巴巴公司过去了 15 年。1992 年,马云从大学辞职创业后,先后创建过多家公司,创业过程中遇到了无数的失败和挫折。但是,他一直没有放弃,反而是越挫越勇,也是因为心中的创业梦想让他坚持了下来。马云曾说:"人可以十天不喝水,七八天不吃饭,两分钟不呼吸,但不能失去梦想一分钟。没有梦想比贫穷更可怕,因为这代表着对未来没有希望。一个人最可怕的是不知道自己干什么,有梦想就不在乎别人骂,知道自己要什么,最后才会坚持下去。"

 创业阅读

马云:梦想还是要有的,万一实现了呢?

15 年前在硅谷融资被拒绝后,马云有点沮丧地来到一家餐厅吃饭,突然问女服务员:知不知道"阿里巴巴"是什么意思?服务员说,知道啊,芝麻开门嘛!他兴奋地跑到街上,又问了差不多 20 个人。人们以为他疯了。其实,他只是想

给自己未来的跨国公司起个全世界都懂的名字。

马云携众高管到现场并观看了整个上市仪式,但是并未上台参与敲钟仪式。敲钟前,纽交所主席最后一次问马云:你确定不上台敲钟吗?你不后悔吗?马云肯定地说,只有他们成功了,阿里巴巴才会成功。马云将带有阿里巴巴公司Logo的T恤赠送给了在场的嘉宾,上面印着他亲自选择的一句话:"**梦想还是要有的,万一实现了呢**?"

1992年,马云辞掉英语老师的工作开始经商,开翻译社,贩卖义乌小商品,都没能挣几个钱。终于有一天,他突然知道有"互联网"这个东西。尽管打开一个网页长达半个小时,但是马云当机立断,创办了"中国黄页"。他骑着自行车把半个杭州城的老板的门都敲了一遍去拉广告,大多数人都把他当成骗子。也许,面对这种情况,99%的人都可能选择放弃,但是马云却萌生了一个想法:既然做生意这么难,我就自己办一家企业,"让天下没有难做的生意"。"一个了不起的企业,一定是为社会解决问题的。"马云说。

资料来源:马云:梦想还是要有的,万一实现了呢?[EB/OL].(2014-09-20)[2016-07-13]. http://news.163.com/14/0920/07/A6IPR9G700014Q4P.html.

为什么创业梦想这么重要,以至于许多投资者在作项目投资决策之前,都要认真地问问创业者的梦想是什么? 第一,梦想是创业的源动力。红杉资本创始人沈南鹏曾说:"梦想更重要,不能仅仅为了赚钱创业,梦想是很多成功创业家背后的根本动因。"第二,梦想可以帮助创业者走出创业困境。挫折与失败是创业过程中必然要面对的考验,如果只依靠名利的诱惑支撑创业者,那是很容易在一个又一个挫折与失败面前放弃的。第三,梦想可以凝聚创业团队。新东方创始人俞敏洪曾说:"一块砖没有什么用,一堆砖也没有什么用,如果你心中没有一个造房子的梦想,拥有天下所有的砖头也是一堆废物。"一家优秀的公司往往靠梦想凝聚人才和资源。马云一直在公司文化中强调,阿里巴巴的人不是为马云工作,而是要为自己的梦想工作。

二、构建创业愿景

三个人在同一个建筑工地做同样的工作。当被问及从事何种工作时,每个人的答案却有所不同。第一个人说:"我在把石头敲碎。"第二个人说:"我在挣钱养家糊口。"第三个人说:"我在修建一座伟大的教堂。"这个故事最早出现在管理大师彼得·德鲁克于1954年出版的《管理实践》一书中,几十年来一直为管理界所津津乐道。德鲁克当年讲这个故事的本意是要说明什么样的人是真正的管理者。他在书中写道:"自然,只有第三个石匠才是真正的管理者。"因为"每个管理人员的工作必须注重于企业整体的成功",他们的职责就是要让企业的每个成员的贡献"都必须融成一体,产生出一种整体的业绩——没有隔阂,没有冲突,没有不必要的努力的重复投入"。

企业愿景(vision)有时也称为"企业远景",一般是由企业的创始人或高层管理人员制订,通过内部的讨论,获得一致的认识,形成大家愿意全力以赴的未来方向。愿景是描绘企业期望成为什么样子的一幅图景,从广义上讲,就是企业最终想实现什么目标。因此,愿景清晰地描述了企业的理想状况,使企业的未来更加具体化。换言之,愿景指明了企业在未来想要前进的方向。愿景是一幅充满激情的未来蓝图,反映了企业的价值观和渴望,帮助员工意识到在企业中他们应该去做的事情。如果企业的愿景简单、积极并充满感情,员工就能够意识到他们将要做什么,但是一个好的愿景也会给人压力和挑战。

如果说创业梦想还有些虚无缥缈,那么创业愿景就能够更加清晰地为企业的未来发展指明方向。优秀的创业企业总是能够提炼出令人激动或向往的创业愿景。例如,小米的愿景:让每个人享受科技的乐趣;华为的愿景:丰富人们的沟通和生活;阿里巴巴的愿景:让天下没有难做的生意。这些愿景能够很好地将企业内部员工凝聚起来,引导他们奋斗的方向。

第二节　创业机会的评价与选择

一、创业机会的特征与类型

1. 创业机会的本质

创业机会并没有一个严格、统一的定义,不同的人有不同的观点。百森商学院创业学教授蒂蒙斯认为,创业机会是通过把资源创造性地结合起来,迎合市场需求(或兴趣、愿望)并传递价值的可能性。他认为,好的创业机会有四个特征:(1)能吸引顾客;(2)能在商业环境中行得通;(3)必须在机会之窗存在期间被实施;(4)必须有资源和技能以创立业务。创业机会往往还具有很大的不确定性,并可能伴随着风险。风险也成为创业机会的一个特征。了解创业机会的这些重要特征,将更有助于我们判断创业机会的出现。

首先,创业机会具有创新性。根据德鲁克的观点,创业者学会通过发现和追求机遇实践系统化的创新,这就是创业形成的过程。变化为创业者创造了一种机遇,不但能创造个人财富,而且能间接地为整个社会创造经济价值。德鲁克认为:"创新是体现创业的特定工具,是赋予了资源一种新的能力,使之成为创造财富的活动。实际上,创新本身就创造了一种资源。"因此,德鲁克对于创业的定义有其特定的侧重——创新。他将创业企业分为有创新的企业和没有创新的企业两种。例如,一个开发并营销新产品的人是创业者,而一个街角的杂货店老板则不是。

其次,创业机会具有价值性。价值性有多个层面:一是给客户带来价值。要给客户带来价值,关键是要能为客户解决问题,如果这些问题对客户来说非常重要,而且可能困扰客户很久了,那么其解决将非常具有价值。当然,这些问题也可能是客户现在没有遇到,而未来将要面对的重要问题。二是给其他创业相关者带来价值。创业机会首先要能给创业者自身带来价值,同时对参与实现这些创业机会的相关组织和个人也应具有价值,如外部供应商等合作者。三是具有一定的社会价值。从整个社会来看,越是具有价值的创业机会,越具有较大的发展潜力。即使在短期内可能对部分利益相关者带来利益损害,但是只要对社会发展有价值,这些创业机会最终可能会被挖掘出来。

最后,创业机会具有风险性。与价值性相对应的就是创业机会的风险性。第一,风险可能来自创业环境的不确定性。(1)市场风险是由于市场情况的不确定性而导致创业者或创业企业蒙受损失的可能性;(2)技术风险是由于技术方面的因素及其变化的不确定性而导致创业失败的可能性;(3)政治风险是由于战争、国际关系变化或有关国家政权更迭、政策改变而导致创业者或企业蒙受损失的可能性;(4)经济风险是由于宏观经济环境发生大幅度波动或调整而使创业者或创业投资者蒙受损失的风险。这些风险主要是由于外部客观环境的不确定性带来的。第二,风险也可能来自创业者或创业企业的资源与能力的束缚。(1)资源短缺风险。在大多数情况下,创业者不一定也不可能拥有所需的全部资源。如果创业者没有能力获得创业所需的相应资源,创业要么无法起步,要么在创业途中因"粮绝弹尽"而"倒下"。(2)管理能力风险。这是因创业企业管理不善而产生的风险。例如,创业者在战略规划上不具备出色的才能,或不擅长运营企业而导致效率低下,从而给企业带来经营风险。此外,创业者的身体与心理素质等主观方面的因素也有可能导致创业失败。没有风险的创业机会在现实中是很少存在的,相反,有价值的创业机会往往还会伴随着高风险。

2. 创意与创业机会

创意起源于人类的创造力、技能和才华,来源于社会,又指导着社会发展。创意被认为是逻辑思维、形象思维、逆向思维、发散思维、系统思维、模糊思维、直觉和灵感等多种认知方式综合运用的结果。

但是,创意本身并不是创业机会,只有那些具有商业开发价值的创意才可能成为创业机会。能成为创业机会的创意需具有一些特征:

首先,具有独特性和新颖性。创业的本质是创新,创意的新颖性可以是新的技术和工艺,也可以是差异化的解决方案,还可以是更好的措施。另外,新颖性还意味着一定程度的领先性。不少创业者在选择创业机会时,关注国家政策优先支持的领域,就是在寻找具有领先性的项目。不具有新颖性的想法不仅将来不会吸引投资者和消费者,对创业者本人也不会有激励作用。同时,新颖性还可以加大模仿的难度。

其次,具有价值性和操作性。有价值的创意绝对不是空想,而要有现实意义,具有实用价值,简单的判断标准是:能够开发出可以把握机会的产品或服务,而且市场上存在对产品或服务的真实需求,或可以找到让潜在消费者接受产品或服务的方法。有潜力的创意必须具备对用户与创业者的价值。创意要发展成为创业机会,其价值特征是最根本的,好的创意要能给消费者带来真正的价值。创意的价值要靠市场检验,好的创意需要进行市场测试。同时,好的创意必须给创业者带来价值,这是创业动机产生的前提。

3. 商机与创业机会

"商机"是指商业机会,是我们在企业经营中经常听到的一个词语。那么,商机是否就是创业机会?实际上,只要是有商业价值的机会,我们都可以统称为"商机"。因此,"商机"是一个含义较为宽泛的概念,它包括了"创业机会"这个概念,大多数创业机会都应具有商业价值。但是,不是说所有的商机都是创业机会。例如,精明的商人往往能发现市场中的套利机会,如果这种套利机会只能帮商人赚上一笔钱,而不能让商人为此创建一家企业或一个较为稳定的组织,使之具有自我生存和发展的能力,那么这仅仅是一个商机,而不能视之为一个创业机会。

美国学者罗伯特·巴隆(Robert A. Baron)和斯科特·谢恩(Scott A. Shane)通过对创业机会的深入研究发现,有些创业机会较适合于既有企业,有些创业机会则较适合于新企业。这些研究观点在他们的著作中有详细的阐述,如下表所示:

表 4-1 适合于新企业的创业机会

机会的特点	有利于谁	理由	例子
非常依赖于信誉	既有企业	人们更愿意从他们了解和信任的企业那里购买产品	珠宝商店
具有很强的学习曲线效应	既有企业	既有企业能够沿着学习曲线移动,更善于生产和销售产品	汽车制造商
需要大量资本	既有企业	既有企业可以使用已有现金流生产产品或提供服务	喷气式飞机制造商
需求规模经济	既有企业	当规模经济存在时,随着生产数量的增加,生产产品或提供服务的平均成本下降	钢厂

（续表）

机会的特点	有利于谁	理由	例子
在市场营销和分销方面需要互补性资产	既有企业	满足顾客需求的能力经常要求获得零售分销渠道	跑鞋生产商
依赖于对产品的逐步改进	既有企业	同复制其产品或服务的新企业相比，既有企业能够更容易和更便宜地对产品或服务进行逐步改进	DVD播放器制造商
利用能力破坏型创新	新企业	既有企业的经验、资产和流程受到威胁	以生物技术为基础的计算机生产商
不满足既有企业的主流顾客的需求	新企业	既有企业关注于服务它们的主流顾客，而不愿意引入不能满足那些顾客需求的产品或服务	计算机软驱制造商
建立在独立创新的基础上	新企业	新企业能够开发独立创新，而不必复制既有企业的整个系统	药品生产商
存在于人力资本中	新企业	拥有知识的人能够生产出满足顾客需求的产品或服务	厨师

资料来源：罗伯特·A.巴隆，斯科特·A.谢恩.创业管理：基于过程的观点[M].张玉利，谭新生，陈立新，译.北京：机械工业出版社，2005.

4．创业机会的类型

美国沃顿商学院的教授特维奇（Christian Terwiesch）和乌尔维奇（Karl Ulrich）根据"市场知识"和"技术能力"的不确定性程度这两个维度，把商业机会划分为三个境界："第一界"的机会是在市场不确定性和技术不确定性极低的范畴；"第二界"的机会是在现有业务衍生出来的区域，市场不确定性和技术不确定性虽都有，但不高，并且可以利用已知的方法去降低；"第三界"的机会属于二类不确定性最高的新兴市场，既不是目前市场的自然延伸，也不是企业所擅长技术的逻辑发展。

根据格策尔斯（Getzels）关于创造性的理论，可以按照机会的来源和发展程度将机会分类如下：

表 4-2　机会的类型

		市场需求	
		未识别	已识别
资源和能力	不确定	I 梦想	II 问题解决
	确定	III 技术转移	IV 企业形成

市场需求可能是已识别的（已知的）或未识别的（未知的），资源和能力可能

是确定的或不确定的。确定的资源和能力包括对一般的知识、人力资源、金融资源的情况了解或对自然资源(如产品/服务的技术条件)的情况了解。在这个矩阵中,"市场需求"表示存在的问题,"资源和能力"表示解决问题的方法。

矩阵左上方部分(机会类型Ⅰ):市场需求未得识别且资源和能力不确定(问题及其解决方法都未知),表现的是艺术家、梦想家、一些设计师和发明家的创造性。他们感兴趣的是将知识的发展推向一个新方向或使技术突破现有限制。

矩阵右上方部分(机会类型Ⅱ):市场需求已识别,资源和能力不确定(问题已知,其解决方法仍未知),描述了有条理的搜集信息并解决问题的情况。在这种情况下,机会开发的目标往往是设计一个具体的产品/服务以适应市场需求。

矩阵左下方部分(机会类型Ⅲ):市场需求未得识别,资源和能力确定(问题未知,可获得解决方法),包括我们常说的"技术转移"的挑战,如寻找应用领域和闲置的生产能力。这里的机会开发更多强调的是寻找应用的领域,而不是产品/服务的开发。

矩阵右下方部分(机会类型Ⅳ):市场需求已识别且资源和能力已确定(问题及其解决方法都已知)。这里的机会开发就是将市场需求与现有的资源匹配起来,形成可以创造并传递价值的新企业。

从理论上说,这个矩阵描述了一个发展的过程:从问题和解决方法都未知(左上方部分)到已知问题或解决方法其中之一(右上方和左下方部分),再到两者都已知(右下方部分)。在问题及其解决方法有一个未知或两者都未知的情况下形成的企业,其成功的概率比两者都已知的情况下形成的企业成功的概率要小。

阿玛尔·毕海德(Amar Bhide)把新企业的形成分成两类(如表4-3所示),一类是由个别企业家创办的新企业,另一类是由大公司创新活动形成的新企业。两类企业在资源与禀赋、机遇的性质与调整、获取资源以及对企业家的品质与技能要求等方面都有不同特征。毕海德认为,这两类企业代表了创业的两个极端,还有许多创业处于这两个极端之间,或者处于一个演化过程之中。

表4-3 有前途的新企业与大公司的创新

	有前途的新企业	大公司的创新
禀赋与约束	缺少创意,缺乏经验→严重的资本约束	资本充足,但是面临严格的制衡机制
机遇的性质	低的事前投资,低的可能利润	
高的不确定性	高的事前投资,高的可能利润,低的不确定性	
对调整的依赖	普遍依靠适应性调整,有限的事前计划和研究	详尽的事前计划和调整,有限的适应性调整

(续表)

	有前途的新企业	大公司的创新
获取资源	企业家将风险转移,或者分摊给资源提供者	公司(也就是股东)承担风险,并作出承诺
差异化因素	企业家的调整能力,以及说服资源提供者的能力	众多员工和职能部门的合力,初始概念的合理性

资料来源:阿玛尔·毕海德. 新企业的起源与演进[M]. 魏如山,马志英,译. 北京:中国人民大学出版社,2004.

二、创业机会的来源与识别

1. 德鲁克的创新来源

德鲁克曾用一句话对创新的来源进行概括:所有的创新机会都来自外界环境的变化。这是对创新来源最清晰也是最简单的界定。他进一步把"外界的变化"分成七个方面,每一个方面都是创新机会的一个来源,并逐一分析了每个来源的特点和利弊。在他看来,发现创新机会是一套有目的、有系统的工作,这种发现创新机会的办法是可以教授和学习的。

(1) 出乎意料的事件或结果

出乎意料的成功意味着该组织趋向或转向一个新的或更大的市场。出乎意料的成功一开始往往被看作不合时宜或是有问题。如果具备了成功的前提条件,却还是出现了出乎意料的失败,这种失败也意味着能通过创新将其变为机遇。因为失败的原因可能是出乎意料或是令人吃惊的,所以一般很难用分析和数据方法查找。一个出乎意料或是突然的外部事件可能创造一个重大的机遇。

(2) 不一致之处

当事情与人们的设想不同时,当某些事情不可理喻时,通常表明存在着一种有待认识的变化。不一致之处对圈内人士来说是很显眼的,但是由于这常与世人的观点不相称,故而也常被忽略。对于生产集中的小型组织,如创业型公司,不一致之处产生的机遇往往巨大。

(3) 来自流程的需要

来自流程的需要通常十分明显,因此创新者总在力图解决某个过程中的一个瓶颈问题或薄弱环节。有时,针对流程的创新可以利用新技术、新知识,或以更好的流程代替原来较为烦琐的流程。评估来自流程的需要时,须考虑三个要求:除非清楚地了解该需要,否则无法满足需要;所需知识是能够获得的;解决的办法与操作者的企盼是一致的。

(4) 工业或市场结构中出乎意料的变化

一个稳定的工业或市场结构可能突然地、出乎意料地发生变化,这就要求其成员作出创新以适应新环境。这些变化为圈外人士创造了显而易见的巨大机遇,也对圈内人士构成威胁。要预见工业结构的变化,需查看这一行业是否出现了快速增长,领导者是否制订了不协调的市场细分战略,是否出现了技术趋同,业务做法是否有了迅速变化等迹象。

(5) 人口状况

人口规模和结构上的变化,如教育程度、年龄或某一群体数量上的增加,往往显而易见。这些变化能迅速发生,并对市场产生戏剧性的影响。但是,各公司很少密切监控或在日常决策中考虑到人口变化。人口变化易于出现,却又常常为决策者所忽视,这为创新者提供了许多机遇。

(6) 观念

人们对自己的看法若发生转变,也能创造机遇。立足已稳的公司往往难以认识到人们看法上的转变,因此基于观念转变的创新往往很少有竞争对手。出乎意料的成功或失败可能意味着观念上的变化,通过调查可以发现观念的变化以及涉及的范围。德鲁克建议,缘于观念转变的创新应从具体化和小规模开始。

(7) 新知识

许多组织在各种创新来源中强调新知识,因为它引人注目、令人兴奋。但是,新知识又有难以管理、无法预见、花费较高以及生产准备时间长的特点。以新知识为基础的创新经常会失败,因为一个领域的突破经常需要其他各领域同时突破,新知识才能发挥其作用。由于新知识要求在技术和社会各领域都与其协调一致,所以一个组织难以成功地引进以新知识为基础的创新。

 创业阅读

"互联网+"孕育创业机遇

国务院 2015 年 7 月发布《关于积极推进"互联网+"行动的指导意见》,提出包括创业创新、协同制造、现代农业、智慧能源等在内的 11 项重点行动。各界普遍认为,这一顶层设计将加快推进"互联网+"的发展,孕育新的创业机遇。

1. "互联网+"创业创新。充分发挥互联网的创新驱动作用,以促进创业创新为重点,推动各类要素资源聚集、开放和共享,大力发展众创空间、开放式创新等,引导和推动全社会形成大众创业、万众创新的浓厚氛围,打造经济发展新引擎。

……

3. "互联网＋"现代农业。利用互联网提升农业生产、经营、管理和服务水平,培育一批网络化、智能化、精细化的现代"种养加"生态农业新模式,形成示范带动效应,加快完善新型农业生产经营体系,培育多样化农业互联网管理服务模式,逐步建立农副产品、农资质量安全追溯体系,促进农业现代化水平明显提升。

……

5. "互联网＋"普惠金融。促进互联网金融健康发展,全面提升互联网金融服务能力和普惠水平,鼓励互联网与银行、证券、保险、基金的融合创新,为大众提供丰富、安全、便捷的金融产品和服务,更好满足不同层次实体经济的投融资需求,培育一批具有行业影响力的互联网金融创新型企业。

6. "互联网＋"益民服务。充分发挥互联网的高效、便捷优势,提高资源利用效率,降低服务消费成本。大力发展以互联网为载体、线上线下互动的新兴消费,加快发展基于互联网的医疗、健康、养老、教育、旅游、社会保障等新兴服务,创新政府服务模式,提升政府科学决策能力和管理水平。

……

8. "互联网＋"电子商务。巩固和增强我国电子商务发展领先优势,大力发展农村电商、行业电商和跨境电商,进一步扩大电子商务发展空间。电子商务与其他产业的融合不断深化,网络化生产、流通、消费更加普及,标准规范、公共服务等支撑环境基本完善。

9. "互联网＋"便捷交通。加快互联网与交通运输领域的深度融合,通过基础设施、运输工具、运行信息等互联网化,推进基于互联网平台的便捷化交通运输服务发展,显著提高交通运输资源利用效率和管理精细化水平,全面提升交通运输行业服务品质和科学治理能力。

……

11. "互联网＋"人工智能。依托互联网平台提供人工智能公共创新服务,加快人工智能核心技术突破,促进人工智能在智能家居、智能终端、智能汽车、机器人等领域的推广应用,培育若干引领全球人工智能发展的骨干企业和创新团队,形成创新活跃、开放合作、协同发展的产业生态。

资料来源:国务院关于积极推进"互联网＋"行动的指导意见[EB/OL].(2015-07-04)[2016-06-20]. http://www.gov.cn/zhengce/content/2015/07/04/content_10002.htm.

2.《科学投资》的四大创业机会来源

《科学投资》研究了上千个创业案例,其中走访的创业者数百个,发现这些创业者的创业思路有以下几个共同来源:

第一,职业。俗话说,"不熟不做",由原来所从事的职业"下海",对行业的运作规律、技术、管理都非常熟悉,对人头、市场也熟悉,这样的创业活动成功的几率很大。这是最常见的一种创业思路的来源。

第二,阅读,包括图书、报纸、杂志等。比亚迪老总王传福的创业灵感来自一份国际电池行业动态,一份简报似的东西。1993年的一天,王传福在一份国际电池行业动态上读到,日本宣布本土将不再生产镍镉电池。他立刻意识到这将引发镍镉电池生产基地的国际大转移,自己创业的机会来了。果然,随后的几年,王传福利用日本企业撤出留下的市场空隙,以及自己原先在电池行业多年的技术和人脉基础,做得顺风顺水,财富像涨水似的往上冒。他于2002年进入《福布斯》"中国富豪榜"。另一位财富英雄郑永刚,据说将企业做起来后,已经不太过问企业的事情,每天大多时间都花在读书、看报上面。很多人将读书与休闲等同,而对创业者来说,阅读就是工作,是工作的一部分,一定要有这样的意识。

第三,行路。俗话说,"读万卷书,行千里路"。行路,各处走走看看,是开阔眼界的好方法。《福布斯》"中国富豪榜"中的女富豪之一沈爱琴,说自己最喜欢的就是出国。出国不是为了玩,而是去增长见识,更好地领导企业。在《科学投资》研究的案例中,有二成以上创业者最初的创业创意来自于他们在国外的旅行、参观和学习。换句话说,行路意味着开阔眼界。如果你是一个创业者,开阔的眼界意味着你不但在创业伊始可以有一个比别人更好的起步,有时候甚至可以挽救你和企业的命运。眼界的作用,不仅仅表现在创业者创业之初,而是会一直贯穿于创业者的整个创业历程。一个创业者的眼界有多宽,他的事业就会有多大。

第四,交友。很多创业者最初的创业想法是在朋友启发下产生的,或干脆就是由朋友直接提出的。所以,这些人在创业成功后,会更加积极地与从前的朋友保持联系,并且广交天下友,不断地开拓自己的社交圈子。时尚蜡烛领头羊山东金王集团创始人陈索斌的创业想法便来自于一次在朋友家中的闲谈。昆明最大的汽车配件公司新晟源的老板何新源有和朋友在茶楼、酒馆喝茶谈天的爱好,并称之为"头脑风暴"。这样,他能够不断地有新思路、新点子,生意越做越大,越做越好。

为此,《科学投资》奉劝创业者,有空一定要到处走一走,多和朋友谈一谈天,多阅读,多观察,多思考。机遇只垂青有准备的头脑。

 创业阅读

蔡文胜:个人网站教父

蔡文胜1970年出生于福建泉州石狮。他曾经营服装、房地产生意,并投资股票,都有所盈利。他于1993年移居东南亚,1999回国后开始做域名生意,成为中国最成功的域名投资者之一。

蔡文胜2000年开始做域名时,域名投资的黄金时期已过,他是在香港偶然看到一个报纸新闻,说business域名卖了750万美元。那一天是2000年4月25日。他敏锐地感觉到这里面的机会,决定放弃家族经营的进出口贸易与房地产开发行当,全身心进入域名投资领域。

但是,2000年时,有价值的国际域名几乎已经被注册一空,蔡文胜不可避免地"交了不少的学费"。直到2000年底,他才知道,域名注册之后每年还需要续费,如果不续费就会"掉下来",也就是说,可以重新被注册。于是,他把目光放到了抢注可能"掉下来"的有价值的域名上。蔡文胜是个善于找窍门的人,他懂得用什么样的方式提高获取有价值的域名的可能性与几率。

从2001年到2003年,蔡文胜的域名生意做得相当成功。他大约注册了5000多个域名,卖了1000多个,买家遍布全世界。域名投资让他赚到了"创业实验田"的"第一桶金",也让他看到了一个全新的商业世界。

2003年5月,蔡文胜创办265.com,于2007年被谷歌收购。2005年至2007年,他连续举办三届中国互联网站长大会,被广大站长尊称为"个人网站教父"。

2007年后,蔡文胜开始进行网络投资,先后投资了数十个优秀网站,成为中国著名的天使投资人,以出人意料的速度完成了从传统商人到新兴行业领跑者的角色转换。

资料来源:根据网络公开报道资料整理。

三、创业机会的评价与选择

1. 蒂蒙斯的创业机会评价框架

美国百森商学院教授蒂蒙斯总结概括了一个评价创业机会的框架,其中涉及八大类共53项指标。蒂蒙斯也承认,现实中有成千上万个适合创业者的特定机会,但是未必能与这个评价框架相契合。他的这个评价框架是目前包含评

指标比较完整的一个体系,如表 4-4 所示:

表 4-4　创业机会评价框架

一、行业与市场	3. 资本市场环境有利,可以实现资本的流动
1. 市场容易识别,可以带来持续收入	四、竞争优势
2. 顾客可以接受产品或服务,愿意为此付费	1. 固定成本和可变成本低
3. 产品的附加值高	2. 对成本、价格和销售的控制较高
4. 产品对市场的影响力大	3. 已经获得或可以获得对专利所有权的保护
5. 将要开发的产品生命长久	4. 竞争对手尚未觉醒,竞争力较弱
6. 项目所在的行业是新兴行业,竞争不完善	5. 拥有专利或具有某种独占性
7. 市场规模大,销售潜力达到 1000 万—10 亿元	6. 拥有发展良好的网络关系,容易获得合同
8. 市场成长率为 30%—50%,甚至更高	7. 拥有杰出的关键人员和管理团队
9. 现有厂商的生产能力几乎完全饱和	五、管理团队
10. 在 5 年内能占据市场的领导地位,达到 20% 以上	1. 创业者团队是一个优秀管理者的组合
11. 拥有低成本的供货商,具有成本优势	2. 行业和技术经验达到了本行业的最高水平
二、经济因素	3. 管理团队的正直廉洁程度能达到最高水准
1. 达到盈亏平衡点所需要的时间为 1.5—2 年以下	4. 管理团队知道自己缺乏哪方面的知识
2. 盈亏平衡点不会逐渐提高	六、致命缺陷
3. 投资回报率在 25% 以上	不存在任何致命缺陷
4. 项目对资金的要求不是很高,能够获得融资	七、创业家的个人标准
5. 销售额的年增长率高于 15%	1. 个人目标与创业活动相符合
6. 有良好的现金流量,能占到销售额的 20%—30% 以上	2. 可以做到在有限的风险下实现成功
7. 能获得持久的毛利,毛利率要达到 40% 以上	3. 能接受薪水减少等损失
8. 能获得持久的税后利润,税后利润率要超过 10%	4. 渴望进行创业这种生活方式,而不只是为了赚大钱
9. 资产集中程度低	5. 可以承受适当的风险
10. 运营资金不多,需求量是逐渐增加的	6. 在压力下状态依然良好
11. 研究开发工作对资金的要求不高	八、理想与现实的战略性差异
三、收获条件	1. 理想与现实情况相吻合
1. 项目带来的附加价值具有较高的战略意义	2. 管理团队已经是最好的
2. 存在现有的或可预料的退出方式	3. 在客户服务管理方面有很好的服务理念
	4. 所创办的事业顺应时代潮流
	5. 所采取的技术具有突破性,不存在许多替代品或竞争对手
	6. 具备灵活的适应能力,能快速地进行取舍
	7. 始终在寻找新的机会
	8. 定价与市场领先者几乎持平
	9. 能够获得销售渠道,或已经拥有现成的网络
	10. 能够允许失败

资料来源:〔美〕杰弗里·蒂蒙斯,等.创业学:第 6 版[M].周伟民,吕长春,译.北京:人民邮电出版社,2005.

2. 马林斯的创业机会测试模型

英国伦敦商学院创业学教授约翰·W.马林斯(John W. Mullins)提出了一个创业机会评估的测试模型,从七个方面对创业机会进行测试(如图 4-1 所示)。创业者在创业前需对这七个方面进行测试,以考量创业是否可行,测试主要涉及宏观和微观方面的 30 个问题(如表 4-5 所示)。

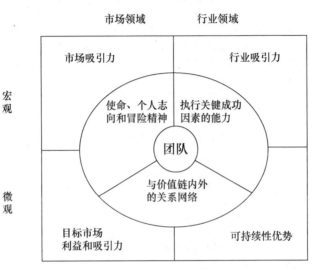

图 4-1 创业机会测试模型

表 4-5 创业测试模型的主要问题

测试阶段	测试内容
第一阶段:目标市场利益和吸引力	1. 你的产品或服务能解决消费者的什么难题?消费者购买的动机有多强烈? 2. 你的产品能提供其他解决方案所不能提供的什么利益? 3. 有难题的消费者是谁?能否清晰地描绘出消费者的特征? 4. 你能提供什么样的证据证明你的目标市场有发展的潜力? 5. 其他的什么样的细分市场能从相关产品获益? 6. 你有开发出从一个细分市场转换到另一个细分市场的能力吗?
第二阶段:市场吸引力	7. 你想要什么样的企业?一家具备成为大企业潜力的企业,还是一家服务于小市场的小店? 8. 你要服务的市场有多大? 9. 它在过去的几年(1年/3年/5年)里的发展速度如何? 10. 你能发现什么样的经济、人口、社会文化、技术、规章制度或自然趋势将会影响你的市场?这些趋势将对你的企业产生什么影响?是有利还是不利?

(续表)

测试阶段	测试内容
第三阶段:行业吸引力	11. 你将进入什么行业参与竞争?给它认认真真地下个定义。 12. 公司要进入这个行业是容易还是困难? 13. 这个行业的供应商有没有能力制订条款和细则? 14. 购买者有没有能力制订条款和细则? 15. 替代产品容易窃取你的市场吗? 16. 行业现有的竞争状况是激烈还是温和? 17. 你对本行业的整体评价如何?有多么吸引人或多么不吸引人? 18. 如果你的行业整体表现不好,有没有让人信服的理由说明你为什么会不同?
第四阶段:可持续性优势	19. 你是否具有其他公司不可能复制或模仿的专有因素,例如专利或商业秘密等? 20. 你是否具有其他公司很难复制或模仿的优越组织流程、能力或资源? 21. 你的企业的商业模式是否经济可行?
第五阶段:使命、个人志向和冒险精神	22. 你决定成立何种企业或服务于何种市场的使命? 23. 你知道要追求何种程度的成就和个人志向吗? 24. 你愿承担什么样的风险以及能冒何种程度的风险?
第六阶段:执行关键成功因素的能力	25. 你所在行业的几个关键成功因素是什么?你有什么证据证明你已经准确地找到了它们? 26. 你能证明你的团队能够执行每一个关键成功因素吗? 27. 对于不能执行的关键成功因素,你如何处理?
第七阶段:与价值链内外的关系网络	28. 你和你的团队认识价值链上游可能会成为你的目标企业和竞争对手的供应商中的什么人?认识其他行业提供替代产品的公司的供应商中的什么人? 29. 你和你的团队认识价值链下游现在和将来要瞄准的消费者中的什么人? 30. 你和你的团队认识价值链之外竞争对手和替代产品中的什么人?

资料来源:约翰·W.马林斯.创业测试:企业家及经理人在制定商业计划前应该做些什么[M].石建峰,译.北京:中国人民大学出版社,2004.

3. 创业机会的选择

创业者经常面对的一个诱惑是:创业机会太多,满眼都是市场机会。要选择一个好的创业机会,往往并不容易。创业机会的选择虽没有一个量化的标准,但可以参考一些成功创业的经验,例如:

(1)兴趣与激情。你对创业所做的事情是否从内心感兴趣和充满激情?

(2)需求与价值。你的产品或服务是否有可观的潜在消费需求?

(3)能力与资源。你是否有相应的能力与资源实现你的创业项目?

（4）趋势与潜力。你创业选择的项目是否满足了未来的发展趋势，并具有非常大的潜力？

随着创业的人越来越多，创客们把"玩"变成了一个创业创新产品的机会。这种"玩"的创业态度将是未来年轻创业者的一个趋势，不仅可以发现新的需求与机会，还可以让创业者自己的潜力与天赋得以被发掘。

 创业阅读

创客：把"玩"变成创新创业机会

打开 nodemcu 网站，看上去只有简单的首页介绍，但千万不要小看它，它搭建的小型物联网平台能让手机遥控电视、打开空调和关闭电灯。支撑这个技术平台的是一支年轻的创客团队，其中最小的成员韩世豪正在深圳高级中学读高一。

"这项技术并不复杂，只需要固件和开发板，然后再用几行简单的 lua 脚本就能开发物联网应用。"韩世豪告诉《科技日报》记者，团队现在正在承担为空调企业加装模块的技术研发，手机遥控一切的未来不再是梦。

高中生都这么牛？韩世豪说，他在小学的时候喜欢上《无线电》杂志，接触到单片机的知识后，对计算机充满了好奇。初二时，韩世豪常常到深圳柴火空间参加活动，那时工作坊里的主讲人会带领对创造感兴趣的创客们做东西。韩世豪在这里完成了他的第一个木制无人机、第一个风筝气象监测站……

在韩世豪眼里，"创客们就是一群人，凑到一起'找乐子'"。他现在参与的团队，一共 6 个人，两位合伙人刚研究生毕业。"我们是在创客的 QQ 群上认识的，那时刚出来 nodemcu 的开源编写硬件平台，我们几个人都对此非常感兴趣，于是就凑到了一起。"韩世豪说，当时合伙人还在兰州大学攻读研究生，大家依靠互联网的交流将点子变成了现实。

和新生代的韩世豪们不同，上海新车间创始人李大维在 2010 年创办了中国第一家创客空间。李大维说，成立新车间就是为了让大家有个地方玩东西，玩电子，玩制造，在家玩得太乱会被赶出来，因此就和几个朋友创办了新车间。

"将高科技普及化，就是创客精神。创客的意义不在于科技创新，而在于科技普及，让更多的人把这些科技玩起来。"这是李大维理解的创客精神。李大维说，过去这些年，开源软件和硬件让创客的门槛变得越来越低，每个人都有了动手的可能。以前做个东西需要懂电子，现在有了开源硬件；以前做一个"鱼菜共生"项目需要找农林专家，现在网上都可以查到操作资料。

李大维介绍，从 2005 年开始，传感器等的普及和 arduino 开发板的推出，以及这些物料价格的下降，使越来越多的用户可以参与到创客这个行业中来。特

别是 arduino 等开发板的推出,让业余爱好者可以轻易开发出自己的产品。目前国内有名的"大疆"无人机,就是一名大四的学生利用这个开发板"创"出来的。

谈起做创客,李大维更愿意介绍自己是一位资深玩家。在他看来,以前创客都是自娱自乐,为了好玩而动手。从 2014 年开始,创客把"玩"变成了一个创业、创新产品的机会,这是社群成熟的象征。那么,这是否意味着创客的时代已经到来?李大维说,现在是从创客到创业的第一波快速成长期,也可能是泡沫期,这是任何一个产业的必经阶段。

"玩"是创客身上不变的基因。在刚刚结束的深圳国际创客周上,各式各样的创客作品在这里大显身手,高 3 米的机器人外骨骼,身轻如燕的吸管机器人,用废品组装的机器人,无人车,节能车……在这些展品背后,普通的公众更好奇:创客拥有怎样的生活?他们到底是一个什么样的群体?

北京创客空间创始人王盛林告诉记者,创客代表了一类人和一种生活方式。"一切创新从一个微小有趣的想法开始,然后有更多人加入,慢慢变大,变得深刻,甚至走进我们的日常生活。"王盛林说。

创客们依托互联网的发展与线下分享文化的蓬勃,从单一行业到多行业、跨行业,从个人创新到集体创新,进而推动社会创新。"当你发现了一个折纸飞机的新方法,并把它折了出来,分享给大家,那么你就是一名创客。"在韩世豪看来,成为创客的门槛并不高,只要"爱玩""有趣""愿分享",就可以成为一名准创客。

资料来源:王怡.创客:把"玩"变成创新创业机会[N].科技日报,2015-07-06.

四、创业风险的识别与防范

随着中国政府"大众创业、万众创新"号召的发出,人们普遍相信,在政府的大力支持和鼓励下,创业将成为 21 世纪中国经济的一个时代潮流,人们将会面对更多的创业机遇。但是,人们同时也担忧创业面临的风险。从历史和统计数据来看,创业成功毕竟是小概率事件,大多数的创业企业最终都是以失败告终。因为一个创业企业的成功需要在很多的经营决策中作出正确的决策,而只要有一个重要决策失误往往就可能造成创业的失败。

大多数人之所以不敢创业,就是因为看到了创业所面临的巨大风险。从认知学的角度来看,创业者之所以采取风险行为,是因为他们感知到的风险比大多数人感到的风险小。也就是说,大多数创业者进行创业,在其他人看来这是在采取冒险行为,在其本人看来却没冒什么风险。在某种程度上,这种认知偏差更加促成了创业活动的活跃和蓬勃发展。但是,作为一个创业者,还是应该用客观的态度来认真审视创业可能面临的各种风险,以减少创业失败的可能性。

创业面临的风险是多方面的,其来源可能是多方面的,可能来自外部客观环境的不确定,如经济、技术和政策环境的不确定;也可能来自创业者自身的主观因素,如创业能力、团队管理和法律纠纷等。从已有的创业案例分析来看,创业面临的主要风险有以下几个方面:

(1) 资金风险

资金风险主要是指因创业过程中融资不能满足创业投资需求而造成创业失败的可能性。资金风险在创业的整个过程中都可能存在。在商业运转时,若得不到足够的资金支持,很容易造成某个环节运转瘫痪,使整个创业项目暂停。尤其是大多数大学生创业的启动资金不足,缺乏对财务的分析能力,没有足够的流动资金去应对企业的正常运转,容易导致创业中止。

(2) 技术风险

技术风险是指由于技术方面的因素及其变化的不确定性而导致创业失败的可能性。造成技术风险的主要原因包括:一是技术成功的不确定性,一项创新技术从研究开发到市场化、产品化需要一个过程,而这一过程中任何一项障碍都可能导致产品创新前功尽弃,归于失败;二是技术前景和技术寿命的不确定性,如果赖以创新的技术不能在企业寿命周期内实现工业化,收回成本并产生利润,必然导致创业失败;三是技术效果的不确定性,一项高新技术,即使能成功地开发和生产,如果达不到预期的社会效果,也会给企业造成致命损失。

(3) 团队风险

团队的力量越来越为现代企业所重视。创业团队一般是企业在初期或发展过程中最重要的力量来源。优秀的创业团队有助于企业的快速发展,同时也存在着风险。如果没有共同的愿望和目标,就不能形成和谐与共的创业团队。没有明确的制度规范和执行机制、团队角色分配不合理,都是导致创业团队最终分崩离析的重要因素。

(4) 管理风险

管理风险是指创业者在创业期由于管理、决策不到位而造成的不确定性和损失。在创业中期,管理的难度通常由人员剧增、生产规模扩大、市场区域拓展等因素造成。创业失败者往往是在管理方面出现了问题,如决策随意、理念不清、用人不当、盲目跟风、意志薄弱等。

(5) 市场风险

市场风险是指因价格、利率、汇率等市场因素的变动而导致价值潜在损失的可能性。市场风险包括价格风险、权益风险、汇率风险、利率风险以及商品风险等。从市场风险形成的原因来看,主要包括四个方面:一是市场需求的不确定性导致的风险,二是市场接受时间的不确定性导致的风险,三是市场价格的不确定性导致的风险,四是市场战略的不确定性导致的风险。市场突变、消费者购买力下降、市场份额急剧下降、汇率下降、利率下降、出现反倾销或反垄断指控等都是存在市场风险的外在表现形式。

第三节 创新的过程与方法

一、创新的类型

创业的核心特征是创新,创业在本质上是一种创新行为。熊彼特界定的五种创新类型主要涵盖了企业的产品创新、生产工艺创新、市场创新、渠道创新和组织创新。实际上,现在企业创新行为的内涵与形式已大大拓展。随着经济和技术的发展,产业兴衰交替,不同产业的价值链也不断演化,新的经济形式和组织令人目不暇接。可以预计,随着社会经济和科学技术的不断发展,未来的创新将以人们难以想象和预测的速度出现。因此,创业也将会在更大范围内和领域中成为一种必然。

德布林咨询公司在研究了近两千个最佳创新案例后,发现历史上所有伟大的创新都是十种基本创新类型的某种组合,并由此开发出"创新的十种类型"框架,引领企业向更有序、更可靠的创新迈进了一大步。这十种创新类型是:

(1) 盈利模式创新

盈利模式创新是指公司寻找全新的方式将产品和其他有价值的资源转变为现金。这种创新常常会挑战一个行业关于生产什么产品、确定怎样的价格、如何实现收入等问题的传统观念。

(2) 网络创新

在当今高度互联的世界里,没有哪家公司能够独自完成所有事情。网络创新让公司可以充分利用其他公司的流程、技术、产品、渠道和品牌。

(3) 结构创新

结构创新是通过采用独特的方式组织公司的资产以创造价值。它可能涉及从人才管理系统到重型固定设备配置等方方面面。结构创新的例子包括:建立激励机制,鼓励员工朝某个特定目标努力,实现资产标准化以降低运营成本和复杂性,创建企业大学以提供持续的高端培训等。

(4) 流程创新

流程创新涉及公司主要产品或服务的各项生产活动和运营。这类创新需要彻底改变以往的业务经营方式,使公司具备独特的能力,高效运转,迅速适应新环境,并获得领先市场的利润率。流程创新常常构成一个企业的核心竞争力。

(5) 产品性能创新

产品性能创新指的是公司在产品或服务的价值、特性和质量方面进行的创新。这种创新既涉及全新的产品,也包括能带来巨大增值的产品升级和产品线延伸,常常是竞争对手最容易效仿的一类。

(6) 产品系统创新

产品系统创新是将单个产品或服务联系或"捆绑"起来以创造出一个可扩展的强大系统。这种创新可以帮助公司建立一个能够吸引并取悦顾客的生态环境,同时抵御竞争者的"侵袭"。

(7) 服务创新

服务创新保证并提高了产品的功用、性能和价值。它能使一个产品更容易被试用和享用,为顾客展现他们可能会忽视的产品特性和功用,能解决顾客遇到的问题并弥补产品体验中的不愉快。

(8) 渠道创新

渠道创新包含了将产品与顾客和用户联系在一起的所有手段。虽然电子商务在近年来成为主导力量,诸如实体店等传统渠道还是很重要,特别是在创造身临其境的体验方面。这方面的创新"老手"常常能发掘出多种互补方式,将其产品和服务呈现给顾客。

(9) 品牌创新

品牌创新有助于保证顾客和用户识别、记住你的产品,并在面对你和竞争对手的产品或替代品时选择你的产品。好的品牌创新能够"提炼"一种承诺,吸引顾客和用户并传递一种与众不同的身份感。

(10) 顾客契合创新

顾客契合创新是要理解顾客和用户的深层愿望,并用这些了解来发展他们与公司之间富有意义的联系。顾客契合创新开辟了广阔的探索空间,帮助人们找到合适的方式,把自己生活的一部分变得更加难忘、富有成效并充满喜悦。

二、新产品开发过程

尽管创新的形式会以不断拓展的速度产生,但是产品的创新依旧是创新的一个"主阵地",了解和掌握产品开发管理是创业企业创新发展的基础。美国雷鸟商学院创业学教授罗伯特·赫里斯(Robert Hisrich)等人提出,新产品开发过程有五个主要阶段:创意阶段、概念阶段、产品开发阶段、市场测试阶段和商业化阶段,商业化阶段是产品生命周期的起点。

第一,创意阶段:应选择有发展潜力的新产品创意,剔除不切实际的创意,使企业的资源得到最大限度的利用。

第二,概念阶段:通过与消费者交流,对在创意阶段确定的有潜力的新产品创意进行测试,确定新产品是否能被消费者接受。

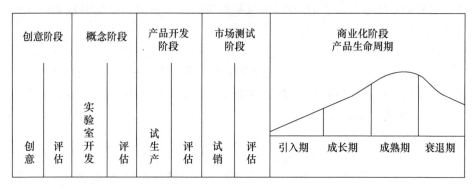

图 4-2 产品计划与开发过程

资料来源:罗伯特·赫里斯,等.创业管理:原书第 7 版[M].北京:机械工业出版社,2009.

第三,产品开发阶段:把制造的样品发给一组潜在的消费者,让他们对其使用情况进行记录,并对其优缺点加以评价,以确定消费者对新产品的反应。

第四,市场测试阶段:选择一部分市场进行测试,以了解消费者对产品的接受程度,提高商业化成功的可能性。

第五,商业化阶段:产品正式投放市场,同时也意味着产品生命周期的开始,产品开始经历引入期、成长期、成熟期和衰退期。

三、创新的方法

1. 头脑风暴法

头脑风暴法可分为直接头脑风暴法(通常简称为"头脑风暴法")和质疑头脑风暴法(也称"反头脑风暴法")。前者是专家群体决策,尽可能激发创造性,产生尽可能多的设想的方法;后者则是对前者提出的设想、方案逐一质疑,分析其现实可行性的方法。采用头脑风暴法,组织群体决策时,要集中有关专家召开专题会议,主持者以明确的方式向所有参与者阐明问题,说明会议的规则,尽力创造融洽轻松的会议气氛。主持者一般不发表意见,以免影响会议的自由气氛,由专家们自由提出尽可能多的方案。通过头脑风暴法激发创新思维,主要有以下要点:

第一,联想反应。联想是产生新观念的基本过程。在集体讨论问题的过程中,每提出一个新的观念,都能引发他人的联想,相继产生一连串的新观念,发生连锁反应,形成"新观念堆",为创造性地解决问题提供更多的可能性。

第二,热情感染。在不受任何限制的情况下,集体讨论问题能激发人的热情。人人自由发言,相互影响,相互感染,能形成热潮,突破固有观念的束缚,最大限度地发挥创造性的思维能力。

第三，竞争意识。在有竞争意识的情况下，人人争先恐后，竞相发言，不断地开动"思维机器"，力求有独到见解、新奇观念。心理学原理告诉我们，人类有争强好胜的心理，在有竞争意识的情况下，人的心理活动效率可增加50%或更多。

第四，个人欲望。在集体讨论并解决问题的过程中，个人的欲望自由，不受任何干扰和控制，是非常重要的。头脑风暴法有一条原则，即不得批评仓促的发言，甚至不许有任何怀疑的表情、动作、神色。这就能使每个人畅所欲言，提出大量的新观念。

运用头脑风暴法有五个核心步骤：

第一，准备阶段。在开会前，要做好准备工作：（1）主持人应事先对所议问题进行一定的研究，弄清问题的实质，找到问题的关键，设定所要达到的目标。（2）确定参加会议人员，一般以8—12人为宜。会议人数太少不利于交流信息，激发思维；而人数太多则不容易掌握，并且每个人发言的机会相对减少，也会影响会议现场气氛。（3）将会议的时间、地点、所要解决的问题、可供参考的资料和设想、需要达到的目标等事宜一并提前通知与会人员，让大家做好充分的准备，以便了解议题的背景和外界动态。（4）布置会议现场，座位排成圆形的环境往往比教室式的环境更为有利。

第二，热身阶段。这个阶段的目的是创造一种自由、宽松、祥和的氛围，以便活跃气氛，使大家得以放松，进入一种无拘无束的状态，促进思维。主持人宣布开会后，先说明会议的规则，然后随便谈点有趣的话题或问题，让大家的思维处于轻松和活跃的境界。比如，说说笑话、猜个谜语、听一段音乐等。

第三，明确问题。主持人扼要地介绍有待解决的问题。介绍时，须简洁、明确，不必过分周全，否则过多的信息会限制人的思维，干扰思维创新的想象力。

第四，畅谈阶段。畅谈是头脑风暴法的创意阶段，为了使大家能够畅所欲言，需要制订一些规则。主持人首先要向大家宣布这些规则，如果时间允许，可以让每个人先就所需解决的问题独立考虑10分钟左右。随后，主持人引导大家自由发言、自由想象、自由发挥，使彼此相互启发、相互补充，真正做到知无不言、言无不尽。与会人员可以按顺序轮流发表意见，如轮到的人当时无新构想，可以跳到下一个。在如此循环下，新想法便一一出现。与会人员每讲出一个主意、方案，由速记员马上写在白板上，使每个人都能看见，以利于激发出新的想法、方案。经过一段时间讨论后，大家对问题已经有了较深程度的理解。为了使大家对问题的表述能够具有新角度、新思维，主持人或书记员要对发言记录进行归纳、整理，找出富有创意的见解以及具有启发性的表述，供下一步头脑风暴时参考。

第五，筛选阶段。通过组织头脑风暴畅谈，往往能获得大量与议题有关的设想。至此，任务只完成了一半，更重要的是对已获得的设想进行整理、分析，以便选出有价值的创造性设想加以开发实施,即设想处理。设想处理的方式有两种:一种是专家评审,可聘请有关专家及与会人员代表若干人(5人左右为宜)承担这项工作。另一种是二次会议评审,即所有与会人员集体进行设想的评价处理工作。通过评审,将大家的想法整理成若干方案,经过多次反复比较,最后确定1—3个最佳方案。

2. 德尔菲法

德尔菲法最初产生于科技领域,后来逐渐被应用于其他领域的预测,如军事预测、人口预测、医疗保健预测、经营和需求预测、教育预测等。此外,德尔菲法还被用来进行评价、决策、管理沟通和规划工作。

德尔菲法也称"专家调查法",是一种采用通信方式,分别将所需解决的问题单独发送到各个专家手中,征询意见,然后回收、汇总全部专家的意见,并整理出综合意见,再将该综合意见和预测问题分别反馈给专家,再次征询意见,各专家依据综合意见修改自己原有的意见,然后再汇总,这样多次反复,逐步取得比较一致的预测结果的决策方法。

德尔菲法依据系统的程序,采用匿名发表意见的方式,即专家之间不得互相讨论,不发生横向联系,只能与调查人员联系。通过多轮次调查专家对问卷所提问题的看法,经过反复征询、归纳、修改,最后汇总成专家基本一致的看法,作为预测的结果。这种方法具有广泛的代表性,较为可靠。

德尔菲法的具体实施主要有六个步骤:

第一,组成专家小组。按照课题所需要的知识范围,确定专家。专家人数的多少,可根据预测课题的大小和涉及面的宽窄而定,一般不超过20人。

第二,向所有专家提出所要预测的问题及有关要求,并附上有关问题的所有背景材料,同时请专家提出还需要什么材料,然后由专家做书面答复

第三,各个专家根据所收到的材料,提出自己的预测意见,说明自己是怎样利用这些材料并提出预测值的。

第四,将各位专家第一次判断意见汇总,列成图表,进行对比,再分发给各位专家,让专家比较自己与他人的不同意见,修改自己的意见和判断。也可以把各位专家的意见加以整理,或请身份更高的其他专家加以评论,然后把这些意见再分送给各位专家,以便他们参考后修改自己的意见。

第五,将所有专家的修改意见收集起来,汇总,再次分发给各位专家,以便作第二次修改。逐轮收集意见并向专家反馈信息是德尔菲法的主要环节。收集意见和反馈信息一般要经过三四轮。在向专家进行反馈的时候,只给出各种意见,并不说明发表各种意见的专家的具体姓名。这一过程重复进行,直到每一个专家不再改变自己的意见为止。

第六,对专家的意见进行综合处理,将专家基本一致的意见汇总,作为最终预测结果。

本章要点

1. 梦想不仅是创业的源动力,还能凝聚创业团队,帮助创业者克服并走出许多困境。

2. 优秀的创业企业往往会提炼出令人激动或向往的创业愿景。

3. 创业机会有许多特征,其中创新性、价值性、风险性三个特征是最基本的。

4. 创意本身并不是创业机会,只有那些具有商业开发价值的创意才可能成为创业机会。

5. 能成为创业机会的创意一般具有独特性和新颖性、价值性和操作性等特征。

6. "商机"是一个含义较为宽泛的概念,它包括了"创业机会"这个概念,大多数创业机会都应具有商业价值。

7. 创业机会可以按不同的方式划分类型,其目的是让我们对创业机会的属性有不同的认知。

8. 德鲁克总结了创新的七个来源,包括:出乎意料的事件或结果;不一致之处;来自流程的需要;工业或市场结构中出乎意料的变化;人口状况;观念,新知识,包括科学的和非科学的。

9. 蒂蒙斯总结概括了一个评价创业机会的框架,其中涉及八大类共53项指标。

10. 马林斯提出了一个创业机会评估的测试模型,从七个方面对创业机会进行测试,涉及宏观和微观方面的30个问题。

11. 创业机会的选择虽没有一个量化的标准,但可以参考一些重要因素,包括:兴趣与激情、需求与价值、能力与资源、趋势与潜力等。

12. 从历史和统计数据来看,创业成功毕竟是小概率事件,大多数的创业企业最终都是以失败告终。

13. 创业在本质上是一种创新行为。熊彼特对创新行为的界定主要包括以下五种情况:引进新产品,采用新的生产方法,开辟新的产品市场,控制原材料供应的新来源,实现企业的新组织。

14. 德布林咨询公司在研究了近两千个最佳创新案例后,发现历史上所有伟大的创新都是十种基本创新类型的某种组合。

15. 赫里斯等人提出,新产品开发过程有五个主要阶段:创意阶段、概念阶段、产品开发阶段、市场测试阶段和商业化阶段,商业化阶段是产品生命周期的起点。

16. 头脑风暴法又可分为直接头脑风暴法和质疑头脑风暴法。

17. 德尔菲法依据科学系统的程序,汇总成专家的看法。

思考与练习

1. 确定一个你喜欢的企业家,总结他/她的创业历程,分析他/她是怎样找到创业机会的。

2. 德鲁克提出了七种创新来源,思考这些创新来源在今天的实践中是否还具有可行性,并列举相应的论据。

3. 你有过什么样的梦想?尝试和同学一起分享自己的梦想。

4. 找到一家你喜欢的创业企业,看这家企业是否有创业愿景。如果没有,尝试着为这家企业描述一个创业愿景。

5. 观察你学习、生活的环境,看看有哪些没有满足的需求,其中是否存在创业的机会。

6. 选择一个创业机会(可以从相关创业项目网站获得),运用头脑风暴法对该机会的优势和劣势进行分析。

7. 找到一个创业中的实际问题,运用德尔菲法对该问题的解决方案进行讨论。

拓展阅读

1. 张玉利,杨俊,任兵.社会资本、先前经验与创业机会——一个交互效应模型及其启示[J].管理世界,2008(7):91—102.

2. 丁栋虹,张翔.中国创业机会识别研究态势的评析——基于共词分析法[J].北京航空航天大学学报:社会科学版,2014,27(6):73—81.

3. 阿玛尔·毕海德.新企业的起源与演进[M].魏如山,马志英,译.北京:中国人民大学出版社,2004.

4. 约翰·W.马斯林.创业测试:企业家及经理人在制定商业计划前应该做些什么[M].石建峰,译.北京:中国人民大学出版社,2004.

第五章　创业商业模式

本章学习目标

1. 了解商业模式提出的背景；
2. 理解商业模式的内涵与定义；
3. 理解商业模式的主要构成要素；
4. 掌握商业模式要素模型及运用；
5. 了解一些典型商业模式的特点；
6. 了解商业模式创新的类型与方法。

 案例导读

Airbnb 商业模式的创新

2016年，Airbnb 在全球 190 个国家和地区拥有超过 200 万个房源，超过了所有国际酒店集团总和。同时，它的成长速度非常惊人，200 万个房源中，有 120 万个是在 2014、2015 两年间完成的。管理这些房源，Airbnb 只使用了 2000 多名员工，而希尔顿酒店管理全球 60 多万个房间使用了 16 万人。

然而，Airbnb 在创业初期并不是很顺利，甚至主要收入还得靠卖麦片维持，"租别人家里的房间睡觉"似乎并不是一个受欢迎的点子。公司最终能够得到投资者和资本市场的青睐，最重要的是能够在商业模式上不断完善和创新。

初期创业模式不被认可

Airbnb 的创建最早缘于创始人布莱恩·切斯基(Brian Chesky)和乔·格比亚(Joe Gebbia)付不起房租。为了分摊房租，这两位年轻的设计师在客厅里放了三张充气床垫出租，并为租客提供早餐，每晚 80 美元。这个服务也被很诚实地命名为 Airbed and Breakfast(气垫床和早餐，后来改成 Airbnb)，那是 2007 年底。这一服务虽然听起来非常廉价，但是在开始时并没有得到市场的太多认可，营业收入一个月仅仅能维持在几百美元。

Airbnb 第一次出现起色是在 2008 年。当时适逢美国总统大选，公司在总统候选人奥巴马的演讲地点丹佛市做推广。因为丹佛酒店很少，但是去看奥巴马的人又很多，所以公司一下子火了。但是，这种火热的状态在这些大活动之后

很快就偃旗息鼓了。为了让公司运转下去,切斯基和格比亚只能做些副业维持。他们俩采购了大量麦片,重新设计了麦片的包装,然后放到线下的展会销售,每盒40美元。没想到,麦片的销售情况比预计的要好,在卖出了1000盒麦片后,切斯基和格比亚最终赚到了3万美元——这也是Airbnb创业早期最重要的一笔资金来源。

2008年底,切斯基团队终于找到了和硅谷创业孵化器Y Combinator创始人面谈的一个机会。令人沮丧的是,Y Combinator的创始人保罗·格雷厄姆(Paul Graham)不太认可他们的创业想法。但是,他还是决定给Airbnb提供2万美元的启动资金,让这个初创团队加入Y Combinator的孵化项目。

回想起来,在创业初期能够接受Airbnb创业模式的人确实不多。切斯基喜欢用一个故事来描述当时的窘境:切斯基在2009年想要为团队招一名设计师,于是先找到了自己的朋友谈创业点子。但是,朋友拒绝了他的邀请,并且给了他非常委婉的建议:"布莱恩,我希望这不是你正在做的唯一一件事。"

纽约著名投资人弗雷德·威尔逊(Fred Wilson)也曾拒绝过Airbnb的创业团队。威尔逊在写给保罗·格雷厄姆的一封邮件中说道:"我相信他们能在气垫床和早餐的市场扩大规模,但是我不确定他们能进入酒店市场。"实际上,威尔逊也在质疑Airbnb的商业模式。

2009年4月,这个互联网房租分享服务从Y Combinator"毕业",因为没有得到其他投资人认可,他们种子轮60万美元的投资方之一还是Y Combinator。但是,切斯基还是认为他们从保罗·格雷厄姆那里获得了一个最重要的建议:"拥有100个热爱你的人,胜过拥有100万个对你有点好感的人。"这个建议最终促使切斯基开始思考如何改变自己创业的商业模式。

商业模式的两次重要转变

虽然创业初期的折腾没有赚到钱,但是在这个过程中,创业团队逐渐意识到用户们的需求:他们不仅仅想要一个简陋的床垫和早餐,他们都喜欢漂亮的房子。

如果说最初Airbnb想做的事情类似于沙发客(Couchsurfing)这样廉价的住宿服务,那么从2009年下半年开始,切斯基和格比亚就开始利用他们最擅长的能力——设计。

设计师出身的两位创始人花费5000美元租了一台摄像机,为他们最初位于纽约准备出租的房间拍照。这些经过巧妙构图和光线把握的照片对住客有着很强的吸引力,拍过照的房间的预订量比之前上升了两到三倍。

受到鼓舞后的切斯基和格比亚决定免费为房东提供出租房间的专业拍照服务,这一政策保留至今。房间是Airbnb服务的核心产品,因此需要对产品进行包装,这种观念上的转变推动Airbnb由沙发客模式开始向线上旅行住宿模式转变。

Airbnb 商业模式的第二次重要转变是将 Airbnb 上的房源向着本地化、个性化、富有人文气息的非廉价住房转型,价格跟当地的廉价酒店差不多,甚至稍高一些,但是主打有设计感的当地体验。这一转变使得 Airbnb 对客户的吸引力完全超越了廉价酒店。

Airbnb 的收入主要来自于中介费用,向租客收取 6%—12% 的服务费,同时向房东收取 3% 的服务费。这就意味着每间房屋能够出租的价格直接决定了 Airbnb 的收入,而对于其平台上的民宿来说,除了提升服务品质外,获取高溢价的最佳方式就是创造出美的差异化。

2014 年 5 月底,Airbnb 开始测试一个被称作"Local Companion"的服务。该服务可以让游客与当地人进行交流,让当地人为游客提供购物、旅行指导,协助游客买票、租车,提供婴儿照顾等服务。同年 7 月 16 日,Airbnb 官方更新了一篇名为《家在四方》的博文,其中提到为 Airbnb 用户提供归属感,形成四海一家的共同价值观。

这些都表明了 Airbnb 试图通过本地化的方式与传统酒店业的标准化进行竞争,通过为每一处民宿注入人文价值以实现更高的溢价。如今,Airbnb 的官网依照"价格实惠""居家体验""特色奇居""融入当地",将房屋分成了四类产品,其中后三种都是通过一定手段实现"价格昂贵"。

Airbnb 商业模式的成功之处

市场研究公司 Millward Brown 发布的调查报告显示,2015 年将近一半的商务旅行旅客希望能够对当地进行探索。"探索发现"比"逃离"和"放纵"的排名更高,越来越多的人想要摆脱"与外部隔绝的避风港一般的"酒店。品尝当地美食,购买当地特产,参与当地人的社区生活,拥抱当地文化,成为旅客普遍的旅行需求。

Airbnb 的服务能同时满足旅客"住当地人的房子"和"参与当地人社交"的需求。同时,Airbnb 还顺势推出了一站式的"房东向导"服务,让房东为住客提供有偿的向导服务,解决了旅客普遍需要的"和当地人一起感受当地生活"的需求。这些都是"华丽而与世隔绝"的传统酒店无法提供的。

"分享经济"的社会趋势也显示,大众开始愿意充分利用手边资产创造收益,把多余的房屋空间通过租赁增加个人收入;同时,数以百万计的年轻人虽然不富裕,但是渴望旅行,并且还可以与当地的房东交流。Airbnb 的模式可以盘活大量闲置的房屋资源,调动房东主动分享房源,与传统酒店相比节省了大笔的房屋维护成本。

与传统社会的信任关系相比,现代人建立社会关系的过程快速、流畅,渴望接触他人,又对来去轻松随意的流动关系更加宽容。Airbnb 通过评分机制建立了信任,而用户也擅长通过社群了解和评估对方,并根据网友的评估建立信任。

网上评分一般会永久地跟随着个人,因此个人就会有一种提高自己网上声誉的动力。现在,人们已经敢于把自己的私车租给陌生人,把自己的宠物寄放在陌生人处,把自己的电动工具租给陌生人。Airbnb商业模式的创新之处在于,创造了新的生活与消费模式,并实现了社会信任机制的转型。

资料来源:根据相关网络资料整理。

第一节 商业模式的概念与内涵

一、"商业模式"的提出

对"商业模式"(Business Model)概念的较早关注是在20世纪50年代。当时,施乐公司开发出了高质量的复印机,但是由于价格昂贵,很难打开销路。后来,施乐公司采用了租赁服务的商业模式,从而培育出一个巨大的市场,由此迅速成长为一家知名大公司。管理学大师彼得·德鲁克当时断言:"当今企业之间的竞争,不是产品和服务之间的竞争,而是商业模式之间的竞争。"随着20世纪90年代互联网经济的兴起,德鲁克的预言得到验证。目前,商业模式就和战略管理一样,已成为创业者、投资者和企业经营变革者不得不深入思考和设计的一个环节。

商业模式创新已成为技术创新与组织创新之后企业创新的一种新趋势。相对于传统的创新类型,商业模式创新有几个明显的特点:

第一,更注重从客户的角度思考和变革企业的经营行为。商业模式创新逻辑思考的起点是客户的需求,即如何从根本上为客户创造增加的价值。这一点与许多传统的技术创新逻辑不同,后者主要是从技术特性出发,寻找潜在的客户和市场。

第二,更加系统和根本,一般不是单一因素的变化。商业模式创新常常同时涉及商业模式多个要素的实质性变化,需要企业有较大的战略与组织调整,涉及的因素较多,往往是一种集成创新。

第三,内外部的影响力更为广泛和深远。商业模式创新有可能开创了一个全新的产业领域,即便提供的产品或服务没有太大变化,也可能重新改写行业的游戏规则,并给企业带来更持久的盈利能力与更大的竞争优势。因此,商业模式创新的影响力不仅仅局限于企业自身,往往会传递到整个价值链,对企业内外部的整个联盟网络产生影响。

研究发现,尽管美国企业创新成功有60%是商业模式创新,但是全球企业对新商业模式的开发投入在创新总投资中所占的比例不到10%。这其中的一个重要原因是,人们对商业模式的了解还很有限。商业模式的内涵是什么?什么是好的商业模式?商业模式包括哪些要素?如何设计一个商业模式?对这些问题的了解和回答,将更有助于创业成功。

 创业阅读

施乐公司的商业模式

20世纪50年代中期,美国商业复印市场上有两种成熟的复印技术,一种叫"光影湿法",另一种叫"热干法"。通过这两种复印技术产生的复印品的质量都很低,平均每台复印机每天只能复印15张到20张复印件,复印件也不能持久保存。当时,复印机厂家盛行的做法是采用"剃须刀—刀片"模式:对复印机设备用成本加上一个适当的价格卖出,目的是吸引更多的客户购买;而对配件和耗材则是单独收费,并且通常会在其成本之上加很高的价格以获取高额利润。当时,典型的办公用复印机的售价为300美元,市场上90%的复印机每个月的复印量都少于100张。

后来,有一个叫切斯特·卡尔森(Chester Carlson)的人发明了一项在当时可以称得上令人惊奇的新复印技术,这项被叫作"静电复印术"的新技术的基本原理就是利用静电把色粉印在纸上。用这种技术复印出来的复印件是干的,页面既干净又整洁,复印的速度也非常快,每天可以达到数千张,远远高于当时采用前两种技术的复印机。卡尔森找到了当时Haloid公司的总裁乔·威尔逊(Joe Wilson),希望他能够将这项技术商业化。威尔逊认为这种新技术在办公复印市场上具有极大的价值和远大的发展前景。于是,两人一起发明了一台利用静电复印技术复印的样机。但是,后来两人发现虽然每张复印件的可变成本与其他技术生产的复印件的可变成本(配件成本、耗材成本等)可以保持相同,每台复印机的生产成本却高达2000美元!如何才能让客户为这种全新且高质量的技术支付这么贵的复印机价格呢?

经过一番思考,威尔逊决定为这台被命名为"914型号"的复印机寻找强有力的市场合作伙伴,其条件相当优惠:如果合作伙伴提供制造和营销服务,他们将以提供这种新技术作为回报。他们向包括柯达、GE、IBM在内的大公司发出邀请。有趣的是,IBM还为此专门委托了一家享有盛誉的咨询公司——ADL进行了认真负责且具有高度专业精神的市场分析,其基本结论是:尽管静电复印技术在很多方面都很先进,但是"以更高的成本获得更好的质量"并不是一个可以取胜的诉求;"因为914型号复印机具有很多种功能,所以与其他同类设备相

比,要想判断它通常最适合的用途是非常困难的……也许缺乏特定用途是914型号复印机最大的缺陷,也是唯一的缺陷。"前两家公司也都独立得出了相似的结论。这三家领导型公司都认为静电复印技术没有多大的商业价值,回绝了该邀请。但是,威尔逊凭认为这三家公司的判断是完全错误的。经过努力,他最终设计出了一种全新的模式,以开发914型号复印机的价值。

为了解决复印机价格高昂的问题,Haloid公司于1959年9月26日开始以提供租赁服务的方式把914型号复印机推向了市场。消费者每个月只需支付95美元,就能租到一台复印机,在每个月内如果复印的张数不超过2千张,则不需要再支付任何其他费用;超过2千张以后,每张再支付4美分。Haloidg公司(不久就改名为"施乐公司")同时提供所有必需的服务和技术支持。如果客户希望中止租约,只需提前15天通知施乐公司即可。

令人难以置信的事情发生了:用户的办公室一旦安装了914型号复印机后,由于复印质量很高且使用方便(不像湿法复印技术那样会在复印品上弄上藏手印,也不像热干法那样使用的热敏只会慢慢变黄甚至卷曲起来),每天就要复印2千张!同时,这种用量还意味着从月租的第二天起,绝大多数复印机每复印一张,就可以为施乐公司带来额外的收入。在随后的十几年里,这种模式使施乐公司的收入增长率一直保持在41%左右,其股权回报率(ROE)也一直长期稳定在20%左右。到了1972年,原本一家资本规模仅有3千万美元的小公司已经变成了年收入高达25亿美元的商业巨头——施乐公司!

资料来源:亨利·切萨布鲁夫.开放式创新:进行技术创新并从中盈利的新规则[M].金马,译.北京:清华大学出版社,2005.

二、商业模式的定义

虽然实践中对商业模式的应用越来越普遍,但是理论界并没有对商业模式形成一个统一完整的定义。一些学者对这些定义进行了归纳总结(如表5-1所示),并希望从中得出具有一致性的结论。鉴于商业模式的表述不尽相同,迈克尔·莫里斯(Michael Morris)等(2003)通过对三十多个商业模式定义的关键词进行内容分析,指出商业模式的定义可分为三类:经济类、运营类和战略类。经济类定义将商业模式看作企业的经济模式,用以揭示企业赚钱的根本原因,即利润产生的逻辑,构成要素包括收益来源、定价方法、成本结构和利润等;运营类定义关注企业内部流程及构造问题,构成要素包括产品或服务交付方式、管理流程、资源流、知识管理等;战略类定义涉及企业的市场定位、组织边界、竞争优势及其可持续性,构成要素包括价值创造形式、差异化、愿景和网络等。

基于国内外学者对商业模式内涵的阐述,我们把商业模式定义为:公司形成的一种交易结构体系,该体系能有效地整合内外合作伙伴的资源和能力,为特定的目标客户创造和传递新的价值,从而获得持续的市场竞争力和盈利能力。

表 5-1 商业模式的定义

定义	学者
1. 商业模式就是赚钱的方式	Colvin(2001)
2. 商业模式是说明企业如何运作	Magretta(2002)
3. 商业模式清楚说明了一个公司如何通过价值链定位赚钱	Rappa(2002)
4. 商业模式描述了复杂商业能促使人们研究它的结构和结构要素之间的关系,以及它如何对真实世界作出反应	Applegate(2000)
5. 商业模式是产品、服务和信息流的体系,描述了不同参与者和他们的角色,以及这些参与者潜在利益和最后受益的来源	Timmers(1998)
6. 商业模式是关于公司和它的伙伴网络,使一个或几个细分市场顾客产生有利可图的、可持续的收益流的体系	Pigneur(2000)
7. 商业模式描述了在一个公司的消费者、联盟、供应商之间识别产品流、信息流、货币流和参与者主要利益的角色和关系	Weil & Vital(2002)
8. 商业模式是利用商业机会的交易成分设计的体系构造,是公司、供应商、辅助者、伙伴以及雇员连接的所有活动的整合	Amit & Zott(2001)
9. 商业模式是一个公司提供给一个或几个细分顾客和公司架构体系以及合作伙伴网络的价值,公司创造、营销、传递这些价值和关系资本是为了产生营利性的、可持续的收益流	Alexander Osterwalder, Yves Pigneur(2002)
10. 商业模式不是对一个公司复杂社会系统以及所有参与者关系和流程的描述,而是描述了存在于实际流程后面一个商业系统创造价值的逻辑	Patrovic, et al.(2001)
11. 商业模式是一种简单的陈述,说明了企业如何通过对战略方向、运营结构和经济逻辑的一系列具有内部关联性(interrelated)的变量进行定位和整合,以便能够在特定的市场中建立竞争优势	Morris, et al.(2003)
12. 商业模式就是企业为了最大化企业价值而构建的企业与其利益相关者的交易结构	魏炜和,朱武祥(2006)
13. 为了实现客户价值最大化,把能使企业运行的内外各要素整合起来,形成高效率的、具有独特核心竞争力的运行系统,并通过提供产品和服务,达成持续盈利目标的组织设计的整体解决方案	彭志强,刘捷,胥英杰(2009)

资料来源:根据相关文献资料整理。

第二节 商业模式要素模型

一、商业模式的构成要素

要正确地理解商业模式的概念，最好能深入地分析商业模式是由哪些要素构成的。美国哈佛大学教授约翰逊（Mark Johnson）、克里斯坦森（Clayton Christensen）和 SAP 公司的 CEO 孔翰宁（Henning Kagermann）三人共同编撰的《商业模式创新白皮书》将商业模式的构成要素归纳为三个方面：

(1) 客户价值主张（What can we provide），指企业通过其产品或服务所能向消费者提供的价值和意义，其实质就是满足客户怎样的需求。

(2) 盈利模式（How to make money），指企业如何盈利，怎样实现为股东赚得经济价值的方式。

(3) 资源和能力（How to achieve），指能够支持客户价值主张和盈利模式的关键的可调配资源。

同时，有些学者总结的商业模式要素会更多、更复杂一些。例如，蒂斯（Teece,2010）把商业模式的构成要素分为五个：选择嵌入到产品/服务中的技术和特征、顾客从消费/使用产品/服务中获利、进行市场细分并选定目标市场、确保可行的收入流、设计价值获取的机制，并认为这五个要素之间具有逻辑上的递进关系。

总的来看，商业模式的构成要素在不同学者的研究中存在较大差异，数量从 3 个到 12 个不等（如表 5-2 所示）。同时，即使相关学者所识别的要素数量相同，其内容也不尽相同。不同学者在对商业模式构成要素的研究过程中，选择了不同的切入点，采用了不同的分类方法，所选取的行业范围也不尽相同。所以，在对商业模式构成要素的描述中，会在角度、层次、广度等方面产生一些差异。对商业模式可能的构成要素了解得越多，将越有助于我们理解和设计一个合理的商业模式。

表 5-2　商业模式的构成要素汇总表

序号	学者	数量	构成要素
1	Timmers(1998)	4	价值主张（供应商）、收入/价格、信息流、产品/服务流
2	Kim & Mauborgne (2000)	7	价值网络（供应商）、顾客（目标市场/范围）、价值主张、能力、收入/价格、成本、利润
3	Amit & Zott(2001)	10	资源/资产、功能/能力、信息流、产出（提供）、产品/服务流、商业机会、价值创造、交易内容、交易治理、交易结构

(续表)

序号	学者	数量	构成要素
4	Chesbrough & Rosenbloom(2002)	11	价值主张、价值提供、目标市场、收入、价值网络、价值链、成本结构、利润、竞争战略、竞争对手、价值创造
5	Hoque(2002)	12	价值网络(供应商)、顾客(目标市场/范围)、资源/资产、竞争对手、战略、品牌、差异化、使命、文化、环境、企业身份、企业声誉
6	Hedman & Kalling (2003)	7	价值网络(供应商)、资源/资产、功能/能力、流程/活动、竞争对手、产出(提供)、管理
7	Voelple, Leibold & Tekie(2004)	3	新的顾客价值主张(也包括新的顾客基础)、为价值创造而进行的价值网络重构、确保利益相关者满意的领导能力
8	Yip(2004)	8	价值主张、投入的性质、运输投入品(包括技术)产出的性质、垂直一体化的范围、水平范围、地理范围、顾客的性质、如何组织等
9	Ostenwalder, Pigneur & Tucci(2005)	9	产品(价值主张)、客户界面(目标顾客、客户渠道、顾客关系)、架构管理(价值结构、核心能力、伙伴网络)、财务方面(成本结构、收入模式)
10	Johnson, Christensen & Kagermann(2008)	4	顾客价值主张、利润公式、关键资源、关键流程
11	Yunus, Moingeon & Lehmann Ortega (2010)	3	价值主张、价值定位、利润方程
12	Teece(2010)	5	选择嵌入到产品/服务中的技术和特征、顾客从消费/使用产品/服务中获利、进行市场细分并选定目标市场、确保可行的收入流、设计价值获取的机制
13	Amit & Zott(2012)	3	内容、结构、治理

资料来源：根据相关文献资料整理。

二、商业模式的要素模型

1. 商业模式九要素模型

对商业模式，不仅需要了解其构成要素，还需要理解这些要素之间的关系。构成要素虽然可以让我们了解商业模式会涉及哪些主要因素，但是商业模式并不是各个构成要素的简单相加，还应包括各要素之间的互动作用关系，正是这些互动作用关系让一个商业模式拥有强大的竞争力。因此，在研究商业模式构成要素的同时，还应该理解这些要素之间的关系，而图形是表示这种关系的一个有用的方式。

亚历山大·奥斯特瓦德（Alexander Osterwalder）和伊夫·皮尼厄（Yves Pigneur）提出了一个九要素的商业模式，他们通过产品/服务、客户界面、架构管理、财务结构四个方面和九个要素构建了商业模式，九个要素的内涵及相互之间的关系如表5-3和图5-1所示。

表5-3　商业模式九要素

主要组成部分	商业模式要素	描述
产品/服务	1. 价值主张	企业的产品或服务能够提供给客户的价值概况
	2. 目标客户	企业在市场细分基础上锁定的群体
客户界面	3. 客户关系	企业与消费者建立的一系列联系
	4. 渠道通路	企业与消费者接触的方式
架构管理	5. 核心资源	企业的活动与资源配置
	6. 关键业务	企业执行一系列可重复的创造价值的活动
	7. 合作伙伴	企业为了创造价值自发地与其他企业建立的合作网络
财务结构	8. 成本结构	商业模式中所有被使用的工具和方法的货币体现
	9. 收入模式	企业通过一系列收入流创造财富的方式

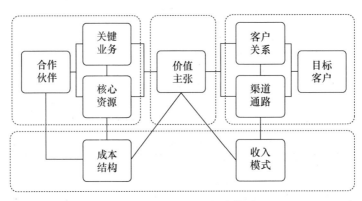

图5-1　商业模式九要素模型

（1）价值主张

价值主张是指企业希望为客户提供满意的产品或服务所实现的价值。价值主张体现了企业对于消费者的实用意义，不仅包含产品或服务所带给消费者的利益，也囊括了产品或服务对整个社会的意义和愿景。产品或服务的价值主张的确定，意味着企业的所有行为都要围绕着这个价值主张体现和进行。

（2）目标客户

目标客户是指企业所重视的消费者群体。这些群体在某些方面具有共性，企业可以探索这些共性,并针对这些共性创造价值。目标客户是商业模式的基础,企业通过对这一群体需求的分析,根据自己的现有或潜在资源进行选择。

(3) 客户关系

客户关系是指企业与消费者群体所形成的某种关系。良好的客户关系可以形成顾客的依赖度,维护市场份额并得到社会的认可。这对于企业最终价值的实现是非常重要的一点,现在越来越受到企业的重视。

(4) 渠道通路

渠道通路是指企业要知道如何沟通,接触并细分客户,传递其价值主张。这包括:提升企业产品或服务在客户中的认知,帮助客户评估企业的价值主张,协助客户购买特定产品或服务,向客户传递价值主张,提供售后支持。

(5) 核心资源

核心资源是指企业所掌握的用以实施其商业模式的主要资源或能力。商业模式的各个部分都非常重要,其中有一点或几点直接决定了商业模式能否成功,也就是该商业模式和其他商业模式的主要区别。

(6) 关键业务

关键业务是指企业为实现商业模式而必须做的事情,即能让核心资源充分发挥其特点和优势的行为。

(7) 合作伙伴

合作伙伴是指企业与其他企业之间为能更好地实现自我价值而形成的合作关系。经济全球化下,任何两个企业都存在着某种联系,利用这种联系可以实现双方的互赢,达到各自的目的。

(8) 成本结构

成本结构是指企业运作商业模式所产生的每一项成本。企业拥有资源、维护客户关系、营销运作以及创造收入的过程都会产生成本。

(9) 收入模式

收入模式即盈利模式,是企业能够长久生存的根本基础。简单而言,收入模式就是企业如何赚钱的方法,运用怎样的经营手段取得收益,是企业提供的服务或产品价值链中各个利益相关者进行利益分配的体现。

2. 商业模式的"六式"

国内从事商业模式培训与咨询的机构盛景网联基于企业咨询实践,也提出了自己对商业模式的看法,认为商业模式是"为了实现客户价值最大化,把能使企业运行的内外各要素整合起来,形成高效率的、具有独特核心竞争力的运行系统,并通过提供产品或服务,达成持续盈利目标的组织设计的整体解决方案"。盛景网联认为商业模式有核心的六个方面,称之为"六式":

第一式:客户价值与需求创新。第一式的核心是精准地描述并定位目标客户,满足目标客户的隐性核心需求。做企业比较怕的一句话就是"老少皆宜",产品或服务对谁都适合。企业在一开始发展需要找一些精准的客户群切入,这样企业承担的风险会非常小,成本越低,收入扩张速度越快,反之亦然。例如,"霸王"洗发水满足了男人"怕脱发"的隐性核心需求,分众传媒满足了企业主"能强制消费者收看广告"的隐性核心需求,"王老吉"饮料满足了老百姓"怕上火"的隐性核心需求,因此这些产品和服务都获得了成功。

第二式:收入突破模式。即需要考虑收入以哪种产品/服务、从哪个阶段、以哪种方式获得?收入的可持续性(黏性)、爆炸性增长潜力如何?盈利是企业生存和发展的基础,盈利倍增是企业更快发展的主要途径和推动力,同时可以帮助企业不断拉开与竞争对手之间的距离。创业企业可以考虑采取以下几种阶段:第一,盈利产品的重组和改变,通过不同产品和产品组合赚钱。第二,盈利环节的重组和改变,脱离产品而重点关注盈利的时间点、阶段、环节等。第三,利润扩张阶梯,重点是抛开产品,忽略盈利时间点和运营模式,而在盈利模式上进行突破性的创新,以达到盈利倍增的顶峰。例如,麦当劳通过汉堡这个"开门性产品",带动薯条、可乐的销售,最终通过房地产盈利;腾讯QQ通过即时通讯软件这个"开门性产品",获得海量用户,赚取其他增值业务收益。

第三式:革命性降低成本。即通过合理手段,革命性地降低企业经营过程中的各种成本。如果企业的成本下降20%,那是优化流程、提升效率的结果。在商业模式层面谈的成本降低则不是20%的下降,而是彻底去除成本或者是将成本降低到只剩20%,这样才称为"革命性",同时还让客户满意度不下降。例如,"85度C"咖啡带来"咖啡可以打包带走"的概念,革命性地降低了咖啡厅昂贵的店面装修成本;如家酒店没有豪华的大堂,没有昂贵的娱乐、会议设施,房间的档次却不降低,从而获得了市场的青睐。

第四式:可复制性与可扩张性。即通过快速的自我复制,突破发展瓶颈,达到规模倍增的效果。如何成功地复制自己,突破自身成长瓶颈?人才、资金是成功的商业模式有效促进企业成长的关键。遇到成长问题和瓶颈是创业企业成长的一种必然。在商业模式设计层面,关键是能否事先发现问题和瓶颈,然后提前采取有效的模式以避免或突破潜在的问题和瓶颈。这是企业的关键能力,决定了企业的商业模式能走多远,企业本身能走多快。例如,美国阿波罗凤凰城大学通过网络教育降低了对老师的依赖,实现标准化、可复制,已成功上市。

第五式:控制力和定价权。企业一旦获得成长,就要提高竞争门槛,掌控核心资源,使得他人不容易复制,从而取得行业或产品的"定价权"。有了控制力,就有了高进入门槛,也就意味着有了定价权,而定价权意味着高利润和可持续利润。既然是一个企业的核心资源,就应该具有独占性,其他企业在相当长的时间内很难拥有,即使知道有这样的核心资源,也没有能力在短时间内获得。这种资源可能是先天性的,也可能是后天获得的;可能是与生俱来的,也可能是通过并购整合获得的。例如,"东阿阿胶"控制了全国90%的驴养殖和东阿水,阿胶和驴胶成分类似,价格却远远把驴胶甩在了后面,让"九芝堂"懊恼不已;分众传媒控制了全国80%以上高端楼宇的电梯广告悬挂权,成功实现了同行业的控制力与定价权,让后来者望尘莫及。

第六式:产业布局与系统性的价值链。即通过对产业价值链的合理布局和设置,使企业保持稳定、高速发展的生命力。这主要围绕着企业自身展开,作为完整的商业模式设计,不得不考虑整个生态系统的价值链。企业可以通过系统性的价值链的整合,进一步提升商业模式的竞争力和独特性。例如,苏宁电器因为拥有供应、库存、物流、销售、服务、房地产等一体化、系统性的价值链,形成了对供应商的超低进价,同时又为消费者带来实惠,成为深圳中小板的龙头股。

 创业阅读

盛景网联的商业模式创新

盛景网联成立于2007年,是中国领先的企业服务平台,旗下咨询培训公司是中国最具有成长性的管理咨询培训公司之一。集团致力于为中国成长型企业提供全面、专业、系统的企业培训整体解决方案和高端咨询,并逐步成长为中国领先的一站式智力服务平台,为成长型企业提供培训、咨询、资源整合、软件与信息化服务、营销推广服务等综合性智力服务。

虽然中国的经济发展速度很快,但是国内的咨询业并没有获得相应的成长,特别是没有产生真正具有国际竞争力的咨询机构。整个咨询行业经过了多年的整合,并没有进入一个有序的发展轨道,目前的状态甚至可以用"混乱"两个字来形容,主要表现为:(1)咨询价格混乱,爱打"价格战"。咨询公司为了生存和拿到项目,在项目投标上往往采取简单的低价策略,这使得整个咨询行业的利润率水平低。(2)咨询水平低下,缺乏创新性。目前,国内绝大多数的咨询公司规模都很小,往往就是一个"强将"带领几个"兵",有什么项目做什么项目,没有太多经验和知识的积累,更缺乏以客户为导向的创新性。(3)客户满意率低,"一锤子买卖"。目前,国内对咨询行业普遍缺乏信任感,对咨询服务的满意度较低,大多咨询是"一锤子买卖",很少出现回头客。

盛景网联看到了行业的不足,大胆创新咨询商业模式,对传统的咨询和培训进行整合,提出了创业创新服务的"平台型商业模式",实现了"培训+咨询+投资"的完美结合,以咨询培训为入口,以投资基金为放大,将已有的一万家传统产业中小企业和即将形成的一万家创业创新企业,与全球顶尖VC、PE、券商等企

业服务商紧密地连接和协同起来,致力于构建全球化创新生态系统。

盛景网联秉承芯片级原创研发理念,为客户研发培训课程,坚持"易懂、可行、系统"的核心研发与授课原则,彻底突破了商学院、培训机构的传统单一授课模式,运用交互式、全工具化等多种创新教学模式,培训成效显著提高,让企业家获得最新的理念和知识。在培训的基础上,盛景网联进一步从客户中精挑细选,并聚焦于创业企业成长最需要的咨询服务,如商业模式、客户需求洞察、资本运营、股权激励等关键性决策咨询,助力创业企业规避风险、把握机会、高效创新,以实现企业的健康高速成长。

培训可以使创业企业管理者获得新的管理理念和知识,咨询可以进一步为企业的成长梳理经营思路、理顺发展方向和提升管理效率。在盛景网联咨询培训公司的帮助下,盛景网联成立了嘉成投资基金,并联合国内外数十家顶尖创投公司,对自己的客户进行投资和资本运行。在盛景网联的帮助下,近十家学员企业登陆主板、创业板,超过200家学员企业挂牌和申报新三板,企业创新力和市值普遍大幅提升。

2014年,盛景网联正式成为由国家财政部、发改委、商务部、科技部和北京市政府所评定的"国家级现代服务业试点单位",见证了以盛景网联为代表的咨询培训投资行业正在成为推动中小企业创新的主力军,这亦是盛景网联迈向世界级创新服务商的坚实一步!

2015年1月,由盛景网联集团主办的"全球创新大奖暨国际创业节2015"启动仪式在北京正式举行。盛景通过联合全球超过100家顶尖的创新孵化器、加速器以及风险投资机构,共同发掘、培育和投资顶尖创新企业,充分发挥中国资本和中国市场的优势,真正构建"全球创新、全球资本"的全球化创新生态系统。

盛景网联不仅提供商业模式的培训和咨询,还用自己的实践革命性地创新了传统咨询业的商业模式,从而获得了高速成长。

资料来源:根据盛景网联网站资料及其他公开报道资料整理。

第三节 典型商业模式与创新

一、典型商业模式

1. 平台模式

平台型商业模式(platform-based business model)可以吸引大量关键资源,实现跨界整合,并能以最快的速度整合资源,使企业家将眼光从企业内部转向企业外部,思考行业甚至跨行业的机遇和战略。建立平台型商业模式的企业不断研发并连续推出创新的产品。例如,作为一个电子消费品企业,苹果公司始终不断推出能更好满足消费者体验的产品,如 iPod、iPhone、iPad 等。这些产品是苹果公司立足的重要基石,而苹果公司获得成功的最重要原因还是它独特的平台型商业模式,即通过硬件切入后,通过 iTunes 和 App Store 打造了一个软硬件服务三位一体的平台型商业模式,完全变革了音乐和软件产业的传统运作模式。

  基于平台型企业的案例实践,有研究者认为,企业运用平台型商业模式需要注意几个关键要素:第一,要有吸引客户的王牌产品或服务。用客户难以拒绝的产品或服务作为切入点,是打造平台型商业模式的第一步,这可以称为"流量入口"。第二,平台必须吸引到足够多的用户。平台模式具有网络效应,每个新用户都因为别人的加入而获得更多的交流机会,导致信息交互的范围更加广泛,交互的次数更多,平台的价值随着用户数量的增加而迅速增加。第三,明确游戏规则。用无限生产满足无限需求,不仅可以革命性地降低成本,还能够实现收入与盈利倍增。采用平台型商业模式的企业需要设计一套能够使生产和需求双方互动运转起来的游戏规则和算法。例如,苹果公司对于自己不能有效满足用户无限需求的瓶颈,实施开放策略,实现客户共享,以社会上无穷无尽的"N"补充自身交付的不足。于是,社会上无穷无尽的"N"开始源源不断地向平台聚集,无限的生产满足了无限的需求。需求和供给买卖都是根据设定好的游戏规则和算法自动完成匹配。在这个平台上,服务和产品被无限延展。第四,重构整个生态系统。由于海量的产品和企业在平台上大规模、生态化聚集,大幅度降低了企业的协作成本,并创造出一个竞争力足以与大企业相比拟、在灵活性上更胜一筹的商业生态集群。在这种协同模式下,商业的进入成本和创新成本都得到了明显的降低。

  虽然成功的平台模式非常具有竞争力,但是平台战略要获得成功并非易事,其实施充满挑战。首先,选择平台战略的企业需要有能力累积较大规模的用户,至少需要获得同行中规模第一的用户。这是一个非常大的挑战。要在一个大市场中做到用户规模第一,不仅需要产品过硬,还需要正好契合用户强烈需求的市场机缘,甚至需要找到行之有效的市场推广手段,从某种角度说是可遇而不可求的。其次,选择平台战略的企业需要提供给用户有着巨大黏性的服务。一般而言,只要为用户提供一个强需求产品就足以成功。但是,如果想做成平台,仅仅靠给用户提供产品是远远不够的,这类企业必须是服务型企业,而且应该服务于用户的硬需求。实际上,这类服务是屈指可数的,竞争之激烈可想而知。最后,选择平台战略的企业需要有合作共赢、先人后己的商业模式。很多企业但凡有点实力,便希望产业链上下游都由自己做,所有利润自己通吃,这种思路是做不成平台的。所谓平台,是为别人搭建,让别人赚钱的。只有在平台上经营的合作伙伴良性成长,平台才能生存和壮大;只有让合作伙伴赚大头,自己赚小头,才能做成所有合作伙伴的平台。如果没有这个理念,便不可能做成平台。

从经济学上看,平台战略具有网络效应。如果平台上只有少数用户,他们不仅要承担高昂的运营成本,而且只能与数量有限的人交流信息和使用经验。随着用户数量的增加,这种不利于规模经济的情况将不断得到改善。因此,所有用户都可能从网络规模的扩大中获得更大的价值。此时,网络的价值呈几何级数增长,即某种产品对一名用户的价值将取决于使用该产品的其他用户的数量,这在经济学中被称为"网络效应"。

纵观全球许多重新定义产业架构的企业,我们会发现它们成功的关键在于,建立起良好的"平台生态圈"。

创业阅读

"平台"或成全新商业模式

打造卓越平台,吸引人才的平台战争,已经演变为打造吸引众多企业依附的平台之战。随着互联网企业的迅猛发展,平台被赋予了全新的含义。打造出真正的开放平台,已成为互联网企业雄霸全球的唯一标准。

Facebook、阿里巴巴、腾讯等世界一流企业,都被称为"平台化企业"。阿里巴巴创始人马云在公开场合总愿意分享"打造千亿社会化平台"的愿景。具体部署方面,他已规划集团三大业务分别是:平台、金融、数据。

"平台"的概念早已有之,是软件系统分层结构思想的具体体现,此后不断发展,大体可用下面的公式来描述:平台=中间件+业务组件。中间件是构造平台的基础,在中间件之上有一层和应用有关联的业务组件,以进一步简化应用系统的开发。业务组件可能表现为框架性的东西,领域框架采用OMG的概念,把领域划分为金融、制造、电信、保健、电子商务、运输等大的方面。

今天的"平台"具有了全新的含义,从计算机行业延伸到各行各业,被认定为商业生态系统。

平台生态圈里的一方群体一旦因为需求增加而壮大,另一方群体的需求也会随之增长。如此,一个良性循环机制便建立起来了,通过此平台交流的各方也会促进对方无限增长。通过平台模式达到战略目的包括规模的壮大和生态圈的完善,乃至对抗竞争者,甚至是拆解产业现状,重塑市场格局。中欧国际工商学院教授陈威如和余卓轩把"平台"上升到战略层面,将之描述为一种新的商业模式,认为平台型商业模式的精髓在于打造一个完善的、成长潜能强大的"生态圈"。它拥有独树一帜的精密规范和机制系统,能有效激励多方群体之间互动,

达成平台企业的愿景。

但是,互联网观察家谢文认为,达到Facebook和苹果公司级别和标准的才叫"开放平台"。从这个意义上说,开放至少是三维的:(1)应用开放。开放平台的各种标准接口,欢迎第三方提供各类应用,共享用户,共同服务。(2)横向开放。开放平台,欢迎第三方平台或网站互联互通,让用户在不同平台和网站间畅通无阻。(3)数据开放。在保护用户隐私的前提下,开放用户基本数据、关系数据和行为数据,同第三方一起打造个性化、个人化、智能化、实时化的服务模式。

资料来源:邱恒明."平台"或成全新商业模式[EB/OL].(2013-04-08)[2016-06-15]. http://jjckb.xinhuanet.com/dspd/2013-04/08/content_437713.htm.

2. 免费模式

人类有一种根深蒂固的本能:总想获得"免费的午餐"。就网络业而言,许多企业家都认识到了这一点,他们纷纷采用古老的销售招数——免费赠送,企图以此打响品牌,扩大市场份额,在群雄纷争的"网络战场"上奏凯。其背后的思维方式是这样的:网络好比一块等待开垦的新大陆,现在赶紧去"跑马圈地"——无论为此付出的短期代价有多大——日后自然会有好报。

克里斯·安德森(Chris Anderson)试图解释为什么免费越来越成为一种有效的商业模式。数字化技术的基础经济学决定了免费模式在数字世界比在模拟世界中更容易大行其道。这是因为,信息产品和服务具有"非常特别"的成本结构,即高固定成本、低边际成本。生产第一份信息产品的成本非常高,但是生产(或复制)此后的产品的成本可以忽略不计。例如,第一本书被印刷出来,生产另一本书的成本就只有几美元。刻一张光盘只需要不到一美元,耗资上亿美元的好莱坞大片的成本大部分都花在第一份拷贝出来之前。

独特的成本结构决定了"免费经济"的诞生。谷歌为了让其庞大的搜索引擎启动运行,需要在软件和基础设施上投入数十亿美元,但是其后递增的搜索几乎花不了它什么钱。

免费的商业模式建立在"交叉补贴"上,这也就是你订购一个移动运营商的长期服务计划,就可以得到一部"免费"手机的原因。类似的情形还有,数字电视公司免费送机顶盒,为的是让你订阅付费频道。免费加收费模式现在是互联网企业中一种常见的商业模式,即把服务分成从免费到昂贵收费各种不同等级。例如,有些网站和软件如果付费,可以享用比免费版功能更多的"专业版"。这叫作"价格歧视",即对那些给你的信息产品估价甚高的消费者,不妨卖一个好价钱;而对那些偶尔购买、不愿意掏腰包的客户,可以杀价销售,甚至可以免费向大众派发产品,因为产品散发得越广,越有可能把更多的付费客户吸引过来。

免费加收费模式的核心是,在免费服务上赔钱,在溢价的付费服务上赚钱,同时把前者作为一种廉价的推广手段。举个例子,上百万的Skype用户在网上进行声音和视频通话无须付一分钱,原因是一小部分用户为了得到额外的功能而付出的费用补贴了免费用户。通常而言,一家网站会遵循"5%定律",也就是说5%的付费用户是网站的所有收入来源。这种模式之所以能够运转下去,是因为给其余95%的用户提供服务的成本是相当低廉的,可以视为零。

 创业阅读

谷歌的免费战略

位于美国加利福尼亚山景城圆形剧场大道1600号的"免费城堡",是以免费赠送而著称的史上最大公司的总部——Googleplex。谷歌提供将近一百种产品,从照片编辑软件到文字处理器和电子表格,而且几乎所有软件都是免费的——实实在在的免费,而非耍花招。它按照任何现代数字公司都应当遵循的方式运营:赠送大部分产品,只从少数产品中盈利。

听起来有点傻吧?通用汽车公司或通用电气公司可能会觉得这么做有些离谱,而对于纯粹开展数字业务的公司而言,采取这种方式真是太明智了。如今在拥有一套商业模式前就着手创建一个规模巨大的观众群并不是什么蠢事,因为现在的情况已和20世纪90年代末网络时代刚刚开启时大不相同了。

谷歌的免费策略不只是向某种商业模式演进过程中的过渡性步骤,这成为其"产品哲学"的核心。为了弄明白谷歌如何成为免费战略的"旗帜",应当看看它是如何演进的。我们可以将谷歌的历史概括为三个阶段:

1999—2001年:随着万维网的规模逐步扩大,谷歌创建了一种获得更佳搜索结果的方法。

2001—2003年:为广告商提供一种"自助服务"方法,创建与关键字或内容相匹配的广告,而后使它们相互间竞价以竞标最显著广告位。

2003年至今:开发了其他多种服务及产品,以扩展谷歌的覆盖面,增进消费者与公司间的关系。在适当的条件下,谷歌将广告扩展到其他产品领域,但是不以牺牲客户体验为代价。这一经营战略已经收到奇效。在成立十年后,谷歌成为市值200亿美元的"搜索巨人",其盈利水平在2008年超过40亿美元,高于美国所有航空公司和汽车企业盈利的总和。

随着谷歌在世界范围内新建的此类"信息工厂"越来越多,它们的成本并未降低,所发挥的作用却越来越大。每一个新数据中心的计算机都比已建数据中心的计算机运算速度更快,而且其硬盘中存储的信息量更大。因此,这些数据中

心需要连接到外部世界的更大规模通路。其总容量增加后,我们就知道为何谷歌建立的各个数据中心能在成本不变的情况下将运算量提高两倍。

因此,每18个月谷歌为客户提供超大Gmail邮箱的成本就会降低约50%。起初提供这一服务所需成本就很低,之后用户逐年下降。使用"谷歌地图"辨别方向、浏览"谷歌新闻"摘要以及欣赏YouTube娱乐短片同样如此。谷歌投入巨资持续建设此类数据中心。但是,由于各中心处理的数据量的增速远超基础设施投资的增速,在每字节的基础上,谷歌为客户提供服务的成本每天都在下降。

当今世界任何其他公司的基础设施都无法与谷歌的这一大规模基础设施相媲美,这赋予谷歌在"免费"竞赛中的巨大优势。虽然其他公司的数据运算处理成本并不高,但是由于具有规模经济优势,谷歌的数据成本相对更低,而且下降更快。凭借其超大容量,谷歌可以通过谈判获得最佳硬件、带宽甚至供电费率。

为何谷歌要采取"免费"策略?因为这是覆盖最大规模市场并为大量商家所采用的最佳方式。施密特(Schmidt)将其称为谷歌的"最大化战略",而且认为这种战略将界定信息市场。道理非常简单:"不管你正在开发的是何种产品,都接受它,并依据分销量尽可能多地进行生产。换句话说,既然分销的边际成本为零,你就可以使产品遍布全球。"

如施密特所指出的,从某种意义上讲,这也是谷歌广告业务所具有的优势。但是,当你尚未拥有自己的热门产品时,又该如何?如果是这样,最大化战略仍能赢得广泛关注,并且有可能树立良好的产品声誉。但是,你就要面临弄清楚如何将其转化为现金收益的挑战。这还称不上生意场里最难应付的问题——大多数公司竭力提高产品的流行程度,而不是从中盈利——如果你从未彻底厘清这一小细节,"最大"也只是意味着为获取小回报而做的高带宽广告。

"互补品"通常是一起提供给消费者的产品或服务,如啤酒和花生米或汽车和汽车贷款。对于谷歌而言,互联网上的一切均可被视为其主营业务的补充品。博客中发表的每一个帖子都为谷歌的"网络爬虫"和指数提供更多信息,以助其给出更好的搜索结果。"谷歌地图"上的每一次点击都提供了更多有关消费者习惯的信息。Gmail中的每一封邮件都是我们现实生活中各种社会关系网络的线索,谷歌可在它们的帮助下开发新产品或提高广告业绩。因此,使用互联网的人越多,对谷歌的核心业务而言就越有利。如果谷歌能借助免费策略鼓励人们将更多的时间花在互联网上,那么最终它的盈利也会更高。

在谷歌,绝大多数雇员忙于设计可以免费赠送的新产品。有部门专门研究赠送WiFi服务的方法,而另外一些部门则编写开放源软件。谷歌为科学家提供免费数据存储服务,并扫描经典书籍,将其放在网络上;赠送相片管理软件及网上相片存储空间;免费提供"谷歌地图"业务,并发射卫星以拍摄更多卫星图像,从而提高其电子地图分辨率。谷歌还运营着一项411免费语音查号台。如果你想自制一部新手机,谷歌也会提供给你足以完成这项工作的操作系统软件。所有这些都是免费的。

因为谷歌的核心业务盈利如此丰厚,而且建立在如此大规模的计算基础设施上,它所从事的其他一切产品或服务的研发或推广成本都更低且效率更高。对于谷歌而言,很容易开发新产品,因为它们都建立在已经完成的工作基础上。当产品下线时,凭借谷歌对全球"注意力市场"的统治,更容易使其获得成功。谷歌可以在产品最终研制完成前将其推向市场(推出"测试版"),且如果经大规模试用证明值得对这些产品继续进行研发,则可以迅速作出判断。即使是谷歌的"败笔",如 Orkut 社会关系网服务、"谷歌聊天"服务,仍拥有百万用户。对谷歌而言,失败的代价很小,因此它在尝试开发具有一定风险的产品时并无后顾之忧。

互联网是经济学家所说的"网络效应"最为突出的市场。在此类市场中,参与者很容易进行交流和沟通,每个人都倾向于效仿其他人的做法,从而导致"羊群行为"的出现。由于市场份额的微小差别可以被放大,在任何部门中排名第一的公司与排名第二及之后的公司间存在的差距通常会非常大。网络效应往往会造成力量的聚集,导致"富者愈富"的结果。

在《福布斯》2008 年公布的"美国最富有的 400 人"排行榜中,有 11 位的财富建立在免费商业模式的基础上,其中就有 4 位来自谷歌。

资料来源:克里斯·安德森.免费:商业的未来[M].蒋旭峰,冯斌,璩静,译.北京:中信出版社,2009.

当前这个时代,正经历种种的商业模式"异化",或者叫"升级"。很多东西可以白拿,很多服务可以白享受。但是,这不是"免费午餐",商家会由此得到我们的信任,让我们交付更有价值的东西给它。一些人抵御不住这个诱惑,一咬住"诱饵",后面就自然"被绑"。

免费模式不是不赚钱,而是实现了"盈利点的偏移",用一句通俗的话来说,就是"羊毛出在狗身上,让猪来埋单"。所以,这是一个趋势。未来,免费模式会让行业之间的界限变得越发模糊,尤其是边缘行业之间。随着时间的推移,这会彻底颠覆我们对原有行业的认知。免费模式的核心是"设计企业隐性的利润空间",即延长企业的利润链条,通过设计免费的项目,最大限度地吸引客户,而后在下一个阶段实现企业的盈利。

3. 长尾模式

克里斯·安德森系统研究了亚马逊、狂想曲公司、谷歌、eBay、Netflix 等互联网零售商的销售数据,并与沃尔玛等传统零售商的销售数据进行了对比,观察到一种符合统计规律(大数定律)的现象。这种现象恰如以数量、品种二维坐标上的一条需求曲线(如图 5-2),拖着长长的尾巴,向代表"品种"的横轴尽头延伸,由此提出了"长尾理论"(Long-tail Theory)。

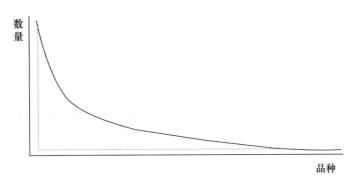

图 5-2　长尾理论模型图

长尾理论认为,由于成本和效率的因素,过去人们只能关注重要的人或事,如果用正态分布曲线来描绘这些人或事,人们只能关注曲线的"头部",而将处于曲线"尾部"、需要投入更多的精力和成本才能关注到的大多数人或事忽略。例如,在销售产品时,厂商关注的是少数的大客户,无暇顾及在人数上居于大多数的普通消费者。在网络时代,由于关注的成本大大降低,人们有可能以很低的成本关注正态分布曲线的"尾部",关注"尾部"产生的总体效益甚至会超过"头部"。商业和文化的未来不在于传统需求曲线上那个代表"畅销商品"的"头部",而是那条代表"冷门商品"经常被人遗忘的"长尾"。举例来说,一家大型书店通常可摆放 10 万本书,而亚马逊网络书店的图书销售额中,有 1/4 来自排名 10 万以后的书籍。这些"冷门"书籍的销售比例正以高速成长,预估未来可占整个书市的一半。这意味着消费者在面对无限的选择时,真正想要的东西和想要取得的渠道都出现了重大的变化,一套崭新的商业模式也跟着崛起。

谷歌也是一个典型的"长尾"公司,其商业模式是把广告商和出版商的"长尾"商业化的过程。数以百万计的小企业和个人此前从未打过广告,或从未大规模地打过广告,小得让广告商不屑,甚至连自己都不曾想过可以打广告。但是,谷歌的 AdSense 把广告这一门槛降下来了:广告不再高不可攀,它是自助的、价廉的,谁都可以做。另一方面,对成千上万的 Blog 站点和小规模的商业网站来说,在自己的站点放上广告已成举手之劳。谷歌目前有一半的生意来自这些小网站,而不是搜索结果中放置的广告。数以百万计的中小企业代表了一个巨大的"长尾"广告市场。

二、商业模式的创新

1. 商业模式创新的类型

从 Airbnb 等许多创业企业的成长经历来看，企业每一次的商业模式创新都可能会对利润产生重要的影响。例如，Airbnb 在产品和服务没有本质变动的情况下，仅把房源的照片用更专业化的形式呈现出来，即在吸引顾客或传递价值主张上作了一些创新，就使得公司商业模式的影响力发生显著的提升。本质上，商业模式创新可以涉及商业模式的任何一个要素以及这些要素之间的关系，通过寻找企业经营的新商业逻辑，为客户重新定义价值主张，从而为利益相关者创造新的价值和获取回报。

林德(Linder)和坎特雷尔(Cantrell)按核心逻辑变革的程度，把商业模式分为四类：现实模式、更新模式、扩展模式、旅途模式。现实模式是所有变革模式中改变最少的一种，公司应用该模式探索当前商业模式的潜力，以获得成长与盈利。更新模式是指公司通过持续更新、有意识地强化其产品、服务平台、品牌、成本结构和技术而进行的变革。扩展模式是指公司把业务扩展到新的领域。这类公司对其运营模式进行延展，包括延伸到新的市场、扩展其价值链、产品和服务线等，经常包括前向集成与后向集成。旅途模式把公司带到一个新的商业模式中。与扩展模式不同，旅途模式中的公司经过深思熟虑，有目的地进入一个新的运营模式中。在这四种变革模式中，现实模式并不改变一个公司所运营的商业模式，其他三种模式可能改变公司的商业模式。在核心逻辑的改变程度上，各个公司可能有显著的不同。

在前人研究的基础上，吉森(Giesen)等人提出了三种商业模式创新类型：第一种是行业模式创新。这种创新主要通过重新定义与整合当前的"行业价值链"实现。例如，戴尔通过直销的模式重新整合了电脑行业的价值链，大大地降低了电脑成本。苹果公司通过 iTunes 的创新重新定义了音乐消费行业，直接淘汰了传统的唱片租赁业。当然，行业模式创新也包括创造出全新行业，或者进行新的行业细分，如互联网行业中出现的搜索引擎行业。第二种是收入模式创新。这种创新就是改变一个企业的客户价值定义和相应的利润方程或收入模型，包括企业如何通过重新架构产品或服务，或者通过创新定价模式，从而产生收入。太阳马戏团的商业模式创新就是一个典范，它在保留帐篷、杂技等马戏的基本元素的同时，将剧场表演中的某些元素融入马戏节目中，由此重新定义了马戏表演的价值主张，走出马戏表演市场衰退的困境，成长为全球最大的马戏公司。收入模式创新需要从更宏观的层面重新定义用户需求，即深刻理解用户购买产品或服务需要完成的任务或实现的目标是什么。第三种是企业模式创新。这种创新包括创新企业的结构、创新企业在价值链中的角色。企业模式创新一般是通过垂直整合策略或出售及外包实现的。例如,谷歌在意识到大众对信息的获得已从桌面平台向移动平台转移,自身仅作为桌面平台搜索引擎会逐渐丧失竞争力时,就实施垂直整合,大手笔收购摩托罗拉手机和安卓移动平台操作系统,进入移动平台领域,从而改变了自己在产业链中的位置及商业模式。

埃森哲咨询公司在对 70 家企业的商业模式作了研究分析后,总结了再造商业模式的六种方法:第一,扩展现有商业模式。在原有商业模式的基础上将业务引向新的地域、增加客户数量、调整价格、增加产品线和服务种类等,这些都属于通过量的改变增加回报。第二,更新已有商业模式的独特性。这种方法注重更新的是企业向客户提供的价值,借以抵抗"价格战"带来的竞争压力。第三,复制新领域的成功模式。在有些情况下,企业用现成手法向新市场推出新产品,等于在新条件下复制自己的商业模式。例如,Gap 用品牌营销优势和商品管理知识,复制全新的"酷品牌"零售模式,如其旗下的 Baby Gap、Banana Republic、Old Navy Clothing 等。第四,通过兼并增加新模式。相当多的公司是通过购买或出售业务重新为自己的商业模式定位。第五,发掘现有能力,增加新的商业模式。有些公司围绕自身独特的技能、优势和能力,建立新的商业模式,以实现增长。第六,从根本上改变商业模式。有些公司的产品逐渐失去了往日的优势,此时它们所面对的挑战就是从根本上再造商业模式。这意味着对整个公司进行改造——从组织、文化、价值和能力诸方面着手,用新的方式创造价值。

2. 商业模式创新的过程

商业模式的创新并不是一蹴而就的,往往会经历一个不断改进与完善的过程。特别是一些创新与变革程度较大的商业模式创新,还是一个反复试错和调整的过程。一个新商业模式从酝酿到最终成功实施,需要经历一些不同的阶段,每个阶段分别解决不同的问题。

斯凯泰格(Schaltegger)等人把商业模式创新分为四个阶段:(1) 商业模式的调整,主要指只有一个(或最小量的)商业模式要素发生变化,不包括价值主张,如修改顾客关系、企业基础或单独的财政支柱构成的调整。(2) 商业模式的采用,是指变革主要集中于与竞争对手的价值主张相匹配。这要求变革产品和/或服务,有时也要求变革部分顾客关系支柱和企业结构,因为这些要素可以是价值主张的一部分。(3) 商业模式的改进,简单地说,其发生是当绝大多数商业模式要素都变化了的时候。也就是说,一系列主要要素同时发生变化,如顾客关系、基础要素(如商业网络)和金融逻辑,要求替代现在的模式。(4) 商业模式的再设计,存在于当一个改进导致一个彻底的新价值主张时。

比舍雷(Bucherer)等人则把商业模式创新分为分析、设计、实施和控制四个阶段。分析阶段可能持续几年,如当经理观察到公司的传统商业模式逐渐处于压力之下时。在设计阶段,各种替代的解决方案不得不被开发出来,随后的可行性研究被认为是非常关键的。整体上,设计阶段是一个迭代的过程,看起来又是一个连续的、耗时较少的阶段。实施阶段的时间一般较短,此时老的商业模式被替代。这个阶段必须快速发生,以避免在市场中引起混乱。最后是控制阶段,包括成功的控制和所有的内外部变革的监督,是一个持续的活动。他们认为,创新过程中一个反复出现的核心要素是试验或原型阶段。这可能发生在一个有限的地理测试市场中或一个仔细选择的试验顾客身上。如果新模式成功了,它将被逐步推出。产品和商业模式创新在高层次处理步骤之间似乎是相似的。商业模式创新经历的阶段和产品创新管理是相类似的。但是,因为商业模式创新建立在不同核心元素的变革上(包括价值主张、运营模式、财务模式和顾客关系),所以在这些阶段,具体的活动绩效是有显著差别的。例如,当分析创新的影响因素时,商业模式创新需要一个像产品创新一样更宽泛的视角,而且商业模式创新过程看起来绝非严格的线性和顺序性,更多的是杂乱和重叠,特别是当创新具有破坏性的时候。

 创业阅读

大数据驱动商业模式的创新

大数据作为继云计算、物联网之后 IT 产业又一次颠覆性的技术变革,必将对现代企业的管理运作理念、组织业务流程、市场营销决策以及消费者行为模式等产生巨大影响,使得企业商务管理决策越来越依赖于数据分析,而非经验甚至直觉。如何利用大数据这种新型的信息处理方式,通过收集、处理庞大而复杂的数据信息,从中获取知识和洞察,由数据驱动业务转型,探索并发现新的商机,对客户和市场进行新的洞察,实现业务创新和流程创新,这就是大数据的价值。

金融业务模式创新

阿里巴巴集团坐拥数个交易平台,如支付宝、淘宝、天猫、阿里金融等,所积累的数据涉及的时间达 14 年之久。利用这些大数据,阿里金融基于海量的客户信用数据和行为数据,建立了网络数据模型和一套信用体系。基于这套信用体系,微贷企业可以获得从 500 元到 100 万元不等的信用贷款。阿里金融打破了传统的金融模式,使贷款不再需要抵押品和担保,而仅依赖于数据,使企业能够迅速获得所需要的资金。阿里金融的大数据应用和业务创新,改变了游戏规则,对传统银行业形成了挑战。近几年网络借贷公司的兴起,正是基于类似的商业模式创新,发展非常迅猛。

有助于财务精益分析的实现

企业在日常的生产和经营过程中积累了大量的交易数据,主要是结构化数

据,同时通过其他社交网络媒体、传感器等产生了大量的即时信息,主要是非结构化数据。进行大数据分析的目的,是要实现这两类数据的集成与融合,增强企业的洞察力。"大交易数据"和"大交互数据"融合,充分分析结构化和非结构化数据,往往可以帮助企业找到潜在的商机,发现新的业务亮点。大数据和精益财务分析结合的意义在于揭示数据"是什么",而非"为什么"。比如,"目前库存周转率比较低,请予以改善",太笼统,而应该给出具体建议。精益财务分析通过大数据的信息加工,达成提供管理建议的目的,马上演进为企业的管理行动。例如,快速消费品/零售行业最大的挑战是对高度易腐烂和需求高度变化的商品的库存管理,应降低库存,减少缺货产生的高昂成本。如果在关键库存货物上安装传感器,就可以实时监控库存的变化。通过实时大数据的跟踪和分析,企业可以近乎实时地调整价格,以控制需求并根据需要自动订购更多库存,提高库存管理效率,从而降低成本。

传统制造企业商业模式的转型

随着企业信息化逐步深入,数据积累到一定量之后,应从这些数据中挖掘出更有价值的信息,以获得深刻的客户洞察,及时捕捉客户需求的变化趋势。这就需要制造企业以客户为导向,了解客户的兴趣、偏好,通过各种渠道获得用户对产品的反馈,处理好大数据,了解客户行为,将客户喜欢的产品及时交付。通过对大数据的获取、发掘和分析,企业可以更加经济地从多样化的数据源中获得更大价值,促进制造业按客户需求转型。

高级分析与预测决策

大数据的价值在于数据挖掘和预测。大数据的实时分析,可以恰当的方式随时随地为人们提供信息和全新洞察力。通过个性化洞察力、感知和响应、高级计划与预测,能够把大数据变成宝贵的信息,呈现前所未知的洞察力。企业可以建立预测性的模型,将商务分析演变成聚合洞察力,把预测变成科学,充分挖掘明天的竞争优势,带来无限的可能性。根据分析结果,企业可以提供给客户更具个性化的体验,引领行业创新与应用革新,看到商机,预测风险,发现新的机会,胸有成竹地预测未来趋势,实时预测与行动。比如,企业可以根据大数据分析所提供的结果信息,实施新的服务模式如预测性维修,根据预测数据,建立机器问题实时通信提醒,预约维修服务,提供给客户更高品质的维修保障,享受更加贴心的关怀体验。

实时商务智能

与传统的商务智能分析相比,大数据时代的商务分析主要是对过去的数据、历史信息进行分析和报告呈现。例如,对会计报表数据进行分析,传统的商务智能分析的主要问题是分析结果滞后,不能实时预测结果并采取行动;而大数据商务分析最主要的特点是实时性,可以通过系统自动调取KPI指标,即时呈现分析结果。通过大数据分析,可以实现实时交流,能够满足客户定制化的需求,达到一对一的营销效果;实时采取促销手段,实时调整定价策略,洞察客户的行为;实时进行毛利分析,为营销提供战略支持;提供实时报告和分析,使企业获得实时商业洞察,充分发挥实时商务智能的优势。

行业的聚合与无界新趋势

大数据所具有的在区域之间、行业之间和企业部门之间的穿透性,正在颠覆传统的、线性的、自上而下的精英决策模型,正在形成非线性的、面向不确定性的、自下而上的决策基础。随着互联网的飞速发展,融合已经成为新经济环境下不可避免的趋势,这种趋势将打破和跨越很多原来存在的边界。如果企业不想被困在一个墨守成规的旧世界,就必须努力跨越数字的界限,消除IT边界以及业务流程的限制。对于企业来说,聚合具有极其重大的意义,能够通过这种方式提升用户体验,吸引更多的客户,从而建立自己的核心竞争力。聚合也给软件和IT服务企业带来前所未有的机遇。当所有企业都在聚合并跨越过去的行业壁垒的时候,技术将会带来全新的革命。

资料来源:根据中国地产电商产业联盟(http://www.cn.eca.org)相关资料整理。

本章要点

1. "商业模式"概念在20世纪50年代就已提出。施乐公司因为采用新的商业模式,在复印机市场获得了巨大的成功。

2. 迈克尔·莫里斯研究认为,商业模式可分为三类:经济类、运营类和战略类。

3. 商业模式可以定义为:公司形成的一种交易结构体系,能有效地整合内外合作伙伴的资源与能力,为特定的目标客户创造和传递新的价值,从而获得持续的市场竞争力和盈利能力。

4. 约翰逊、克里斯坦森和孔翰宁将商业模式的构成归纳为客户价值主张、盈利模式、资源和能力三个方面。

5. 对商业模式可能的构成要素了解得越多,将更有助于我们理解和设计一个合理的商业模式。

6. 商业模式并不是各个构成要素的简单相加,还应包括各要素间的互动作用关系,正是这些互动作用关系让一个商业模式拥有强大的竞争力。

7. 亚历山大和伊夫提出了一个九要素的商业模式,包括价值主张、目标顾客、客户渠道、客户关系、价值结构、核心能力、伙伴网络、成本结构、收入模式。

8. 盛景网联基于自身的实践,提出了商业模式的六个核心方面:客户价值与需求创新、收入突破模式、革命性降低成本、可复制性与可扩张性、控制力和定价权、产业布局与系统性的价值链。

9. 平台模式、免费模式和长尾模式是互联网技术下产生的典型商业模式。

10. 商业模式的创新对企业经营具有重要的影响力。

11. 按核心逻辑变革的程度,可以把商业模式分为四类:现实模式、更新模式、扩展模式、旅途模式。

12. 从商业模式创新影响的层面来看,可以把商业模式创新分成三种类型:行业模式创新、收入模式创新、企业模式创新。

13. 埃森哲咨询公司在对70家企业的商业模式作了研究分析后,总结了再造商业模式的六种方法。

14. 商业模式创新可以分为四个阶段:商业模式的调整、商业模式的采用、商业模式的改进、商业模式的再设计。

15. 商业模式创新过程还可以分为分析、设计、实施和控制四个阶段。

思考与练习

1. 选择2—3种商业模式的定义,比较它们在内涵上的异同。
2. 选择一家你熟悉的公司,描述其商业模式。
3. 组成小组,讨论云计算与大数据未来会对商业模式带来怎样的变革。
4. 选择一家传统行业的企业,尝试思考对其商业模式进行改造。
5. 选择一个你喜欢的行业,对该行业中几种典型的商业模式进行归纳。

拓展阅读

1. 亚历山大·奥斯特瓦德,伊夫·皮尼厄. 商业模式新生代[M]. 王帅,毛心宇,严威,译. 北京:机械工业出版社,2012.

2. 彭志强,刘捷,胥英杰. 商业模式的力量[M]. 北京:机械工业出版社,2009.

3. 吴伯凡,阳光,等. 这,才叫商业模式:21世纪创新竞争[M]. 北京:商务印书馆,2011.

4. 林伟贤. 模式2:系统的力量[M]. 北京:北京联合出版公司,2011.

5. 克里斯·安德森. 免费:商业的未来[M]. 蒋旭峰,冯斌,璩静,译. 北京:中信出版社,2009.

6. 魏炜,朱武祥.发现商业模式[M].北京:机械工业出版社,2012.

7. 马浩.战略管理:商业模式创新[M].北京:北京大学出版社,2015.

8. 尹一丁.商业模式创新的四种方法[J].现代企业教育,2012(13):106—107.

9. 陈威如,余卓轩.平台战略:正在席卷全球的商业模式革命[M].北京:中信出版社,2015.

第六章 创业成长周期与管理

本章学习目标

1. 了解影响企业寿命的不同因素;
2. 掌握典型的企业生命周期理论;
3. 理解企业成长的经济学解释;
4. 了解阻碍创业企业成长的主要困境;
5. 探讨促进创业企业成长的管理模式。

 案例导读

海尔:没有成功的企业,只有时代的企业

海尔公司创立于 1984 年,从单一生产冰箱起步,拓展到家电、通信、IT 数码产品、家居、物流、金融、房地产、生物制药等领域,成为全球领先的"美好生活解决方案提供商"。2014 年,海尔全球营业额 2007 亿元,利润总额 150 亿元,利润增长 3 倍于收入增长;线上交易额 548 亿元,同比增长 2391%。据消费市场权威调查机构欧睿国际的数据,2014 年,海尔品牌全球零售量份额为 10.2%,连续 6 年蝉联全球大型家电第一品牌。

回顾成长历程,海尔总是能抓住市场的脉搏,大胆创新,勇于变革,不断创造出一个个成长奇迹,令人叹服。即使如此,海尔总裁张瑞敏依旧保持"如履薄冰,战战兢兢"的心态,迎接未来的挑战。面对汹涌而来的互联网浪潮冲击,张瑞敏由衷地发出感慨:"没有成功的企业,只有时代的企业。"

阶段一:以做名牌为核心的差异化战略

1984 年,张瑞敏出任青岛电冰箱总厂厂长。当时,国内的电冰箱生产厂家林立,达到一百多家,产品品种众多,形成了一百多个牌号冰箱平分市场的格局。由于当时的家电市场处于供不应求的状态,许多厂家为了抢占市场份额,积极扩展生产规模。但是,海尔并没有跟随当时的大众战略思维,而是采取了做名牌的战略。流传甚广的张瑞敏砸冰箱事件就是这一战略的突出体现。此后,海尔公司的产品创新就没有停滞过,而且越做越市场化,越来越具有竞争力。中国第一台宽气候带电冰箱、第一代保湿无霜电冰箱、第一台全无氟电冰箱等都是在海尔

产生的。这些功能上的创新,不断地创造出新的市场和消费群,一定程度上引领了冰箱消费市场的发展。正确的战略得到了回报:1988年,海尔获得了中国冰箱行业历史上第一枚质量金牌;1989年,中国冰箱市场发生"雪崩"时,许多品牌的冰箱产品出现了库存积压,纷纷大幅降价以求生存,但是海尔产品价格不但不降,提高10%还供不应求。

此外,服务创新也是海尔差异化战略的重点内容。以空调为例,海尔是中国最大的空调制造商,也是行业发展速度最快的空调制造商,这种成果与其背后的服务差异化战略是密不可分的。从1994年的无搬动服务,1995年的"三免"服务,1996年的先设计后安装服务,1997年的24小时服务到位,1998年的全国星级服务网络连锁,1999年的整机3年保修、压缩机6年保修,2000年的服务网络通过ISO 9002认证、星级服务一条龙和零距离服务,到2001年的无尘服务,8年间实现了全部行业领先的10次服务升级。海尔空调服务之所以有如此频繁的升级,就是要保持自己的"服务产品"持续的市场竞争力,把为顾客解决问题作为服务终点。

就是在产品和服务上一系列差异化战略的成功实施,使得海尔成为国内最具竞争力的家电品牌,同时在家电品牌林立的国际市场也获得了认可和知名度,并为其后的多元化扩展奠定了基础。

阶段二:多元化战略

海尔坚持了7年的专业化经营,形成了具有较大市场优势的核心竞争力后,从1992年开始,进入多元化发展阶段。多元化战略是许多企业快速发展的重要战略之一,其失败率也是非常高的,由于多元化战略失败导致企业成长受阻的案例举不胜举。

1992年,海尔首先进入冰柜和空调等相关多元化行业,随后又进入其他白色家电行业(如洗衣机、热水器、小家电、微波炉、洗碗机等)。1997年,海尔开始进军以电视机为代表的黑色家电和以电脑为主的米色家电等领域。此后的十多年间,海尔多元化战略涉及业务非常广泛,除了相关的家电行业外,还进入了生物、医疗设备、软件、旅游、数字家庭、物流、通信、家居、金融、房地产、IT等诸多行业(如表6-1所示)。

海尔公司的多元化战略并非盲目进行,而是秉承"东方亮了,再亮西方"的理念。同时,在多元化过程中,张瑞敏提出了"吃休克鱼"的并购创新战略,以充分利用自身的品牌效应和管理能力进行并购扩

表6-1 海尔进入行业

年份	行业数
1992	1
1993	2
1994	2
1995	2
1996	3
1997	3
1998	7
1999	11
2000	11
2001	13
2002	14
2003	15
2004	15
2005	15

张。以家电产业为例,从 1995 年兼并青岛红星电器厂开始,短短几年内,海尔在全国共兼并了 15 家家电企业,全部的并购成本相当于只花了 7000 多万元,却盘活了 15 亿元的资产,使海尔得到了快速的成长和发展。海尔从 1992 年开始实施多元化战略,通过这一战略创造了连续 14 年平均增长速度达 82.8% 的成长奇迹。

当然,海尔的多元化战略也并非完全一帆风顺。20 世纪 90 年代,生物制药行业的高利润率曾吸引了海尔。1995 年,海尔进入医药保健领域,但是由于缺乏核心技术,长期以来没有市场竞争力,业务几乎一直处在亏损状态。最后,海尔果断地退出该行业,以避免更大的损失。

总体上,海尔的多元化战略是成功的。以家电行业为例,根据国家统计局对全国 600 家大中型商场主要家电品牌销售状况调查统计的结果,到 1997 年,海尔有四大门类产品已居全国同行业的前三名:电冰箱市场份额为 30.28%,冰箱为 40.10%,空调为 24.11%,洗衣机为 27.68%,可谓成绩斐然。海尔成功的案例后来还进入哈佛大学、瑞士洛桑国际管理学院、欧洲工商管理学院的案例库。

阶段三:"先难后易"的国际化战略

海尔在实施多元化战略的同时,开始实施国际化战略。海尔国际化战略的目标是实现内销、出口和海外生产"三个三分之一",为此积极开展资本和技术输出,在海外建立制造和销售基地。1990 年,海尔首次出口德国 2 万台冰箱,吹响了向欧洲家电市场进军的号角。海尔 1996 年在印尼建厂,这是它首次在海外直接投资;1997 年在菲律宾建厂,并培养跨国经营人才;1999 年在美国投资建厂,初步实现经营本地化;2001 年以收购方式投资意大利迈尼盖帝公司的电冰箱工厂,主要进行家电及其零部件的生产、进出口、采购和销售等,初步建立海外营销网络。2005 年,海尔已经在全球建设 15 个工业园,冰箱、空调、洗衣机等主导产品的产能达到或接近世界第一的规模。海尔品牌已经有了一定的知名度、信誉度和美誉度。2010 年,在白色家电中,海尔有 8 种产品的销量居全国第一。其中,变频冰箱名列全球第二,洗衣机名列全球第三。

海尔在实施国际化战略的过程中,采取了不同寻常的"先难后易"战略,即先进入市场竞争激烈的欧美发达国家市场。以美国为例,美国市场是非常成熟的市场,也是世界上最难进入的市场,亚洲许多公司都在这个市场上栽了跟斗。中国台湾地区的宏碁过去 10 多年花了 10 多亿美元在美国推销其品牌,终因亏损严重而退出了美国市场。由于进入美国市场的艰难,中国国内公司目前主要通过接单生产或以 OEM 的方式进入美国市场。比如,科龙在中国香港地区和东南亚的销售打的是它自己的品牌,而在美国和欧洲的销售采取的都是 OEM 的方式,即它出口到美国的产品都以美国公司的品牌销售。

海尔冰箱被评为美国畅销产品。美国著名杂志 *TWICE* 对全美最畅销家电进行了统计,海尔冰箱同 GE、惠而浦等世界名牌一起成为美国最畅销产品,其中以海尔冰箱为代表的各类小型冰箱销售增长最快,平均速度为 23.9%。

海尔的产品进入美国市场的方式基本上还是遵循了"先易后难"的渐进模式。从进入方式来说,海尔采用的是先出口,然后再直接投资,即"出口→联合设计→设立贸易公司→当地生产"的模式。海尔 1995 年开始向美国出口冰箱,起初是以 OEM 的方式,然后才开始打自己的品牌。在美国设立"海尔美国贸易有限责任公司"和投资建立"海尔美国生产中心"则是在近 5 年之后,这时海尔已积累了较多的有关美国市场的知识。

阶段四:全球品牌化战略

经验表明,优秀的跨国公司会把品牌国际化竞争作为一个重要的战略。张瑞敏对品牌有自己独特的思考,提出了"国内无品牌"的观点。他认为,从外部竞争环境看,全球市场的一体化和全球竞争对手的一体化,驱使全球品牌一体化,品牌竞争力就是企业全球竞争力的浓缩体现;从内部发展要求看,企业在国际化战略阶段初步实现自主品牌的优势积累和全球品牌运作的本土化基础后,其目标必然是世界各地本土化品牌集成的全球化品牌。

2005 年 12 月,"海尔创业 21 周年暨海尔全球化品牌战略研讨会"在北京召开,张瑞敏宣布启动全球化品牌战略。从 2006 年开始,海尔以效率打造全球第一竞争力,在全球化品牌战略和"人单合一"模式下,把不同的 SBU(Strategic Business Unit,战略业务单元)团队经营成独立核算的公司,为每个人提供创世界级品牌的舞台和空间。在设计领域,200 多家国际化品牌与海尔联合开发;在制造领域,有 17 个国际合作工厂为海尔品牌加工制造;在营销领域,许多品牌利用海尔的品牌美誉和全球化营销网络,海尔品牌走向全球市场;在物流领域,海尔与进入中国的多家外资企业合作发展物流;在配套领域,海尔吸引了 74 个国际化供应商到海尔工业园周边建厂;在售后服务领域,海尔品牌吸引了全球众多著名的专业化服务商和呼叫中心为海尔品牌服务。目前,海尔已在世界 160 多个国家和地区形成自己的品牌。

阶段五:互联网时代的战略新探索

随着互联网时代的全面到来,其影响的深刻性和全面性已波及各大传统企业,突围和转型成为传统行业蜕变的关键所在。面对这种潮流,海尔以主动迎接互联网时代的姿态,率先推出了海尔"U+智慧生活平台",助力企业转型的成功。

"没有成功的企业,只有时代的企业,在互联网时代,智能家居是传统家电红海中的蓝海",这是张瑞敏对互联网时代传统家电行业的独特解读。

全球著名市场调研公司尼尔森发布的《互联网时代的未来家居生活》研究报告显示,在互联网时代,随着消费者由基本生活需求满足向高品质生活享受的跃进,以及移动互联设备所带来的行为方式改变,一场撼动人类社会行为方式、生产生活方式的线上线下互动革命正在进行。报告提到,58%的被访者期望家居产品能主动实现人机交互,理解使用者的需求;近80%的被访者表示愿意跟厂商互动,反馈需求与建议,期待家电品牌更加开放化和全球化,使未来的家居生活更智慧、更简单和更有趣。在这一需求的召唤下,家电产业迎来自己的智能飞跃。

作为行业的先行者,海尔率先推出以"U+智慧生活平台"为核心的七大生态圈。海尔家电生态系统的发布,改变了以往厂家单推一款或几款智能家电的"小打小闹",展现了系统化的智能家居所带给人类生活的巨大改善。

海尔家电产业集团副总裁王晔认为,由电力驱动的生活变成智慧生活,背后离不开海尔强大的开放创新平台的支撑。目前,海尔已搭建起一个不同于传统制造企业以及新型硬件企业的开放创新平台HOPE,全球已有200多万家一流资源在HOPE开通公司主页,超过10万家资源在平台注册,每月可交互产生超过500个创意及创新项目,已累计成功孵化各类硬件创新项目超过220个。从海尔公布的研发数据来看,家电行业目前共13项国家级科技进步奖中,有11项颁给了海尔;在国内发明专利方面,海尔凭1512件赶过行业第二、三名之和。

海尔领先于行业,推动智慧生活全面落地的举动赢得了行业和世界的一致认可。欧洲权威认证机构TUV集团向海尔颁发了对用户最佳生活体验的TUV认证,海尔成为家电行业内唯一一家获TUV认证的企业。

2015年,李克强总理在政府工作报告中突出强调"中国工业4.0计划",构建了未来十年中国工业制造的宏伟图景。作为中国工业的"排头兵",海尔的工业4.0战略也在推进,而其核心实践就是构造互联工厂。"在全球范围内,海尔对工业4.0战略的探索和实践是非常超前的",德国弗劳恩霍夫研究院首席科学家房殿军教授指出:"中国制造业转型升级的关键是制造逻辑的重塑,海尔互联工厂将用户、模块商和工厂等要素,用开放平台的方式聚集到一起,这种制造逻辑给家电行业甚至其他行业的转型升级带来启示。"

资料来源:刘拓.海尔集团的互联网战略大转型[J].家用电器,2015(4):76—78.

第一节 企业生命周期理论

一、企业寿命与影响因素

据美国《财富》杂志报道,美国大约62%的企业寿命不超过5年,只有2%的企业存活达到50年;中小企业平均寿命不到7年,大企业平均寿命不足40年;一般的跨国公司平均寿命为10—12年;世界500强企业平均寿命为40—42年,世界1000强企业平均寿命为30年。

2011年,成立满一百年的IBM公司在《华尔街日报》《华盛顿邮报》《纽约时报》上刊载了长达4页的广告,其中有一段话写道:"我们祖父祖母那一辈人人敬仰的公司都已不复存在。1961年全球500强公司中的前25家公司,如今也只剩下6家。"广告的初衷也许是弘扬百年老店IBM坚韧不拔的精神,同时也反映了一个残酷的事实:即使是全球最好的公司,其寿命也是非常短暂的。曾经雄霸行业的柯达和诺基亚等全球一流公司在科技新浪潮的冲击下轰然倒塌的场景,就足以让任何创业企业——不论是初出茅庐的新创企业,还是羽翼已丰的行业翘楚——对未来的成长和命运保持一种警醒。

 **创业阅读**

调查显示中国中小企业平均寿命仅2.5年

中小企业是国内最活跃的经济体之一,其存在的平均寿命却不长。近日,据《中国中小企业人力资源管理白皮书》调查显示,中国中小企业平均寿命仅2.5年。

根据CHINA HRKEY研究中心的调查,目前中国注册登记的中小企业已超过1000万家,占全部注册企业数的9成;中小企业工业总产值和实现利税分别占全国企业总数的60%和40%左右。中小企业提供了75%的城镇就业机会。近几年来,在全国每年1500亿美元左右的出口总额中,中小企业占60%左右。中小企业如今已成为中国经济的主要层面。

中国企业平均寿命较短。据统计,中国中小企业的平均寿命仅2.5年,集团企业的平均寿命仅7至8年,与欧美企业平均寿命40年相比相距甚远。中国企业数量众多,但是生命周期短,重复走着"一年发家,二年发财,三年倒闭"之路,能做强做大的企业更是寥寥无几。

1158万个中小企业,平均从业规模仅为13人。近8成中小企业主年龄在20至40岁之间,50%的企业主拥有专科以上学历。调查报告指出,从业人员的稀少反映出中小企业发展不足,本应是最大的就业渠道显得狭窄,就业问题极为突出。未来转移农村剩余劳动力和解决城镇新增就业及再就业的主要渠道是从数量上大规模发展中小企业。

珠三角、长三角占到中小企业数量的30%,其他地区约占40%,体现出经济发达地区也是中小企业最活跃的区域。主要行业为加工业、招商代理、经销批发和商业服务业,多数属于缓慢成长性企业。

资料来源:傅洋.调查显示中国中小企业平均寿命仅2.5年[N].北京晚报,2012-09-03.

创业企业的成长总是展现出某种固定的周期模式。创业团队先研制出产品或服务，打入市场，吸引顾客。一旦过了这道坎，企业就会进入成长阶段，营业收入、市场份额和营业利润开始快速增长。在此之后，就是平台期。团队继续研发和改善产品或收入的增长幅度逐渐缩小，利润会稳定在一个虽较低但还算不错的水平。当企业成熟之后，其成长会进一步放缓，直至停止。然而，这时候企业的运营费用依旧只增不减，因为要与市场中的新手竞争。最后，企业没能跟上市场的步伐，营业额和利润逐渐陷入负增长，现金流紧张，负债率不断增高，开始资不抵债，直到破产、清盘。

企业的成长过程听起来就像一个生命过程一样，死亡似乎是一种不可逃脱的宿命。那么，到底是什么因素导致了企业的衰老和死亡呢？就像人类在探索生命衰老的原因一样，研究企业的兴衰过程一直吸引着许多人的兴趣。影响企业衰败的因素大致可以分为两个层面：外部环境因素和内部环境因素。

1. 外部环境因素

新创的企业往往都非常脆弱，很难经受住外部环境的剧烈变化，尤其是像经济危机这样的大灾难。例如，2008年的全球金融危机就对全球的中小企业造成巨大冲击，包括中国的中小企业。例如，2008年中小企业的亏损面扩大，当年前10个月，广东停产、歇业、关闭和转移的中小企业有15661家。其中，仅10月份停产、破产的就有8513家，超过了前三季度的总和。

金融危机使国外市场急剧缩小，中小企业面临出口订单锐减的困境，生产规模不得不降低以减少产出，并且会进一步导致生产成本的上升，在财务上出现现金流的困难，又导致信贷支持减少、融资渠道缺失、融资成本上升等一系列困难，从而很容易让中小企业陷入破产和倒闭的困境。

除了大的经济危机和经济动荡之外，外部环境因素还包括宏观的政治法律、社会文化、经济发展和技术变革等诸多因素。政策环境的变化就可能对企业寿命有明显影响。例如，在企业经营困难的时候，如果有相应的政府扶持政策出现，就有可能延长企业的寿命；相反，如果又遇到紧缩的货币政策，信贷政策突然收紧，有可能直接迫使或加速企业的经营终止。

此外，对于高新技术行业的创业企业，技术环境的变化也是导致企业寿命缩短或终止的重要因素。

2. 内部环境因素

首先，影响企业寿命的因素是来自战略层面的决策因素。所谓"一着不慎，满盘皆输"，创业企业在成长初期的抗风险能力较弱，往往在某个重要的战略决策上失误就有可能导致企业陷入困境。有些企业一开始并不是遇到了经营困难，而往往是在取得了一些经营业绩后，就开始对自身的能力过度自信，认为创业并不像想象得那么难，赚钱也挺容易。这个时候，盲目扩展的情绪会开始抬头,一些创业企业进入许多其他的领域,使得有限的精力和资源迅速分散,慢慢使自己陷入经营的困境。

因此,创业企业在进行多元化战略决策时,需要非常慎重。多元化容易导致企业主业不突出,市场形象和产品定位不清晰。经验表明,优秀的企业一般都是能够在某个领域做得非常专业或独占鳌头的企业,并且是在发展到一定程度之后才逐步扩展到其他产业,实行多元化战略,这些产业常常还是相关产业。不论是对于具有市场地位的大企业还是初出茅庐的新创企业,在多元化等重大战略决策上都需要慎之又慎。

其次,企业的管理执行能力也是影响企业寿命的重要因素。创业企业即使有一个好的战略,也并不一定能保证创业成功,更重要的是要有良好的战略执行能力。企业内部管理能力的提升是一个长期修炼的过程,广泛涉及开发新的产品、推出新的服务、降低产品成本、提高生产率、开拓新市场、广告宣传、组织结构调整、员工激励与培训等诸多方面。每个方面的短板都可能影响到企业的成长,创业初期的管理混乱是很多企业倒闭的重要原因之一。有些创业企业尽管营业额达到一定规模,但是内部的管理依旧处于低效率的文化氛围之下,最终也因"温水煮青蛙"式的效率下降而走向衰败。只有优秀和有经验的创业者才有意识和能力应对此困境并采取果断措施,将企业扶上发展的正轨。

 **创业阅读**

史玉柱:"兔子窝文化"肯定要失败,巨人网络必须重塑"狼文化"

众所周知,把巨人推向上市阶段并稳定发展之后,史玉柱便开始下放管理职能。2013年,他更是辞去CEO职务,几乎全面退出了公司事务管理。但是,缺少了核心领军人物的巨人的发展并未如愿。因此,在2015年下半年,退隐江湖多年的史玉柱选择在巨人回归A股上市时重出江湖,风风火火地推动了一系列改革与调整措施。比如,他直接免掉了133名干部,从而使干部总数从160大幅下降为27,将六层的官僚管理层级削为三层,实现权力下放,把公司从子公司制变成更适应手游市场的工作室制。以下是史玉柱在2016年首次员工大会上的讲话要点:

1. 与马云激辩兔子与坏人谁对公司危害更大

我跟马云探讨过几次兔子与坏人的问题,争论焦点是:究竟兔子对公司危害大,还是坏人对公司危害大?最终,我被马云说服了,兔子对公司危害更大。因为坏人有坏人的行为表现,周围的人能察觉,会警惕、提防他。大家有了提防,坏人造不成太大危害,或者造成的危害是一时的、短暂的、一次性的,危害不持久。

为什么兔子对公司危害更大？兔子人缘好，讨大家喜欢，但它不出业绩。兔子最爱繁殖，比谁都爱繁殖，不停地繁殖，找同类，生出大量小白兔，形成兔子窝，霸占着岗位、资源和机会。如果一个公司的大量核心岗位被"兔子"霸占，形成了"兔子窝文化"，就失去了战斗力，失去了市场机会。

2. 为何要在巨人施行"狼文化"？

"狼文化"，在中国企业中最早是华为提出来的。1989年，我在珠海创业阶段，就关注华为。我觉得华为走到今天这么牛，它有两个核心：一是华为创始人的决策牛，这点我跟任正非有很大的个人差距；二是华为的"狼文化"，这么多年一直坚持下来。

成功的企业，嘴里不一定说，但骨子里多数都是"狼文化"，比如三星、阿里、腾讯。它们把对客户的研究、了解，结合自身长处，发挥到极致。如果是一帮"兔子"做产品，才不会去想这些呢！百度近年也开始呼吁"狼文化"。所以，只要是伟大的公司，没有不是"狼文化"的。"兔子窝文化"肯定是要失败的。尤其是搞互联网，竞争这么激烈，如果不是"狼文化"，肯定是死路一条。

3. "狼文化"具备四大特点

第一，有危机意识。狼运动量大，消耗高，它们总担心自己饿死，危机意识特别强。高速发展的公司一定要有危机感。比尔·盖茨说过，"微软离破产永远只有18个月"。三星也有类似的危机企业文化。但是，兔子没有危机意识，每天都乐呵呵地生活在草丛里，很可爱，很欢乐。能活得久的企业都有危机意识，没有危机意识的企业活不久，安全感要不得，只有活在危机意识之中才能真正拥有安全感。

第二，鼻子尖，嗅觉灵敏。狼善于寻找、发现机会。狼的鼻子迎着风抽动，时刻利用它的尖鼻子在寻找机会。如果放在我们游戏研发工作中，对比看我们做游戏，是否找到好的游戏类型？是否找到核心玩法？是否找到玩法中的亮点？我们的日常工作，不是简单靠上级分配、安排工作，而是自己找到工作亮点与突破机会。兔子的鼻子不灵敏，不会找机会，它很可爱，在草丛里跳来跳去。它的眼睛也不行，整天红红的。

第三，自发性进攻，不屈不挠。一旦发起进攻，不用头狼教育，进攻是它们的本能。狼不怕困难，不达成目标不罢休。兔子不一样，没有进攻性，活一天算一天，容易满足，每天吃吃草，更不存在不屈不挠的精神。

第四，团队合作。狼靠群体、团队，配合默契。狼群追一头牛，跑得快的负责前边堵截，靠左边的从左边包抄，靠右边的从右边包抄。这都不是头狼下令的，狼的本能里就有合作意识。我们工作中要发挥这种精神，主动配合，不相互推托。搞一款产品涉及很多部门的配合，只有都像狼一样合作才能做成。

4. 要把兔子赶走,把股票分给"新狼"

第一,思想改造。我们不当"老白兔",要当"头狼"。转不过来的"老白兔",请你去其他公司的"兔子窝"。我们要多吸收年轻、有创造力的优秀人才,把门开大,招揽狼性人才。去年员工大会,我提到过芬兰移动游戏公司 Supercell,才 168 人,一年 12 亿美元利润。他们这 168 人都是"狼"。我也要大量找"狼",有多少要多少,"兔子"有多少赶走多少。如果我们能找到 168 头"狼",所产生的贡献一定大于 1680 只"兔子"。

第二,人才的良性流动。一个公司、一个团队,人不在多而在精,人越少越好。上次我们去 Supercell,给我们演示游戏的小伙子不到 30 岁,当时演示的游戏是 2 个人用 2 个半月做出来的,现在这游戏全球排第一。手游研发要轻,如果团队超过 7 人,很难做成。7 个人以上的团队的效率也低,喜欢相互推。我记得《征途》刚成功的时候,人不多;成功之后,各部门都喜欢堆人。"老白兔"喜欢繁殖"小白兔",喜欢养人。

第三,把利益与成绩挂钩。团队人少了,就给涨薪留出大量空间,可以把腾出来的工资加给留下来和新进来的有狼性的人。我也不希望靠节省人力成本提高公司利润。我要把"兔子"都赶走,把利益分给"新狼"们。"新狼"包括公司从"兔子"变成"狼"的老人和从外界吸收的新人。"兔子"别想在我这儿混 3 年,拿不到股票。做不出贡献的,给你一股都是浪费,这是我的基本思想。我接下来要做的事情是,赶走"老白兔",把这部分股票再发到别的"狼"身上。把"兔窝"变"狼群",核心是使每头"狼"的利益与公司密切相关,这样才能激发狼性。

第四,末位淘汰制度开始强制执行。每个季度搞一次,直到我们团队闻到"狼味"为止。我不怕媒体误读为裁员。感觉现在闻去,都是"兔子味"。我希望提高团队中"狼"的比例,"狼"的人数没有限制。我的标准是,要"狼",不要"兔子"。在"狼"还不够多的时候,"兔子"太多不行。所以,要加强流动性,把门打开,把有活力的"狼"引进来,让大量优秀年轻人进来,优胜劣汰,"引狼入室"。注意,我们是要淘汰"兔子",不是淘汰"狼"。"兔子"人缘好,容易被留下来。我会对每个项目进行评测,确保执行效果。

资料来源:史玉柱:"兔子窝文化"肯定要失败,巨人网络必须重塑"狼文化"[EB/OL].(2016-04-17)[2016-07-12].http://www.tmtpost.com/1672103.html.

二、五阶段企业生命周期

马森·海尔瑞(Mason Haire)在 20 世纪 50 年代提出"企业生命周期"的观点,认为企业的发展也符合生物学中的成长曲线。在此基础上,他进一步提出企业发展过程中会出现停滞、消亡等现象,并指出导致这些现象出现的原因是企业在管理上的不足,即一个企业在管理上的局限性可能成为其发展的障碍。1965年,哥德纳(Gardner)在《如何防止组织的停滞和衰老》中主张,一个组织在经历了停滞后完全可以持续不断地实现自我更新,恢复生机。企业生命周期与生物学中的生命周期相比,具有其特殊性:(1)企业发展具有不可预见性;(2)企业发展过程中可能会出现一个既不明显上升也不明显下降的停滞阶段;(3)企业在消亡之后可以通过变革得以再生,从而开始一个新的生命周期。

企业生命周期理论就是把企业看成一个生命体,认为新企业也会经历孕育、出生、成长、成熟和衰退等生命阶段。创业者唯有对这些阶段的成长问题有正确的认识,并采取正确的管理措施,才能促进企业健康成长。在企业生命周期的每个阶段,都有各自的问题和管理策略。

1. 孕育期

这一时期,新创企业仍然是停留在创业者头脑中的创意或者机会,创业者殚精竭虑的是合理评价商业机会,构建独有的商业模式,招募合适的企业核心人员,获取足够的有形和无形资源。此时,企业的技术或某一高新技术产品正处于酝酿和发展阶段,还远远谈不上商品化和市场规模,更不涉及组织结构,企业只是几个志同道合的创业者组成创业团队,进行相关技术的研究开发和前期的准备活动。一旦时机成熟,创业者就可以正式创立企业。新企业的创立,标志着创业者成功地渡过了"种子期"。

2. 幼年期

处于幼年期的企业一般称为"初创期"。在这一阶段,企业生命是最为脆弱的。新产品的雏形已经产生,组织结构初步形成。此时企业的市场占有率低,市场开拓极不稳定,没有稳定的销售和订单。企业在管理上也不规范,多是靠创业者的个人直觉进行管理,组织结构简单,创业者必须处理几乎所有的事务。由于缺乏良好的运营机制和充裕的资金支持,大量的新创企业不能赢得足够的顾客以获得企业生存必需的现金流。当企业的资金枯竭时,创业者只能选择出售企业或者破产。但是,初创期的企业往往显示出旺盛的生命力,创业者和团队都斗志昂扬,富有创新精神,并对未来充满期望。

3. 成长期

经过初创期,企业步入创业的成长期。处于这一阶段的企业初步摆脱了生存困扰,开始考虑盈利。尤其是企业的市场开拓开始高速成长,市场份额逐步扩大,创业者可能略微感到轻松,有时还会产生兴奋的感觉。此时,企业的组织规模开始快速扩大,员工不断增加,市场地位稳步上升,创业者开始尝到了成长的甜头和成就感。但是,在快速成长的时候,如果对此期间的问题没有清醒的认识,企业仍然可能遭受意想不到的重大打击。例如,面对市场上众多的投资机会,创业者往往目不暇接,开始多元化经营,在战略上容易采取冒进的冲动决策。面对潜在的问题,创业者需要考虑建立一套合理的管理制度,以应对企业的迅速扩张。

4. 成熟期

随着企业逐步发展壮大,开始步入成熟期。这一时期,企业的核心产品已在市场上占有较大份额,盈利快速增长,技术风险、市场风险大大降低,管理风险增大。这一阶段的企业往往会出现阻止创新的惰性和障碍,创业者需要考虑如何保持企业的竞争力。从企业战略的角度看,进行多元化经营管理是创业者面临的主要问题。尽管企业正如日中天般蓬勃发展,但是经营中存在的潜在风险和管理者的一些失当举措,会使企业开始呈现出衰退的端倪。追求可持续成长的企业会有效地利用成熟期获得的丰厚利润,再投入到新的经营领域中。因为现有的经营领域已到达一个增长的瓶颈,如果企业想要继续成长,必须寻找新的增长点。在这个过程中,风险往往与机遇并存。

5. 衰退期

成熟期的企业如果不能成功蜕变,往往会面临进入衰退期的风险。处于衰退期的企业,其产品的市场份额逐渐下降,新产品试制失败,或还没有完全被市场接受;管理阶层的官僚主义、本位主义严重,部门之间相互推诿责任,士气低落;出现亏损,股票价格逐渐下跌。此时,企业被竞争对手接管、兼并的可能性增大,其生存受到威胁。创新往往是企业走出衰退期的重要利器。创新可以表现在很多方面:第一,企业可以通过对原有产品的创新,超越原有的产品寿命,再次获得成长。第二,企业可以运用新技术研发全新的产品,彻底淘汰原有的产品,从而实现质的飞跃。第三,企业可以在经营战略方面实施创新,即跟随经济、社会和技术的新趋势,进入一个全新的领域,开辟一片"蓝海"。第四,企业在衰退期往往还需要进行自身管理制度的创新,打破原有的阻碍以上创新的组织管理障碍,才能实现真正的蜕变和重生。

三、爱迪思的企业生命周期模型

在企业生命周期理论的基础上,许多研究对各个阶段进行了较为深入的细致研究。在企业生命周期理论模型中,以美国咨询专家爱迪思(Adizes)的企业生命周期模型最为流行,该理论模型将企业生命周期划分得较为细致,并对每个阶段的管理问题进行了详细讨论。

爱迪思的企业生命周期模型是他在多年的管理咨询工作的基础上提出的。借鉴大量的咨询案例和经验,爱迪思把企业生命周期划分为 11 个阶段,它们分别是孕育期、婴儿期、学步期、青春期、盛年前期、盛年后期、稳定期、贵族期、官僚化早期、官僚期、死亡期。盛年期之前是成长阶段,盛年期之后是老化阶段(如图6-1所示)。在每个阶段,企业都面对着不同的问题,并且需要采取不同的成长管理策略。

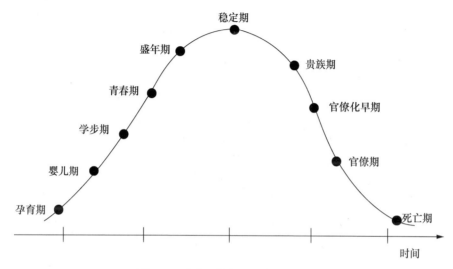

图 6-1 爱迪思的企业生命周期模型

1. 孕育期(courtship stage)

这是企业创建前的阶段,可称为"梦想阶段"。创业者在这个阶段开始有了一些创业的"奇思妙想",并开始向周围的人推销自己的这些想法,但是还没有什么具体行动。创业者需要判断创业的风险,确定自己将承担的责任与义务,并且这将一直伴随着创业者经历企业的全部生命周期。成功的企业不仅要有好的创意、市场和资金的支持,更需要创业者承诺把自己的全部热情和精力都投入到该事业中。

孕育期的创业动机有重要影响,如果创业者仅是为了赚钱,这种急功近利的狭隘想法将不能支撑创业者建立真正的企业,即使取得了暂时的成功,也很难持续下去。真正的企业家要带点超凡脱俗的动机,如满足市场需求,创造附加价值,带来社会意义等。创业者应努力成为预言家,以产品为导向,而不是以市场为导向;应满足某种未知的或者无法确切表达的需求,而不是对现有市场的盲目跟进。产品导向还会造成狂热的责任心,这对于创业是必需的。如果企业者把目光过早地投向市场,反而会冲淡自己的梦想。所以,孕育期的创业者不关心市场是正常的,不应该受到责难。然而,这种状态如果在企业建立后还继续支配着创业者,就会变成阻碍发展的问题。

2. 婴儿期(infant stage)

不再像在孕育期那样充满浪漫和梦想,企业在婴儿期需要面临实实在在的生存问题。企业在这一阶段能否健康成长,取决于营运资金和创业者承诺的兑现。高谈阔论不能解决生存问题,增加销售量才是实实在在的头等大事。

规范管理是婴儿期企业面临的另一个大问题,创业者忙得只能解决应急的事情。企业没有明确的方针和制度,缺乏必要的程序,整个管理构架可能只是创业者头脑中的一些零碎想法。创业者只能高度集权,他们承诺过度,工作负荷过满,从领导到员工都在忙,没有等级,没有聘用,没有考核。

导致婴儿期企业无法持续成长的首要因素就是资金问题。为了应付资金问题,频繁使用短期贷款、价格打折以促进销售、草率的股份转让等失误,都有可能给企业带来灭顶之灾。导致企业失败的第二个因素是创业者失去控制权或者丧失责任心。缺乏规章制度,为了获取现金而采取权宜之计的坏习惯,尤其是为了保证资金链而引进急功近利的不良投资控股者,会让创业者渐渐丧失企业的控制权。特别是在外来投资者的不当干预下,企业发展背离了创业者的初衷时,创业者还可能会放弃自己的责任。

独断专行往往是婴儿期企业的领导风格,这样才更能适时处理随时可能发生的危机。但是,这种独断专行如果不适当地长期延续,就会在下一个阶段病态地阻碍企业发展。

3. 学步期(go-go stage)

当企业运转起来,产品和服务得到市场认可的时候,就进入了学步期。这一阶段,随着销售和现金流的逐步改善,创业者的自满自大情绪开始出现,最常见的问题就是不断被新的机会诱惑,经营开始涉足众多领域。创业者一时间觉得有太多机会都值得关注,任何一个机会都舍不得放弃,于是采取多元化战略,卷入太多相干或不相干的业务。企业就像是一个微型的集团,有时只有一个小部门甚至一两个人,就有想要撑起一个事业部的架势。

学步期企业往往围绕人进行组织,而不是围绕事进行组织,因人设事。企业的行为被动而不主动,因为它缺乏规划,不断对机会作出反应,而不是先计划周密、组织完善、定位准确,然后再行动。在经历了试错的学习过程后,要是还没有聚焦行政管理制度建设,那么就要落入"创业者陷阱"或者"家族陷阱",即无法实现由创业向规范经营的转变。

学步期企业应该夯实基础、稳扎稳打,关注预算、组织结构、职责分工、激励机制等基本制度建设。实际上,学步期往往是一个频繁的试错阶段,创业者只有在不断失误、犯错,有了切肤之痛后才会慢慢清醒。一些创业者甚至是在经历了灾难性的打击后,才开始清醒过来,学会自律,学会放弃。其中,一些更明智的创业者会引进外部力量以完善管理制度,向职业化和规范化的管理模式转变,从而稳固前期打下的基业。

4. 青春期(adolescence stage)

青春期企业最重要的事情是摆脱创业者的影响而进入经理人治理阶段。这是一个痛苦的过程,即便是创业者本人转变为职业经理人,其中的冲突、摩擦也在所难免。这种管理上的转型,最明显的特征就是企业行为缺乏连续性,人员之间产生隔阂,新人和旧人合不来。

婴儿期需要的是冒险,学步期需要的是远见,而青春期需要的是规范经营。与婴儿期不同,青春期必须学会授权。青春期的管理需要一个彻底的改变,实现职业化,减少直觉决策,驾驭机会而不是被机会驱使,创建新的激励制度与责任体系,完善岗位与薪酬管理等。

但是,这些管理改革往往就是冲突之源。完成青春期转变的关键,是创业者与经理人之间的理解、信任与合作。当然,如果创业者自己就担任经理人,并且能够顺利转变成职业经理人,企业成长的问题就能缓解许多。

5. 盛年期(prime stage)

盛年期是灵活性和控制力达到良好平衡状态的阶段。企业经过了青春期的痛苦,实现了领导机制的转变,建立了有效的管理制度体系,梦想和价值观得以实现,合适的权力结构平衡了创造力和控制力的关系。

这一阶段,企业清楚地知道自己的发展目标是什么,管理上可以兼顾顾客和雇员的需求,销售和利润能够实现同时增长,对企业未来的成长有较准确的预期,企业整体规模与经济效益获得良好成效,能够不断分化和衍生出新的创业企业,能够向新的业务领域扩展,企业文化也越来越具有凝聚力和战斗力。

盛年期企业的主要问题是管理人员的培训不足、训练有素的员工不够。盛年期企业的发展有预见、可控制,并且具有资金基础,所以关键的难题是如何以高素质人员保持兴盛状态。盛年期可分为两个阶段:盛年前期和盛年后期,前期经营者还在力求兴旺发达,后期经营者则满足于维持已经形成的大好局面。在盛年后期,企业自满了,远见和梦想不复存在,灵活性和创造力都在下降,概括为一句话就是:彻底成熟了。

6. 稳定期(stable stage)

稳定期是企业的转折点,虽然一切还是欣欣向荣,但是大家都越来越循规蹈矩,安于现状,保守处事。经营者花在一线客户身上的时间少了,在办公室的时间多了起来;会议中没有了年轻时的直截了当和犀利锐气,更多的是小心翼翼和习惯防卫。经营者决策的隐含准则是保护自己的利益,而不是保护企业利益。这时的高层管理虽然也能倾听建议,但是不会探索新的领域。

稳定期的表象,是企业遇到了增长瓶颈,实际上是发展曲线到了顶点。表面上,企业的组织良好,运行有序,按部就班,中规中矩,不再有那种为了事业的固执己见和激烈争吵。对于胸无大志的领导人来说，可能还会因为冲突明显减少了而沾沾自喜，企业由于已经赢得了市场的稳定地位而富有安全感。企业里有时也会出现新的构想，但是没有了当年的那种兴奋和刺激。领导人为了保持企业的良好声望，会压缩长远的研发预算而加大增强短期盈利能力的投入，甚至为了保持现有盈利水平而削减市场调研费用。最典型的表现就是，对财务部门的重视超过了对营销部门和研发部门的重视，对改善人际关系的兴趣超过了对冒险创新的兴趣，对昔日辉煌的津津乐道超过了对发展愿景和新战略定位的探索，在用人上更乐意用唯唯诺诺者而不愿再见到桀骜不驯者。表面上，这一阶段没有大毛病，高管层更多地会误以为这就是盛年期，而衰败的种子正在悄悄发芽。

7. 贵族期(aristocracy stage)

贵族期企业不再有真正的长期目标和事业追求，只是为了维持面子而热衷于短期获利和低风险目标。钱主要用于控制和笼络人心，对表面形式的重视远远超出了实质内容。由于已经没有创业精神，所以企业通常采取并购方式满足发展欲望，试图通过并购买到新的产品、市场和技术。

贵族期企业的本质就是两个字——平庸。企业内部好像波澜不起的一潭死水。大家关心的不是你做了什么，而是你如何做。衣着、会议室、工作空间、相互称呼等形式要件，是区分贵族期与其他阶段的明显标志。例如，婴儿期没有正式会议场所，走廊和电梯中都是议事地点；学步期的办公室就是会议室，甚至一边吃盒饭一边讨论问题；青春期的争论往往在会议室之外，会外的碰头和协商比正式会议更重要；盛年期的会议室趋于正规化，宽敞明亮，桌椅简单舒适；贵族期的会议室经过了精心装饰，墙上挂着创业者的画像，奢侈豪华的深色大会议桌配有典雅的沙发式椅子，地毯、暗色厚窗帘和柔和的灯光衬托出肃穆的气氛。

8. 官僚化早期(early bureaucracy stage)

在官僚化早期，人们为了维护自己的利益而争斗，强调是别人造成了灾难，似乎只要找出"罪魁祸首"就能恢复正常，总要有人为错误承担责任。于是，内讧和中伤不断，大家都在争夺企业内部的地盘，客户的需要无人理睬，而那些平时就看着不顺眼的员工变成了牺牲品。凡是有创造力的人，在官僚化内讧中往往不是那些擅长权位者的对手，他们会被送上"祭坛"。试图推行变革、彻底扭转官僚化趋势的人，其努力不但无济于事，而且还往往会搭上自己的职业前程，最后不得不走人。

官僚化阶段会出现"人祭"仪式，解雇那些被指斥为造成企业困境的责任者。同时，官僚化阶段可能存在可怕的"管理偏执"。所谓"偏执"，是指"被推上祭坛者不过是替罪羊而已"。如果情况还不好转，这种偏执经过一段时间就会重演，而人们不清楚下一个替罪羊会轮到谁，所以又会加剧内部争斗和互相诋毁。

9. 官僚期(bureaucracy stage)

官僚化的结局是企业濒临破产,此时靠企业自身的商业努力已经无力回天。因为在这样的企业中,具有创新精神的企业家是站不住脚的,他们可能来了又走,最后剩下的是行政型管理者。官僚越积越多,他们擅长的是制定制度,建立"程式迷宫"。

官僚期企业里,到处充斥着制度、表格、程序、规章,就是看不到真正的经营活动。企业成为典型的官僚组织,已经不在乎客户,与外界隔绝,盛行"文件崇拜",不管什么事情都需要打书面报告。客户提交了书面请求,最终却找不到谁能对产品中出现的问题负责。部门负责人只能照章行事,对于制度为何这样规定却说不清楚。不管是内部的员工还是外部的利益相关者,得到的答复都是"公司就是这样规定的"。

10. 死亡期(death stage)

一般来说,进入官僚期的企业已经患上了"不治之症",发出"死亡通知书"是迟早的事。不过,如果政治因素还能让企业苟延残喘,那么企业的死亡期会延长下去。等到政治力量不再对这个企业承担义务时,"死神"就会降临。那些事实死亡而靠政府的监护"输液"维持生命的企业,是以政府发行钞票以及潜在或显现的通货膨胀为代价的。

 创业阅读

鹰 的 重 生

这是一个关于鹰的故事。

鹰是世界上寿命最长的鸟类,它的年龄可达 70 岁。

要有那么长的寿命,鹰在 40 岁时必须作出困难却重要的决定。这时,它的喙变得又长又弯,几乎碰到胸脯;它的爪子开始老化,无法有效地捕捉猎物;它的羽毛长得又浓又厚,翅膀变得十分沉重,使得飞翔十分吃力。

此时的鹰只有两种选择:要么等死,要么经过一个十分痛苦的更新过程——150 天漫长的蜕变。它必须很努力地飞到山顶,在悬崖上筑巢,并停留在那里,不得飞翔。

鹰首先用它的喙击打岩石,直到其完全脱落,然后静静地等待新的喙长出来。鹰会用新长出的喙把爪子上老化的趾甲一片一片拔掉,鲜血一滴一滴洒落。当新的趾甲长出来后,鹰便用新的趾甲把身上的羽毛一根一根拔掉。

5 个月以后,新的羽毛长出来了,鹰重新开始飞翔,再度过 30 年的岁月!

这篇有关鹰的文章让我感触颇深,由此更加深深体会到 TCL 此次文化变革

创新的必要性和紧迫性。

经过20多年的发展，TCL已经从一个小企业发展成为一个初具规模的国际化企业，但是一些过往支持我们成功的因素却成为阻碍我们今天发展的问题，特别是文化和管理观念如何适应企业国际化的经营成为我们最大的瓶颈。

我们在企业文化变革创新，创建一个国际化企业方面并没有达到预期的目标。我认为，这也是近几年我们企业竞争力下降、国际化经营推进艰难的主要内部因素。

这次，我们再次推动文化创新活动，我自己也在深深反思：为什么我们——以变革创新见长的TCL——在新一轮文化创新中裹足不前？为什么我们引以为豪的企业家精神和变革的勇气在文化创新活动中没有起到应有的作用？为什么我们对很多问题其实都已意识到，却没有勇敢地面对和改变？以至今天我们集团面临很大的困境，以至我们在不得已的情况下再次进行的改革给企业和员工造成的损害比当时进行改革更大！

回顾这些，我深深感到我本人应该为此承担主要的责任。我没能在推进企业文化变革创新方面作出最正确的判断和决策，没有勇气去完全揭开内部存在的问题。特别是在这些问题与创业的高管和一些关键岗位主管、小团体的利益绞在一起的时候，我没有勇气去捅破它。在明知道一些管理者能力、人品或价值观不能胜任他所承担的责任时，我没有果断进行调整。

由于在企业管理观念、文化意识和行为习惯中长期存在的问题没能及时解决，从而使一些违反企业利益和价值观的人和事继续大行其道，令企业愿景和价值观更加混乱，许多员工的激情受到挫伤，利益受到损害，严重影响员工的信心和企业的发展，而这些问题又对企业、对国际化经营发展造成直接影响。许多员工对此有强烈的反映，但是我一直没有下决心采取有效的措施及时改善这种局面。

对此，我深感失职和内疚！从我自己而言，反思过往推进企业文化变革创新的管理失误，主要有以下几点：

第一，没有坚决把企业的核心价值观付诸行动，往往过多考虑企业业绩和个人能力，容忍一些和企业核心价值观不一致的言行存在，特别是对一些有较好经营业绩的企业主管。

第二，没有坚决制止一些主管在小团体里面形成和推行与集团愿景、价值观不一致的价值观和行为标准，从而在企业内部形成"诸侯文化"的习气，长期不能克服，形成许多盘根错节的"小山头"和利益小团体，严重毒化了企业的组织氛围，使一些正直而有才能的员工失去了在企业的生存环境，许多没有参与这种小团体活动的员工往往受到损害或失去发展机会。

第三，对一些没有能力承担责任的管理干部过分碍于情面，继续让他们身居高位。这种情况不但有碍于企业的发展,影响了公司经营,也影响了一大批有能力的新人的成长。

久而久之,使企业内部风气变坏,员工激情减退,信心丧失,一些满怀激情的员工报效无门,许多员工也因此而离开了我们的企业。回想这些,我感到无比痛心和负疚。

在2005年底,我已经痛下决心,要通过重新推进企业文化变革创新,真正改变内部一切阻碍企业发展的行为和现象。过去的几个月,集团的管理组织正在发生改变,我们决心通过推动新一轮的变革创新,从而使企业浴火重生。

我在此呼吁:各级管理干部和全体员工要积极参与,大家充分沟通讨论,就我们的愿景、使命、价值观达成共识,并落实到我们的工作中。我们要通过这个活动凝聚人气、唤起激情、树立信心,建立共同的价值观念和行为准则。

鹰的故事告诉我们:在企业的生命周期中,有时候我们必须作出困难的决定,开始一个更新的过程。我们必须把旧的、不良的习惯和传统彻底抛弃,可能要放弃一些过往支持我们成功而今天已成为我们前进障碍的东西,使我们可以重新飞翔。这次蜕变是痛苦的,对企业,对全体员工,对我本人都一样。

为了企业的生存,为了实现发展目标,我们必须经历这场痛苦的变革!像鹰的蜕变一样,重新开启我们企业新的生命周期,在实现我们的愿景——"成为受人尊敬和最具创新能力的全球领先企业"的过程中,找回我们的信心、尊严和荣誉!

资料来源:TCL创始人李东生2006年在公司内部论坛上发表的反思文章《鹰的重生》。

第二节 创业企业成长管理

一、企业成长的经济学解释

1. 基于经济寻租的企业成长

经济学对企业成长的动因有许多解释。从古典经济学来看,企业本质上是异质性资源的集合,其成长的实质表现为资源集合的扩张,需要通过对外部资源的集聚实现。由于资源获取需要付出成本,因此企业的成长就要求企业能获得超过资源成本的超额收益,该超额收益可以简称为"经济租金"。不同的经济学家对企业成长的经济租金来源有不同的观点,这些观点可以作为企业成长内在动因的解释。

(1) 李嘉图租金

经济学家李嘉图(Ricardo)认为,经济租金主要来源于资源的价值性、稀缺性或难以替代性。因此,李嘉图租金是纯粹意义上的资源租金,完全来自于企业所拥有的异质性资源本身,是因为资源的异质性水平而获得的经济租金。企业成长之所以能够集聚各种异质性资源,一方面是由于成长过程中的偶然性事件而获得的,如各种有形的物质性资源(如土地、矿山或高素质人才等);另一方面是因为这种异质性资源是企业本身创造的(如组织知识、技术专利、企业声誉等)。任何组织在发展过程中,不同资源的作用是有差异的,对企业的影响也是有限的。对于高素质人才而言,资源的黏滞性较弱,一旦人才从外部获取的"溢价"超出其在企业内部获取的收益,将会发生人才流动或流失。但是,组织知识、声誉等资源是科技型创业企业在长期发展过程中慢慢积累形成的,具有路径依赖的特性。所以,这种类型的资源能够为科技型创业企业创造相对较长时期的经济租金。

(2) 张伯伦租金

经济学家张伯伦(Chamberlin)认为,经济租金主要来源于企业的高进入壁垒所产生的垄断性。一般来说,张伯伦租金是由高进入成本、规模优势以及在产品市场上的强大市场势力建立起来的。张伯伦租金是企业利用其在市场交换中的独特地位和供给关系的强不对称性获取的经济租金,所以它并不是一种可持续的租金,而只是一种暂时性的租金。张伯伦租金是由于相对垄断地位获取的,成为企业进行规模扩张的主要动力之一。获取张伯伦租金的前提是企业具有规模上的相对优势,而企业规模的提升会进一步保证和提升张伯伦租金的获取程度。从实际发展来看,新创企业往往规模较小,具有轻资产等特性,所以获取张伯伦租金对其而言具有更大的困难。但是,寻求张伯伦租金可以为新创企业的规模发展提供重要支撑。

(3) 熊彼特租金

熊彼特租金来自于不确定性普遍存在的交换经济中,由于企业家的洞察力和风险偏好所产生的创新行为。与前两种经济租金的来源不同,熊彼特租金是不依赖于企业资源的一种经济租金。熊彼特租金是通过企业家在不确定性中发现机会、承担风险,并进行资源重新组合的行为实现的,与企业规模的关联度较低。熊彼特租金的获取方式可以分为两种:一种是企业通过在市场上纯粹的"套利"行为实现;另一种是企业通过创新性活动创造相对于竞争对手的竞争优势,造成暂时性的垄断壁垒。科技型创业企业往往不具有规模优势,规模恰恰是它们相对于大中型企业的一种劣势。因此,在科技型创业企业的发展过程中,获取熊彼特租金对其而言更具价值。尤其是科技型创业企业具有与生俱来的创新动机,需更加注重熊彼特租金。

以上三种经济租金都可能成为企业成长的动因,它们从资源角度解释了企业成长的本质。但是,三者对于企业成长的作用各不相同。其中,基于企业家行为的熊彼特租金是企业实现不确定性成长的根本源泉。企业家通过在不确定性市场上的"套利"行为和创新行为创造出暂时性的和局部的垄断空间。虽然这种空间会被模仿行为及创新扩散机制打破,但是它所带来的超额经济租金是企业实现不确定性成长的重要经济租金来源。

2. 在降低不确定性中成长

企业成长的机会动因来源于创业企业所面临的不确定性。不确定性可以分为外生不确定性和内生不确定性两大类。首先,外生不确定性是由于外部环境所产生的不确定性,也称为"环境不确定性"。外部环境可以广泛地包括存在于企业外部、影响企业成长的各种要素及其相互之间关系的总和。其次,内生不确定性是指由经济主体的自身原因或内部结构状况而引起经济行为和经济结果的不确定性,它来源于经济主体因自身的知识、经验及能力不一而形成决策水平的差异。

不确定性对于企业成长而言,既是基础,也是得以实现的手段。企业的竞争优势来源于相对不确定性的降低。外生不确定性构成了企业存在和成长的前提和基础。单个资源具有集中化的倾向,以降低外生不确定性的影响。企业就是实现这一集中化的经济组织形式之一。企业组织的维系和成长需要企业能够支付给其所集聚的资源超额经济租金,这在客观上要求企业必须获取高于资源所带来的李嘉图型经济租金。企业成长正是通过对内生不确定性的相对降低创造出相对于其他个体的竞争优势,从而实现超额经济租金的获取。市场上的"套利"行为和创新行为都是企业制造相对内生不确定性的途径。

从经济寻租角度来看,超额经济租金主要来自于知识和管理资源的李嘉图租金、垄断性的张伯伦租金以及由企业家洞察力和创新行为形成的暂时性和局部垄断的熊彼特租金。从不确定性角度来看,不确定性的降低主要是通过资源集中化所产生的规模优势、专业化生产的效率优势以及通过企业家洞察力和创新行为形成的相对不确定性。

由此可见,企业组织在超额经济租金的获取上与不确定性的降低有着天然的、本质的联系。第一,企业可以通过资源集中所产生的规模优势培育相对的市场势力,以获取张伯伦租金。第二,企业通过在长期发展演化中形成的异质性知识和管理资源,提高专业化效率,进而获取李嘉图租金。第三,企业可以通过企业家的洞察力降低相对的外生不确定性,形成熊彼特Ⅰ型租金。第四,企业也可以通过实施创新行为创造相对的内生不确定性优势,形成熊彼特Ⅱ型租金。

二、创业企业成长的主要困境

1. 融资困境

许多创业企业都属于科技型创业企业,具有高投入、高成长、高回报与高风险的特征,而高成长、高回报往往需要以高投入为前提。由于科技型创业企业资本规模小,缺乏抵押品和担保条件,而银行又不愿意承担中小微创业企业的风险,所以一般情况下科技型创业企业不会大规模地涉足中小微企业融资。虽然近年来国家大力扶持中小微企业发展,但是相当一部分中小微企业面临融资难的问题,制约了其发展与壮大。

首先,中小微创业企业的融资渠道少。在发达国家,多层次的资本市场体系发展较为健全,融资渠道较为多样化,可以满足不同发展阶段和特征的中小微企业的融资需求。在国内,由于证券市场门槛高,目前只能满足少数渴望融资的中小微企业,不可能成为中小微企业的主要融资渠道。因此,大部分中小微企业的融资来源于金融机构的借贷。其中,银行信贷是中小微企业融资的主要渠道。但是,商业银行出于安全性考虑,即使成立了中小微企业信贷部,还是普遍集中力量抓大客户,而不愿向中小微企业放贷,特别是不愿意向风险较高的高科技创业企业贷款。也因如此,中小微创业企业的融资主要依靠一些非正规金融融资方式,主要包括亲友借贷、职工内部集资、企业之间信用借贷、设备租赁以及一些民间借贷资金。这些融资方式目前在中小微企业融资中发挥着重要作用。

其次,中小微创业企业的融资成本高。中小微企业债务融资表现出规模小、频率高和时间短等特征,因此会更加依赖流动性强的短期贷款。这些特征会导致中小微企业的融资成本较高。目前,中小微企业的融资成本一般包括:贷款利息,包括基本利息和浮动部分;抵押物登记评估费用;担保费用;风险保证金利息,绝大多数金融机构在放款时会以预留利息名义扣除部分贷款本金。以上费用加总起来会导致整个融资成本较高,通常会高出银行贷款利率约40%以上。

最后,中小微创业企业的融资效率低。在中国,中小微企业通常都具有规模小、资产少、负债率高、担保能力弱、管理者素质低、财务制度不健全、信用等级低等特点。许多中小微企业的财务制度不规范。很多情况下,中小微企业无法达到银行的财务报告要求,在财务指标、担保条件、融资利率等财务数据上也往往难以满足银行贷款的抵押、担保条件。一些中小微企业为了获得贷款,甚至会伪造、改变财务数据,造成违法行为甚至是犯罪行为的产生。金融机构对中小微企业融资普遍缺乏安全感,导致银行放款不积极,或者在审批放款程序上多增加一些评审环节,从而导致贷款的速度慢、效率低,无法满足中小微企业短周期的融资需求。

2. 人才困境

中小微企业在发展过程中还会碰到人才短缺与人才流失等问题。过高的人才流失率会给企业带来相当大的负面影响,最终可能影响到企业持续发展的潜力和竞争力,甚至可能使企业最终走向衰亡。如何获得长期生存与持续发展的人力资源,是中小微创业企业在竞争中面临的重要挑战。

首先,人才流失会增加企业的经营成本。人才流失造成的损失最终会反映到企业的经营成本上,造成经营成本的上升,如老员工离职后的生产损失成本、新员工的失误和浪费带来的成本等。同时,企业要重新招聘、培训新的员工,所以企业人力资源的原始成本和重置成本必然会上升。

其次,人才流失会造成企业的技术和经验流失。当一些关键技术和经营人才离开企业时,可能会带走企业的商业与技术秘密,使得企业的竞争力受到巨大影响,并可能影响到企业的生产效率,使得一些关键业务无法正常运行。同时,由于人才流失和跳槽大多会在本行业内发生,如果这些人才流向竞争对手企业或是自己创业,都有可能增强本企业在市场上的竞争对手的实力,从而给本企业的成长带来竞争和挑战。

再次,较高的人才流失率会使得顾客的满意程度和忠诚度下降。员工在一个企业中工作的时间越长,学到的知识和技能就越多,也就越了解顾客的需要,越熟悉企业的经营运作情况和业务工作特点,因而也就更能为顾客提供优质的服务。当这些员工离开企业后,可能会导致企业产品和服务质量的下降,并影响到顾客对企业提供的服务的满意程度,顾客与企业的关系也很可能随之破裂,甚至可能随流失的员工一起流入竞争对手企业,进一步削弱企业在市场上的竞争力。企业必须再花费大量的时间、精力和经费招徕新的顾客。

最后,大量的人才流失影响了工作的连续性。企业运行是一个系统,各项工作和流程都是一个相互关联的整体,如果出现大量员工流出企业,企业的各项工作的连续性和衔接性必然受到影响。即使是可以招聘新的员工,新的员工对工作也要有一个适应的过程,从而也会影响到同一工作的连续性。同时,如果一个企业的人才流失率过高,还可能使得一些员工为本企业的发展前途担忧,从而更加剧了人才的流失,形成恶性循环。

3. 创新困境

实践证明,中小微企业对市场需求的反应最灵敏,适应市场需求进行创新的能力最强。根据《经济日报》2015年的报道,中国65%的发明专利、75%以上的技术创新、80%的新产品是由中小微企业完成的,一些中小微企业依靠创新可以成长为跨国公司。科技型中小微企业在技术创新中存在以上一些优势,但是这些优势是相对的。因为中小微创业企业在资金实力、人才储备和组织管理等方面也存在不可忽视的劣势,特别是在与一些具有一定创新能力的大企业竞争时,稍有不慎,就可能"败下阵来"。

第一,面对大企业的垄断竞争。大企业在资金实力和人才储备上具有绝对优势,如果中小微企业的创新被行业内的大企业关注,就有可能被大企业并购,或者被大企业模仿,特别是具备创新能力的大企业。腾讯公司就是模仿创新能力极强的公司,它的许多应用开发软件都是模仿市场上现有的产品,然后凭借自身QQ平台强大的用户群,进行二次创新后成为行业鳌头。一些大企业在市场地位和销售网络上具有优势,凭借这些优势可以很容易地击败刚刚进入市场的中小微企业,即使这些企业在技术创新上具有优势。

第二,技术创新的投入不足。由于创新需要较大投入,而投入一般难以很快得到相应的回报。从经济实力来看,中小微企业的经济基础比较薄弱,缺乏强大的经济实力为技术创新做后盾,研发资金捉襟见肘,融资又相对困难。因此,一些中小微企业不得不把有限的资金投入到周期短、回报率高的项目中,以获得近期的、现实的经济利益。一旦一种"短平快"的研发模式形成了习惯,就使得中小微企业很难从长期战略角度做一些颠覆性的创新。

第三,缺乏创新所需的信息。从信息获取来看,科技型中小微企业获取信息的渠道相对较少,信息资源相对匮乏。科技型中小微企业由于自身的小型化和个体化,缺乏规模经济和集群效应,在信息的搜集和获取方面缺乏合作和企业间的共享。科技型中小微企业在信息获取方面始终扮演着"单兵作战"的角色,信息的获取无论是从广度还是深度来说,都比较狭窄和单薄。由于信息资源的缺乏,给企业在创新过程中的决策支持不够,决策的风险比较大。科技型中小微企业由于规模和资金方面的限制,其承担风险的能力也相对较弱。所以,信息资源的缺乏是科技型中小微企业技术创新的又一个瓶颈。

第四,创业管理能力欠缺。从管理能力来看,科技型中小微企业的管理人员多数是科技人员出身,他们大多没有正规的管理培训与学习经历,在研发系统管理上缺乏相应的知识和经验。创新往往依靠创始人或少数研发人员的直觉进行,在研发组织上呈现非规范性和集中性,十分不利于对创新活动进行科学组织管理。大企业往往在研发项目和流程管理上具有优势。

三、创业企业成长的管理模式

1. 企业成长过程的管理变革

美国南加州大学教授拉里·格雷纳(Larry Greiner)对成长企业进行研究后发现,企业成长取决于五个关键因素:组织存续时间、组织规模、演进期、剧变期和行业的增长率。这些因素相互作用,共同影响着组织的发展。

如图6-2所示,企业会经历创业、引导、授权、协调和合作五个管理成长阶段,并且每个阶段都以演进期(evolutionary period)开始。企业在每个演进期都能获得持续的成长并保持相对稳定,一段时期之后就会进入剧变期(revolutionary period)。企业在不同阶段进入剧变期面临的危机不同。在剧变期,企业会出现动荡混乱的局面并发生巨大变化。要渡过剧变期,企业必须进行相应的管理变革。

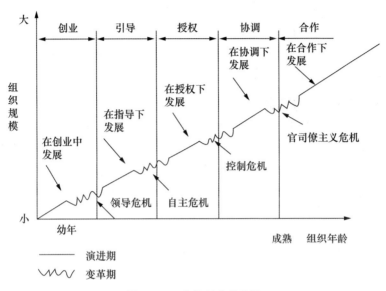

图 6-2 五个管理成长阶段

让人警醒的是,在一个成长阶段行之有效的管理方法,也许会导致下一个成长阶段的危机。如表 6-2 所示,企业的五个成长阶段都有相对应的管理方法,这些管理方法在管理重点、组织结构、高管层的风格、控制体系和管理层报酬的重点等方面表现出不同的特征。

表 6-2 企业成长五阶段的管理方法

类别	第一阶段:创业	第二阶段:引导	第三阶段:授权	第四阶段:协调	第五阶段:合作
管理重点	制造与销售	运营效率	市场扩张	组织整合	解决问题与实施创新
组织结构	非正式	集权型职能型	分权型地域型	直线—参谋制按产品划部门	团队矩阵
高管层的风格	个人主义创业精神	指令型	授权型	监督型	参与型
控制体系	市场表现	标准与成本中心	报告与利润中心	计划与投资中心	设置共同目标
管理层报酬的重点	所有权	增加薪资与福利	个人奖金	利润分红与股票期权	团队奖金

资料来源:拉里·格雷纳. 在演进与剧变中成长[J]. 哈佛商业评论,2005(4):46—52.

 创业阅读

Oracle 创业成长中的战略转型

延长公司寿命的一个重要秘诀，就是战略性转型。如果一个公司能够放弃按原路线继续发展和成熟这条"好走的路"，放弃稳定的成长和市场上的领先地位，冒着潜在的风险选择转型，那它就有可能更上一层楼，取得更大的成功，开阔眼界，扩大公司的规模。

Oracle 和创始人埃里森

Oracle 作为软件开发实验室成立于 1977 年，如今已成为全球最大、最具影响力的软件公司之一。公司在 1977 年至 1982 年间致力于调查 Product Market Fit，即产品市场定位，最后决定把关系数据库系统商业化，并把目标客户锁定于企业级领域。就是在这一阶段，公司被正式命名为"Oracle"，进入成长期。

布鲁斯·斯科特（Bruce Scott）是 Oracle 数据库最初的三个版本的联合设计师及联合作者。他是这么评价的："关于 Oracle 为什么这么成功，我想过很多因素。但是，我认为这主要应当归功于拉里·埃里森（Larry Ellison），正是他非凡的个人魅力、敏锐的洞察力和他的果断让每一件看似行不通的事情都大功告成。埃里森的思维模式真的很奇特。打个比方，我们在一个空间里，我们的任务就是把终端和隔壁的电脑房连到一起。但是，我们没有任何地方可以系上绳子。这时，埃里森捡起了一把锤子，在墙的正中央凿出了个大洞，然后淡定地对你说：'这不就好了。'"

斯科特对埃里森的描述是：一个另辟蹊径、善走捷径的冒险者，能让所有人动起来，在最短的时间内解决问题。这种特质也恰恰是那些寿命较长的公司所具有的共同点：这些公司的 CEO 往往都是机会主义者。这一类领导人的特点就是：他们不仅能预见未来，还能抓住它；不走寻常路，经常会提出非常规的策略，还有超人一筹的冒险精神。他们从不屑于拿排名、每季度的收入或者套现机会（liquidity event）作为衡量成功的标准。他们有鸿鹄之志，想要的是改变世界，打造举世闻名的品牌，彻底推翻现存的产业。

转型的最佳时期

当 Oracle 刚刚开始开发可携带、可扩张的数据库系统时，很多新兴企业也在尝试同样的事情。

Oracle 的竞争对手中，大部分公司都把多功能和高性能作为竞争优势。唯独 Oracle 潜心于打造一个全行业通用的平台，它的重点就是要让自家的数据库系统与更多计算平台兼容（IBM、Digital Equipment、UNIX 的各种版本和 NT 等）。到 20 世纪 80 年代中期，Oracle 的软件已经可以在 80 多个企业的系统中

使用了。这也就意味着,Oracle 的软件几乎可以用于任何企业。

Oracle 的用途之广成功地成为其产品的一大卖点,深得应用开发商和转销商的青睐,因为 Oracle 可以让他们打入更大更多的市场。

市场上对应用的需求日益剧增,Oracle 的销售额也一路飙升。到 1987 年,Oracle 已经成为全球最大的数据库管理公司,收入超过 1 亿美元,在 55 个国家和地区拥有 4500 余个客户。埃里森深知公司成功的根本,作出了一个惊人的决定:在公司内部设立一个应用部门,并将杰夫·沃克(Jeff Walker)纳入麾下,让他负责该项目。沃克是某顶级会计程序开发商的创始人。

埃里森就是这么任性:明知 Oracle 靠着数据库系统的生意还能稳定成长,坐收利润很多年,他还是执意要这么做;明知 Oracle 的自主应用最早也要到 1990 年才能推出,他还是坚持这么做。最"不可理喻"的是,他这么做就像是过河拆桥,Oracle 曾经的客户,那些支持 Oracle 的应用开发商(People Soft、SAP 等)如今都将与 Oracle 反目成仇。对它们而言,Oracle 从促成者变成了威胁,一个优势强大到"开挂"的竞争者。埃里森这么做势必会让 Oracle 苦心打造的市场处于险境。但是,埃里森看到了机遇。他抓住了这个机会,然后利用公司在成长期的势头实现了华丽的转型。

领导者要能发现曲径通幽处

改革的重要性有时是浅显易见的,甚至改革本身也可能不是什么难事。但是,真正决定要走这条路,跳出寿命曲线的框框,那就不好说了。

当时,Oracle 进军应用行业这一举措是颇为激进的。不仅仅是因为这一尝试在规模上就已经超越了公司之前尝试过的任何项目,还意味着它在向那些应用商"宣战"。对于应用商而言,Oracle 的软件就像是它们的"命根子"。从根本上看,Oracle 是在逼着其他应用商在自己的公司和竞争者间作出选择,同时也对资助了应用开发这个新业务的收入来源造成了威胁。

Oracle 虽面对着诸多挑战,但它还是成功地在应用市场上占到了一席之地。

尽管如此,很多人认为 Oracle 在应用开发方面的巨额投资是鲁莽的,且会对公司发展造成不良影响,尤其是公司在核心业务(数据库系统)上的收入还在逐年剧增。但是,他们没有看到,Oracle 数据库系统的特许权收益已经渐渐停止了增长,正在加速进入平台期。

"然而,此刻人们还没意识到,应用业务将引领 Oracle 冲上下一个巅峰。就连公司的内部员工都还未发现这一点。"

但是,Oracle 的称霸之路上还有一只"拦路虎"。在 C/S 结构(client-server)应用市场中,有 SAP 公司这个"巨人"。Oracle 没有任何办法绕过 SAP,无法打败它而成为企业应用市场的第一供应商,除非大局有变化。开发应用这个策略本身就够危险了,Oracle 在此之上又下了赌注。当然,最后 Oracle 赢了,它成功地为产业界重写了大局。

Oracle 的业绩开始下滑,客户量也逐渐流失。但是,埃里森并没有因此而退缩,他依旧对这一全新的"航线"充满信心。"他们都没看到未来——他们肯定错了。C/S 应用已经是死路一条了。这条船上的人迟早会意识到这一点——当然,到那时候已经来不及了,他们死定了。"他深知 Oracle 必须要改变"航向"了。

当其他公司都在忙着开发 Web 应用的时候,Oracle 是唯一一个赌上整个公司的生意为互联网战略打拼的公司。埃里森当年说:"如果最后互联网并不是计算机技术的未来走向,那我们就完了。如果是,那我们就胜券在握了。"

2000 年,公司推出了 Oracle 电子商务套件(Oracle E-business Suite),第一款企业完整的综合性商业应用的套件。它为企业省去了昂贵的系统集成,也因其使用便捷和高效而在业内迅速地得到了广泛的青睐。

Oracle 继续致力于战略转型。它之前从未收购过任何其他公司,但是从那时起开始专注于大量盘购,从而稳住自己在企业应用市场上的地位。先是 Peoplesoft(仁科)在 2003 年被 Oracle 收购——这是 Oracle 第一次也是唯一一次恶意收购。之后,Oracle 又收购了 BEA 和其他多家公司。Oracle 最后吞并了 SAP 以外所有的竞争对手,巩固了市场主导地位。

Oracle 最近"打的赌"是收购了 Sun Microsystems(太阳微系统),并希望借此成为综合性系统供应商。当然,并不是每次"打赌"都会赢。

Oracle 对于市场地位坚持不懈的追求也为我们上了企业寿命曲线的重要一课:一个机构的转型在其规模、实行时机和对商业的影响上的改变是不可避免的。

总而言之,一系列成功的转型,无论大小,从长远来看,最后都会汇总成一部完整的转型史,延长公司的平均寿命。

资料来源:逃不出的寿命曲线:创业公司如何给自己续命?[EB/OL].(2015-03-10)[2016-08-19]. http://www.lieyunwang.com/archives/77077.

---

2. PAEI 管理角色模型

在企业成长过程中,不同的决策角色发挥着不同的作用。爱迪思认为,企业高质量的决策需要四个角色发挥作用,这四个角色可以用 PAEI 来统称,分别是业绩创造者(producer)、行政管理者(administrator)、企业家(entrepreneur)、整合者(integrator)。如表 6-3 所示,PAEI 管理角色模型强调上述四个角色在企业成长中的不同作用与贡献。

表 6-3　PAEI 管理角色模型

	短期	长期
效益	业绩创造者	企业家
效率	行政管理者	整合者

资料来源：伊查克·爱迪思.企业生命周期[M].赵睿,译.北京:华夏出版社,2004.

第一，执行 P 角色代表实现企业目标。任何企业都有其为之存在的顾客，管理人员在作决策之前，必须问自己：哪些人是组织的顾客？他们的需求是什么？哪些需求是企业能满足的？这就是 P 角色所要关注的组织目标。P 角色主要关注的是短期目标，能带来短期效益。

第二，行政 A 角色代表系统化、常规化。企业要成为管理良好的营利企业，光有效益不够，还必须有效率。A 角色关注的是短期控制，能带来短期效率。

第三，创新 E 角色代表创新精神。创新精神就像规划，要先预测未来可能会出现的情况和趋势，并决定今天要采取什么措施。这要求对未来的想象有足够的创造力。当然，根据未来的预测采取行动，一定会有风险，因此还需要有承担风险的能力。E 角色关注的是长期目标，能带来长期效益。

第四，整合 I 角色是为了形成一种相互依赖和信任的文化，形成企业独特的"信念"。优秀的管理者能够跨越组织界限，认识到团队的相互依赖性，并能够尽力去支持与协助他人，营造良好的团队合作氛围。I 角色关注的是长期控制，能带来长期效率。

如果把 PAEI 四个角色与企业生命周期结合起来，我们就能发现四个角色在创业企业的不同发展阶段具有不同的作用，相应地形成了不同的管理文化。如图 6-3 所示，在孕育期，创新精神最重要，这一角色能产生超前行为，对未来的需求作出判断，并且为满足这一需求而愿意去承担风险，其他三个角色则是对创新功能的一种现实考验。在婴儿期，执行功能变得最重要，其他三个角色的重要性降低，这个阶段必须用行动和艰苦的努力来克服企业在婴儿期所承担的风险。企业在婴儿期接受了考验后，在学步期，创新精神重新上升，并再次全力促进企业的发展，此时行政功能和整合角色暂时还不太重要。进入青春期后，对企业自律的要求开始出现，这时行政功能开始部分替代执行功能，通过自律性加强对资源的分配，以便集中精力把事情做得更好，同时要处理好与创新角色的关系。企业由青春期进入盛年期后，执行功能开始重新出现，企业又把注意力再次转向顾客。随着创新精神的降低，企业开始进入稳定期，不再为生存而拼搏。与此同时，整合功能开始得到增强，需要把注意力转向企业内部，去关注人与人之间的关系，并决定企业行为的各自价值观。企业创新精神的长期缺失，最终会导致执行功能的减弱，企业开始进入贵族期，更加注重以数字和企业安全为导向。随着外部环境的飞速变化,企业产品的竞争力越来越弱,资金也开始枯竭,内部的费用却居高不下,创新精神逐步完全丧失,企业离死期越来越近了。

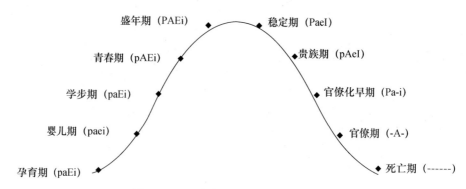

图 6-3　不同成长阶段 PAEI 角色的重要性

本章要点

1. 企业的成长过程听起来就像一个生命过程一样,死亡似乎是一种不可逃脱的宿命。

2. 一个残酷的事实是,即使是全球最好的公司,其寿命也是非常短暂的。

3. 新创的企业往往都非常脆弱,很难经受住外部环境的剧烈变化,尤其是像经济危机这样的大灾难。

4. 创业企业在成长初期的抗风险能力较弱,往往在某个重要的战略决策上失误就有可能导致企业陷入困境。

5. 企业的管理执行能力也是影响企业寿命的重要因素。

6. 马森·海尔瑞在20世纪50年代提出"企业生命周期"的观点。

7. 企业生命周期理论就是把企业看成一个生命体,认为新企业也会经历孕育、出生、成长、成熟和衰退等生命阶段。

8. 爱迪思的企业生命周期模型最为流行,他把企业生命周期划分为11个阶段,它们分别是孕育期、婴儿期、学步期、青春期、盛年前期、盛年后期、稳定期、贵族期、官僚化早期、官僚期、死亡期。

9. 从古典经济学来看,企业本质上是异质性资源的集合,其成长的实质表现为资源集合的扩张,需要通过对外部资源的集聚实现。

10. 李嘉图认为,经济租金主要来源于资源的价值性、稀缺性或难以替代性。

11. 张伯伦认为,经济租金主要来源于企业的高进入壁垒所产生的垄断性。

12. 熊彼特租金来自于不确定性普遍存在的交换经济中,由于企业家的洞察力和风险偏好所产生的创新行为。

13. 创业企业成长面临许多困境,如融资难、人才缺乏、创新不足、管理能力差等。

14. 拉里·格雷纳对成长企业进行研究后发现,企业成长取决于五个关键因素:组织存续时间、组织规模、演进期、剧变期和行业的增长率。这些因素相互作用,共同影响着组织的发展。

15. 爱迪思认为,企业高质量的决策需要四个角色发挥作用,这四个角色分别是业绩创造者(producer)、行政管理者(administrator)、企业家(entrepreneur)、整合者(integrator)。

思考与练习

1. 影响创业企业成长的外部和内部因素有哪些?
2. 找一家你熟悉的企业,看看其成长过程中经历了哪几个阶段。
3. 比较企业的生命周期与人的生命周期有哪些异同。
4. 深入挖掘分析企业成长过程中可能碰到的障碍。
5. 组成小组,讨论在企业成长的不同阶段,创业者可以采取哪些有效的方法以克服成长的困境。
6. 讨论海尔公司在不同成长阶段所采取的战略为什么能获得成功。

拓展阅读

1. 伊查克·爱迪思.企业生命周期[M].赵睿,译.北京:华夏出版社,2004.
2. 伊迪丝·彭罗斯.企业成长理论[M].赵晓,译.上海:格致出版社,上海三联书店,上海人民出版社,2007.
3. 张维迎.竞争力与企业成长[M].北京:北京大学出版社,2006.
4. 拉里·格雷纳.在演进与剧变中成长[J].哈佛商业评论,2005(4):46—52.
5. 贺小刚,李新春.企业家能力与企业成长:基于中国经验的实证研究[J].2005(10):101—111.

第七章 创业成长战略思维

本章学习目标

1. 了解创业企业成长的一般战略思维；
2. 洞悉创新在创业成长中的重要性；
3. 掌握价值创新与蓝海战略的核心逻辑；
4. 理解创业竞争的常规与非常规思维；
5. 探讨创业战略的创新思维与方法。

 案例导读

IBM：会跳舞的大象

被称为"蓝色巨人"的IBM曾经一度是计算机的代名词。它在IT行业的显赫战绩在世界范围内无人匹敌。美国《时代周刊》曾这样评价："IBM的企业精神是人类有史以来无人堪与匹敌的……没有任何企业会像IBM这样给世界产业和人类生活方式带来和将要带来如此巨大的影响。"就连比尔·盖茨也不得不承认："IBM才是计算机行业的真正霸主，毕竟是它一手栽培了我。"

IBM能够在市场和技术瞬息万变的高科技行业屹立不倒，成为一家"百年老店"，实属罕见。一个重要的原因就是它能够适应环境的变化，及时地实施战略转型。从20世纪初成立以来，IBM经历了数次大大小小的战略转型。每一次大的战略转型都像一次浴火重生的创业，让IBM焕发出新的成长生机。

从穿孔卡片到大型计算机

IBM的前身叫"C-T-R公司"，1914年创立于美国，1924年后改名为"IBM"（国际商用机器公司）。20世纪40年代末，电子计算机和磁带的出现，使IBM第一次面临战略转型。IBM 1951年开始开发商用电脑，在1952年12月研制出第一台存储程序计算机IBM 701，这是IT历史上一个具有里程碑意义的事件。

当时，对公司面临的战略转型与变革，很多员工抱有抵制态度，甚至包括老托马斯·沃森(Thomas Watson)在内的管理层对此也有所顾虑。当时，一名资深员工就对第一代磁带驱动器的开发者说："你们年轻人应当记住，IBM是一家

基于穿孔卡片的公司,公司发展的基础将永远是穿孔卡片。"

IBM最终成功实现战略转型应归功于小托马斯·沃森(Thomas Watson Jr.)。他于1956年接替父亲出任掌门人之后,果断决定以大型计算机作为发展方向。在小沃森的领导下,IBM将公司的研发力量全部集中在第一代大型机System/360的研发上。这项技术耗时数年,研发资金达50亿美元,投入甚至超过了美国政府研发原子弹的"曼哈顿计划"。

1964年,System/360推向市场,很快就成为领先的计算机平台。1969年,IBM的计算机市场份额增至70%,成为第一家被称作"邪恶帝国"的大型IT公司,甚至引来了美国反垄断部门的起诉。幸运的是,起诉后来被政府否决。1971年,IBM生产的计算机引导"阿波罗14号"和"阿波罗15号"宇宙飞船成功登月。

从大型计算机到分布式计算系统

IBM第二次战略变革是从价格昂贵的大型机转向包括个人电脑在内的分布式计算系统。当时,技术革新开始威胁IBM近乎垄断的地位。更严重的是,IBM赖以为生的依靠出租大型机以获取高额租金的业务模式受到了严重冲击。由于大型计算机业务利润很高,IBM迟迟没有推出相对廉价的分布式计算系统。20世纪90年代初,竞争对手的分布式计算系统投入市场并迅猛发展,对IBM构成巨大威胁。1993年,IBM大型机业务收入从1990年的130亿美元减少至70亿美元,公司亏损额达160亿美元。当时,比尔·盖茨甚至放言:"IBM将在几年内倒闭。"

当时的IBM总裁郭士纳(Gerstner)却对转型充满信心。"谁说大象不会跳舞?"他彻底摧毁旧有生产模式,开始削减成本,调整结构,在重振大型机业务的同时,开始战略性地向个人计算机市场发起主动攻击。为了挑战个人计算机市场具有先发优势的苹果公司,IBM采取了增长型大战略,以快速进入市场,追求市场占有率为战略指导原则,同时采取开放系统设计的策略,将技术规范及系统公布,让其他软件商合作开发软件。该战略在短期内取得了巨大成功,IBM在两年内就取得了个人计算机2/3的市场。Thinkpad更是成为商务人士的标配品牌。1995年,"蓝色巨人"重新焕发昔日风采,营业额首次突破700亿元,是微软的7倍。

开创IT服务的新成长模式

第二次战略转型虽然摆脱了对大型计算机的依赖,并成功地取得了个人计算机的市场地位,但是遭到了IBM兼容计算机的威胁,IBM的品牌优势越来越弱,个人计算机的获利能力也不断降低。随着个人计算机销售量的不断下滑,亏损有增无减。到1998年,IBM个人计算机业务的亏损达到了9.92亿美元。这时,IBM才意识到硬件已不是自己的优势。与此同时,从1993年到2001年,IBM销售业绩的增长几乎全部来自软件和服务部门。相对于价格竞争激烈的硬件,公司对软件和服务有更强的议价能力。

IBM意识到了软件和服务业的增长潜力,成立了全球服务部门,并着力打造软件开发与服务能力,花巨资并购了已在业界很有名的Lotus公司、Tivoli公司、Informix公司、Rational公司,自己又开发出了Websphere软件平台。与此同时,IBM战略性地处理硬件生产业务,有计划地出售遍布全球的硬件工厂。为了卖得较好的价钱,IBM一般会和买主签下长期的购买合约,约定以优惠的价格长期向原来的工厂购买原料和成品。2005年5月1日,IBM全球PC业务被联想公司收购。至此,IBM彻底结束了它在全球的PC业务。

IBM运筹帷幄的战略能力确实令人佩服。例如,把PC业务剥离给联想公司,同时又获得联想公司的协助,进军中国的高端信息服务市场。IBM这一"以退为进"的战略可谓"一石二鸟",一方面让已呈衰退之势的PC业务实现战略性撤退,另一方面又与联想公司结成盟友,一举占领全球高端信息服务领域最具活力的中国市场。

IBM的转型之路并非一蹴而就的"神来之笔",而是一项极其复杂艰巨的工程。IBM的此次转型事先进行了详细论证,在文化、组织、资金、客户、技术、管理等方面采取了系统化的改造工程。IBM重新确立了一切以顾客为导向、尊重员工、追求卓越的企业文化,对臃肿的组织架构进行调整,削减不必要的机构和人员,实现最优化的人才配置,将最优秀人才配置到软件和服务业上。

最终,转型对IBM的成长产生了革命性的深远影响。通过战略转型,IBM改头换面,成功地从"IBM就是计算机"的传统形象向"IBM就是服务"的新形象转变。

随需应变:从卖产品到卖解决方案

在软件和服务业做得风生水起的时候,2000年,互联网泡沫破灭,引发了IT行业的几年衰退,这一事件又引发了IBM的战略转型思考。2004年初,IBM又做出了战略创新的举动,宣布软件业务进行战略转移,整合5大产品品牌,在全球推出面向12个行业的62个解决方案。从此,IBM软件产品的营销就不再以产品为中心,向客户销售解决方案成为IBM营销的工作核心。为了强化服务水平,IBM收购了普华永道以及多家软件公司,力求通过打包齐全的软件产品,向客户提供从战略咨询到解决方案的一体化服务。

IBM根据客户的需求,将原来的产品重新组合与定义,推出62个专注于行业的解决方案,这与IBM原来简单推销产品的模式已经完全不同。原来产品部门彼此合作做出来的解决方案是具有局限性的,5条产品线各自独立,产品部门只关注自己,而不关注竞争对手。在转型后的新组织流程下,IBM 软件呈现给客户的价值不再只停留在简单的产品层面,而是针对 12 个行业的 62 个解决方案。同时,客户代表不用再面对 5 个独立的产品部门,新的组织结构让大家可以很主动地坐在一起协商,甚至还可以有 IT 架构师的配合。

从软件产品转型到行业解决方案,通过对内部组织结构和业务流程的重组,使 IBM"随需应变"的观念得到具体落实。

云计算与大数据趋势下的新转型

从 IBM 成长历程中的几次重要战略转型可以看出,每一次转型都没有前车之鉴,都是为了应对环境变化所作的全新尝试。随着互联网技术的深化发展,许多行业的游戏规则正在被重塑。IBM 擅长的是对市场高端精英层的价值服务,因为它曾支撑着全球 90% 的银行、80% 的航空公司、70% 的企业数据。但是,在云计算意欲颠覆传统 IT 行业商业模式的趋势下,长尾经济不再代表低端或低价值,而是新的潜在商业机会。时代又处在一个巨变的十字路口:云计算正在颠覆从硬件、软件到服务的整个 IT 体系;大数据让企业不仅关注数据的分析,更关注客户数据来源的广泛性;随着移动和社交网络的兴起,B2C2B 的商业模式开始倒逼公司去了解"客户的客户"。

作为一个在 IBM 工作超过 30 年的资深员工,现任总裁罗睿兰(Ginni Rometty)经历过 IBM 成长历史上许多大大小小的转型和变革。在云计算与大数据趋势下,罗睿兰向全体员工又一次发出了公司新一轮战略转型的信息:"每一代 IBM 人都有机会和责任去重塑我们的企业,这是属于我们的时代。"

实际上,罗睿兰已在用一系列果敢的行动推进 IBM 的转型:20 亿美元收购公有云企业 Softlayer,12 亿美元兴建全球 40 个云数据中心,10 亿美元投资 PaaS 平台 BlueMix 研发,10 亿美元组建新的沃森集团,23 亿美元将 x86 服务器业务卖给联想,倒贴 15 亿美元将芯片制造业务卖给 Global Foundries,30 亿美元投资新型芯片的研发……短短十几个月的时间,IBM 内部就完成了超过 100 亿美元的并购重组,并在 2015 年 3 月提出了新的发展方向 CAMS(云、大数据、移动、社交)。与此同时,在罗睿兰的积极推动下,IBM 相继与苹果、微软、Twitter、腾讯、SAP 等知名公司结为战略合作伙伴,组成了一个 IBM 历史上从未有过的新型生态圈。IBM 的转型又将走向何方?这个新型生态圈留给了人们无限的想象空间。

资料来源:郭士纳. 谁说大象不能跳舞?[M]. 张秀琴,音正权,译. 北京:中信出版社,2010.

第一节　企业成长战略思维

一、一般成长战略思维

战略管理之父安索夫（Ansoff）于 1975 年提出了安索夫矩阵（Ansoff Matrix），并得到广泛传播。如表 7-1 所示，该矩阵以产品和市场作为两大基本维度，将企业的成长战略分为四种类型。

表 7-1　一般成长战略思维

	原有市场	新市场
旧产品	市场渗透	市场开发
新产品	产品开发	多元化经营

1. 市场渗透（market penetration）

即以现有的产品面对现有的顾客，以产品市场组合为发展焦点，力求增大产品的市场占有率。采取市场渗透策略，借助促销或提升服务品质等方式，说服消费者改用不同品牌的产品，或是说服消费者改变使用习惯、增加购买量等。

市场渗透战略的使用条件主要有：(1) 特定的产品或服务当前在市场中尚未达到饱和状态；(2) 当前顾客对产品或服务的使用率有可能获得显著提高；(3) 整个产业的销售总额在持续增长，而主要竞争对手的市场份额则处于持续下降中；(4) 从历史数据来看，该产品或服务的销售额与营销费用高度相关；(5) 可以借助规模经济效应的提高获得较大的竞争优势。

2. 市场开发（market development）

即提供现有产品，开拓新市场。企业必须在不同的市场上找到具有相同产品需求的使用者。其中，产品定位和销售方法往往会有所调整，而产品本身的核心技术则不必改变。

市场开发战略的使用条件主要有：(1) 存在着新的、企业可以获得的、可靠的、要价不高的、高质量的分销渠道；(2) 企业在其经营的业务领域非常成功；(3) 存在着新的、未开发或未饱和的市场；(4) 企业拥有管理扩大的业务所需的资金和人力资源；(5) 企业生产能力过剩；(6) 企业的主营业务处于正在迅速全球化的产业中。

3. 产品开发（product development）

即推出新产品给现有顾客，采取产品延伸的策略，利用现有的顾客关系，从而借力使力。通常，企业扩大现有产品的深度和广度，推出新一代或是相关的产品给现有的顾客，提高自身在消费者荷包中的占有率。

产品开发战略的使用条件主要有：(1) 企业拥有的产品非常成功,处于生命周期中的成熟阶段；(2) 企业在技术进步迅速的产业中竞争；(3) 主要竞争对手以适当的价格提供质量更优的产品；(4) 企业在高速增长的产业中参与竞争；(5) 企业具有很强的研发能力。

4. 多元化经营(diversification)

即将新产品提供给新市场。由于企业既有的专业知识能力可能派不上用场,因此会采用更激进和冒险的多元化经营战略。

多元化经营主要有三种类型：

(1) 同心多元化(concentric diversification),是指企业增加新的、相关的产品或服务的战略。同心多元化战略的使用条件主要有：① 企业在零增长或缓慢增长的产业中竞争；② 增加新的、显著相关的产品或服务,能够促进现有产品或服务的销售；③ 企业能够以富有竞争力的价格水平提供新的、相关的产品或服务；④ 新的、相关的产品或服务的销售具有季节性波动的特征,这一波动正好可以弥补企业现有产品或服务的波动；⑤ 企业现有产品或服务处于生命周期的衰退阶段；⑥ 企业拥有强有力的管理团队。

(2) 水平多元化(horizontal diversification),是指为现有顾客增加新的、不相关的产品或服务的战略。水平多元化战略的使用条件主要有：① 增加新的、不相关的产品或服务,会带来企业现有产品或服务收入的显著提高；② 企业在竞争激烈的产业中参与竞争,或者在不再增长的产业中参与竞争,产业的利润率和投资收益率很低；③ 企业当前的分销渠道可以用来向现有顾客推销新产品或服务；④ 和企业现有产品或服务相比,新产品或服务的销售波动能够产生一定的互补效应。

(3) 复合多元化(conglomerate diversification),是指企业增加新的、不相关的产品或服务的战略。复合多元化战略的使用条件主要有：① 企业主营业务所在产业正经受着年销售额和利润下降的冲击；② 企业拥有在新的产业中成功开展竞争所需的资金和管理人才；③ 企业拥有收购一个不相关、但是投资机会诱人的企业的机会；④ 在收购与被收购企业之间,存在着财务上的协同；⑤ 企业现有产品或服务所在的市场已经饱和；⑥ 对于历史上一度在某个单一产业中经营的企业来说,需要避免受到反垄断法案的指控。

二、价值创新思维

欧洲工商管理学院教授詹金(W. Chan Kim)和莫博涅(Renee Mauborgne)对全球三十多家公司进行研究后发现,高速增长的创业企业在成长的战略思维和逻辑上有所不同。业绩较为逊色的公司在战略思维上往往被一种思想支配,这种思想就是要在竞争中保持领先地位。与此形成鲜明对比的是,高增长的公司对于赶超或打败对手并不感兴趣。相反,它们通过利用一种被称为"价值创新"的战略逻辑,让竞争对手变得无关紧要。这两种战略逻辑的区别体现在五个方面:行业假设、战略重点、顾客、资源与能力、产品与服务。

表 7-2　传统战略逻辑与价值创新战略逻辑的区别

战略维度	传统战略逻辑	价值创新战略逻辑
行业假设	行业条件已经给定	行业条件可以改变
战略重点	公司应该培养竞争优势,其目标是在竞争中获胜	竞争不是基准,公司应该在价值上追求创新以主导市场的发展
顾客	公司应该通过进一步的市场分割和营销手段保持和扩大其顾客群,并关注顾客评价的差异	价值创新公司的目标是赢得大多数的顾客,愿意为此放弃一些原有的顾客,同时注重顾客评价的基本共同点
资产与能力	公司应该平衡其现有资产和负债	公司一定不能受其过去的约束,它必须问自己:如果重新开始,该怎么做?
产品与服务	行业的传统界限决定了公司提供的产品或服务,公司的目标是使其提供的产品或服务的价值最大化	价值创新者根据顾客的要求考虑其提供的产品或服务,即使这样做可能会使公司超越该行业的传统界限

1. 行业假设

一般公司将行业状况看作给定的,相应地制定战略。价值创新者不是这样。无论行业中的其他人如何,价值创新者总是寻求非凡的创意和价值量上的飞跃。

2. 战略重点

一般公司听任竞争对手影响自己的战略思考。它们与竞争对手比较优势和劣势,重点构建自己的优势,在战略思维上被动地由竞争对手牵着鼻子走。价值创新者则不把竞争对手当作比较基准。

3. 顾客

一般公司通过保持和扩大顾客基础寻求增长,这经常导致更详细的市场细分以及满足特殊需求的更有针对性的服务。价值创新者遵循的是不同的逻辑,没有将注意力放在顾客之间的差异上,而是把精力集中于顾客认为有价值的、重要的共同特征上。

4. 资产与能力

许多公司是根据自身现有资产和能力评价商业机会。它们会这样问:根据我们现有的,怎样做才是最好的? 与此相对照的是,价值创新者会问:如果重新开始,该如何去做?

5. 产品与服务

传统的竞争发生在依照产品或服务内容建立的清晰的行业界限内。价值创新者经常会超越这种界限,依据消费者的全部需求进行思考,努力克服行业限制。

三、蓝海战略思维

以价值创新思维作为基石,詹金和莫博涅又提出了蓝海战略(Blue Ocean Strategy)。

蓝海战略认为,聚焦于红海等于接受了商战的限制性因素,即在有限的土地上求胜,却否认了在商业世界开创新市场的可能。运用蓝海战略,视线将超越竞争对手,移向买方需求,跨越现有竞争边界,对不同市场的买方价值元素进行筛选并重新排序,从给定结构下的定位选择向改变市场结构本身转变。

蓝海战略共涉及六项原则,包括四项战略制定原则:重建市场边界、注重全局而非数字、超越现有需求、遵循合理的战略顺序;两项战略执行原则:克服关键组织障碍、将战略执行建成战略的一部分。

原则一:重建市场边界。重新界定市场边界需要创新的思维模式,蓝海战略思维认为可以从产业、战略集团、买方群体、产品或服务范围、功能情感导向、时间等方面进行创新思考。(如表7-3所示)

表 7-3 蓝海战略思维

视角	创新思维	观点比较	
		红海	蓝海
产业	跨越他择产业看市场	人云亦云,为产业定界,并一心成为其中最优者	一家企业不仅与自身产业对手竞争,而且与替代品或服务的产业对手竞争
战略集团	跨越产业内不同的战略集团看市场	受制于广为接受的战略集团概念(如豪华车、经济型车、家庭车),并努力在集团中技压群雄	突破狭窄视野,搞清楚什么因素决定顾客选择,如高档和低档消费品的选择
买方群体	重新界定产业的买方群体	只关注单一买方,不关注最终用户	买方是由购买者、使用者和施加影响者共同组成的买方链条
产品或服务范围	跨越互补性产品或服务看市场	以雷同方式为产品或服务的范围定界	互补性产品或服务蕴含着未经发掘的需求,简单方法是分析顾客在使用产品之前、之中、之后都有哪些需要
功能情感导向	跨越针对卖方的产业功能与情感导向	接受现有产业固化的功能与情感导向	挑战现有功能与情感导向,能发现新空间,考虑如果在情感层面竞争,可否去除哪些元素以使之功能化,反之亦然

视角	创新思维	观点比较	
		红海	蓝海
时间	跨越时间,参与塑造外部潮流	制定战略只关注现阶段的竞争威胁	从商业角度洞悉技术与政策潮流如何改变顾客获取的价值,以及如何影响商业模式

资料来源:W.钱·金,勒妮·莫博涅.蓝海战略:超越产业竞争 开创全新市场[M].吉宓,译.北京:商务印书馆,2005.

原则二:注重全局而非数字。一个企业永远不应将其"眼睛"外包给别人,伟大的战略洞察力是走入基层、挑战竞争边界的结果。蓝海战略建议绘制战略布局图,将一家企业在市场中的现有战略定位以视觉形式表现出来,开启企业组织各类人员的创造性,把视线引向蓝海。

原则三:超越现有需求。通常,企业为增加自己的市场份额,努力保留和拓展现有顾客,会导致更精微的市场细分。然而,为使蓝海规模最大化,企业需要反其道而行,不应只把视线集中于顾客,还需要关注非顾客。企业不要一味通过个性化和细分市场以满足顾客差异,而应寻找买方共同点,将非顾客置于顾客之前,将共同点置于差异点之前,将合并细分市场置于多层次细分市场之前。

原则四:遵循合理的战略顺序。企业应建立强劲的商业模式,确保将蓝海创意变为战略执行,从而获得蓝海利润。合理的战略顺序可以分为买方效用、价格、成本、接受四个步骤。

原则五:克服关键组织障碍。企业经理们证明执行蓝海战略的挑战是严峻的,他们面对四重障碍:一是认知障碍,沉迷于现状的组织;二是有限的资源,执行战略需要大量资源;三是动力障碍,缺乏有干劲的员工;四是组织政治障碍,来自强大既得利益者的反对。

原则六:将战略执行建成战略的一部分。执行蓝海战略,企业最终需要求助于最根本的行动基础,即组织基层员工的态度和行为,必须创造一种充满信任和忠诚的文化,以鼓舞人们认同战略。当人们被要求走出习惯范围、改变工作方式时,恐慌情绪便会增长,他们会猜测这种变化背后真正的理由是什么。想在基层建立信任和忠诚,鼓舞资源合作,企业需要将战略执行建成战略的一部分,需要借助"公平过程"制定和执行战略。

创业阅读

太阳马戏团的蓝海战略

马戏团是一个传统行业,过去的马戏团是以流动帐篷作为表演场地,以驯兽、动物表演、小丑杂耍、魔术等表演项目为主,目标消费人群主要是儿童。

1982年,太阳马戏团(Cirque du Soleil)成立之初,很清楚地知道自己没有能力与当时的龙头老大玲玲马戏团(Ringling Bros., Barnum & Bailey)竞争,因此采取了"蓝海战略",从而成功地走出了"价格战",开创了全新的蓝海商机。

首先,太阳马戏团取消了动物表演。此举一方面避免了动物保护团体的抗议浪潮,另一方面又大幅降低了企业成本。其次,太阳马戏团大胆创新,招募了一批体操、游泳、跳水等专业运动员,把他们训练成专业的舞台艺术家,运用绚丽的五彩灯光、华丽的舞台服装、美妙动人的音乐并融合歌舞剧的节目情节,为消费者创造前所未有的感官新体验。这些营销措施使得太阳马戏团完全摆脱了传统马戏团的桎梏,成为全新的"剧场型马戏团"。

太阳马戏团成立二十多年来,已先后在全球九十多个城市进行了演出,吸引了四千余万名观众进行观看,其营业收入甚至已经超过全球马戏团第一品牌玲玲马戏团。

资料来源:W. 钱·金,勒妮·莫博涅. 蓝海战略:超越产业竞争 开创全新市场[M]. 吉宓,译. 北京:商务印书馆,2005.

第二节 创业竞争战略思维

一、波特的一般竞争战略

被誉为"竞争战略之父"的美国学者迈克尔·波特(Michael Porter)于1980年在其出版的《竞争战略》一书中提出了企业通常采用的三种竞争战略,它们是总成本领先战略、差异化战略和聚焦战略。

1. 总成本领先战略

总成本领先战略,是指企业通过降低自己的生产和经营成本,以非常低的单位成本向对价格敏感的顾客提供标准产品,以低于竞争对手的产品价格获得市场占有率,并获得同行业平均水平以上的利润。其中,成本优势的来源因产业结构不同而异,包括追求规模经济、学习经验曲线、生产能力利用率、原材料的优惠待遇、人工成本、企业内部分担成本和共享知识的潜力等因素。

总成本领先战略存在一些风险,例如:竞争者很容易模仿,以至于使得整个产业的利润率降低;所有产业的重大技术突破可能导致该战略失效;购买者可能将兴趣转移到价格以外的其他特色上;等等。

 创业阅读

格兰仕的成本领先战略

格兰仕是一家典型的始终坚持全面成本领先战略,取得规模化发展和市场领导者地位的企业,它的最大优势就是成本领先。格兰仕掀起的"价格战"远不是一般意义上的"价格战",是建立在自己的低成本优势之上的。如果格兰仕未握有低成本这把"利剑","价格战"就不能让其取得今天的市场地位和竞争优势。

20世纪90年代初,在格兰仕介入微波炉行业的时候,这还是一个刚兴起的产业。随着世界家电制造业向中国的战略转移,格兰仕所在的珠江三角地区因劳动力成本低、配套产业齐全、优惠政策多而具有明显的比较竞争优势。另一方面,微波炉市场处于不完全竞争状态,只有少数几个企业生产,全国的年产销量只有20万台左右,而且价格高达三四千元。可以说,当时的微波炉市场尚未充分发育,主要竞争对手也很弱,只要形成规模优势,单台成本会随之低于竞争对手。正是由于当时微波炉行业所具有的产业吸引力,才使格兰仕决心放弃当时年收益相当不错的纺织业而进入微波炉领域。

格兰仕在介入微波炉行业之初,就制定了以规模经济为基础的成本领先战略,并以此形成公司的竞争优势。1996年后,格兰仕的生产规模几乎每年以两倍的速度迅速扩大,当达到125万台时,它就把出厂价定在年产规模为80万台的企业的成本价以下。此时,格兰仕还有利润,而年产规模低于80万台的企业多生产一台就多亏一台。到2000年底,格兰仕微波炉的年产规模达到1200万台,是全球第二位企业的两倍多。生产规模的迅速扩大带来了生产成本的大幅度降低,成为格兰仕成本领先战略的重要环节。

格兰仕的成本领先战略是建立在对规模化生产、产业价值链和微波炉行业自身特点的最深刻理解之上的。微波炉是一种技术含量较低(从生产的角度而言)的产品,因此该行业的进入门槛较低;同时又是一种零部件化程度较高的产品,也就是说它的整体成本在很大程度上取决于单个零部件的成本和装配的效率。格兰仕通过在全球范围内整合各种零部件生产和装配的资源,通过本土的人员成本优势和规模扩张的理念,使其得以转化成全面成本优势。由于占据了先机,因此它总是能够通过"价格战"甩开甚至消灭竞争对手。

资料来源:根据相关公开报道资料整理。

2. 差异化战略

差异化战略,是指为使企业产品或服务、企业形象等与竞争对手有明显的区

别,以获得竞争优势而采取的战略。采用这一战略,突出向对价格相对不敏感的顾客提供产业范围内的独特产品或服务。产品的差异化可以表现在很多方面,如服务、配件的可获得性、工程设计、性能、使用寿命、能耗、使用的方便性等。服务的差异化表现在送货、安装、顾客培训、咨询服务等方面。

差异化战略的风险在于,如果顾客并没有给某种特色产品的价值很高的评价,那么将导致其不能接受该产品的高价位。

 创业阅读

小小的指甲钳做出大市场

你在意过小小的指甲钳吗?可能大多数人都会说,没怎么在意过。

的确,即使在经营了15年指甲钳的聚龙集团董事长梁伯强看来,要把不起眼的指甲钳做出品牌来,也并非易事。梁伯强是中山圣雅伦日用品公司(以下简称"圣雅伦公司")总经理,该公司经营着圣雅伦和非常小器两个指甲钳品牌。

梁伯强说,2011年,圣雅伦公司销售收入2亿多元,国外市场收入占比55%左右。目前,非常小器在国内高端市场的占有率达到60%—65%。在市场地位上,圣雅伦公司目前是全球第三,自2000年以来一直保持着中国指甲钳行业第一品牌的地位,还参与起草了中国指甲钳行业新标准。

"我们之所以能做成今天这样,应归结为我们的全方位创新,以及与众不同。"在难以成就品牌的指甲钳领域,梁伯强在国内市场究竟怎么做到与众不同的?

转型闯入指甲钳业

1998年之前,梁伯强并没有涉足指甲钳经营。为改变命运,1984年,他拿到澳门的身份证,且被聘为一家首饰工艺品厂厂长。半年后,他受命回到中山的老家小榄镇,开设来料加工厂。1986年,他在香港成立聚龙集团,买下这间工厂,开始加工生产首饰配件。到1998年,他的人造首饰业务做成全国第一。但是,巅峰过后,企业发展徘徊不前,这让他陷入了迷茫和困惑中。

1998年4月,梁伯强翻阅旧报纸时看到名为《话说指甲钳》的文章。文中说,1997年10月27日,时任副总理朱镕基接见全国轻工企业代表时,拿出3把台湾商人送给他的指甲钳,动情地说:"我们生产的指甲钳剪了两天就剪不动了,而人家的精致又耐用,所以我们要盯住市场缺口找活路。"

这触动了迷茫中的梁伯强。他心想:朱副总理说得对啊,吉列能把小小的剃须刀做成大品牌,我怎么就不能做成指甲钳业的吉列呢?

说干就干。当年,梁伯强就创立了圣雅伦公司,转向经营指甲钳业务。但

是,开张后,他发现看似简单的指甲钳,真正运作起来却问题重重。他说:"我当时没有做市场调查就一头扎进去,项目盲目启动后发现不对劲。我压力很大,做也不是,不做也不是。"

梁伯强没想到,自己会这么快就陷入了骑虎难下的窘境。怎么办?

梁伯强只好先出国考察全球指甲钳市场去。从1998年4月到1999年9月,他带着翻译,跑了20多个国家和地区,拜访了德国、韩国的指甲钳名企。他甚至还拜访了送给朱镕基副总理指甲钳的台湾企业。其间,他还遭遇了一场车祸,一条腿严重受伤。"如果当时交给专门的调查公司去做,可能二三百万元就解决了问题,但是我考察花费了1000多万元。"

光看不练也不行,必须实践。梁伯强随后选中了韩国最大的指甲钳生产商777,做起了其经销商。当时中国有几百家指甲钳企业在低端市场,777品牌却占据着中国高端市场。为搞明白777品牌的市场运作及其产品技术工艺,他一年前往韩国20多次,先后购买了777品牌1000多万元的货物。在此过程中,他学到了777的技术,并编织着国内指甲钳营销网络。

不仅仅止于此,梁伯强说:"当时国内五大国营老字号指甲钳厂相继倒闭,而民企刚起步,技术、资金、管理等又做得很烂。"于是,他抓住这次市场洗牌的机会,邀请那五家国营指甲钳厂厂长到圣雅伦公司担任技术顾问,解决生产技术问题。由此,他心中充满了自信:"他们过来后,在技术方面国内就没有人敢和我叫板了。"

1999年4月,第一批圣雅伦品牌的指甲钳正式推向市场。当年6月,国家日用五金制品监督检测中心为圣雅伦颁发了中国有史以来第一张"指甲钳质量检测合格证书"。到2000年,圣雅伦在国内市场的年销售额达到6000万元,一跃成为国内销量最大的品牌。

让产品成为文化载体

圣雅伦虽然入市,但是究竟如何定位,这让梁伯强很纠结。

梁伯强的纠结与当时国内指甲钳市场的状况有关。一方面,国内从事低端指甲钳经营的大量厂商在混战。他们走批发渠道,甚至在地摊上卖,几乎无法树立起自己的品牌。即使到现在,国内的上千家指甲钳生产企业也是如此。另一方面,国内中高端市场又被国外品牌占据。他们定位清晰,如德国的双立人作为医疗器具和生活用刀的附属产品,价格昂贵,走的是超高端路线,在百货公司销售。韩国777品牌的定位为大众市场,走批发路线,再进商场,其品质在中国市场属中高端。

"我走过弯路,出现过失误。"梁伯强坦言。那时企业没有知名度,圣雅伦产品最初就在低端市场徘徊,面对激烈的市场竞争,显得非常被动。他心想,如果仅仅与同行去拼成本,那肯定没有出路;要与众不同,就要给指甲钳全新定位,颠覆消费者的既有看法。这就必须在产品和品牌上寻求突破。

于是,梁伯强选择高端路线战略,其载体就是商务礼品,他对圣雅伦品牌重新进行了定位。在当时中国指甲钳企业中,把其产品定位为商务礼品是绝无仅有的。圣雅伦公司由此成为中国指甲钳企业中首个真正定位为高端市场的企业,也与德国双立人、韩国777等在竞争上实现了错位,由此找到了一条差异化市场之路。

但是,要把小小的指甲钳变成商务礼品,必须赋予其新的内涵和形象。梁伯强琢磨着:如果像其他同行那样仅仅把其当作剪指甲的工具卖,那肯定无法实现这种转化。转化的载体是什么呢?

"产品不是仅有好质量就可以,还需要输入文化元素,这样产品就有灵魂,而不是冷冰冰的一块铁。所以,我们把产品当作文化载体运作。"梁伯强着手把文化内涵注入指甲钳产品,并让其时尚化,以此提升其附加值。

据梁伯强介绍,为赋予产品文化元素,圣雅伦公司采取了很多办法。比如,尊重民族文化,挖掘历史题材,并把其刻在指甲钳上。如在指甲钳上刻上十二生肖,中国企业举办生日活动时就可以送给员工对应生肖的指甲钳。德国有个风俗习惯,孩子到10岁生日时,父母要送他一套指甲钳,告诉他从今天开始你就不是儿童了,是少年了,应该懂得生活自理。圣雅伦公司在指甲钳上附上卡通形象,以更好地吸引女性和儿童消费者。为此,迪士尼公司每月向圣雅伦公司下贴牌订单。

指甲钳通常被当作日用小五金。但是,圣雅伦公司将指甲钳按个人护理品的理念和标准进行设计、生产和销售,把指甲钳、修眉刀、耳勺、指甲锉等组合包装成适合集团消费的小礼盒进行销售。

圣雅伦公司的产品按套卖,销售中占主导的价位为200—500元,有些个性化订制的售价一套达1000元。正因为产品渗入了文化元素,圣雅伦公司才能获得更高的利润,毛利能达到40%,而普通指甲钳只有5%左右。

歪打正着的双品牌战略

从2004年起,圣雅伦公司开始实行双品牌运营战略,其中圣雅伦品牌针对国外市场,非常小器品牌针对中国市场。但是,梁伯强说:"我们是被迫做双品牌的。"

本来梁伯强在国内市场也只打算采用圣雅伦品牌,为何又采取双品牌战略呢?当时国内指甲钳企业都不愿意花大力气去打造品牌,因为指甲钳本来就是一种低价值的普通耐用品,厂家通常是一箩筐一箩筐地送到义乌等批发市场去出售。即使厂家想打造品牌,昂贵的营销费用也会让他们望而却步。

在梁伯强看来,这恰恰是自己在国内市场打造品牌的机遇。为出奇制胜,他想尝试运用事件营销的方法。他在报纸上公开征集圣雅伦品牌的广告语,其中征集到一条广告语:"非常小器·圣雅伦",后来就采用这条广告语做推广。让他意想不到的是,大众记住的却是"非常小器",对他想打造的圣雅伦品牌反而没有印象。广告词"非常小器"喧宾夺了圣雅伦品牌的主。"我感觉不对劲,没有人叫它'圣雅伦',反而大家都叫它'非常小器'。"

哭笑不得的梁伯强灵机一动,不如顺水推舟,在国内市场运作的品牌干脆就叫"非常小器"。由此,圣雅伦公司就开始实施双品牌战略,圣雅伦品牌主外,非常小器品牌主内。同时,对两个品牌定位进行了区隔,圣雅伦品牌走高端市场路线,非常小器走低端市场路线。但是,运作一段时间后,梁伯强发现,要打造非常小器品牌,走低端市场路线行不通,于是不得不对非常小器品牌定位作出调整,改走高端路线。这样,才成就了现在的非常小器品牌。

资料来源:黎冲森.圣雅伦不走常规路[J].企业家信息,2012(10):105—107.

3. 聚焦战略

聚焦战略,是指向特定的顾客群体提供所需要的产品或服务。该战略集中向特定的消费者群体、地域市场提供产品或服务,或者只生产特定的产品,从而比服务于广大市场的竞争者更能为准确界定的狭窄市场提供优质的产品或服务。该战略需要所聚焦的市场具有足够的规模与良好的增长潜力,且产业的特征对其他主要竞争对手的成功并非至关重要。

聚焦战略追求的目标不是在整体市场上获得一个较小的市场份额,而是在一个或几个细分市场上占有领先的市场份额。其优点是,适应了本企业资源有限这一特点,可以集中力量向某一特定子市场提供最好的服务,而且经营目标集中,管理简单方便,使企业经营成本得以降低,有利于集中使用企业资源,实现生产的专业化,实现最优的经济效益。

聚焦战略也会存在风险,如引起其他竞争者的注意,进而出现众多竞争者的仿效;或者消费者的偏好产生变化、购买兴趣转移等,企业就有可能陷入困境。

二、新创企业竞争战略思维

1. 中小企业的成长战略

新加坡国立大学的李凯盛等三位学者对波特的竞争战略进行了分析,发现它并不完全适合中小企业。因为现存的战略框架都是为那些拥有足够资源的大企业设计的。中小企业不能照搬照抄这些战略框架以解决其问题,因为它们缺少足够的资源。正是资源紧缺影响到了中小企业可以选用的竞争战略。在《别让大象踩扁你:中小型企业成长战略》一书中,他们提出了中小企业可以采取的四种可行的竞争策略。

表 7-4 中小企业的竞争战略

产品可替代性		大企业的反应	大企业	
			容忍	反对
中小企业	大企业忽视的新市场	差异性	填补战略	
	大企业服务的已有市场	可替代性	替代战略	威慑战略
		一致性	搭便车战略	

资料来源：李凯盛,林源华,谭苏娟.别让大象踩扁你:中小型企业成长战略[M].北京:中信出版社,2003.

(1) 填补战略

填补战略,是指集中资源以满足被已有竞争对手忽视的一些选定的细分市场(或利基)的潜在需求。采用这一战略,是因为利基市场被现有竞争者忽视,或市场内现有竞争者较弱小,同时利基市场规模足够大,市场供应有盈利性,而且有未来成长潜力。只有创业企业拥有超过大企业的可持续竞争优势,才能采取提供差别化产品的填补战略。中小企业应该避免提供完全不同的产品,除非它们能有效地威慑大企业的进入。

(2) 替代战略

成功地实施替代战略需要中小企业在进入目标市场时,能提供既有差别化又有替代性的产品,这样才能迫使大企业在日后妥协。关于产品差别化,可以采取不同的形式实现,如提供更好的售前和售后服务,包括提供更好的质量保证等。中小企业在进入市场时,可以成功地应用替代战略。因为大企业在应对这种战略时,反击中小企业进入的代价很高,这样会降低大企业别的细分市场的利润。由于大企业会对中小企业的进入采取妥协策略,因此对于中小企业来说,在应用替代战略和大公司竞争时,没有必要采取成本领先的策略。

(3) 搭便车战略

中小企业也可以提供和大公司一样的产品,降低价格,鼓励客户购买其产品。通过这种办法,中小企业也可以瓜分大企业所占有的一部分市场份额。这就是所谓的"搭便车战略"。通过平行进口以及生产和销售相似产品,中小企业能够成功进入市场。中小企业没有很多资源,很难承担起开发市场的巨额成本。因此,它们可以跟随大企业进入已开发成熟的市场,而省去开发市场的成本。这种战略只适合于那种已经培育成熟的市场,这样中小企业才可以提供相同的产品,并以较低的价格瓜分大企业的市场份额。

(4) 威慑战略

假如我们预期大企业比较好胜,它们会不惜一切代价,"疯狂地"反击,那么中小企业应该采取先发制人的办法——威慑战略,制止这种"疯狂反击"。采用这一战略,中小企业应该发出信号,让好胜的大企业明白,自己有信心也有能力保住市场份额,这样做非常重要。中小企业可以通过组建战略联盟或参与对市场进行开发的投资,传达这种必胜的信心。

2. 柔道战略

在《柔道战略:小公司战胜大公司的秘密》一书中,美国学者大卫·尤费(David Yoffie)运用日本的柔道功夫的技术特点,提出了一些以小胜大、以弱胜强的战略思维,并称之为"柔道战略"。柔道战略就是要求企业在竞争中避开对手的锋芒,放弃硬碰硬的竞争思维模式。其目标不是仅仅帮助企业在市场中争夺立足之地,而是要使企业成长为一家大企业。柔道战略有三个核心的原则:移动——让自己处于最佳位置;平衡——梳理进攻思路,保持进攻的姿态;杠杆借力——将竞争对手的力量转化为自己的竞争优势。其核心观点如下:

(1) 移动原则

移动原则就是不要引发冲突,要界定竞争范围,并快速进入阵地。它有三个层次的意思:首先,要界定好自己的竞争领域。市场中永远都有机会,关键是要去寻找适合自己发展的领域。作为中小企业,产业选择和市场定位是最重要的。要分析竞争对手,找出其薄弱环节,薄弱环节的出现一般是因为对核心力量的过多投入和保护造成的。在选择竞争领域时,要努力做到市场与自身的最好匹配。在自己的主场作战,往往胜利就多了一分把握。其次,不要轻易引发冲突。当企业还比较弱小时,要学会韬光养晦,尽量避免招惹强大的竞争者,这样就能为自己赢得时间和空间。许多中小企业希望引起公众和竞争对手的注意,但是往往也容易招来围攻和打击。最后,全力以赴,快速发展。在找到目标和独特的领域之后,中小企业就要全力发展。在竞争对手,尤其是强大的竞争对手察觉之前,中小企业应尽可能地成长壮大,增强自身实力,并充分利用合作去盘活控制范围之外的资源而为己所用,展开竞争。

(2) 平衡原则

企业的快速发展迟早会被竞争对手察觉和"攻击"。所以,最佳的选择是适当地退让以保持自身的平衡。平衡就是要在竞争中努力处于一种既能反击又能进攻的状态。所以,适当地退让不是投降。简单地说,平衡原则有三个方面的意思或者说技巧:一是抓住对手,给对手施以小惠,防止对手大举进犯;和对手(潜在的、现实的)展开不同层次的合作,或者是作一定程度的退让,限制对手的活动范围。二是避免针锋相对。针锋相对会将弱势企业拖入一场拉锯战的消耗中。同时,要研究对手的每一次进攻,找到可以利用的地方,不必回击对手的每一次进攻。三是推拉制衡,学会将计就计。要利用对手的攻势,找到能够将对手的势能转化为自身优势的方法,这样就可以削弱对手的攻势。

第七章　创业成长战略思维

（3）杠杆借力原则

企业可以通过移动原则，赶在对手察觉之前快速进入，建立先行者优势。接下来，平衡技巧的运用可以使企业牵制对手，延缓对手的进攻，巩固自己的优势。但是，要赢得最终胜利，中小企业还必须向前一步，利用杠杆借力原则，以最小的努力发挥最大的效率。杠杆借力原则有三个技巧：第一，以对手的资产为杠杆——"挟天子以令诸侯"，资产可以是进攻的武器，也可以是前进的障碍；第二，以对手的合作伙伴为杠杆——离间对手的攻守同盟，或者让对手的伙伴变成鸡肋；第三，以对手的竞争者为杠杆——不是坐观其变，也不是"螳螂捕蝉，黄雀在后"，而是"火上浇油"。

柔道战略是一个理论上简单，但是实用而又系统的战略。就像在柔道比赛中一样，任何一个高手要赢得胜利，都不能只靠一个或两个原则和技巧，他必须将柔道中的三个原则和所有技巧有机系统地结合起来，融会贯通，这样才能最终击败竞争对手。现实中的企业，尤其是中小企业也一样，仅凭其中单个原则也是难以胜出的。

创业阅读

弱势企业如何以小博大？

强攻硬拼，弱势企业难以挑战强势对手，而柔道战略则可以化解掉强大对手的优势——通过快速运动造成对手无的放矢，通过推拉牵制诱使对手失去平衡，通过借力打力导致对手进退维谷，是为移动原则、平衡原则和杠杆借力原则。eBay、淘宝、蒙牛……这些曾经在巨人影子下生存的企业，是如何成为"柔道高手"的？

几年前，美国连锁折扣卖场鼻祖凯马特(Kmart)因自己的市场份额不断被沃尔玛鲸吞，毅然发动了一场针尖对麦芒的"价格战"。凯马特推出成百上千种特价品，声称价格低于对手。卧榻之侧，岂容他人酣睡？沃尔玛立即对这些特价品打折，使价格再次低于或持平于凯马特。

随即，双方进入了比拼内功的阶段：看谁的运营成本更低。凯马特很快就捉襟见肘了。那些特价品由于供货不足，经常缺货，冲着它们而来的顾客不禁怨声载道。同时，由于不少货品都是赔钱赚吆喝，凯马特的亏损直线上升，很快不能支撑。反观沃尔玛，由于运营成本和供应链管理优于凯马特，"价格战"虽然代价不菲，但是尚能承受。孰胜孰败，从凯马特发动正面进攻的一刻就已经注定了。结果，凯马特的总裁只能辞职谢罪，公司进入破产程序。

一家叫塔吉特(Target)的折扣卖场远比凯马特聪明。美国折扣卖场的目标顾客多为女性。塔吉特发现，中等或中等以上收入的女性对折扣商场（如沃尔玛）有些抵触，因为那里的商品、环境、服务难以令她们满意，而环境舒适的百货公司的商品价格又过于昂贵。看到了两者中间的空档，塔吉特把自己定位为"高级商品的折扣店",不但购物环境好于沃尔玛,产品也普遍高出一个档次,为中产阶级提供了很好的性价比,成为美国发展最快、规模居第二的零售巨头。

凯马特的失败和塔吉特的成功说明,相对弱势的企业要成功挑战行业领袖,靠强攻硬拼是不行的。那么,该如何以柔克刚?

柔道是一种将对手的体能和力量为己所用,借力打力,击败对手而获胜的武术,它使弱者或体重处于劣势的人能够战胜身体方面占优势的对手。柔道战略主张企业避开对手锋芒,放弃硬碰硬的思维,以巧取胜,四两拨千斤。

柔道和中国的太极推手一样,带有浓烈的东方色彩,吻合东方的哲学思想。这种以柔克刚的思路强调"柔"的力量。比如,道家认为:"天下柔者莫过于水,而能攻坚者又莫胜于水。"老子有"柔弱胜刚强","天下之至柔,驰骋天下之至坚"的话。《老子》里另一句名言是:"上善若水,水利万物而不争。"其实,不是不争,而是不摆出争的态势,因为"夫唯不争,故天下莫能与之争"。看来,柔道战略可能天生适合于中国人使用。

资料来源:滕斌圣.弱势企业如何以小博大?[J].东方企业文化,2008(8):10—12.

第三节 创业战略的创新思维

创新思维是对传统战略思维的挑战,而这并不是说完全抛弃或否认传统战略思维。在企业的竞争越来越激烈的趋势下,创新思维往往能使企业找到一个以小胜大、以弱胜强的理想方式。中小创业企业在资源和技术方面没有优势,要战胜已占据市场地位的大企业,创新思维显得尤其重要。

一、创业企业成长的创新基因

达尔文曾说过:"能够生存下来的,既不是最强壮的,也不是最聪明的,而是最能够适应变化的物种。"恐龙曾经是地球上最强大的统治者,最终却因适应不了环境的变化而灭绝了。但是,一些看似微不足道的细菌,不论其生存的环境如何恶劣,都能一直生存、繁衍下来,成为地球上真正的"永生"物种。一个重要的原因就是,这些细菌能够不断地通过变种适应外部环境的变化。观察一下商界的一些百年老店,它们生存下来的一个重要法则是能够通过不断的创新应对外部环境的变化。如果企业的变革速度赶不上外部环境的变化速度,被时代抛弃只是个时间问题。

熊彼特认为,创新是创业的本质和手段。他赋予创业家"创新者"的形象,认为创业家的职能就是实现生产要素新的组合。同时,他对创新重新进行了解读,认为创新就是创业家对一种从来没有过的生产要素和生产条件进行新的组合，从而建立一种新的生产函数。

熊彼特的创新思想获得了创业者和管理者的认可，激励和指引着全球高科技企业的创新成长。实际上，创新不仅发生在高科技企业，在任何行业和任何企业，都可以有效地促进企业成长。创新不仅发生在科学实验室和研发中心，它可以以任何形式在任何场所发生。创新行为在具有优秀创新基因的企业中无处不在。21世纪的创业企业越来越认识到，创新应该成为成长型企业的一种思维模式、行为导向或文化氛围。

 **创业阅读**

创新无处不在——来自 IBM 的创新案例

这是一个创新的年代，创新已经变得无处不在。

如果说五年前人们提起创新，脑海中浮现的还是研发部门，是遥不可及的尖端技术、复杂的方程式和庞然大物，那么今天，当我们看到每天都有新的商业模式、新的公司、新的做事方法，新的年轻人用创意的想法创造巨大财富的时候，我们发现，这已经是一个离不开创新的时代。创新，无处不在。

首先讲的这个故事，是来自于所有 IBMer 都曾经面临的一个小烦恼，那就是 Conference Call。作为一名 IBMer，谁都免不了要打国际 Conference Call，而且很多时候，由于时差的问题，国际 Conference Call 都被安排在了晚上很晚的时候。于是，在深夜的办公室，免不了总看到同事们哈欠连天，满脸疲惫地打 Conference Call 的苦相。久而久之，IBM 中国研究院的同事们就开始想，能不能有什么办法，可以让大家人在家里，躺在床上，也能接打国际 Conference Call 呢？最终，就是这样一个小小的想法，催生了研究院的 SMILE 电话系统。在 SMILE 电话系统中，你可以输入自己的接听电话号码和需要拨打的对方号码，SMILE 就会首先通过互联网 IP 电话拨打对方号码，接通后，再通过本地电话系统拨打到你的电话上。通过这样的方式，同事们就可以在家里方便地拨打国际长途电话，并且不需要支付任何费用。自从使用了 SMILE 系统后，同事们提起 Conference Call，真的就像这个系统的名字一样了——SMILE。

现在，SMILE 已经推广到了 IBM 全球，不仅方便了成千上万的 IBM 同事，也为公司节省了大量的通信费用。

一个小小的想法，最终变成了影响整个公司的大事情。这样的例子在研究院内部还有很多。事实上，IBM 每年所提交的三千多项专利中，有很大一部分是源于同事们日常工作中的创新想法和创意。

尼葛洛庞帝（Negroponte）说："真正的创新不在CEO的大脑中，而在你的脑中。"伟大的创造总是自下而上的，它不是来源于经济学家和CEO，不是来源于命令和指示，而是来自于我们每天在工作中打破常规的想法，以及对不同观点的宽容加上不断尝试。只要愿意坚持，你的那些小小的新想法，都有可能变成影响世界的大事情。

资料来源：IBMer.创新无处不在——来自IBM的创新案例[J].中国发明与专利，2010(2)：26—27.

在各种创新行为中，战略创新对创业企业的成长尤为重要。小企业通过战略创新，往往能获得广阔的成长空间。日本尼西奇公司原是一家仅有30多人、生产雨衣的小公司，因产品滞销，陷入困境。一天，董事长多博川先生从人口普查材料中发现，日本每年出生婴儿有250万。这一信息立即引起他的深思：尿布这一不显眼的小商品，大企业不屑为之，却是婴儿的必需品。就算每个婴儿每年最低只使用两条，一年就是500万条，何况还有广阔的国际市场。于是，他当机立断，转产婴儿尿布。果然，尿布投入市场后备受年轻父母的青睐，并很快遍及全球，其销量占世界尿布销量的1/3。

具有创新基因的公司不会满足于现状，而总是心存高远，对未来充满期望，并希望能获得更好的成长。这些公司能不断地对现有的战略作出调整，制定出多套战略方案和决策流程，持续地进行比较和权衡，并激励员工为公司的成长贡献智慧。因此，这些公司总是会引领变革，走在时代的前沿，总是作好进行改变和创新的准备。

二、创业成长战略的创新思维

企业战略主要回答两个关键性的问题：首先，企业为什么市场提供什么产品或服务？它关注的是"做什么"，即让企业选择做正确的事。其次，企业应如何在选定的市场上开展经营活动？它关注"如何做"，即把事做正确，在选择正确的战略方向的基础上，有效地进行经营。

创业企业如何才能有效地进行战略创新？其中，"跳出盒子外思考"是一种有效的思维方法。所谓"跳出盒子外思考"，也可以说是非限制性思考。它的反面是"在盒子内思考"，这是一种自然且习惯的思维，大多数人在大多数时候都这样思考。从这个角度说，"跳出盒子外思考"也可以理解为非习惯性思维或非传统性思维。如果所有企业都按照传统战略思维进行思考，则将导致战略趋同。战略创新意味着要反思这些传统战略的前提和基础，用一种不同的思维来重新制定自身的战略。

 **创业阅读**

冲出思维牢笼

摇滚巨星迈克尔·杰克逊(Michael Jackson)为招聘一位能让自己满意的经纪人,在当地一家晚报上刊登了一则招聘启事。迈克尔年收入高达千万美元,做他的经纪人意味着将会有不菲的佣金。启事登出后,很快便有四个美国国内著名的经纪人应聘而来,迈克尔却没露面,只让他的佣人拿来四张有他签名和留言的纸条:"尊敬的先生们,毫无疑问,你们都是出色的经纪人,你们也有很辉煌的过去。现在,你们能不能在一个小时内做一些事,展示一下你们的实力呢?"几个经纪人看完迈克尔的留言才明白,迈克尔不露面,而是出题考查他们,看他们做经纪人是否有让他佩服的能力。

于是,几个人忙开了:一个人开始制订迈克尔全年演出计划,并计算出他将从计划中赚到多少美元;另一个人开始制订迈克尔的投资计划,建议他将积蓄投入到哪个城市的房地产、哪种类型的股票;第三个人则提出迈克尔向多元化发展的计划,把其明星效应充分利用起来;只有一个叫丹尼斯的经纪人没像三个同伴那样去忙活那些老生常谈的东西,而是创造性地在纸条上打起主意——他让佣人带他走进了一间工作室。

一个小时后,迈克尔出现了。前三个经纪人纷纷把自己的计划书交给他,盼望他看后能从中选出最满意的一份答卷。可迈克尔看了一遍后,脸上没有丝毫表情地说:"很遗憾,你们的计划书都毫无新意,你们能想到的,那些小经纪人甚至我自己都能想到。很抱歉,你们的思路并不能让我满意。"这时,丹尼斯从工作室走出来,手里拿着那张纸条神采奕奕地说:"恭喜您,迈克尔先生,您的这张亲笔便签经刚才在网上激烈竞拍,最终以1500美元成交。"迈克尔开心地笑了起来,并主动握住丹尼斯的手:"谢谢你,伙计!我也要恭喜你,因你将成为我的全权经纪人,你创造性的经营策划令我十分满意!"接着,他又对另外三个经纪人说:"在这一个小时里,你们给我的只是一纸空文,而这位丹尼斯先生却善于打破旧思维,用一张便条就能给我带来实实在在的财富!重要的是,他的策划具有一种化腐朽为神奇的能力,而你们在机会面前却没有一点过人之处!"

资料来源:卞文志.冲出思维牢笼:从迈克尔·杰克逊雇经纪人说起[J].中外企业文化,2009(11):64—65.

很多知名咨询机构经常指导企业管理人员学习"跳出盒子外思考",因为这常常能让人产生一些有创意的想法。创业成长的经验表明,新创企业要想在强大的竞争对手面前取得巨大成功,就必须敢于打破行规,进行战略创新,改变原

来的竞争规则。

但是,我们的思维很容易受到现有"盒子"的束缚,这些"盒子"可能来自对外部环境的认知,也可能来自对自身企业的认知,还可能来自习惯性思维导致的行动束缚。

1. 对行业边界的不同界定

传统竞争战略认为,行业结构决定行业的营利性。传统观念认为,行业分析是战略的核心,这要求企业能够对行业边界有清晰的界定。但是,随着技术的融合,很多行业的边界变得越来越模糊,而且很多创新往往在边界之外和边界之间。未来的挑战是要洞悉边界之外和边界之间正在发生的变化。如果用常规思维来观察和思考边界以内的战略决策,就容易导致战略上的趋同。对很多行业来说,真正的竞争不一定在行业边界以内,一旦跨越行业产品的边界,将会发现广阔天地,大有作为。

2. 对企业能力的认知局限

核心能力理论认为构建独特的核心能力是企业竞争的关键,并且特别强调核心能力的价值性、独特性、稀缺性和不可模仿性。核心能力的思维是要求企业在行业价值链中,必须培养出超越其他竞争对手的绝对优势,从而确保自己在市场竞争中的优势。因此,如何培养和发展自身的核心能力是企业战略管理的重点。

但是,随着商业竞争的升级和复杂化,仅局限于单个企业之间的竞争思维已是一种"盒子内思维"。不管企业是否愿意,未来的竞争将是生态圈的竞争,即企业之间的竞争不仅要看企业自身的核心竞争力,还要看企业所处的生态系统是否具有竞争力。因此,企业未来管理的不仅是自己所拥有的能力,还需要规划和管理生态系统中其他企业的能力。

生态系统的战略思维意味着核心竞争力的管理由单方变成多方,由内部转向外部。"生态系统"是一个共生、互生和再生的概念,共同创造价值,互相依赖,并不断创造新的价值,推动整个生态系统向更高的价值曲线前进。

3. 突破成长战略的习惯思维

大脑思维科学研究表明,一种思维模式一旦形成和固化,就会对人未来的思维和行动产生长期的影响。在组织中,一种战略思维模式一旦形成,就会变成一种难以摆脱的习惯性思维。例如,传统的竞争战略思维强调三种不同的定位:成本领先战略、差异化战略、聚焦战略。该思维要求企业一旦作出战略定位,就应集中资源在该战略上,不断强化自身的优势,而不是左右摇摆不定。

但是,在创新战略思维中,并不是一定要单纯强调低成本或差异化,还可以进一步对竞争要素进行细化,选择关键要素加以强化,而弱化甚至舍弃非关键要素,从而成功跨越传统的战略定位思维。例如,如家连锁酒店最初创业的思考角度很独特,就是找出那些出差在外的人最关心的要素,并对这些要素进行提升,而把其他不重要的要素往下调整。比如,人们最关注的是要睡好觉、洗好澡,就将所有跟睡觉和洗澡有关的元素都加以强化,做到中等偏上水平,而将大堂装饰、按摩、吃饭这类不太重要的元素都加以简化甚至舍弃。如此,原来住星级酒店的商务出差或短途旅游的顾客会被吸引,因为洗个好澡、睡个好觉就能满足需求。如家的这种战略定位没有在低成本和差异化上采取习惯性思维,而是实现了一个突破传统习惯思维的创新思考,将不同的竞争要素重新组合,实现一种独特的创新思考,最终实现低成本和差异化的同步强化,从而获得竞争优势。

三、跨行业边界寻求创业成长

传统的战略思维认为,竞争市场就像一个你死我活的角斗场,要赢得这场角斗的胜利,首先要明晰有效地界定行业的竞争边界。波特的五力竞争模型(直接竞争对手、潜在进入者、替代品、卖方和买方)可以帮助我们界定行业边界和评估竞争现状,并对未来行业的竞争定位作一个预判。传统的竞争思维要求把行业边界界定清楚,看清谁是客户,谁是对手,谁是合作伙伴,这是我们制定战略的前提和基础。但是,创新思维对行业边界的界定却很模糊,许多创新往往来自行业之外。尤其在行业与行业边界之间,我们能找到许多创新的机会。战略创新不仅要考虑谁是我们的客户,更重要的是要考虑谁不是我们的客户,从而找到一种方式,让那些非客户变成我们的客户。

随着互联网技术和经济的兴起,跨界竞争与成长已让一些新兴企业成为颠覆行业的黑马。就像中国移动公司说的,与其他运营商竞争了这么多年才发现,原来腾讯才是我们真正的竞争对手。原来是收费的主营业务,一个跨界的免费提供者"闯进来",结果经营了多年的核心业务顷刻间就被这些"外来者"抢走了市场。这种现象已不是个例。例如,360免费杀毒软件出现后,曾雄霸杀毒软件行业的金山毒霸一夜间就失去了霸主地位。阿里巴巴支付宝的推出,竟然能让银行界的几个"老大哥"大惊失色,惊讶地发现最危险的竞争对手原来根本就不在金融行业。未来几十年,这种"跨界打劫"式的竞争也许还会不断上演,来不及变革的企业必定会遭遇前所未有的"劫数"。

互联网这种几百年一遇的商业革命,给新的创业者带来了前所未有的变革机会,甚至可能会变革整个社会。互联网似乎带来了一种颠覆和整合的魔力,碰到谁就改造谁的基因。其实,互联网只是一种新科技工具,关键是掌握这种科技的新生代,他们思考未来和观察行业的眼光都是跨越现有边界的。

四、战略创新生态系统思维

商业竞争已经从单个企业之间的竞争转变成越来越依赖于它们所在的商业生态系统,企业之间的竞争演变为生态系统之争。企业战略创新生态系统可以定义为:企业以开创新的发展领域、实现新的顾客价值为共同战略目标,以一定的利益机制为纽带,形成相互依存、共同进化的企业战略创新体系。正是由于动态的和具有高不确定性的市场竞争环境,企业已经不能单独完成一项战略创新行动。在同一价值系统中的不同企业可以通过市场机制,为实现共同的战略目标而形成一个企业战略创新生态系统。

伊恩斯蒂(Iansiti)和莱维恩(Levien)发现,商业系统就好比生物生态系统一样运行,沃尔玛、微软公司等都运用"网络核心企业"战略积极主动地塑造和调控着它们各自的商业生态系统。在这样做的过程之中,它们极大地改进了自己的绩效,同时也为其他企业提供可利用平台,促进整个生态系统改进生产率、增强稳定性,并有效地激发创新。成功的企业利用它们的关键优势,通过整个商业网络的合作获得竞争力,并通过超乎自身范围的更广泛的环境而取得成功,那就是它们各自的战略创新生态系统。

战略创新生态系统是战略创新和商业生态系统的复合体,指引了企业战略创新方向,提供了新的发展目标和路径。企业战略创新生态系统能够推动企业发展,是企业获得竞争优势,在激烈的竞争环境中脱颖而出的有力保障,也是企业为自身和顾客创造价值的必要条件。

企业战略创新生态系统不仅是对企业内外部战略创新资源的整合和利用,而且是对所使用或开发的各种战略创新资源进行耦合并达到一种动态平衡体系。由于这样的企业战略创新体系具有类似于自然生态系统的一般特征,因此可将其界定为企业战略创新生态系统。越来越多的企业已经意识到在一个生态系统中开展创新的重要性,因为这样可以降低企业战略创新的成本,提高企业战略创新的效率,共担企业战略创新的风险。

飞利浦、索尼等公司在 20 世纪曾投下了数十亿美元,用于高清电视战略项目的开发。但是,该项目最终没有获得预期的战略目标,不是因为产品本身存在缺陷,而是因为影像制作设备、信号压缩技术和广播电视标准等关键性相关因素未能及时配套开发或应用。造成此类战略创新失败的原因是企业没有整合战略创新系统内的成员。相关案例一再表明,即使一家企业有能力完成自己的战略创新,有能力满足并超越客户的需求,有能力成功地排除竞争对手,市场也未必能形成。因此,企业若想成功完成战略创新,单靠其自身的创新能力是不够的,必须与各种利益相关者如生产者、供应商、竞争对手、政府、高校、科研机构、相关社会群体等形成相互合作的网络系统,这样可以使成员更容易感知战略创新。同时,企业在网络系统内更容易得到所需要的资本、技术、人力等资源,实现创新资源共享、能力价值互补和战略要素流动,加强系统网络聚集力,在弥补自身不足的同时,创造并不断完善整个创新生态系统,最终使其系统具有网络竞争优势。

本章要点

1. 安索夫矩阵以产品和市场作为两大基本维度,将企业的成长战略分为四种类型:市场渗透、市场开发、产品开发和多元化经营。

2. 高速增长的创业企业在成长的战略思维和逻辑上有所不同。

3. "价值创新"的战略逻辑在五个方面表现出其独特性:行业假设、战略重点、顾客、资产与能力、产品与服务。

4. 一般公司将行业状况看作给定的,而价值创新者则总是寻求非凡的创意和价值量上的飞跃。

5. 一般公司是根据自身现有资产和能力评价商业机会,而价值创新者则会问:如果重新开始,该如何去做?

6. 蓝海战略是跨越现有竞争边界,对不同市场的买方价值元素进行筛选并重新排序,从给定结构下的定位选择向改变市场结构本身转变。

7. 蓝海战略共涉及六项原则:重建市场边界、注重全局而非数字、超越现有需求、遵循合理的战略顺序、克服关键组织障碍、将战略执行建成战略的一部分。

8. 蓝海战略思维认为,重新界定市场边界可以从产业、战略集团、买方群体、产品或服务范围、功能情感导向、时间等方面进行创新思考。

9. "竞争战略之父"迈克尔·波特提出了企业通常采用的三种竞争战略,它们是总成本领先战略、差异化战略和聚焦战略。

10. 总成本领先战略,是指企业通过降低自己的生产和经营成本,以非常低的单位成本向对价格敏感的顾客提供标准产品。

11. 差异化战略,是指为使企业产品、服务、企业形象等与竞争对手有明显的区别,以获得竞争优势而采取的战略。

12. 聚焦战略,是指向特定的顾客群体提供所需要的产品和服务。

13. 除了迈克尔·波特的一般竞争战略,中小企业还可以用到填补战略、替代战略、搭便车战略、威慑战略等战略。

14. 柔道战略要求企业在竞争中避开对手的锋芒,放弃硬碰硬的竞争思维模式。

15. 柔道战略有三个核心的原则:移动——让自己处于最佳位置;平衡——梳理进攻思路,保持进攻的姿态;杠杆借力——将竞争对手的力量转化为自己的竞争优势。

16. 百年老店生存下来的一个重要法则是能够通过不断的创新应对外部环

境的变化。

17. "跳出盒子外思考"可以理解为非习惯性思维或非传统性思维。新创企业要想在强大的竞争对手面前取得巨大成功,就必须敢于打破行规,进行战略创新,改变原来的竞争规则。

18. 跨界竞争与成长已让一些新兴企业成为颠覆行业的黑马。

19. 企业战略创新生态系统是企业以开创新的发展领域、实现新的顾客价值为共同战略目标,以一定的利益机制为纽带,形成相互依存、共同进化的企业战略创新体系。

思考与练习

1. 比较迈克尔·波特的竞争战略与蓝海战略之间存在的区别。
2. 如何理解创新在创业战略中的重要性?是否可以用一些案例来说明你的观点?
3. 搜集和总结一下利用互联网技术和思维实现跨界竞争的案例,并尝试归纳这些案例成功的核心逻辑。
4. 阅读本章关于IBM战略转型的案例,并搜集IBM最新的发展信息,讨论IBM战略转型的创新与经验。
5. 如右图所示,九个黑点摆成一个正方形,请画四条直线把九个黑点连接起来,画线的时候笔不能离开纸面。

拓展阅读

1. 郭士纳. 谁说大象不能跳舞?[M]. 张秀琴,音正权,译. 北京:中信出版社,2010.
2. W. 钱·金,勒妮·莫博涅. 蓝海战略:超越产业竞争 开创全新市场[M]. 吉宓,译. 北京:商务印书馆,2005.
3. 李凯盛,林源华,谭苏娟. 别让大象踩扁你:中小型企业成长战略[M]. 北京:中信出版社,2003.
4. 大卫·B. 尤费,玛丽·夸克. 柔道战略:小公司战胜大公司的秘密[M]. 傅燕凌,孙海龙,译. 北京:机械工业出版社,2003.
5. 约翰·R. 韦尔斯. 战略的智慧[M]. 王洋,译. 北京:机械工业出版社,2013.
6. Iansiti M, Levien R. The keystone advantage: What the new dynamics of business ecosystems mean for strategy, innovation, and sustainability [M]. Watertown: Harvard Business School Press, 2004.

实务能力篇

第八章　创业能力与团队修炼

本章学习目标

1. 掌握创业能力的多维度概念及内涵；
2. 理解创业能力与创业实践的关系；
3. 了解提升创业能力的方法与途径；
4. 掌握团队角色理论的内涵及运用原则；
5. 掌握高效创业团队的组建与运作。

 **案例导读**

一个创业者的成长之路

李斌大学毕业后工作一年辞职，开始创业。仅一年多的时间，他的公司就签约 24 家加盟店以及 5 个合作项目。李斌的创业看上去顺风顺水，实际上在他的成长之路上却有颇多故事，最早甚至可以追溯到其大学期间的一些经历……

初次体验创业

李斌的性格比较内向，刚到上海上大学时，非常羡慕那些能进社团的同学。后来，李斌抓住一个机会，进入了校学生会做干事。在校学生会里，他渐渐意识到了团队协作的重要性，以及如何进行工作分工安排。比如，校学生会的权益中心有 40 个干事，要把他们调动起来运作全校的活动。作为主任的李斌不仅要办好此类活动，更想让老师们看到这是他们所看到过的活动中最好的，这种鼓励在他看来影响是很深远的。经历这些事情后，他的整个资源调动能力得到了快速提高，整个人的脾气和性格都有很大的转变。进了校学生会以后，他认识的朋友非常多，遍布各个院系，包括后来的创业搭档。

大学期间，李斌还参加过很多社会实践活动。他一开始做过家教，做了一段时间后感觉自己的能力教一个学生还有余，于是便和校学生会的朋友去开培训班。在大一暑假的时候，学校里有个作文培训班，教员以师范生为主，而李斌是非师范生，就被派到扬州、镇江、苏州、舟山等离学校较远的地方去授课。这段经历也让李斌积累了一些经验和能力，比如如何给学生上课，如何和学生沟通等。在有了一些经验之后，第二年，他自己办了这样的培训班。

在舟山开培训班期间,一位女企业家给李斌留下了非常深刻的印象。这位女企业家一个人管理着 5 家规模非常大的出口公司,虽然很辛苦,但是管理得很好,让李斌佩服不已。她常跟李斌和他的朋友讲述自己的创业经历,17 岁的时候就跟政府贷款 300 万元拿地办厂。像这样的创业例子在当地很多,很多家庭都有自己的创业故事,而且很多都做得非常成功。李斌空闲时便去找他们聊天,听他们讲自己的创业故事,以及是如何创业赚钱的。同时,李斌也在心里默默思考和寻找是否有可以与他们合作的机会。特别是看到一些大学毕业生还在帮他们打工,这让李斌暗下决心:我以后也要跟这些企业家一样。

受创业真人秀《赢在中国》的启示,从舟山回到学校后,李斌便和同学办了全校"十佳创业之星"的活动,到各个院系去选拔创业最为成功的学生。李斌要做的工作就是和参选者去聊,聊他们的创业项目以及当前的创业情况。这次活动安排了网上票选和现场票选,选完后还有颁奖晚会,让获奖者发表获奖感言。

除了在学校开展与创业相关的活动外,李斌还和同学开过服装店、汉堡店,甚至曾试过把大学学费用到创业开店,这些不是大学里每个同学都愿意和能够做到的。直到现在,李斌回想起来,依然觉得这是一个享受的过程,如果不适合创业的人去创业就会很痛苦,而适合创业的人去创业就会很享受,哪怕很困难。

李斌所在的学校比较开放,很多商业性活动都可以进来。对学生的一些创业活动,学校会特批一块场地。比如,学生代理一批 MP3、MP4 等电子产品,学校会辟出一块场地供销售之用。那时候,李斌便会和校学生会的同学们利用这些机会做些事情,包括联络校外人士举办各种活动。比如,新东方 CEO 俞敏洪当初来学校做讲座,就是他们联系的。学校给了他们更多与社会接触的机会,这使李斌感激不已。

开始迈上创业之路

大学毕业后,短暂地工作了一年,李斌和他的一个同事正式辞职。这个同事就是李斌大学期间在校学生会结识的好友,毕业后与他进了同一家公司的同一个部门,也是他之后开始创业之旅的伙伴。

一次做市场调研时,李斌和他的伙伴偶然发现热狗卖得很火,于是他们开始调查分析热狗市场。他们经调查发现,这是个创业机会。肯德基和麦当劳进入中国以后,很多人吃起了汉堡,而热狗这个产品在国外比汉堡更流行,当时上海却没有一家大公司做这个生意。他们和很多人沟通了这个想法,包括原料厂家。他们确信,三到五年以后,热狗这个产品在全国会很火。

他们开始想到了杂货店。多数杂货店都是个体经营,那么能不能把整个上海的杂货店联合起来销售热狗?这样的想法看上去很好,但是实践起来并不容易,一家一家地去跑这些杂货店,花了他们非常多的时间。他们每天跑到晚上 12 点,直到大多数杂货店关门。这期间,他们谈成了几家,而失败的更多。很多杂货店的老板对他们的想法不屑一顾,因为他们当时没有什么谈判能力,两人只抱着笔记本电脑,用 PPT 演示产品和设备的样品,描述设备的大小和占据的位置,以及未来可能的消费前景……

他们曾非常看好人民广场附近的一家店铺,于是跑了这家店不下 5 次,每天去和老板谈。终于,老板被他们的诚意打动了,就让他们试着做一下。后来,这个项目真的给这个店增加了很多盈利。这家店做好了以后,他们接下来和其他店的合作变得顺利了一些。他们将这家店作为一个案例,将目标合作对象带到店里参观实体。后来,南京路、凤阳路等地区的很多便利店都愿意和他们合作。

回想起来,创业是一条艰辛的路,当初他们跑便利店找合作商家的时候,几乎每天晚上回到家时脚上都起泡,连洗澡都非常疼。

后来,他们又开始思考自己是否可以开个实体店。但是,开实体店需要一笔较大的资金。筹集资金时,还是大学期间认识的同学和朋友主动借钱给他们,有些同学甚至连借条都不用写就把钱汇了过来,令他们既感动又有压力。回忆起自己艰难的创业起步,李斌认为资金问题一直是困扰创业过程的一个难题。公司常常面临资金断裂的状况,比如制作公司网站,两千多元的费用也要分三批支付。

除了资金,货源也是他们面临的一大难题。特别是食品类的东西,品质很重要。虽然大公司供货可以保证品质,但是大公司怎么会和一家不知名的小店合作呢?于是,他们通过各种方式,不断地与一家大供应商联系,并且利用供应商的销售主管来上海出差的机会,带他亲自体验了一下自己的小店生意红火的场面。最后,这家供应商终于愿意与他们建立合作关系。

后来,李斌的公司开始慢慢地和松江大学城的很多学校合作。比如,华东政法大学离商业街比较远,李斌便和该校的学生会合作。由于李斌大学时有在校学生会工作的经历,对学生会的想法非常熟悉,所以明白双方怎样才能找到合作需求点。

探索创业发展模式

热狗的生意好起来以后,有很多人前来找他们谈合作,他们接到的谈合作的电话越来越多。到 2010 年下半年,他们已开始实施直营店和加盟分店两种经营模式。

那么,他们又是如何从一家小店发展到做连锁经营的呢?小店生意好的时候,经常会出现断货现象。当销售规模逐渐上来以后,李斌就开始想是不是可以开连锁店。因为店铺多了,可以相互调货,整个品牌的供应量可以增长,而采购价格也会降低,使整个单位成本降低,而且店铺之间还能相互学习和共享经验。这对于单家店来说是无法实现的。

他们的第一个合作店设在江苏徐州。为了这家店的正常运营,他们在上海和徐州之间往返跑了近十次。只要一有问题,他们便从上海赶到徐州,所投入的时间、精力和费用都是非常大的。最后核算下来，他们发现自己其实是亏本的，盈利连付车费都不够。但是，李斌非常重视这次合作。因为这个店先开起来，可以积累许多共享的经验，以后有助于合作双方一起把规模做大，从而降低成本，也有助于将来和总供应商谈判时有更多的话语权。

他们公司的规模逐渐大了起来，和其他各方合作起来就比较有底气了。比如，他们各地的店铺都在和当地的团购网合作，这个想法来自于广东佛山的一家加盟店。那时，负责这家加盟店的是一个当地的媒体策划总监，他和当地的团购网合作，销量非常不错。这种方法可以让三方得利，顾客可以享受打折价，网站可以收取一定的佣金，而热狗可以快速卖出库存、推广新品。李斌看到其中的好处后，便开始在全国各加盟店推广，包括当时在南京师范大学和上海理工大学校区附近各开了一家直营店，开始推广和当地的团购网合作。

这件事也让李斌认识到，每多一个店，可能都会带来新鲜的经验，这些经验汇集到总部后，再统一向其他加盟店进行推广。这样，后来加盟的店就会有很多好的经验予以借鉴和运用。比如，水电和员工管理等方面的问题，后来开店就会容易很多，成本和效率都会在短时间内得到提升和改善。

未来愿景：做创业超市

创业几年来，李斌发现很多大学生的创业意向很强，但是一部分人很难将之付诸实践，因为缺乏足够的资源支撑他们创业。这让李斌突然产生了一个大胆的想法：能否打造一个创业超市呢？像超市一样，设很多创业项目，让有创业意向的大学生选择。同时，创业的经验让李斌看到，创业公司的规模上去后，会带来成本、品牌和效率等各种优势。

于是，一个新的创业愿景开始在李斌的脑海中浮现并逐渐清晰：打造一个大学生创业超市。"好歌"热狗就是第一个实验品牌，通过该品牌的打造，锻炼团队运作能力，等该品牌操作运营成熟之后，便可陆续推出其他创业产品品牌。这样，就可以通过不同品牌的运营，帮助更多想创业的大学生。李斌觉得这一想法是可行的，因为他发现现在有些大学生毕业以后想创业，但是由于经验和各种资源的限制而无法实现自己的创业梦想。作为一个创业过来人，李斌深知创业的不易，因此强烈地想帮助这些有创业潜质的大学生。例如，可以向毕业三年内的大学生推出扶持政策，不仅给予其经济上的优惠，同时在创业运营上进行专业的培训和一条龙的支撑服务，帮助他们走上创业之路。如今，已有十多位大学毕业生通过李斌和他的伙伴们的帮助，走上了创业之路。

资料来源：王辉.创业能力与关系网络：新创企业成长绩效机制[M].北京：北京大学出版社，2015.

第一节 创业能力修炼

一、创业者能力要素

1. 能力理论与模型

1973年,美国学者麦克利兰(McClelland)提出,能力是在某一具体的工作岗位上或者团队环境中可以区别绩效水平的个人特性,包括在社会中的角色、自我的形象以及动机、态度、技能和知识等其他组成要素。此后,其他许多学者提出了类似的能力理论。例如,麦克拉根(McLagan,1980)提出,能力是指可以完成重要工作的知识、动机和技能的综合。能力是个人所拥有的某些内在的特质,这些特质可以帮助其获得较好的工作绩效。潜在特质包括技能、特质、个人动机、社会角色和知识或者是其他的知识实体(Boyatzis,1982)。能力是可以通过可靠测量区别员工绩效高低的内在的更深一层的特征(Spencer,1993)。其中,最为有影响力的是能力冰山模型和能力洋葱模型。

(1) 能力冰山模型

美国学者小莱尔·M.斯潘塞(Lyle M. Spencer, Jr.)和塞尼·M.斯潘塞(Signe M. Spencer)从特征的角度提出了"能力冰山模型"。该模型把个体能力形象地描述为漂浮在水面上的冰山,其中知识和技能属于裸露在水面上的表层部分,这部分是对任职者基础素质的要求,但是不能把表现优异者与表现平平者区别开来,也称为"基准性能力"。基准性能力是容易被测量和观察的,因而也是容易被模仿的。换言之,知识和技能可以通过针对性的培训习得。内驱力、社会动机、个性品质、自我形象、态度等属于潜藏于水下的深层部分的素质,这部分称为"鉴别性能力"。这是区分绩效优异者与绩效平平者的关键因素,职位越高,鉴别性能力的作用比例就越大。相对于知识和技能而言,鉴别性能力不容易被观察和测量,也难于被改变和评价,很难通过后天的培训习得。

① 知识,指一个人在某一特定领域拥有的事实型与经验型信息;

② 技能,指一个人结构化地运用知识完成某项具体工作的能力,即对某一特定领域所需技术与知识的掌握情况;

③ 自我认知,指一个人的态度、价值观和自我印象;

④ 特质(性格),指一个人的个性、身体特征对环境和各种信息所表现出来的持续反应;

⑤ 动机,指在一个人对特定领域自然而持续的想法和偏好(如成就、亲和力、影响力),将驱动、引导和决定一个人的外在行动。

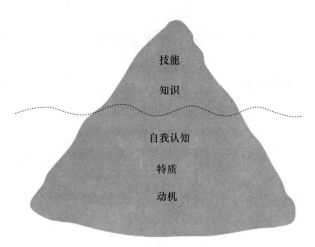

图 8-1　能力冰山模型

(2) 能力洋葱模型

美国学者理查德·博亚特兹（Richard Boyatzis）对麦克利兰的能力理论进行了深入和广泛的研究，提出了"能力洋葱模型"，展示了素质构成的核心要素，并说明了各构成要素可被观察和衡量的特点。

图 8-2　能力洋葱模型

能力洋葱模型中的各核心要素由内至外分别是动机、个性、自我形象与价值观、社会角色、态度、知识、技能。其中，动机是推动个体为达到目标而采取行动的内驱力；个性是个体对外部环境及各种信息等的反应方式、倾向与特性；自我形象与价值观是个体对其自身的看法与评价；社会角色是个体对其所属社会群体或组织接受并认为是恰当的一套行为准则的认识；态度是个体的自我形象与价值观以及社会角色综合作用外化的结果；知识是个体在某一特定领域所拥有的事实型与经验型信息；技能是个体结构化地运用知识完成某项具体工作的能力。

能力洋葱模型是把胜任素质由内至外概括为层层包裹的结构，最核心的是动机，然后向外依次展开为个性、自我形象与价值观、社会角色、态度、知识、技能。越向外层，越易于培养和评价；越向内层，越难以评价和习得。大体上，"洋葱"最外层的知识和技能，相当于"冰山"的水上部分；最里层的动机和个性，相当于"冰山"水下最深的部分；中间的自我形象与角色等，则相当于"冰山"水下浅层部分。能力洋葱模型与能力冰山模型相比，本质是一样的，都强调核心素质或基本素质。对核心素质的测评，可以预测一个人的长期绩效。

2. 创业者的能力与素质

能力理论打开了人们认识个体的一个新窗口，它几乎渗透到了各个领域，也包括创业领域。钱德勒(Chandler)和詹森(Jansen)较早地提出了"创业能力"的概念，他们认为创业者在整个创业过程中需要完成三个角色的工作，即创业角色、管理角色和技术职能角色。创业角色是指创业者必须"扫描"自身所在的环境，选择有利可图的机会，并规划出战略。管理角色是指需要创业者开发计划、编制预算方案、评价绩效以及为顺利执行战略而需要完成的其他工作。技术职能角色是指创业者能够运用特定领域内的工具和技术。创业者为了顺利履行上述角色的责任而获得良好的创业绩效，需要具备以下几个方面的能力：

(1) 识别出可利用的机会；
(2) 驱动企业完成从创建到收获的整个过程；
(3) 概念性能力；
(4) 人际关系能力；
(5) 政策性能力；
(6) 使用特定领域内的工具和技术的能力。

研究发现，基于自我评估的创业能力与企业绩效的关系具有显著相关性。因此，要实现新创企业绩效，创业角色要求创业者有能力识别有效的企业机会，管理角色要求创业者具备概念性能力、人际关系能力和政策性能力，技术职能角色则要求创业者能熟练运用其所在专业领域的工具或程序。

钱德勒和汉克斯(Hanks)总结出创业者的能力主要表现在两个方面：

(1) 机会能力。即考察环境，选择有前途的机会，并形成利用机会的战略。他们认为这种能力是创业能力的核心，并会随着对市场的熟悉程度而得到改善。

(2) 管理能力。即与环境互动并获取和利用资源的能力。这种能力包括诸多方面的内容，如协调整个组织利益与行为的能力，理解和激励他人并与他人和谐共事的能力，以及授权、管理客户和雇员关系、人际关系技巧等方面的能力，都对创业成功具有重要作用。

中国香港地区有两位学者(Man,Lau,2000)运用行为事件访谈法(Behavioral Event Interview,BEI)，对香港服务行业的 19 名中小企业创业者进行访谈，涉及的行业包括餐饮、零售、贸易、快递、咨询、商务、专业技术服务等。他们通过访谈获得了 413 个能反映创业能力的事件，再通过编码分析获得了 182 种行为，这些行为被归类到 45 个能力族中，这些能力族最终被归纳为 7 个创业能力维度。(见表 8-1)。

表 8-1 创业能力的 7 个维度

能力维度	能力族
机会能力	机会识别、机会评估、机会寻找
关系能力	建立和维持关系网络、利用关系网络、建立和维持信任、利用信任、媒体宣传、沟通、谈判、冲突管理、建立共识
概念能力	直觉思考、多视角思维、创新、风险评估
组织能力	计划、组织、领导、激励、授权、控制
战略能力	愿景、设定和评估目标、利用资源和能力、制定战略变革、设定和评估市场定位、努力实现目标、利用策略、战略预算、控制战略产出
承诺能力	保持能力、致力于长期目标、投入工作、承诺同事、承诺信仰和价值观、承诺个人目标、失败后重来
支持能力	学习、适应、时间管理、自我评估、平衡生活、管理焦虑、诚实

《科学投资》杂志通过对上千个案例的研究，发现成功创业者具有多种共同的特性，从中提炼出最为明显也是最为重要的 10 种，将其称为"中国创业者 10 大素质"，主要内容如下：[①]

(1) 欲望。这里的"欲"，是指一种生活目标，一种人生理想。创业者一定是强烈的欲望者，他们想拥有财富，想出人头地，想获得社会地位，想得到别人的尊重。创业者的欲望与普通人的欲望的不同之处在于，往往超出现实，需要打破现在的立足点，打破眼前的樊笼，才能够实现。我们可以套用一句伟人的话："欲望是创业的最大推动力。"

(2) 忍耐。孟子曰："天将降大任于斯人也，必先苦其心志，劳其筋骨，饿其体肤，空乏其身，行拂乱其所为，所以动心忍性，曾益其所不能。"创业者在创业过

[①] 辛保平.中国创业者 10 大素质[J].科技投资,2003(9):34—61.

程中,往往要忍受肉体和精神上的折磨和历练。对一般人来说,忍耐是一种美德。对创业者来说,忍耐却是必须具备的品格。

(3) 眼界。创业需要开阔眼界,获得好的创业想法。《科学投资》提出建议,创业者有空一定要到处多走一走,多和朋友谈一谈天,多阅读,多观察,多思考——机遇只垂青有准备的头脑。

(4) 明势。明势的意思分两层:一要明势,二要明事。"势"是指趋向,包括国家政策、经济周期、市场机会等外部发展趋势,也包括创业者在选择创业项目时要考虑个人的能力、兴趣、特长与创业项目的契合度,这样可以找到自己真正想做、能做和会坚持做的创业事业。

(5) 敏感。创业者的敏感是指对外界变化的敏感,尤其是对商业机会的快速反应。商业敏感性虽有天生的成分,但更多地需要依靠后天的培养。创业者要像训练猎犬一样训练自己的商业敏感性。

(6) 人脉。人脉是创业者获得外部资源的重要途径,创业者需要具备构建其人际网络或社会网络的能力。《科学投资》甚至认为人际交往能力是创业者最重要的素质,在其调研的上千个创业者案例中,在许多成功者的身后都可以看到同学、战友、同事和朋友的身影。其中,同学有少年时代的同学,有大学时代的同学,还有各种成人班级如进修班、研修班的同学。

(7) 谋略。谋略或者说智慧,指的是一种思维的方式,一种处理问题和解决问题的方法。智慧是不分等级的,它没有好坏、高明不高明的区别,只有好用不好用、适用不适用的问题。

(8) 胆量。冒险精神是创业家精神的一个重要组成部分。

(9) 分享。作为创业者,一定要懂得与他人分享。一个不懂得分享的创业者,不可能将事业做大。不仅是在创业企业内部分享,创业者还需要与企业外部的人进行分享。

(10) 反省。反省也是一种学习能力。创业是一个不断摸索的过程,创业者难免在此过程中不断地犯错误。有没有自我反省的能力,具不具备自我反省的精神,决定了创业者能不能认识到自己所犯的错误,能不能改正所犯的错误,能不能不断地学到新东西。

 创业阅读

俞敏洪的醉酒经历

俞敏洪是国内著名英语培训学校新东方的创始人。对俞敏洪的创业经历,《中国青年报》记者卢跃刚在《东方马车——从北大到新东方的传奇》中有详细记

录。其中,令人印象尤深的是对俞敏洪一次醉酒经历的描述,看了令人不禁想落泪。

俞敏洪那次醉酒,缘起于新东方的一位员工贴招生广告时被竞争对手用刀子捅伤。俞敏洪意识到自己在社会上混,应该结识几个警察,却又没有这样的门道。最后,通过报案时仅有一面之缘的那个警察,他将刑警大队的一个政委约出来"坐一坐"。卢跃刚是这样描述的:

"他兜里揣了3000块钱,走进香港美食城。在中关村十几年,他第一次走进这么好的饭店。他在这种场面交流有问题,一是他那口江阴普通话,别别扭扭,跟北京警察对不上牙口;二是找不着话说。为了掩盖自己内心的尴尬和恐惧,劝别人喝,自己先喝。不会说话,只会喝酒。因为不从容,光喝酒不吃菜,喝着喝着,俞敏洪失去了知觉,钻到桌子底下去了。老师和警察把他送到医院,抢救了两个半小时才活过来。医生说,换一般人,喝成这样,回不来了。俞敏洪喝了一瓶半的高度'五粮液',差点喝死。

他醒过来喊的第一句话是:'我不干了!'学校的人背他回家的路上,一个多小时,他一边哭,一边撕心裂肺地喊着:'我不干了!……再也不干了!……把学校关了!……把学校关了!……我不干了!……'

他说:'那时,我感到特别痛苦,特别无助,四面漏风的破办公室,没有生源,没有老师,没有能力应付社会上的事情,同学都在国外,自己正在干着一个没有希望的事业……'

他不停地喊,喊得周围的人发怵。

哭够了,喊累了,睡着了,睡醒了,酒醒了,晚上7点还有课,又像往常一样,背上书包上课去了。"

实际上,酒醉了是很好对付的,但是精神上的痛苦就不那么容易忍了。当年"戊戌六君子"之一的谭嗣同变法失败以后,被押到菜市口去砍头的前一夜,说自己乃"明知不可为而为之",有几个人能体会其中深沉的痛苦?醉了、哭了、喊了、不干了……可是第二天醒来仍旧要硬着头皮接着干,仍旧要硬着头皮夹起皮包给学生上课去,眼角的泪痕可以不干,该干的事却不能不干。按卢跃刚的话说:"不办学校,干吗去?"

资料来源:卢跃刚.东方马车:从北大到新东方的传奇[M].北京:光明日报出版社,2002.

二、创业者能力的修炼

1. 创新与创造能力

历史上出类拔萃的创业者无不表现出出色的创新创造力。创新创造力是产生新思想、发现和创造新事物的能力。创新创造力是人类特有的一种综合性本领,是成功地完成某种创造性活动所必需的素质。创新创造力也是反映个体在解决任务过程中有效地对原有知识和经验进行加工、组合,从而创造新设想、新事物的能力。例如,创造新概念、新理论,更新技术,设计新产品、新设备,发现新方法,创作新作品,都是创新创造力的表现。创新创造是人类进步的重要动力,是通过其智慧行为向社会提供具有社会价值和社会意义的创造性成果的活动。

　　需要说明的是,创新与创造之间存在一定的区别。创造通常是指形成新想法的能力;而创新则是指这些新想法得到应用,实现价值。对于创业企业而言,创新可以是向市场推出一种新的产品或服务,改进新的工艺,发现新的材料,开拓新的市场,或者是设计一个新的组织结构。

创业阅读

360公司周鸿祎谈创新

　　创新不是发明,今天的聪明人再多,让他们做一个别人从来没有做出来过的东西,难度也非常高。中国互联网公司的技术水平都是差不多的,要想超越同行,更多的创新来自于用户体验和商业模式。即使像苹果、谷歌这样的公司,它们的很多创新实际上是把过去的一件事情换一个做法。用苹果公司的说法,就是"Think Different",这也是创新。

　　颠覆式创新主要有两个方向,要么把一个东西做得更简单,要么把一个东西做得更便宜,甚至做成免费。360安全卫士是让复杂的Windows安全机制变得更简单,主要是用户体验上的颠覆;而360杀毒则是把付费变成免费,主要是商业模式上的颠覆。但是,所有的颠覆式创新在刚开始的时候,都是以微创新的形式出现的,甚至连创新者本人都未必会意识到这是颠覆的开始。经过长时间的积累,坚持不懈地持续改进,最后才会对一个产业形成真正的颠覆。跟在巨头屁股后面,跟巨头玩同样的游戏规则,永远没有前途。

　　比如,安全行业有一家公司,当年对瑞星的收入是"羡慕嫉妒恨"呀,于是就模仿瑞星,做杀毒软件,干了十年,是老二。360推广免费杀毒,当时的做法让所有人都不理解,老二也跟着起哄,结果我们用了两年时间就彻底地颠覆了整个行业。现在,这个千年老二跟着360学做免费安全,学了好几年,还是老二。

　　搜索市场存在着颠覆的机会,很多推广广告故意跟自然搜索结果做得很像,混在一起,竞价排名导致虚假医疗广告泛滥。我觉得这些东西对老百姓的祸害,甚至超过了当年的流氓软件。流氓软件泛滥,无非就是让用户的电脑慢一点,弹点广告,但是虚假医药广告直接就是谋财害命呀!360做搜索,还是要用"Think

Different"进行颠覆,你钻到钱眼里,那我就要站着把钱赚了。你到处是虚假医疗广告,那我就不接受医疗广告。你把广告和搜索结果混杂,那我偏要区分清楚。我的策略很简单,是公开的,就是百度请我去讲,我还是要这么说。如果百度跟进我们的策略,我表示欢迎,浪子回头金不换嘛。但是,能不能下这个决心,要看他们自己能不能放弃煤老板的心态,把自己的搜索变干净,有些钱不挣,甘心放弃20%—30%的收入。但是,我敢打赌,煤老板舍不得,也不敢。如果这样做,那么他们的股价可能会跌得更厉害,人心更加涣散,分崩离析。跟与不跟,对我们来说,都是颠覆这种商业模式、为用户做好事的机会。

资料来源:根据周鸿祎在2013年公司年会上的演讲稿整理。

(1) 影响创造力的因素

心理学研究发现,创造性思维是政治家、教育家、科学家、艺术家等各种优秀人才所必须具备的基本素质。创造性思维是指思维不仅能提示客观事物的本质及内在联系,而且能在此基础上产生新颖的、具有社会价值的思维成果。

为什么有些人非常富有创造力,而有些人则表现平庸呢? 有人将创造力看成上帝所赋予的神秘力量,认为这是自己无法掌握的。但是,实际上,无论是科学家、艺术家还是政治家,其创造力的形成既有先天的成分,也有后天的培养。科学研究发现,思维的创造性主要依靠大脑神经元网络实现。人的大脑实际上是由复杂的神经元网络组成的,正是因为这些神经元网络的作用,人才能以很快的速度理解感觉器官传来的信息。大脑神经元网络联结得越丰富,就越有可能将不相关的事物联系起来,这就是创造力的表现。研究表明,98%年龄为3—5岁的儿童,其发散性思维能力的得分都很高,且远远超出成年人的平均水平,一般只有2%的成年人能保持儿童的这种发散性思维。由于受社会文化和传统教育的影响,这种与生俱来的创造性思维慢慢地消失了。如何才能保持或提升自己的创造力? 杰夫·莫齐(Jeff Mauzy)和理查德·哈里曼(Richard Jarriman)认为,有四大因素或力量在起着重要的作用:动机、好奇心、联想和评估。

第一,动机。根据特里萨·阿马拜尔(Teresa Amabile)的创造力研究,动机可分为内在动机和外在动机。内在动机来自个人或公司的内在要求,它与个人的激情甚至乐趣有关,能产生高质量的创造力。外在动机受外部奖励,如金钱、名誉的激励和驱动。尽管外在动机能刺激人们采取某种行动,但是会降低创造力的质量。有社会心理学家指出:"内在动机原则是创造力的社会心理学基础,当人们被工作本身的满意和挑战激发,而不是被外在压力激发时,才表现得最有创造力。"

第二,好奇心。托德·卡什丹(Todd Kashdan)研究发现,好奇心不仅能把我们的注意力吸引到有趣的事情上,更重要的是,它是一种更深层次、更复杂的现象,在我们追求人生意义的过程中起着非常关键的作用。充满好奇心的人会尽情享受过程和结果,他们有着更多有利条件去创造自己的幸福人生。不管是学习、工作、运动、抚养孩子还是财务管理,如果我们能把即将做的事情与更具深远意义的个人价值联系起来,就会对它产生兴趣并备受鼓舞。

第三,联想。爱迪生说过:"在发明道路上如果想有所成就,就要看我们是否有对各种思路进行联想和组合的能力。"联想思维在创造过程中是个很重要的因素,是创新和创造的基础。联想思维越强,越能把个人有限的知识和经验充分调动起来加以利用,越能把成千上万的事物联系起来,从而拓宽创新和创造思路,不断创造出新颖的、新奇的事物。联想思维是由一事物想到另一事物的思维过程,其基础是事物之间的相互联系形式,如空间上的联系、时间上的联系、性质上的联系、因果的联系、从属的联系等。

第四,评估。评估是启动创造过程的最后一个力量。在面临多种选择时,对所有选择进行有效评估是非常关键的。成功的评估需要时间,应考虑到有出错的可能性,甚至还有犯一些低级错误的可能性。

(2) 培养创造力的七个阶段

如何提高企业的创造力?杰夫·莫齐和理查德·哈里曼提出了培养创造力的七个阶段:

阶段一:基础性工作与潜心研究。形成创造性解决方案,首先要对问题或机会所涉及的范围及其实质进行评估,全力投入到一些基础性工作中。要深入思考对该问题自己了解什么,还需进一步了解什么,然后广泛搜集和潜心研究相关的资料。一般来说,对问题实质及其来龙去脉理解越深,提出创造性解决方案的可能性就越大。富有创造力的创业者会充分利用可获得的信息资源,为创新作好基础的准备。

阶段二:发散性探究。在基础性工作的基础上,应尽可能地提出各种各样的问题解决思路。这一阶段,要少考虑可行性,而要多考虑解决问题的各种途径和方法;不要急于选择或确定某种解决途径或方法,而要碰撞出更具创造性的解决思路。同时,可以运用多种方法进行发散性探究,如头脑风暴法等。

阶段三:挑选方案或创意。在发散性探究阶段,产生了多种可能性的解决方案和一些不太成熟的创意。进入挑选阶段,就要从这些解决方案和创意中挑选出有可能成为或问题将由此得到理想解决的方案或创意。

阶段四:重点探究。一旦选择方案或创意之后,就要开始仔细考虑所选择的每一种方案或创意。此时考虑的重点是在创造力与实用性之间保持平衡。进行重点探究时应注意的问题有:① 留出大量时间,创造性地对你想探索的方案进行创造性的探索;② 既包括一些实际的方案,也包括有冒险性的方案,且其冒险的程度与你要寻找一个新的解决方案的愿望的强度相吻合；③ 这些创造工具的使用不受限制。

阶段五：初步提出潜在的解决方案。前几个阶段的工作重点是探索创意，并就如何创造性地解决问题进行大量的思考。这一阶段，就需在此基础上进行综合提炼，找出一个已初见端倪的潜在最佳创意，并用语言表述出来。表述时，应注意从综合考虑的角度出发，把所有创造性的想法集中到一起，抓住最新颖、最激动人心的想法不放。即使在开始从更实际的角度考虑问题时，也应如此。

阶段六：完善和变换。在获得了一些潜在的解决方案之后，就可通过对这些方案进行认真的评估和微调，使各候选解决方案更加完善。只有经过这一环节，所提出的创意才可以最终提交，继而进行广泛的决定性评价、裁决和实施。团队在这一阶段可以使用逐项讨论的方法：① 先由成员选出一个候选解决方案并清楚地表述出来；② 团队所有成员列出执行这个候选解决方案的好处；③ 找出候选解决方案存在的缺陷；④ 解决缺陷带来的一些疑虑；⑤ 根据前面列出的好处和缺陷，以及为了克服这些缺陷而需要作的一些调整，总结候选解决方案；⑥ 制定所选定解决方案必须采取的行动步骤。

阶段七：实施。与前几个阶段一样，实施阶段也需要发挥创造力，而且对创造力的需求呈增加的趋势。要使解决方案得到其他没有参与制定方案的人，特别是那些对新事物较为排斥的人的认同，会面临更多的挑战。可考虑采取的一个策略是，让一些关键人物参与解决方案的实施。例如，从一开始就负责解决问题的人组建一个联合小组。在这个联合小组里面，每个人都感觉到自己是解决方案的一部分。随着这个联合小组的壮大，获得越来越多的认可和支持，就能增加成功实施解决方案的可能性。

2. 坚持与忍耐能力

英国前首相丘吉尔（Churchill）是一个非常有名的演讲家，他生命中的最后一次演讲是在一所大学的结业典礼上，大概持续了20分钟。但是，在那20分钟内，他只讲了两句话，而且是相同的："坚持到底，永不放弃！坚持到底，永不放弃！"这场演讲是演讲史上的经典之作。丘吉尔用他一生的成功经验告诉人们：成功没有什么秘诀可言，如果真有，那就是：坚持到底，永不放弃！

马云在创建阿里巴巴时根本没有想过做淘宝，因为当时碰到了强劲对手eBay，所以淘宝诞生了。做了淘宝，又发现支付是个问题，结果支付宝就逐渐做起来了。后来，发现物流也不行，又接着做"菜鸟网络"。马云认为，创业过程是一个"逢山开路，逢水搭桥"的过程，很难一次性计划好所有步骤，只能坚持走下去。马云说："对所有创业者来说，永远告诉自己一句话：从创业的第一天起，你每天要面对的是困难和失败，而不是成功。我最困难的时候还没有到，但有一天一定会到。……创业的经验告诉我，任何困难都必须你自己去面对。创业者就是要面对困难。"

坚持与忍耐的品质对创业成功非常重要,面对创业挫折轻易放弃的人是很难成功的。成功的创业者往往是在一次次失败后不放弃,一直坚持到成功。创业者如何才能锻炼出坚持与忍耐的品质,哪些方法和因素有助于创业者在失败与挫折面前不轻易放弃?

第一,把握欲望的力量。欲望是行动的原动力,有欲望才会有动机,欲望越强烈,才越可能成功。欲望在一定程度上能激发人在困难面前坚持下来的毅力。要让成功的欲望之火在心里不熄灭,让其成为我们前进的强大动力。同时,有欲望也会有诱惑,因此自律是控制和发挥欲望强大力量的重要方式之一。面对外部世界形形色色的诱惑,清楚地判断哪些是应该放弃的,哪些又是应该坚持的,这样才能走得更远。

第二,培养决心与信心。创业一定会有困难,困难是创业企业成长不可或缺的一部分。创业如果没有困难和问题,个人、团队和组织是不可能得到真正的锻炼和成长的。因此,创业者不能厌恶或逃避困难和问题,正确的方法是勇敢地面对和克服。同时,还要有意识地培养个人和团队的信心。信心在企业成长中能起到重要的作用。只有对创业的前景充满信心,才会努力克服困难和解决所遇到的问题,才有可能在一次次的失败面前不放弃。

第三,明确目标与积极行动。在创业之初就树立起远大的目标是非常有帮助的,这样创业过程中随时出现的困难和迷茫就不会让创业者轻易迷失方向,特别是创业者不会被创业过程中的挫折和困扰逐渐磨蚀了斗志。但是,对创业者来说,更重要的是采取行动,而不是沉溺于未来的美好目标。行动力在创业成功中也许比远大的目标更为重要,只有采取积极的行动,才会不断增强创业者的信心。只有积极地行动,才会帮助创业者解决创业中碰到的困难和问题,抛弃恐惧和担忧,卸掉心理重负,勇敢地面对。

第四,正确面对失败与挫折。创业不可能没有失败与挫折。如果创业者以消极的心态看待失败与挫折,是很难坚持下去的。失败是成长过程中必不可少的环节。创业不在意会遇到多少失败与挫折,最重要的是在失败与挫折面前的心态和应对方法。许多成功人士在失败与挫折面前表现出一种积极的心态,并且会用自己独特的方式来应对。例如,乔布斯被董事会排挤出苹果公司后,就曾失声痛哭。痛哭也是一种情绪发泄和自我保护的方式。但是,痛哭之后不应妥协和放弃,而是要重振信心,再次出发。乔布斯离开苹果公司后并没有放弃创业和创新,他又创立了新的企业,其中包括在动漫行业颇有影响力的皮克斯公司,后来被迪士尼公司收购。十年之后,一直没有放弃的乔布斯又回到苹果公司,把濒临破产的苹果公司再次带到一个创新的高峰。

 创业阅读

爱迪生的"失败"

爱迪生是举世闻名的成功发明家和创业家,他除了在留声机、电灯、电话、电报、电影等方面的发明和贡献以外,在矿业、建筑业、化工等领域也有不少著名的创造和贡献。爱迪生一生共有约两千项创造发明,为人类的文明和进步做出了巨大的贡献。

其中,灯泡的发明为人们的生活带来了巨大的改变。一开始,爱迪生试验用传统的炭条做灯丝,但是一通电之后就断了。后来,他又换用钌、铬等金属做灯丝,通电后,亮了片刻就被烧断。他用白金丝做灯丝,效果也不理想。就这样,爱迪生试验了几千种材料。

一次次的试验,一次次的失败,很多专家都认为电灯的前途黯淡。英国一些著名专家甚至讥讽爱迪生的研究是"毫无意义的"。曾有人讥讽爱迪生说:"你失败了七千多次,真了不起!"爱迪生却坦然地说:"先生,你错了,我没有失败,我只不过是证明了六千多种材料不适合做灯丝而已。"

经过数千次的尝试和失败,在试用了六千多种材料,试验了七千多次后,爱迪生终于有了突破性的进展。这次,爱迪生用炭化棉线做灯丝。当夜幕降临,爱迪生的助手把灯泡里的空气抽走,并将灯泡安在灯座上,一切工作就绪,大家静静地等待着结果。接通电源,灯泡发出金黄色的光辉,把整个实验室照得通亮。

但是,这灯究竟会亮多久呢?

1小时,2小时,3小时……这盏电灯足足亮了45小时,灯丝才被烧断。这是人类第一盏有实用价值的电灯。这一天——1879年10月21日,后来被人们定为电灯发明日。

"45小时,还是太短了,必须把它的寿命延长到几百小时,甚至几千小时。"爱迪生没有陶醉于成功的喜悦,而是给自己提出了更高的要求。

一天,天气闷热,他顺手取来桌面上的竹扇面,一边扇着,一边考虑着问题。"也许竹丝炭化后效果更好。"爱迪生简直是见到什么东西都想试一试。试验结果表明,用竹丝做灯丝效果很好,灯丝耐用,灯泡可亮1200小时。

经过进一步试验,爱迪生发现用炭化后的日本竹丝做灯丝效果最好。于是,他开始大批量生产灯泡。他把生产的第一批灯泡安装在"佳内特号"考察船上,以便考察人员有更多的工作时间。此后,电灯开始进入寻常百姓家。

后来,人们便一直使用这种用竹丝做灯丝的灯泡。几十年后,科学家又对它

进行了改进,即用钨丝做灯丝,并在灯泡内充入惰性气体氮或氩。这样,灯泡的寿命又延长了许多。我们现在使用的就是这种灯泡。

资料来源:根据相关网络资料整理。

3. 关系与网络能力

不仅心理学和行为学对创业者特质与能力进行了研究,社会学也对创业经济现象进行了研究。社会学家格兰诺·维特(Grano Vetter)认为,任何经济行为都嵌入社会关系网络之中,而处于社会网络结构之中的自利者(如创业者)的经济行为和社会关系之间有可能存在着重要的因果关系,经济行为应该密切地嵌入其所生活的社会关系结构之中。社会学的这种观点对组织与管理领域有重要影响。例如,研究创业企业的经济行为如何嵌入社会网络之中,企业家如何从社会网络中获取资源,发现新的机会,其行为如何受到社会网络结构的影响,从而为企业成长绩效带来影响,一下扩展了人们观察和理解企业经济行为的视角。

这种观点在中国文化背景下很容易得到认可,因为中国社会是一个讲"关系"的商业社会。在一些国外学者看来,关系往往会与追求自我利益的不道德行为联系在一起,如"走后门""桌下交易"、贿赂和腐败行为。但是,在中国人的实践中,关系并不是就被视为一种不道德的行为,更多的应该是反映了社会中的一种客观生存状态。无论社会活动、政治活动还是商业经营活动,都不能脱离关系行为的渗透和影响,因此不能简单地以道德与不道德的二元思维判断关系实践的价值。一项针对中国广东省的私营、国有和合资企业的850位经理人的调查发现,对于商业领域来说,关系是一个很实用的考虑因素。大多数经理人为了公司的成功,借助于送礼和依赖自己的关系网络做生意,这一传统依旧得到了延续。

目前,人们越来越认识到创业者作为一个社会角色,嵌入社会、政治和文化环境之中,社会网络结构对企业的行为和绩效有重要作用。相关研究发现,创业者的社会网络是创业所需信息和资源的重要来源,建立持久的社会网络关系使企业更容易以较低成本获取所需的创业资源,成功的创业者往往会花费大量的时间建立网络关系以帮助企业成长。同时,创业网络对发现、识别创业机会也至关重要。网络关系提供了资源流动的最佳渠道,新企业可以利用与外部企业及其他组织机构之间的广泛社会关系,获取金融资本、关键技术、人力资本和管理经验。此外,研究还发现,创业网络不仅仅是创业企业获得各类信息与知识、资金与订单的渠道,还是创业者获取声誉与社会合法性的重要途径。

因此,无论是从社会学还是传统文化的角度看,在创业过程中积极构建自己的关系与网络,都是创业者不可回避的任务。实际上,关系与网络的构建不仅在个人层面得到关注,在团队和组织层面,也是创业者必须长远考虑的。

创业阅读

从穷小子到首富：谁助马云攀上世界之巅

很多人说马云有今天，是因为有贵人相助。马云认为，人不应该忘本，能走到今天确实有很多人帮忙、支持，其中也包括投资者。那么，马云成功的背后究竟有多少贵人相助呢？

1. 贤妻张瑛：15年来力挺马云的"电商梦"

张瑛是马云的学妹，曾一起就读杭州师范学院（现杭州师范大学），毕业没多久，即与马云结婚。15年前，全世界只有18个人相信马云的"电商梦"能实现，第一个人是马云，第二个人便是张瑛。张瑛活跃在阿里巴巴最艰难的创业初期。2004年，在阿里巴巴创业步入稳定期之后，她急流勇退。

2. 导师杨致远：让马云开阔了视野，有了方向

1997年，借助外经贸部平台，马云认识了杨致远。2005年8月11日，阿里巴巴宣布收购雅虎中国当天，会场一遍遍打出那张照片：1997年，长城宽大的台阶上，马云腼腆地笑着，坐在杨致远身边。在几天的交往中，杨致远让马云开阔了视野，有了方向……马云决心重新开始。1999年4月15日，alibaba.com 上线。

3. 战友蔡崇信：加入阿里巴巴，拉来高盛投资

阿里巴巴创立之初，来自高盛的银行从业者林夏如参观了马云的公寓。她是从一位朋友那里听说阿里巴巴的，那位朋友叫蔡崇信，毕业于耶鲁大学，当过律师，不久前加入了阿里巴巴。一个月后，高盛牵头投资了500万美元给阿里巴巴。蔡崇信对阿里巴巴的成功至关重要，可以说，他是阿里巴巴的"隐英雄"。他的加入为阿里巴巴后来获得更多的投资创造了条件。

4. 忘年交金庸：马云最喜欢、最崇拜的偶像

2000年7月29日，香港，在一个发布会上，有记者问马云：最喜欢、最崇拜的偶像是谁？马云说是金庸。会后，在镛记酒家，记者托朋友约来金庸。3小时后，马云与金庸两人成了忘年交。

马云绰号"风清扬"——《笑傲江湖》中华山派剑宗前辈，独孤九剑传人，如风一般清逸、飞扬。不过，金庸送给马云的别号是"马天行"，意指天马行云，但从不踏空。

5. 投资人孙正义：合作多年，成阿里巴巴第一大股东

2005年，马云用了6分钟便赢得了日本软银董事长、世界上最富有的人之一孙正义4000万美元的投资。不久之后，孙正义又同意牵头进行价值2000万美元的第二轮融资。

2014年5月,孙正义表示他对马云的表现感到非常满意,并明确表示软银不会在阿里巴巴进行首次公开招股(IPO)时抛售持股。软银目前是阿里巴巴第一大股东,持有该公司 34.4% 的股份。

资料来源:从穷小子到首富,谁助马云攀上世界之巅[N].重庆晨报,2014-09-20.

第二节 创业团队修炼

中国有两个有名的谚语故事,一个是"三个臭皮匠,胜过诸葛亮",另一个是"一个和尚挑水喝,两个和尚抬水喝,三个和尚没水喝"。两个故事告诉我们,团队的能力和绩效有非常大的差异。管理好的团队,其能力和绩效可以超越个体能力的简单加总;管理差的团队,其能力和绩效甚至还比不上单一个体。因此,创业团队的管理具有非常重要的作用。本节将主要对创业团队的构建与管理进行阐释。

一、团队角色理论

1. 团队角色的特征与作用

贝尔宾团队角色(Belbin Team Roles),亦被称为"贝尔宾团队角色表"(Belbin Team Inventory),是英国剑桥大学教授贝尔宾(Belbin)带领同事一起通过九年的研究,所提出的一个较有影响力的团队角色理论。其核心内容是研究在不同的假设和设计前提下团队的构成。他们在试验中组建了 120 支管理团队,其中大多数团队都由六名成员组成。团队效率的衡量标准则是它们在管理游戏中所取得的财务业绩。

通过这些试验,贝尔宾在 1981 年出版了《团队管理:他们为什么成功或失败》(Management Teams-Why They Succeed or Fail)一书,在书中提出了一套团队角色模型。贝尔宾团队角色理论认为,一支结构合理的团队应该由八种人组成,这八种团队角色为:实干家(company worker)、协调者(coordinator)、推进者(shaper)、创新者(planter)、外交家(resource investigator)、监督员(monitor evaluator)、凝聚者(team worker)和完美主义者(finisher)。其基本思想是:没有完美的个人,只有完美的团队。人无完人,团队却可以是完美的团队,只要团队能互补地拥有以上各种角色。每种角色都有其优势和劣势,在团队中能发挥其独有的作用。

表 8-2 团队角色的特征与作用

角色	特征	作用
实干家	• 典型特征：保守，顺从，务实，可靠 • 积极特性：有组织能力、实践经验，工作勤奋，有自我约束力 • 能容忍的弱点：缺乏灵活性，对没有把握的主意不感兴趣	• 把谈话与建议转换为实际步骤 • 考虑什么是行得通的，什么是行不通的 • 整理建议，使之与已经取得一致意见的计划和已有的系统相配合
协调者	• 典型特征：沉着，自信，有控制局面的能力 • 积极特性：对各种有价值的意见不带偏见地兼容并蓄，看问题比较客观 • 能容忍的弱点：在智能以及创造力方面并非超常	• 明确团队的目标和方向 • 选择需要决策的问题，并明确它们的先后顺序 • 帮助确定团队中的角色分工、责任和工作界限 • 总结团队的感受和成就，综合团队的建议
推进者	• 典型特征：思维敏捷，开朗，主动探索 • 积极特性：有干劲，随时准备向传统、低效率、自满自足挑战 • 能容忍的弱点：好激起争端，爱冲动，易急躁	• 寻找和发现团队讨论中可能的方案 • 使团队内的任务和目标成形 • 推动团队达成一致意见，并朝向决策行动
创新者	• 典型特征：有个性，思想深刻，不拘一格 • 积极特性：才华横溢，富有想象力，智慧，知识面广 • 能容忍的弱点：高高在上，不重细节，不拘礼仪	• 提出建议 • 提出批评，并有助于引出相反意见 • 对已经形成的行动方案提出新的看法
外交家	• 典型特征：性格外向，热情，好奇，联系广泛，消息灵通 • 积极特性：有广泛联系人的能力，不断探索新的事物，勇于迎接新的挑战 • 能容忍的弱点：事过境迁，兴趣马上转移	• 提出建议，并引入外部信息 • 接触持有其他观点的个体或群体 • 参加磋商性质的活动
监督员	• 典型特征：清醒，理智，谨慎 • 积极特性：判断力强，分辨力强，讲求实际 • 能容忍的弱点：缺乏鼓动和激发他人的能力，自己也不容易被别人鼓动和激发	• 分析问题和情景 • 对繁杂的材料予以简化，并澄清模糊不清的问题 • 对他人的判断和作用作出评价
凝聚者	• 典型特征：擅长人际交往，温和，敏感 • 积极特性：有适应周围环境及人的能力，能促进团队的合作 • 能容忍的弱点：在危急时刻往往优柔寡断	• 给予他人支持，并帮助别人 • 打破讨论中的沉默 • 采取行动扭转或克服团队中的分歧

(续表)

角色	特征	作用
完美主义者	• 典型特征:勤奋有序,认真,有紧迫感 • 积极特性:理想主义者,追求完美,持之以恒 • 能容忍的弱点:常常拘泥于细节,容易焦虑,不洒脱	• 强调任务的目标要求和活动日程表 • 在方案中寻找并指出错误、遗漏和被忽视的内容 • 刺激其他人参加活动,并促使团队成员产生时间紧迫的感觉

2. 团队角色理论的应用

(1) 角色齐全

唯有角色齐全,才能实现功能齐全。正如贝尔宾所说的那样,理论虽不能断言某个群体一定会成功,但可以预测某个群体一定会失败。所以,一个成功的团队首先应该是实干家、协调者、推进者、创新者、外交家、监督员、凝聚者和完美主义者这八种角色的综合平衡。

(2) 容人短处,用人所长

知人善任是每一个管理者都应具备的基本素质。管理者在组建团队时,应该充分认识到各个角色的基本特征,容人短处,用人所长。在实践中,真正成功的管理者对下属的秉性特征的了解是很透彻的,而且只有在此基础上组建的团队才能真正实现气质结构上的优化,成为高绩效的团队。

(3) 尊重差异,实现互补

对于一份给定的工作,完全合乎标准的理想人选几乎不存在——没有一个人能满足所有的要求。但是,一个由个人组成的团队可以做到完美无缺——它并非单个人的简单罗列组合,而是在团队角色即团队的气质结构上实现了互补。也正是这种在系统上的异质性、多样性,才使整个团队生机勃勃,充满活力。

(4) 增强弹性,主动补位

从一般意义上而言,要组建一支成功的团队,必须在团队成员中形成集体决策、相互负责、民主管理、自我督导的氛围,这是团队区别于传统组织以及一般群体的关键所在。除此之外,从团队角色理论的角度出发,还应特别注重培养团队成员的主动补位意识——当一个团队在上述八种角色有所欠缺时,其成员应在条件许可的情况下,增强弹性,主动实现团队角色的转换,使团队的气质结构从整体上趋于合理,以便更好地达成团队共同的绩效目标。事实上,由于多数人在个性、禀赋上存在着双重性,甚至多重性,也使这种团队角色的转换成为可能,这一点也是为测试结果及实践所证实了的。

 创业阅读

《西游记》团队角色与合作

《西游记》描述了由四种不同性格的成员组成的一支团队,如何克服重重困难,最终取回真经的艰难曲折历程。小说除了一个个精彩纷呈的斗妖降魔故事吸引我们之外,更让人深思的是:四个性格迥异的角色竟能够在如此多的困难和冲突面前,通力合作十余年,行程几万里,最后完成西天取经这样的宏大目标。深入分析几个团队成员的角色及其合作模式,可以有很多启发。师徒四人的性格和能力各异,分别扮演了团队中不同的角色,最终历经九九八十一难,完美实现了团队的目标。

唐僧起着凝聚和完善的作用

唐僧是取经团队的领导,是团队目标的现实化身,也是唯一一个无条件坚持西天取经方向的人。所以,唐僧就是目标,没有唐僧就没有取经团队了。虽然他时常优柔寡断,不明是非,但是他有权力、有素质、有修养。唐僧在团队管理上的方法和策略虽不足,但可贵的是他西天取经的目标一直不动摇,西天取经的信念一直没有妥协,其坚定不移、勇往直前的创业精神是团队的核心动力。他的目标、精神和信念感召着团队成员,并逐渐塑造了团队的价值观和文化体系。

孙悟空起着创新和推进的作用

在充满风险和困难的取经过程中,孙悟空的重要性是显而易见的,他敢想敢干,降伏妖怪,克服困难。孙悟空善于整合外部资源,上天、入地、潜海都有人买账,没有他办不了的事情,办事效率极高,对团队中最棘手的任务通常都能有效完成。取经之初,孙悟空有点个人英雄主义,甚至还有组织无纪律。但是,在艰难曲折的取经过程中,在唐僧的理想信念感染下,在紧箍咒的约束下,在各路神仙的帮助下,孙悟空逐渐成长为一位创业中坚成员。

猪八戒起着协调和监督的作用

取经目标是伟大的,成佛愿望是激励人心的,但是十万八千里的漫长取经之路,非一朝一夕之功能走完,需要慢慢来。这点对还贪恋凡间享乐的猪八戒来说,是最大的挑战。曾经是天蓬元帅的猪八戒多少也有些本事,三十六变的本事外加一只八齿钉耙,在一些节骨眼上也帮了大师兄不少的忙。但是,总体上,猪八戒的表现是好吃懒做,对斗妖降魔这等苦差事,既不想多出力,更不想多出智,在孙悟空眼里是个"呆子"。可是,他很善于讨好团队领导唐僧的欢心,调节成员之间的矛盾,协调团队内部关系,充当着团队"润滑剂"的角色,在团队中具有不可替代的作用。在团队中,这样的角色往往也是非常有用的。

沙僧起着协调和实干的作用

在《西游记》里,大家对沙僧的关注较少,他几乎是默默无闻的一个人。但是,沙僧的角色也是一个团队中必不可少的。沙僧的主要任务是运输和保管好取经路上所需的所有行囊和物资,承担的是团队中最基层的一个职能。挑担子看上去是没有太多技术含量的,却是保障整个团队运营的工作,是一时一刻都不能缺少的。这需要有踏实肯干和爱岗敬业的实干精神。这种角色看着朴实无华、任劳任怨,却真正是整个团队成长和成功的基石。同时,沙僧也是唯一一个与其他人都能和谐相处的角色,在团队的矛盾冲突构成巨大威胁的时候,他能够协调各方矛盾,并用自己兢兢业业的工作作风维持团队基本的运行。

最后,也提一下唐僧的坐骑。白龙马作为一匹坐骑,虽算不上是一个重要角色,但也起了不容忽视的作用。与沙僧相比,他的踏实肯干和默默无闻甚至有过之而无不及。他原本是条"龙",团队却安排他做"马"的角色。对此,他也欣然接受,而且矢志不渝,善始善终地扮演好了自己的角色。同时,对团队的目标和任务,白龙马都默默地记在心中,关键时刻也能给团队出谋划策,为完成取经任务做贡献。

资料来源:根据相关网络资料整理。

二、高效的创业团队

创业企业的成长在一定程度上需要以创业团队的成长为基础。因此,创业团队的成长是一个长期修炼的过程。组建和保持一个高效的创业团队是创业成功的保障。高效的创业团队不仅需要有合理的成员组成,还需要团队成员之间能进行有效的沟通与协作,特别是应在团队决策机制上保持科学有效。

1. 合理组建创业团队

创业团队在创业成功中发挥着重要的作用。一些创业投资者在评估项目时,会把创业团队的评估作为首要考虑的因素,甚至认为投资项目就是"投人"。这在一定程度上说明了人的因素在创业成功中的重要性。因此,对于创业者来说,组建创业团队是需要慎之又慎的事。要组建一个高效的创业团队,应遵循一些基本原则:

(1) 目标一致原则

创业团队的目标必须明确一致,这样才能使团队成员清楚地认识到共同的发展方向并为之努力。孙子曰:"上下同欲者,胜。"也就是说,只有目标一致、齐心协力的创业团队,才会赢得最后的胜利。因此,作为创业发起人,首先要给每个团队成员描绘一个鼓舞人心的共同愿景与目标,以激发团队成员创业的能动性,确保团队永保不变的创业激情。当然,目标制定切忌浮夸、不现实,不要盲目以为目标越远大越好,目标必须是合理的、切实可行的,这样才能真正达到激励的目的。

(2) 互补协同原则

创业者寻求团队合作,其目的就在于弥补创业目标与自身能力之间的差距。只有当团队成员在知识、技能、经验等方面实现互补时,才有可能通过相互协作发挥出"1+1>2"的协同效应。越来越多的研究认识到协作性团队会产生很高的绩效,同时也看到有效的团队协作所带来的巨大能量。

(3) 精简高效原则

为了减少创业初期的运作成本,创业团队人员构成应在保证企业能高效运作的前提下尽量精简。创业一定要避免"人多力量大"的观念,人多虽有可能为创业企业带来更多的资源和能力,但如果没有很好地互补协作,反倒会带来效率低下,甚至人浮于事的问题,给创业企业成长埋下隐患。很多创业企业就是因为人员规模的扩张快于业绩增长,最后被活活拖垮了。更重要的是,精简的创业团队将更有利于团队快速作出决策,抓住市场机会,这对创业企业的成功极为重要。

(4) 动态开放原则

创业是一个充满了不确定性的过程,可能因为各种主观和客观的原因,团队中不断有人离开。同时,随着企业的成长,也可能不断有新人加入创业团队。创业团队成员随内外环境不断更新,有利于团队的优化。因此,创始人应有意识地保持团队的动态性和开放性,以促进创业团队的成长。

 创业阅读

携程:创业黄金搭档

在创立携程公司之前,季琦、梁建章和沈南鹏已是好友。三人决定进入旅游业后,认为还需要找一个懂旅游业的伙伴加盟。于是,季、梁二人遍访上海旅游业的能人,发现确实不容易找。虽然他们登门造访了许多能人,但是最后真正有这个激情、冲动和胆量跳出来的也就是范敏一个。

携程成功和创业团队的合理组合有很大关系。就像了解携程的人所评价的:季琦是个充满激情、胸怀坦荡的人,他重情义,又不会因为情义优柔寡断;梁建章较偏理性,喜欢用数字说话,既有开掘新市场的敏感,又具备"守定江山"的严谨;沈南鹏精通投行业务,工作高效有序,其快速的工作节奏总能影响到身边的人;范敏勤勤恳恳、踏踏实实,总能把自己"一亩三分地"的事情做好做实,是守

业型的典范。

在携程创立之初,四个创始人依据各自经验和优势定下分工合作方式。季琦和梁建章相继出任 CEO,季琦曾创办上海协成科技,擅长市场和销售;梁建章是甲骨文中国区咨询总监,擅长 IT 和架构管理;沈南鹏出任 CFO,此前是德意志银行亚太区总裁;范敏加入前是上海旅行社总经理和新亚酒店管理公司副总经理,于是出任执行副总裁,打理具体旅游业务,后来逐步升任到 CEO。

范敏经常打一个比方形容四个创始人的定位:"我们要盖楼,季琦有激情,能疏通关系,他就是去拿批文、搞来土地的人;沈南鹏精于融资,他是去找钱的人;梁建章懂 IT,能发掘业务模式,他就去打桩,定出整体框架;而我来自旅游业,善于搅拌水泥和黄沙,制成混凝土去填充这个框架。楼就是这样造出来的。"

在梁建章看来,可以用几个"幸好"来评价四个人之间的密切合作:第一,幸好大家都是愿意做牺牲的人;第二,幸好大家有各自的专长可以互补,分工上容易达成共识;第三,至少在当时几年内,幸好大家在各自领域都是最强的。

第一笔投资携程的风险资金是 IDG 公司,后来章苏阳解释了他的那次"投人"眼光:"这四个人有点像一组啮合,各个齿轮之间咬得非常好。团队成员的背景和素质,足够执掌他们将要操作的公司。"

资料来源:根据相关网络资料整理。

2. 高效的沟通与协作

随着企业的成长,创业团队的成员会越来越多,成员之间可能存在不同利益导向、知识结构、能力、观念,甚至性格和兴趣迥异。但是,创业企业的目标往往只有一个。因此,协同这样一个复杂群体,共同完成一个艰巨的创业目标,就需要大家能够统一想法,密切协作,共同奋斗。

许多研究表明,管理中的沟通不善是造成问题的重要原因。如果创业团队成员之间没有体会到沟通对团队合作和创业成功的重要性,没有认识到良好的沟通能力是管理的重要能力之一,就可能忽视沟通问题。创业团队成员之间如果出现信息流动受阻,相互之间的工作不能相互理解和支持,就会导致沟通不畅,降低团队的整体效率。

造成沟通障碍的原因有很多。例如,沟通信息的不对称将会导致信息传递和反馈的不及时,信息传递量过大或过小都可能导致沟通不畅。缺乏技能也会成为沟通障碍。管理者可以通过学习和训练掌握一定的沟通技能。更深层次的沟通障碍可能会来自个人的价值观、管理理念和性格特征上的差异,这些需要创业团队成员之间有更多的包容和付出,能够换位思考,更多地站在对方的立场上思考和沟通。

不同的创业企业可能存在不同的沟通问题。作为创业团队的领头人,首先应对沟通中存在的问题保持警觉,并摸索和采取相应的有效措施予以应对。从创业企业成长的长远目标来看,沟通能力是优秀创业者需要培养的能力。

 **创业阅读**

URX 创业团队沟通的四个技巧

URX 是一家科技型公司,公司的创业团队曾开发出一个技术挑战性很高的产品,这种技术可以通过任何页面上的一个简单链接跳到指定的应用程序。URX 的 deeplinking(深层链接)技术已经成为行业内的新趋势,被 TechCrunch、《华尔街日报》等多家媒体报道。

作为 URX 的总裁,约翰·米利诺维奇(John Milinovich)最头疼的是,如何让 URX 的内部沟通能在公司规模扩大之后依旧像小团队一样高效,而不是像其他创业企业一样"崩溃"。在科技创业圈里,有很多刚刚准备腾飞的企业在扩大规模之后内部沟通"崩溃"。因为公司发展得太快,规模越来越大,员工不知道如何是好,产品势必也会受到影响。米利诺维奇决定让自己的公司避开这种结局。经过尝试和摸索,他采取四种策略以让 URX 应对公司扩大后内部沟通"崩溃"的问题。

1. "唱反调时间"

公司里每个员工辛勤工作,时刻不停,几乎没有时间反思做对了什么、做错了什么。于是,他们就想出了一个"唱反调时间"。每个周五的下午,团队全体成员集中在一起,每个人都可以在这里分享自己的观点、传播负能量、咨询问题,将他们要做的事情完全颠倒过来思考。米利诺维奇说:"这个时间里,所有人不仅允许把事情弄得乱七八糟,还让他们大声喊出来。这个时间还可以让员工不把责任自己一个人扛着。"

"唱反调时间"用来解决 URX 出现的任何工作问题,从一名特殊的客户到股权分配,从福利到假期政策等。在这个时间里,员工可以敞开心扉,探讨他们对公司债务、股权等事务的看法。"唱反调时间"规定为一小时,所以有问题要问或者要发表观点的员工可以勇敢地站出来说,对问题有答案的人可以在事件结束之后立刻解决或者多花点时间解决问题。

当然,"唱反调时间"结束之后,会进入一个庆祝时间,无论事情大小,都可以庆祝。米利诺维奇知道在一周就快结束的时候有必要来一点积极的、充满正能量的内容。不管前面的一小时有多么负能量,在这个时间里,员工都可以庆祝自己的胜利、恭喜自己的同事,让别人认可自己的工作。批评和表扬这么紧密地结合在一起会产生复合效应,带来透明奖励。

2. 科技谈话

URX 的一个核心原则是终身学习。这个理念是想创造一个理想的公司,它比所有人的知识的总和都大,能够动员所有员工拓展他们个人的能力。

整个团队一般会在午饭时被邀请去参加科技谈话,一周数次。谈话中,会有一个人教授团队的其他成员,内容可能与他们正在做的一个项目、展示或者感兴趣的相关主题有关。虽然说这种谈话都是可去可不去的,但是还是吸引了很多人去听。这种策略的一个好处就是让员工获得"教师"的身份。许多人愿意花时间和精力准备讨论的材料,对于不了解的人也愿意耐心给他们讲解。对于那些在特殊功能区域的员工来说,能够展示、教学、指导给了他们职业生涯之中新的工具,无论是在 URX 还是去了别的公司。

这种谈话加强了公司技术团队和商业团队之间的沟通交流。由于很少有机会能让这两批人在项目上互动,所以科技谈话给他们提供了可以在一个主题上交谈的机会。全公司对挑战有一个大致的了解之后,会造成一个有趣的现象,那就是公司上下能齐心协力,想出技术、产品和销售过程如何取悦、服务消费者。在很多情况下,问题的答案会给公司带来新的想法。

"我们将团队天生的好奇心当成竞争优势,它能帮助我们创造新的市场。"

3. 一对一谈话

米利诺维奇计划跟每个员工都单独谈话,还承诺会持续到可预见的未来,即便公司员工超过 100 人。除了和米利诺维奇单独对话之外,所有 URX 技术团队的成员还可以和 CTO、联合创始人陆东(Andrew Look)进行一对一谈话。现在,这种技术层面的一对一谈话每两周进行一次,米利诺维奇和商业团队成员的一对一谈话每周进行一次。

"虽然这是一个简单的问题,但是你会被答案的范围和深度惊到。有些人会深入地跟你讲他们在工作中遇到的技术问题。有些时候,他们会说出一些生活中、社会关系中、身体上正在干扰他们专心工作的事情,我们给了他们掏心窝的时间。很多时候,员工会遇到如何克服问题或者跳出来思考的情况。在这种情况下,我们希望员工能毫无保留地说出来,好让我们帮助他们。"米利诺维奇说。

想让别人掏心窝,自己得先把心里话说出来。米利诺维奇自己是一个极度开放、诚实的人,他愿意公开自己遇到的问题、对企业业务的担心,这些都可以对公司上下所有人说。通过一对一谈话,米利诺维奇可以直率地跟别人交流,确保每句话、每个动作都能清楚地传达。"尤其是在一些我不是很自信的事情上,这种做法尤其重要。一对一谈话给了我详细解释事情的机会,也让我乐于和这群人在 URX 一起解决问题。"

当有人在谈话时说了一个专业问题或者疑惑时,米利诺维奇会像看病一样予以解决。"看到症状很简单,这些都是表层的东西,但是要想真正弄懂深层含义,需要花些时间。跟他们单独交流可以让我挖掘深层原因,分析问题的起因,然后我们想出解决方法。"

一对一谈话的另外一个秘诀就是倾听。米利诺维奇说:"有时候,最有效的方法就是专心倾听,让员工知道不管我多忙,不管我一会儿要做什么,在这个时间段内都只和他在交流。"就这样,一对一谈话给了米利诺维奇对员工的深入了解,给了他们继续工作的动力。

4. 所有事情规范化

从一对一谈话中,米利诺维奇总结出了URX的第四个自我提升的策略:严苛的内部文件。"有时候会遇到很复杂的问题,有时候相同的问题和事情需要重复多次,这就需要写下来做成文件让新人可以自己学习,每个人都能参照相同的文件办事。"

URX使用GitHub运行内部百科,不仅允许员工查看内容,还允许在此之上进行迭代开发。所以,如果有员工真的想深入了解公司和产品的进化,他可以沿着时间顺序进行追溯。

米利诺维奇不断地尝试各种进行自我提升的方法,他也相信,这些方法可以应用到公司的提升上去。"我觉得是可以建立一家具有自我意识的公司的。这需要做很多事,比如建立起反馈循环,不断地审视自己的位置和观点,构建无须监管就可以顺利运行的机制。当完成这些时,成长和不断地进步将可能同步实现。"

资料来源:John Milinovich. 创业企业快速发展如何解决未来的内部沟通问题[EB/OL].(2014-07-12)[2016-08-12]. http://www.iheima.com/top/2014/0712/144018.shtml.

---

3. 科学的团队决策

随着现代社会发展速度的加快,企业处于更加复杂多变的环境之中,决策越来越具有挑战性。为了提高决策的科学性和有效性,团队决策越来越得到关注。相对于个人决策,团队决策有其明显的优点:

(1) 群策群力,集思广益。在环境越来越复杂、变化越来越快的今天,决策问题也日趋复杂,团队决策可以通过群策群力和集思广益的方法应对这些复杂的决策问题。团队决策有利于充分利用其成员不同的教育程度、经验和背景。不同成员在选择收集的信息、所要解决问题的类型和解决问题的思路上往往有很大差异,他们的广泛参与有利于提高决策时考虑问题的全面性,提高决策的科学性。

(2) 融汇多元化的知识和信息。团队决策能够利用更多的知识优势,借助于更多的信息,形成更多的可行性方案。决策团队的成员来自于不同的部门,从事不同的工作,熟悉不同的知识,掌握不同的信息,容易形成互补性,进而拿出更多令人满意的行动方案。

(3) 有利于决策的后期执行。团队决策容易得到更普遍的认同,有助于后期执行。由于决策团队的成员具有广泛的代表性,所形成的决策意见往往是在听取了各成员的意见,权衡了各方利益的基础上形成的,因而有利于决策实施部门或人员理解和接受,在实施中也容易得到各部门的相互支持与配合,从而在很大程度上有利于提高决策实施的质量。

(4) 团队可以承担更大的风险。相关研究表明,相对于个人决策,团队决策能够让人们承担起更大的风险。一些在个人看来风险很大的事情,大家一起决策就会表现出更大的勇气而不再畏惧。

当然,我们也要清醒地认识到团队决策本身有其局限性:

(1) 决策效率可能低下。团队决策如果运用不当,就可能陷入讨论的僵局中,甚至变成一场无聊的口水战,降低决策速度和效率。

(2) 为权威人士或小团体所把持。团队决策要想有效发挥众人的智慧,一个重要的前提是成员在决策中具有相对等的话语权,个人可以充分地发表见解。但是,在许多情况下,团队往往很容易为一些权威人士或小团体所左右。

(3) 相互推卸责任。当决策出现问题或决策失败时,参与决策者往往会推卸责任,没人愿意站出来承担责任。从长期看,这对企业具有潜在的大危害,容易导致企业决策的草率和莽撞。

因此,团队决策的正确运用是让其发挥优势、克服弊端的重要保障。有效的团队决策机制的形成不是一朝一夕的事,需要从制度、文化、流程和激励等诸多方面进行完善。一些企业在长期的实践中摸索出许多有效的决策方法和技巧,在团队决策中运用也能产生很好的效果。

(1) 提倡有唱反调的角色。团队决策中,最怕为了彼此不伤和气,而委曲求全地作出折中式的决策。一个好的方法是提倡有唱反调的角色。如果唱反调成为一种必须,唱反调者就能免受团体压力。但是,也不能为了唱反调而唱一些不切实际的反调,而是要真正反映成员的一些真实看法。在某种情况下,甚至可以指定某些人或团队唱反调,找问题,提意见。

(2) 激励团队的成功。一种重视团队成功的企业文化能更有效地激发成员分享信息和知识。要明确地让团队中的"精英"意识到,个人的出类拔萃只有体现在团队的决策与绩效中才能获得激励。

(3) 去中心化和权威化。在团队决策形成的过程中,要提出去中心化和权威化。在一些成熟的大型组织中,很容易形成决策的中心化和权威导向,即一些人或团队在企业中形成了决策的权威,人们总是去揣摩和附和这些权威的决策意见,而不是发出自己的声音,提出自己的观点。这对发挥团队决策的群体智慧是有害的。最好的方法就是让这些人最后发言或不发言。

(4) 正确运用一些团队决策技术。实践证明,一些成熟的团队决策技术的正确运用能有效地提升决策的科学性。例如,德尔菲法、头脑风暴法等方法能有效地激发团队成员的思维,作出更好的团队决策。

本章要点

1. 能力是个人所拥有的某些内在的特质,这些特质可以帮助其获得较好的工作绩效。潜在特质包括技能、特质、个人动机、社会角色和知识或者是其他的知识实体。

2. 能力冰山模型把个体能力形象地描述为漂浮在水面上的冰山,其中知识和技能属于裸露在水面上的表层部分,内驱力、社会动机、个性品质、自我形象、态度等属于潜藏于水下的深层部分的素质。

3. 能力洋葱模型中的各核心要素由内至外分别是动机、个性、自我形象与价值观、社会角色、态度、知识、技能。

4. 钱德勒和詹森较早地提出了"创业能力"的概念,他们认为创业者在整个创业过程中需要完成三个角色的工作,即创业角色、管理角色和技术职能角色。

5. 创新创造力是产生新思想、发现和创造新事物的能力。这是人类特有的一种综合性本领,是成功地完成某种创造性活动所必需的素质。

6. 创新与创造之间存在一定的区别。创造通常是指形成新的想法的能力;而创新则是指这些新想法得到应用,实现价值。

7. 创造性思维是指思维不仅能提示客观事物的本质及内在联系,而且能在此基础上产生新颖的、具有社会价值的思维成果。

8. 四大因素或力量在保持或提升创造力中起着重要的作用:动机、好奇心、联想和评估。

9. 坚持与忍耐的品质对创业成功非常重要,面对创业挫折轻易放弃的人是很难成功的。

10. 任何经济行为都嵌入社会关系网络之中,包括创业行为,在其市场经济行为和社会关系之间有可能存在着重要的因果关系。经济行为应该密切地嵌入其所生活的社会关系结构之中。

11. 创业者作为一个社会角色,嵌入社会、政治和文化环境之中,社会网络结构对企业的行为和绩效有重要作用。

12. 创业网络不仅仅是创业企业获得各类信息与知识、资金与订单的渠道，还是创业者获取声誉与社会合法性的重要途径。

13. 贝尔宾团队角色理论认为，一支结构合理的团队应该由八种人组成，这八种团队角色为：实干家、协调者、推进者、创新者、外交家、监督员、凝聚者和完美主义者。

14. 创业团队在创业成功中发挥着重要的作用。一些创业投资者在评估项目时，会把创业团队的评估作为首要考虑的因素。

15. 协同一个复杂群体，共同完成一个艰巨的创业目标，需要成员能够统一想法，密切协作，共同奋斗。

16. 团队决策既有优势也有劣势，决策方法的正确运用是让其发挥优势、克服弊端的重要保障。

思考与练习

1. 创业者需要具备哪些能力与素质？深入讨论你认为最重要的几种创业能力。

2. 有人把创业能力与创新能力两种能力视为一个概念，你是否赞同？为什么？

3. 组成小组讨论团队决策的优势与劣势。

4. 有人说"良好的沟通是创业团队合作最重要的基础"，你怎么评价这个观点？

5. 想象如下决策场景，作出个人和团队决策，然后对决策结果和过程进行讨论：

8月中旬的一天，骄阳似火。上午10点左右，你所乘坐的双引擎小飞机迫降于西部地区的一个沙漠。飞机风扇全坏，正、副驾驶员死亡，不过你和其他人都没有受伤。驾驶员在飞机撞毁时没来得及告诉大家目前的准确位置，不过在意外发生前，曾提到你们已在一个机场西南方约70英里处，而且偏离航道60英里。你所在的沙漠相当平坦，除了偶尔有一些仙人掌外，寸草不生，气温高达44—55摄氏度。大家都穿短衣、长裤、袜子及便鞋。你有一块手帕，口袋中仅有2.83美元硬币，85美元，一包香烟，一支圆珠笔。同时，你们有幸从飞机中抢救出15件物品（见下表），所有物品皆无损坏。你们所有人都同意聚合自救，同意大家都留在出事地点等待援救，因为你们相信飞机一旦与基地失去联系，基地半小时内就会派出飞机沿途寻找。为了能最终获救，需要对此15件物品的重要性进行排序并作出决策，最后对整个决策结果和过程进行讨论。

15 件被抢救出来的物品

装有 4 节电池大小的手电筒	利用纱布操作的止血工具	一本《沙漠中可食动物》(书)
折叠刀	装了子弹的 45 号口径手枪	每人有一副太阳眼镜
这个区域空中地图的一部分	降落伞(红白相间的颜色)	标准浓度的伏特加酒 2 夸脱
大号的塑胶雨衣	盐片 1 瓶,1000 片装	每人有一件外衣
磁式指南针	每人有 1 夸脱(0.5 加仑)的水	化妆镜一个(大型)

拓展阅读

1. 王辉.创业能力与关系网络[M].北京:北京大学出版社,2015.
2. 杰夫·莫齐,理查德·哈里曼.公司中的创造力:创新型组织行动指南[M].鲜红霞,郭旭力,译.北京:机械工业出版社,2005.
3. 托德·卡什丹.好奇心[M].谭秀敏,译.杭州:浙江人民出版社,2014.

第九章 创业融资

本章学习目标

1. 了解天使投资的概念与特点;
2. 掌握获得天使投资的方法;
3. 了解风险投资的基本概念;
4. 掌握风险投资的运作流程;
5. 了解股权众筹的概念与特点;
6. 掌握股权众筹的运作流程;
7. 了解IPO的融资模式;
8. 了解IPO的主要流程与渠道。

 案例导读

我如何找到天使投资人?

雅尼夫·尼赞(Yaniv Nizan)是以色列创业公司SOOMLA的联合创始人和CEO,该公司为移动游戏提供应用内支付方案。他讲述了SOOMLA通过天使投资人融资的艰辛历程,希望能给其他创业者启示。

寻找天使投资人

眼下,我面临的第一个挑战是,VC个个都很高调,而天使投资人大多是"神龙见首不见尾"。原因其实很简单:除了充当天使投资人,他们通常还有一份全职工作,如公司CEO或是已将之前创办的公司出售套现的企业家。我的一个投资者甚至没有Linkedin个人页面。事实上,任何大公司的高管都可以成为天使投资人。

我是在一些非常特殊的场合找到潜在投资者的,如在求职面试时,在游泳池游泳时,甚至是在送女儿去幼儿园时。有一次则是相熟的VC将我介绍给了一位天使投资人,此时我才发现,我以前就曾见过他,只是不知道他是天使投资人而已。

与天使投资人接触

我以为,一旦找到天使投资人,获得投资也就成了水到渠成的事情。结果,

我又错了。我来到会议地点,告诉那位天使投资人,希望他能投资我的公司(他最近刚把自己的公司卖给了eBay),可他却拒绝了,根本不留一丝的余地。他手里肯定有钱,而且基于税务的原因,他投资我的公司,回报会更大。究竟是哪个环节出了问题?

我们说服私人投资者的方法不同于VC。大多数天使投资人都取得了相当大的成就,仍然充满创业的激情,也乐于帮助别人。但是,他们不希望被看作财产的代理人。在与天使投资人接触时,重要的是尊重他们取得的成就。要让天使投资人觉得,在你走向创业成功的道路上,他们起着重要的作用,让他们与你共进退。

例如,我请来一位成功的企业家当顾问,给SOOMLA出谋划策。在他给了我一些不错的点子后,我发现他也是一位早期投资者,最终还成了SOOMLA的第一位天使投资人。

向天使投资人演示方案

正如大家可以想象到的情况,将创业方案演示给天使投资人的方法也不同于给VC所做的演示。在一次演示中,我告诉一位天使投资人,我们首先需要25万美元以完成"概念验证"(POC),并计划通过3轮VC融资,募集资金1000万美元。

这并不是一个好主意:首先,创业公司从VC处获得1000万美元融资的可能性仅为1%至3%。其次,从天使投资人的角度来看,如果我们成功完成3轮VC融资,那么天使投资人在我们公司所持的股权无疑会被稀释,他们没有理由不反对。

在针对天使投资人进行演示时,不仅需要不同风格的幻灯片,而且整个商业计划都需要更精练。所以,我们草拟了更为精练的商业计划书,完全强调一件事,即我们的用户群都有消费意愿。在不需要追加投资的情况下,我们可以在10个月内实现收支平衡。

在幻灯片演示中,我们并没有大谈什么市场预期或是进入壁垒分析。相反,我们将重点放在如何获得收入和实现盈利上面。我们使用的案例也是那些融资少、销售快的公司案例。

得益于之前掌握的信息,我们最终可以让天使投资人对这份商业计划书产生浓厚兴趣,现在到了该结束演示的时候了。这时候,若是VC,他们通常会主动拿出一份投资协议书(Term Sheet),里面列出详细的投资条款。但是,如果是天使投资人,创业者必须更加主动。

在资金到账之前,继续寻找新投资人

融资到了这个阶段,我开始就具体的协议条款,与最有可能领投此轮融资的天使投资人进行谈判。虽然这位天使投资人希望领投,但是他对这个行业了解

不深,所以迟迟不能就投资作出最终决定。由于没有领投方,我试图同时与5位天使投资人合作,以完成一轮融资。

他们每个人都提出了不同的要求。此外,即使到了这一刻,我仍然存在融资功亏一篑的风险。因此,我还需要与新的天使投资人保持接触,以防发生意外。最终,这被证明是一种成功的策略。

一位新加入的天使投资人对我们的商业计划书十分感兴趣,提出领投这轮融资。一旦确定了领投方,与其他天使投资人的谈判就轻松了许多,我们的这轮融资也就顺利完成了。第一位天使投资人虽与我们分道扬镳了,但这只是成功道路上的一点小挫折,是必须要付出的代价。回顾整个融资过程,我相信如果没有第一位天使投资人,也许我们就无法找到领投方。

在投资生态圈中,天使投资人的重要性只会逐渐增加。正因为如此,我希望我们的融资经历能给其他创业者带来宝贵经验。

资料来源:YanivNizan,桂曙光(译). 我是如何找到天使投资人的[EB/OL]. (2013-07-29)[2016-06-16]. http://blog.sina.com.cn/s/blog_4e6c19810101eka7.html.

第一节 天使投资

一、天使投资的基本概念

1. 天使投资的起源

天使投资(Angel Investment)最早起源于19世纪的美国,通常指自由投资者或非正式风险投资机构对早期创业企业进行的一次性前期投资。一般认为,天使投资多是创业投资市场中的个人投资行为。在美国,有许多知名的天使投资案例。例如,1874年,亚历山大·贝尔(Alexander Bell)利用天使资金创办了贝尔电话公司;1903年,亨利·福特(Henry Ford)利用来自5位天使投资人的4万美元投资,创办了福特汽车公司;1977年,苹果公司接受了一位天使投资人9.1万美元的天使投资;旧金山的金门大桥是建筑设计师花了19年时间寻找资金,最终由天使投资人吉安尼尼(Giannini)资助的。

自20世纪80年代后期起,越来越多富有的个人开始投资早期创业公司。这些人中有牙医、律师、房地产商,也有一些大公司的中高层管理人员。发展到现在,天使投资不再局限为富有者的个人投资行为,在原有的天使投资人群体的基础上,一些小型的投资合伙机构也开始进入天使投资领域。过去那种类似向亲友借钱的天使投资方式正在演化,天使投资现在变得更加专业化,能够为新创企业提供足够多的资金和更专业的服务。

　　天使投资人投资于孕育期的创业企业,要承担非常高的失败风险。实践经验表明,绝大多数的天使投资都是失败的。但是,项目一旦获得成功,其回报也是惊人的,是其他任何投资形式都不能比拟的。汤姆·阿尔伯格(Tom Alberg)投资亚马逊10万美元,最终的回报是260倍,达到2600万美元;当年投资9.1万美元给苹果公司的天使投资人最终的回报是1692倍,达到1.54亿美元;伊恩·麦格林(Ian McGlinn)投资Body Shop(化妆品公司)获得了10500倍回报;彼得·蒂尔(Peter Thiel)投资Facebook 50万美元,最终的回报是20000倍,达到100亿美元。当然,这几个只是少数获得高额回报的案例,大多数天使投资最终是以失败告终的。这些神话般的成功案例也能让人理解为什么天使投资人能接受这么高的失败率,因为只要有一次成功,不仅可以挽回前面多次失败的损失,而且可以赚得盆满钵满。

　　除了可以获得高额的回报之外,许多天使投资人也是对这项事业抱有一种情怀和热爱的。诺曼·布罗斯基(Norman Brodsky)在他1997年的一篇名为《我的天使投资人生涯》的文章中,谈到是什么东西促使投资者网络形成时说:"对于我来说,没有哪件事能像天使投资那样——看着一个公司从无到有地成长起来的事业⋯⋯目睹着公司成长,看着公司的个数日益增多,依靠自己的力量创造事业,所有这一切让人感到难以置信的激动⋯⋯我十分喜欢这种感觉。"他接着说:"这些投资⋯⋯为我提供了向别人传授我多年学习经验的机会,以及和他们一起分享创建一家新公司所带来的激动。"由此可见,很多人对天使投资保持着一分热爱,甚至将它作为自己的事业来做。

2. 天使投资的特征

　　对于刚起步和处于创业早期的小企业来说,导致其成功的不确定性因素很多,成熟的创业投资公司和银行大多不愿意承担企业失败的风险,或者因企业的资金需求量很小而得不到这些大机构的重视。这时,天使投资人就成为新创企业的一个较佳选择。事实上,绝大多数成功企业在起步期都获得过家人、朋友和天使投资人的资金资助。

　　天使投资主要有以下几个特征:

　　第一,专注早期股权投资。天使投资的目标主要是极具成长性的高科技创业企业,投资的风险较高。天使投资人通常以股权的形式投资于早期创业企业,股权的平均持有期限为5—8年。天使投资人除了提供资金之外,还会积极地参与创业企业的管理,用自己的创业经验或专业技能来指导和帮助创业企业。

　　第二,投资风险高。天使投资人对新兴企业的投资被视为高风险投资,此时企业还没有建立起成功的运营模式。因为天使投资人经常向新兴企业提供初始资金,所以很难判断他们所投资的企业在长期能否成功。尽管多数新兴企业在成立的最初几年就会夭折,但是天使投资人对于自己的投资选择非常乐观,并且经常要求获得高额回报以冲抵这些风险。

第三,投资金额一般较小。从个人投资的单笔金额看,天使投资的金额一般比较小,而且是一次性投入,对风险企业的审查并不严格。它更多的是基于投资人的主观判断,或者是由个人的喜好所决定的。通常,天使投资是由一个人作投资决策,属于个体或者小型的商业行为。

第四,投资动机的多样化。投资一般都是以获得商业利益为目的的,天使投资也不例外,但是其动机更为多样化。天使投资人可能是你的邻居、家人、朋友、公司伙伴、供货商、大公司的中高层管理者以及任何愿意投资于企业的人。因此,他们的投资动机非常复杂,可以是为了获得投资回报,也可能仅仅是一种兴趣、理想、公益或个人情怀。他们不一定是百万富翁或高收入人士,但是对你的创业项目非常有兴趣,不但可以带来资金,有时也可以带来个人的关系网络和资源。

第五,投资的网络化。天使网络(Angel Network)是由天使投资人组成的一种非正式组织,为天使投资人提供了一个相互交流投资经验、分享投资信息、寻找投资机会的重要平台。天使网络成员之间会组成不同的投资团队,共同向某一项目投资。这样,不仅有助于扩大单个项目的投资规模,也有利于降低个人的投资风险。天使网络通常由一位富有投资经验的天使投资人牵头组织,小的天使网络没有专门的管理机构,大的天使网络一般则聘请专职的经理人(通常为律师)进行管理。

3. 天使投资的优缺点

(1) 天使投资的优点

第一,能够提供创业企业早期所需的少量资金。美国新罕布什尔州大学风险研究中心的研究数据显示,几乎2/3的新兴企业的资金来自于天使投资人。创业企业早期所需的资金较少,一般少于50万美元,有些项目几千美元就能启动。例如,苹果公司的第一笔天使投资是9.1万美元,谷歌的第一笔天使投资是10万美元。天使投资人一般可以使用个人资金投资这些创业企业。

第二,投资方式高度灵活。相较于传统的资金贷款,天使投资人的投资合同更加灵活。因为他们投资用的是自己的资金,所以商业合同可以经常协商更改。由于这一灵活性,他们更是不确定性较高的初创企业的理想资金源。此外,天使投资往往基于个人信用,不会为复杂的商业条款所困。天使投资人甚至在正式签订投资协议之前,就能将资金汇入创业企业。

第三,为创业企业带来丰富的知识和经验。许多天使投资人曾经就是创业者,创立过几家成功的企业,因此他们不仅可以提供创业者所需的资金,而且能够提供创业者想要的支持,以专业知识和人脉促进创业企业的成长。一个天使投资人的直觉和资源对于一个创业企业来讲具有无限的价值,创业者应当认识到自己所需的帮助,并欢迎天使投资人参与到公司的日常活动中来。

第四,不需要高额的月度费用。与银行贷款和信用卡借贷等债务资金相比,从天使投资人处募集资金还有另外一个好处,那就是他们不需要高额的利息回报。许多创业者非常喜欢这一点,这样就可以将自己的时间和精力都集中在发展企业上,而不用担心每个月的高额利息和费用。

(2) 天使投资的缺点

第一,缺乏后续的追加投资。天使投资一般注重早期投资,不论项目的成败,一般都不会进行追加投资。因为如果项目失败了,追加投资一个不成功的企业将会有损失更多资金的风险;如果项目成长起来了,一般需要更大额度的投资,这也超出了天使投资人的承受范围。许多天使投资人会积极引入外部的投资机构,以帮助创业企业获得后续的大额投资。

第二,容易碰到短视的天使投资人。尽管多数天使投资人非常关注创业者的利益和动力,但是总有少数天使投资人非常贪婪,并且受利益驱使,采取短视行为,他们不以发展企业为目的。这类投资人对创业者缺少耐心,并且不会向他们提供太多的辅导与帮助,反而可能向创业者施加一些短期目标压力。为了避免碰到这类短视的天使投资人,创业者也需要对天使投资人事先进行深入了解,尽量与声誉好的天使投资人合作。创业者不要为了解决眼前的资金短缺问题,轻率地选择一个投资者。

第三,遇到干涉太多的天使投资人。作为向新兴企业提供启动资金的交换,许多天使投资人经常要求获得企业一定的股权,并期望在退出时获得高额的投资回报。从天使投资人的角度来讲,这是合理的投资交易要求。但是,有些天使投资人由于对创业者缺乏信任,往往会在一些合作条款上作较高的风险控制约束,甚至要求在股权、董事会决议乃至日常经营管理上进行监督和干涉,这可能给初创企业带来束缚,使其丧失自主性和灵活性。有些天使投资人甚至抢夺了创业企业的控制权,完全剥夺了创业者的积极性和创造性。

第四,天使投资人的经验和声誉不高。一些天使投资人由于缺少行业经验,狭隘的行业知识不但没有为企业的成功带来任何价值,还影响到创业团队的决策。还有一些天使投资人在行业内的声誉不好,这也给后续的融资带来不利影响。创业者应当尽力寻找那些在行业中经验丰富、投资履历和声誉较好的天使投资人。

二、天使投资如何评估企业

对早期创业企业,尤其是还没有成熟商业模式和现金流的企业进行估值,难以套用成熟规范的财务投资估值方法。因此,对尚处于初创时期的企业进行估值是一个主观性偏重的"艺术活"。

1. 影响初创企业估值的主要因素

（1）供求关系

从创业者的角度来说，创新性强、市场空白大、切实抓住用户"痛点"的创业企业在物以稀为贵的市场中，议价能力相对也会高出很多。从资金方的角度来说，好项目难找，其未来投资收益也将更加可观，抓住机会非常关键。一些初创企业因众多资金方的关注而身价大涨，估值必然会水涨船高。所以，创业者在融资时，需要尽量多找一些资金方，为企业发展寻找更多的选择，在交易中营造卖方市场。

（2）行业发展

初创企业一般不涉及现金流，但是行业发展状况同样具有参考价值。每个行业都有自己独特的估值逻辑和方法。相比一家家庭餐馆或者一个普通的网络插件开发公司，一家创新生物技术公司的估值肯定要高很多。许多高科技行业都曾引发资金方的狂热追捧，并带动相关企业估值上涨。不同的投资者对市场状况和行业发展各有独特见解，主观性很强。因此，创业者可以搜集与所在行业相关的一些项目融资、收购、并购消息，在与投资人洽谈之前，掌握一些数据，有个大致的预先判断。

（3）企业成长

初创企业自身的发展状况是决定估值的重要因素。创业企业最具决定性的因素就是成长。创新的产品、良好的运营数据、客户的订单或已产生的销售收入，都会让资金方眼前一亮。初创企业应重点展示企业未来的成长性。例如，活跃用户或付费顾客的数量正在逐月增长，而且增长速度很快。了解企业成长轨迹能够为预测未来收入提供依据，因此成长性在估值过程中是非常关键的因素。为此，企业在估值之前，如果能把产品上线运营一段时间，拿出良好的运营结果和一定的用户数据，在估值谈判中的说服力就会强很多。

（4）创业团队

一家成功的创业企业更有赖于创始人的执行力，而不仅仅是一个绝妙的点子。创业投资圈流行这样的观点：一流的创业团队可以把二流的项目做得优秀，二流的创业团队则会把一流的项目搞砸。资金方对创业团队的看重可见一斑。优秀的创业团队能让资金方相信，企业即便现在略有不足，未来仍极具发展潜力，能给资金方带来丰厚的投资回报。

 创业阅读

天使投资人蔡文胜：偏爱草根创业者

　　或许是因为自身来自草根,蔡文胜一直"心仪"年轻的草根创业者,且还会"不管不顾"地对他们进行投资。至于吴欣鸿、伊光旭、熊俊这些草根创业者做得怎么样,蔡文胜基本过问不多。

　　在经历了两次不成功的创业后,吴欣鸿在2005年正式入伙蔡文胜的公司。虽然他做的事情与导航网站无关,但是蔡文胜给他时间、给他钱,让他做各种产品。吴欣鸿回忆说:"我在这里前前后后牵头做过的产品有三十多个,大部分都失败,但是蔡文胜从来没有因为某个产品的失败而骂过我。"

　　在蔡文胜眼中,一个产品的成败不能用金钱来衡量。他说:"我首先看中的是用户量。我一直认为,只要用户量够了,不愁商业模式。"蔡文胜曾从他儿子那里获得过"成就感"。有一天,蔡文胜指着还在上中学的儿子的电脑说,你用的FlashGat是我投的,小家伙连头也没回。后来,蔡文胜问儿子:"你用的那个暴风影音也是我投的,好用吗?"儿子淡定地说:"也就那样吧。"有一天,蔡文胜发现儿子正在聚精会神地玩火星文转换器,于是走了过去,告诉他这也是自己投的。没想到,儿子很惊讶,说:"老爸你太牛了,我们很多同学都在玩!"

　　蔡文胜的等待获得了回报,吴欣鸿主导了火星文转换器的诞生。这款产品的用户量极大,从立项到推出只用了三天时间,瞬间引爆整个90后群体,并很快成为一款千万级的产品。吴欣鸿以近乎"乱拳打死老师傅"的套路,拿出了自己的"投名状"。

　　微博刚火的那段时间,蔡文胜投资了一批类似"冷笑话精选"的账号。伊光旭曾说,当时根本就没想到有大佬会有兴致听一个来自福建小县城的大学辍学生讲他的商业计划书。蔡文胜主动打电话给窝在南京出租房里呵护"冷笑话精选"的伊光旭。蔡文胜认为,"冷笑话精选"已运营一段时间,且效果不错,伊光旭用实际行动证实其是行动派,不是空想派。

　　另一个例子是蔡文胜投资熊俊。那是2009年底的一个晚上,熊俊在厦门刚刚和蔡文胜吃过一顿饭。和见很多准备创业的年轻人一样,蔡文胜谈人生、说生活,"讲了很多媒体上看不到的故事",这种唠家常的谈话方式让熊俊感到很放松。转天早上,熊俊收到了蔡文胜的短信:钱已打到卡上,请查收。

　　熊俊简直不敢相信自己的眼睛,卡里一下多了上百万元的资金,全部来自一个只见过一面的福建老乡。在见蔡文胜之前,熊俊根本不知道对方是干什么的,还是"百度"之后才弄清楚了蔡文胜的"底细":中国著名天使投资人、"站长之王"。让熊俊感到不可思议的是,他自己连做什么还没想清楚,什么协议也没签,

这位"大哥"就把钱打过来了。

之所以习惯快速把钱打给创业者,缘于蔡文胜自己的创投经历:"早年我创业拿投资的时候,从谈妥到入账,等了快半年。后来做'天使',我又和很多VC打交道,速度还是没见多大改观。所以,既然是我自己能决定的投资,就要尽快给创业者。"他说:"对于那些刚刚起步的创业者,资金晚到一天,都可能会影响他们的命运。"

常在河边走,没有不湿鞋的。蔡文胜既吃过法律的亏,也吃过诚信的亏。他说服自己的理由很简单:天使投资本来就是高风险的事情。

资料来源:方浩.蔡文胜:我为什么偏爱草根创业者[EB/OL](2012-05-07)[2016-08-15].
http://www.cyzone.cn/magazine/articles/2497.

2. 天使投资的估值方法

由于处于孕育期和出生期的创业企业的价值是很难估计的,所以没有一个成熟的估值方法可以对创业企业进行估值。一些天使投资人会大致参考一些已有的估值逻辑以辅助判断,作为参考。

(1) 博克斯法

这种方法是由美国人博克斯(Box)首创的,对于初创期的企业进行价值评估,典型做法是对所投企业根据下面的标准进行估值:一个好的创意100万美元,一个好的盈利模式100万美元,优秀的管理团队100万—200万美元,优秀的董事会100万美元,巨大的产品前景100万美元。加起来,一家初创企业的价值为100万—600万美元。

这种方法的好处是,将初创企业的价值与各种无形资产的联系清楚地展现出来,比较简单易行,所得出的企业价值一般比较合理。其实,这种方法只是找到了对初创企业投资应该重点考虑的五个因素。

(2) 200万—500万元标准法

许多传统的天使投资人投资企业的价值一般为200万—500万元,这有一定的合理性。如果创业者对企业要价低于200万元,那么或者是其经验不够丰富,或者是企业没有多大发展前景;如果企业要价高于500万元,那么由此可知天使投资人的投资不划算。

这种方法简单易行,效果也不错。但是,实际上,将投资定价限在200万—500万元,有些过于死板,不同行业的初创企业对资金的需求量一定会存在差异。因此,这种方法在实际实施时,可以针对不同的行业对上下限进行适当调整。

(3) 现金流量贴现法

现金流量贴现法是根据企业未来的现金流和收益率,算出企业的现值,作为企业的评估价值。与其他企业价值评估方法相比,现金流量贴现法最符合价值理论,综合考虑了时间与风险因素。

但是,这种方法也有不足之处,对未来现金流量很不稳定,或者前期现金流为负,要很晚才能产生正现金流的企业来说,其评估就不够合理,有可能让一些前期亏损时间较长的优质成长企业没法获得资金支持。

(4) 市盈率和市销率估值法

市盈率(PE)是一家公司股票的每股市价与每股盈利的比率。这主要是在预测企业未来收益的基础上,确定一定的市盈率以评估初创企业的价值,从而确定风险投资额。市盈率在二级市场是一个常用的估值方法。对于初创企业来说,很多还没有产生盈利,基于利润预测的市盈率存在很大的不确定性,因此用市盈率进行估值看似合理,其实很不准确。

虽然初期企业盈利很难预测,但是销售增长预测相对容易,因此市盈率可以结合市销率进行估值。顾名思义,市销率(PS)就是市值和销售收入的比值。盈利必须建立在销售增长的前提下,通过市销率可以看企业潜在的价值,看它未来的盈利能不能大幅增长。

三、如何获得天使投资

1. 寻找天使投资人

从美国的天使投资现状看,有个人、协会、俱乐部、网络模式,更有政府模式,特别是政府小企业管理局和科学基金会模式。在美国,天使投资市场有将近20—30万天使投资人,平均每人每年投资8万美元,每年总的投资额将近200亿美元,平均投资企业大概有3万家。

在中国,天使投资伴随着互联网和高科技企业的发展,在20世纪末开始兴起。但是,相比欧美从天使投资到中后期创业投资完整的流水线式体系,中国天使投资仍处于起步阶段,对大多数创业者来说,寻求天使投资并不是太容易。尽管如此,天使投资在中国已从无到有,从少到多,保持了一种良好的发展势头。根据相关统计数据,2014年,中国共募集完成39支天使投资基金,募集总金额65.68亿元,募集总金额比上年增长约175.85%,平均每支基金募集金额为1.68亿元。同年,中国机构天使投资共发生1463起,涉及投资金额59.57亿元,投资案例数和投资金额分别比上年增长458.40%和490.39%。

在寻找天使投资的方式上,中国和美国有相似之处,主要是通过朋友或中介人的介绍。创业者在寻找天使投资时可以有以下方法:

第一,亲朋好友推荐。创业者可以通过亲朋好友推荐,认识一些对自己的创业项目感兴趣的投资人。一般情况下,如果投资人曾经利用创业型项目淘到过"第一桶金",会较快地对创业者的项目有所了解,并决定是否出资。创业者要重点挖掘这类投资人。

第二,参与天使投资平台。国内现在开始出现一些天使投资人的非正式网络或俱乐部,这为创业者寻找天使投资人提供了一个很好的平台,能够帮助创业者建立精准匹配投资人的快速沟通渠道。

第三,参加各种投资会议。创业者千方百计为项目找资金,投资人则是想尽办法找好项目。国内有很多机构会组织专业的投资会议,创业者和投资人共聚一堂,相互交流和沟通创业经验。这是一个非常重要的渠道,一些知名的投资机构和投资人都会应邀参加这样的会议。创业者参加这样的会议不仅可以交流创业经验,还可以认识很多投资者,包括自己想找的天使投资人。

第四,委托专业的机构。随着创业企业融资需求的增加,一些机构或个人开始为初创企业做融资经纪人。这些机构或个人和投资界是很熟悉的。如果有这方面的关系,一定要利用起来,至少作一个引荐是不成问题的。当然,这些机构或个人可能要求签订代理协议,并收取一定的代理费用。

第五,上门毛遂自荐。随着互联网交流方式的多样化,微信、微博等新媒体兴起,大多数天使投资人的联系方式都可以很容易地找到,一些天使投资机构也有自己的网站,一些专业的行业网站还能免费提供很多投资人的联系方式。只要多加留心,用心去寻找,一定有许多途径与这些天使投资人牵上线。表9-1 列出了国内较为知名的天使投资机构。

表 9-1　2015 中国天使投资机构 Top40 排名

1. 真格基金	11. 泰山天使	21. 青松天使	31. 银杏谷资本
2. 险峰华兴	12. 联想乐基金	22. 深圳创新谷投资	32. 追梦者基金
3. 德迅投资	13. 创新工场	23. TEEC 天使基金	33. PreAngel
4. 策源创投	14. 丰厚资本	24. 紫辉创投	34. CA 创投
5. 联想之星	15. 戈壁投资	25. 清流资本	35. 顺为基金
6. 天使湾创投	16. 九合创投	26. 丰元创投	36. 上海天使投资
7. 中路资本	17. 北京马力天使投资	27. 明势资本	37. 逸飞投资
8. 梅花天使	18. 华创资本	28. 乐搏资本	38. 梧桐树资本
9. 英诺天使	19. 极客帮	29. 苏河汇	39. 老鹰基金
10. 赛伯乐投资基金	20. 元素资本	30. 心元资本	40. 合力投资

资料来源:飞扬. 2015 中国天使投资机构 TOP40[J]. 企业家信息,2016(2):126—127.

2. 与天使投资者的交流合作

(1) 如何吸引天使投资人

布莱恩·希尔(Brian Hill)和迪·鲍尔(Dee Power)历时15年,跟踪记录了

50名美国注册天使投资人的经验分享。经验表明,天使投资是非常具有个性化的投资,不同天使投资人对投资决策的偏好存在很大差异性,有许多不同的因素会影响到他们的最终决策。因此,在与天使投资人交流时,要尽可能地站在天使投资人的角度思考问题,了解天使投资人的需求与顾虑。

第一,客观说明创业项目的机会与风险。天使投资是有很高风险的投资,想博取大的市场机会是天使投资人愿意冒风险的重要原因之一。因此,创业者首先应客观地分析创业项目的潜在市场与机遇,前景越大,就越能吸引投资者,如果能用相关的数据来说明就更好。同时,也要客观地分析存在的风险,投资不害怕风险,创业一定有风险,投资者是能够理解的。投资最害怕的是创业团队自身没有意识到可能面临的风险,或者故意隐瞒和回避风险。

第二,真诚展现创业团队的品质与能力。创业项目的成功最终要依靠优秀的团队实现,所有的天使投资人都会关心创业团队的情况。因此,恰当地展现创业团队的优秀品质与能力是必要的。例如,让天使投资人相信你具有抱负、应变能力、闯劲、创造力和学习能力等。天使投资人可能不仅想看到创业成员个人所具备的能力,还希望看到整个创业团队的战斗力。例如,团队成员能力互补,既有懂技术的,又有懂市场的,就是较好的团队组合。同时,团队的协作与执行也很重要。在项目起步阶段,团队成员比较少,因此团队的效率及执行能力尤为重要。

第三,精心准备商业计划书与路演。给天使投资人的商业计划书不需要像给VC的那么具体、完整和正式。一些天使投资人甚至都不需要正式的商业计划书。但是,作为创业者,要对创业项目了然于胸,随时能够向天使投资人清楚说明项目的情况。例如,能清楚说明现在具有什么样的资源,去做哪些事情,如何去做,后期还需要什么样的资源,包括资金、人才、渠道、合作商、平台等。天使投资人理解你的商业计划需要因情况而调整或改变。但是,如果能让天使投资人事先深入了解你创业的具体思路,就会对投资你的企业更加心中有数,也对你创业的准备与应变能力更有信心。

第四,诚恳倾听天使投资人的建议。一些天使投资人本身就是创业者,或者是大企业的中高层管理人员。他们带给创业者的不仅是资金,还可能有自身社会网络中的丰富资源,这些资源包括人才、知识、市场、咨询和管理建议等。因此,创业者千万别以为拿到钱就是融资的最终目的,实际上可以进一步诚恳倾听天使投资人的各种意见和建议,充分挖掘天使投资人在资金之外的各种资源。投资者在诚恳倾听天使投资人的建议时,也更能赢得天使投资人的信赖。

(2) 如何与天使投资人保持良好交流

拿到天使投资并不是融资交流的结束,而是合作交流的开始。天使投资人在投资过程中,时间和精力会投入到投资后的管理中,其对创业企业的非财务贡献也集中体现在这个阶段。天使投资人会发挥自己的知识和经验,动员自己的资源,甚至参与到所投资企业的经营管理中。因此,与天使投资人保持沟通,并且将企业近况反馈给天使投资人,是创业企业必须学会的技能。

第一,坚持与天使投资人保持联系。如果企业要定期召开董事会或者其他重要决策会议,就可以将相关的会议内容用邮件的形式发给投资者,让其及时了解企业的近期发展状况。当然,有些天使投资人更喜欢直接一些的沟通,创业者可以选择打电话或面谈的方式。当然,如果天使投资人对交流沟通有自己的建议,那么可以按其建议做。

第二,就企业可能的战略调整进行沟通。如果企业目前正遇到一些战略性的调整,或者正处于一个成长的关键时期,那么应该将此战略性问题与投资者沟通。这样做可以让天使投资人对企业的战略调整有思想准备,不至于实施后感觉太突然。同时,创业团队也可能得到一些有益的反馈和建议。因为你面临的成长问题也许在天使投资人的投资经历中已经不是第一次遇到,所以天使投资人也许能够给你提供一些有益的建议。

第三,邀请投资者参加企业的一些活动。如果企业组织一些重要的活动,如与媒体见面,或者发布一些新的产品和广告,都可以在投资者方便的情况下参与。这样做可以让投资者及时了解公司的发展近况,而且可以直观地获得投资者的一些建议。如果投资者是某领域内的知名人士,还可以为企业增加声誉,这是双赢的行为。

第四,让天使投资人为企业解决一些实际问题。有些天使投资人不仅仅作为一个投资者,还有意愿多关注企业的一些实际经营活动。创业者可以就企业面临的一些问题试探性地向投资者寻求帮助。这些经营问题可大可小,可以是寻找新客户、招聘新员工、开发新产品、做产品推广等,都可以向有意愿参与帮助的投资者询问。因为不是每个投资者都愿意参与进来,所以不要给投资者一定要解决问题的压力,主要是利用这种方式,就企业的经营问题与投资者进行沟通。

第二节 风险投资

一、风险投资的基本概念

1. 风险投资的作用

根据美国风险投资协会(NVCA)的定义,风险投资是由职业金融家投入到新兴的、迅速发展的、具有巨大竞争潜力的企业中的一种权益资本。风险投资源自欧洲,发展并繁荣于美国。1946年,第一家具有现代意义的风险投资机构——美国研究与发展公司成立于波士顿。风险投资的兴起主要集中在信息、通信、半导体、软件、新材料以及生物技术等新技术领域。随着风险投资产业的发展,其投资范围开始扩展到新能源、医疗保健、媒体以及零售等领域。

风险投资机构区别于其他传统金融中介机构之处在于,不仅仅为资金匮乏的初创企业提供金融资源,更重要的是会积极参与到企业的监督管理工作中,运用其长期积累的经验、知识和信息网络,帮助制定特殊的战略规划和专业的运营规划,提供专业管理经验等。风险投资机构具有两方面的重要功能:

(1) 投资前的项目筛选与甄别

风险投资机构在投资前会对接触到的大量创业项目精心筛选,基于自身的丰富经验,对产业类型、企业发展阶段、地理位置以及投资价值等诸多方面进行评估。风险投资家往往会跟随不同领域内的科技和市场发展前沿,以使自己能掌握到充分的信息,从而作出正确的决策。在决定投资前,他们会仔细审查创业者的品质与能力,考察创业企业商业模式的可行性,并对项目的未来市场潜力进行评估。风险投资机构能够有效地处理与投资相关的不确定性问题,降低信息不对称性,从而筛选出具有良好发展前景的初创企业。事实上,与其他的金融中介机构相比,风险投资机构更有能力解决信息不对称问题,尤其是在投资非上市公司时。风险投资机构的筛选能力可能成为判断风险企业是否优良的一个重要把关者。

(2) 投资后提供的管理与服务

风险投资机构在投资之后还能为企业提供较好的"增值服务",这对于处于创业早期的企业和高科技产业的企业来说是相当需要的。这些功能可以包括:

① 帮助风险企业寻找未来发展所需的重要人才。在很多情况下,风险企业一些重要人才的招聘、选拔和培养都可能让风险投资者参与,他们虽然不会直接参与到实际的人力资源工作中,但是会提出一些建设性的意见,以期帮助风险企业找到合适的技术或管理人才。甚至是企业总经理的任命,在需要的情况下,风险投资者也会为董事会举荐或提出建议。

② 参与创业企业发展战略的制定。作为创业企业的重要股东,风险投资机构对企业的发展战略是非常关注的。风险投资机构一般都会在自己熟悉的领域进行投资,所以对创业企业的行业选择和市场定位都会有自己的观点,在创业企业发展战略的制定中会发表自己的观点。这些观点对创业企业多视角地分析和制定战略会有帮助。

③ 帮助创业企业后续融资。创业企业在成长周期中需要多次融资,风险投资机构相对更熟悉融资市场,可以为创业企业后续融资提供许多帮助。为了获得更好的融资组合,风险投资家可以利用其在投资行业中的影响力,与其他风险投资者进行联合投资,或者是在创业企业成长的过程中不断为其获取更多后续

资金的筹集机会,以此促进风险企业的健康发展。另外,风险投资机构与银行、保险公司等金融机构大多有密切的联系,因此可以为创业企业发行债券或者上市提供更多有利的帮助,以解决创业企业在资金上的各种问题。

④ 为创业企业拓展外部合作网络。处于成长初期的创业企业的资源和能力都较欠缺,风险投资机构可以拓展外部合作伙伴,弥补创业企业在这方面的不足。例如,创业企业在发展初期,往往会遇到供应商紧缺的问题,从而导致企业的正常运营受到影响。风险投资者可以为创业企业提供更多与供应商合作方面的信息,并且可以依靠自身在相关领域的关系网络,为创业企业找到优质的供应商。

2. 风险投资的类型

随着全球创业经济的发展,风险投资的形式不断出现。根据企业在发展的不同阶段所接受的不同风险投资,一般可将风险投资分为四种类型:

(1) 种子资本(seed capital)

种子资本主要是为那些处于产品开发阶段的企业提供小笔融资。由于这类企业甚至在很长一段时间内(一年以上)都难以提供具有商业前景的产品,所以投资风险极大。对种子资本具有强烈需求的往往是一些高科技企业,如生物技术公司。它们在产品明确成型和得到市场认可前的数年里,便需要定期注入资金,以支持其研究和开发(R&D)。尽管这类投资的回报可能很高,但是绝大多数商业投资公司都不愿意进行投资。这类企业很少有资产可以用来抵押借贷,所以商业银行也不愿借贷。

(2) 导入资本(start-up funds)

有了较明确的市场前景后,由于资金短缺,企业可寻求导入资本,以支持企业的产品中试和市场试销。但是,由于技术风险和市场风险的存在,企业要想激发风险投资家的投资热情,除了本身要达到一定的规模外,对导入资本的需求也应该达到相应的额度。从交易成本(包括法律咨询成本、会计成本等)角度考虑,投资较大的企业比投资较小的企业更具有投资的规模效应。同时,小企业抵御市场风险的能力相对较弱,即便经过几年的显著增长,也未必能达到在股票市场上市的标准。这意味着风险投资家可能不得不为此承担一笔长期的、不具流动性的资产,并由此受到投资人要求得到回报的压力。

(3) 发展资本(development capital)

发展资本的一个重要作用在于,协助私人企业突破杠杆比率和再投资利润的限制,巩固这些企业在行业中的地位,为它们进一步在公开资本市场获得权益融资打下基础。尽管该阶段风险投资的回报并不太高,但是对于风险投资家而言,却具有很大的吸引力。这是因为,风险投资家所投资的风险企业已经进入成熟期,包括市场风险、技术风险和管理风险在内的各种风险已经大大降低,企业能够提供一个相对稳定和具有可预见性的现金流;同时,企业管理层也具有良好的业绩记录,可以减少风险投资家对风险企业的介入所带来的成本。

(4) 风险并购资本(venture M&A capital)

风险并购资本一般适用于较为成熟的、规模较大和具有巨大市场潜力的企业。与一般杠杆并购不同,风险并购的资金不是来源于银行贷款或发行垃圾债券,而是来源于风险投资基金,即收购方通过融入风险资本,并购目标企业的产权。

二、风险投资的运作

1. 项目的初步筛选

这个阶段的筛选主要是通过风险投资机构对目标企业的商业计划书展开研究。风险投资机构先大致考虑目标企业所处的行业、投资规模、发展阶段和地理位置等大的发展环境,再综合研究企业的基本状况、管理层及技术人员状况、组织结构和股权结构、产品性能、核心技术、行业发展、市场需求、竞争力和竞争对手分析、公司发展计划、财务数据统计和预测、面临的风险和防范措施、风险投资股权退出机制等因素。

然后,风险投资机构辨别其各部分的表述是否严谨和具有逻辑一贯性,财务数据是否真实、准确、存在合理的勾稽关系,项目实施是否以市场为导向,对政策、行业、技术大方向的认识是否正确等,进行多个方面的评阅,最终确定对哪些项目或者企业有进一步接触与考察的必要。这个阶段筛选的项目所占比例一般为10%左右。

2. 项目的尽职调查

尽职调查是风险投资机构对目标企业经营状况所进行的现场调查与资料分析,以帮助其进行投资分析与决策。具体而言,尽职调查是风险投资机构通过对目标企业所处市场、生产的产品、拥有的技术、企业财务、税务、法律关系的真实性和合法性等一系列内容进行调查,评估目标企业的价值以及潜在的交易风险,预测企业发展前景,探讨合适的交易结构,考虑收购后的整合问题等,最终判断投资目标企业是否符合风险投资机构的投资准则,确定有价值的投资项目。

尽职调查之前,目标企业对于风险投资机构而言是一只"黑匣子",应该通过尽职调查尽可能发现潜在的、可能导致交易终止的事项和风险。尽职调查之后,风险投资机构可以通过交易结构设计、补救措施、合同条款或放弃交易,应对所发现的问题。所以,尽职调查是风险投资过程中必不可少的重要一环。

3. 谈判与签订协议

通过对项目的选择,风险投资人基本确定有投资意向的项目,然后进行谈判、评估，就交易双方的出资数额和股份分配、企业组织结构和职务安排、双方权利义务的界定、投资者退出权利的行使等作出安排，签署交易文件。交易文件的核心条款包括三方面内容：(1) 估值条款；(2) 交易结构与投资工具条款；(3) 交易双方的责权利与风险规避方法。

风险投资机构与被投企业通过上述一系列双方对彼此权利和义务的协商，最终在交易文件上对风险投资机构在风险企业的股权形式、价格、数量和保障方式进行安排，确定投资方式、投资条件、权利义务、参与管理和退出的方式，从而完成具有法律效力的投资协议的签署，使风险投资正式生效。

4. 投资后期管理

风险投资机构有别于传统金融机构最重要的特征之一是，它具有在投资之后介入风险企业经营管理的意愿。风险投资机构本身就是企业管理的专业机构，同时与各个金融机构有着广泛的联系，特别是在财务、企业管理方面，可以对风险企业提供强有力的支持。风险投资机构帮助企业进行基本的财务控制与组织结构调整，推进企业的人力资源整合、流程再造，优化其供应链管理，改善质量体系等，进而全方位地提升企业的综合实力，从而实现企业的成长与壮大。风险投资机构也从中分享到了企业价值的内在增值，为最后的退出作好准备。风险投资机构自始至终监控着项目的进展情况，为企业提供市场、战略、金融、管理等方面的咨询，并且在发现问题时，及时控制风险，这些都为其投资成功打下了稳固的基石。

同时，风险投资机构有权对企业的经营情况进行监管。当风险投资机构发现企业违反了投资合同、保证条款，或企业在生产经营中违反了国家的法律法规，以及业绩没有达到标准时，风险企业就进入了违约状态。此时，风险投资机构会对风险企业提出整改要求，要求其在一定时间内采取补救措施。

5. 退出

退出阶段是风险投资机构实现收益的最终环节。这个阶段成功与否是能否实现风险投资正常循环的关键，也是评价风险投资机构运作是否成功的重要标准。风险投资机构在进入风险企业之初就建立好健全的退出机制，可以减少投资者预期的不确定性，提高预期收益，增加持续的资本供应。风险投资退出方式主要包括公开上市、企业并购、股份回购和清算退出等。

在一个完整的风险投资过程中，这五个阶段必不可少，环环相扣，需要参与其中的投资人、管理者、投资对象、相关服务机构相互协调、相互制衡，承担彼此的责任，行使自己的权利，使风险投资可以有序高效地进行，从而促进企业快速成长，助推企业发展壮大；同时，风险投资机构可以分享其中的高额利润，完成风险投资业的良性发展。

三、风险投资估值方法

1. 重置成本法

重置成本法(replacement cost method),是以资产负债表为估值和判断的基础,按资产的成本构成,以现行市价为标准评估企业的整体价值。其基本思路是:在现实条件下重新购置或建造一个全新状态的评估对象,用所需的全部成本减去评估对象实际贬值后的差额,以其作为评估对象现实价值的一种评估方法。其评估公式可以表达如下:

评估价值＝重置成本－(实体性贬值＋功能性贬值＋经济性贬值)

其中,实体性贬值是指资产在存放或使用过程中,由于使用磨损和自然力的作用,造成实体损耗而引起的贬值。功能性贬值是指由于无形损耗而引起价值的损失,主要是设备的效用、生产能力和工耗、物耗、能耗水平等功能下降造成的成本增加和效益降低。经济性贬值是指由于外部环境变化造成的设备贬值,主要是由于产品销售困难而开工不足或停止生产,形成资产的闲置,价值得不到实现。

重置成本法较为适用于没有收益、市场上又很难找到交易参照物的评估对象。这类资产既无法运用收益现值法,又不能运用现行市价法进行评估,唯有运用重置成本法才是可行的。重置成本法的局限性主要体现在三个方面:第一,重置成本法是一种静态的评估方法,更多的是反映企业的历史状况和现有状况,而无法准确反映企业未来的发展状况。第二,重置成本法假定初创企业的价值等同于已使用的资金总和,而没有考虑初创企业的无形价值以及未来发展前景。第三,重置成本法一般不考虑初创企业中人力资本的价值,而人力资本对初创企业来说却是最重要的一个价值因素。所以,采用重置成本法对初创企业进行资产评估会低估其合理的价值。

2. 市场法

市场法(market approach),是指通过比较被评估资产与最近售出的类似资产的异同,并将类似资产的市场价格进行调整,从而确定被评估资产价值的一种资产评估方法。市场法以活跃、公平的市场存在为前提,通过市场调查,选择若干与评估对象相同或类似的交易资产作为参照物,将参照物与评估对象进行对比分析、调整差异,最后修正参照物的交易价格,得出评估价值。为达到估值的正确性,市场法要挑选与初创企业处于同样或类似行业的可比参照上市公司,或在估值阶段被收购的类似企业进行比较。具体而言,通过上市公司或并购交易中的各种定价依据,从市场得到一个合理的定价乘数,然后利用该乘数并结合创业企业的各项财务指标,计算出初创企业的价值。但是,如果初创企业的财务指标不理想,则对估值计算的意义不大。

$$评估价值 = 参照物成交价格 \times 定价乘数$$

初创企业运用市场法估值也有一定的局限性。市场法参考相关企业的预测利润,并从中导出市场定价乘数,再对初创企业的预测利润运用定价乘数。但是,很多初创企业不能实现正的预测利润,运用定价乘数更多的是象征意义,而不具有实践意义。运用市场法对初创企业估值的另一个难点是选取合适的参考企业。上市公司由于信息的公开性,以其为参考企业有方便的一面,但是上市公司一般在收入和资产规模上已经比较成熟,而且经营更多样化,将初创企业的预测增长以上市公司为参考,会使评估结果存在较大差异。同时,市场法需要有公开、活跃的市场作为基础,如果缺乏比较对象,就难以有所作为。所以,一般而言,市场法不适用于对专用机器设备、大量无形资产以及地区和环境等具有限制的初创企业的评估。

3. 现金流折现法

现金流折现法(discounted cash flow technique),是指对企业未来的现金流量及其风险进行预期,然后选择合理的折现率,将未来的现金流量折合成现值的一种估值方法。该方法的使用有两个关键点:第一,预期企业未来存续期各年度的现金流量。该方法以企业过去的历史经营情况为基础,考虑到企业所在的行业前景、未来的投入和产出、企业自身资源和能力、各类风险和货币的时间价值等因素进行预测。第二,找到一个合理、公允的折现率。折现率可以是体现资金时间价值的无风险利率,或者是有一定期限的借贷利率,也可以是内部收益率。初创企业投资人一般喜欢采用内部收益率作为折现率。投资人先估计初创企业未来一定时间的净营运收入,然后在投资期内按一定的内部收益率折现后算出初创企业的目前价值,并以此为依据,决定其应该获得的股权比例。折现率的大小取决于企业取得的未来现金流量的风险,风险越大,要求的折现率就越高;反之,就越低。

由于目前的现金流折现法存在种种假设前提,而现实中资本市场和投资者素质往往无法达到所要求的条件,因此在利用该方法进行评估时会出现各种问题,主要表现在:

(1) 没有反映现金流量的动态变化。由于企业的现金流量时刻处于变化之中,而且现金流量是时间、销售收入等参数的变化函数,必然导致依赖于现金流量的企业价值也处于动态变化之中。但是,在前述评估模型中,忽视了现金流量的动态变化,单单依靠线性关系确定现金流量,使评估结果更多地表现为静态结论。

(2) 不能反映企业风险的动态变化。企业在经营中会根据环境的变化改变举债数额和负债比率,引起财务杠杆的波动,从而使企业的风险发生波动。一般情况下,这种风险的变化要在现金流量或者折现率中得到反映。但是,目前的评估模型只是从静止的角度进行价值评估,忽视了这种财务杠杆和财务风险的变化。

（3）现金流量的预测问题。现金流量预测一般是将现金流量与销售收入和净利润的增长联系起来,虽然从表面上看两者具有相关性,但是在实际运作中,由于企业可能会对会计政策进行调整,或者运用一些避税手段,会出现净利润、销售收入与现金流量不匹配的现象。在企业的经营活动、战略投资计划和筹资活动中,影响现金流量的是付现销售收入和付现销售成本。因此,在具体预测现金流量时,应该以付现的收入和成本为基础,而不应该以销售收入为基础。

（4）折现率的确定问题。折现率一般是在企业资金成本的基础上,综合考虑财务风险因素后确定的。在具体评估企业价值时,一般会以静止的方法确定折算率,以目前资本结构下的折现率进行企业价值评估,即折现率是固定的。但是,在实践中,由于企业经营活动发生变化,企业的资本结构必然处于变化之中,导致企业风险出现变化,进而影响到资本结构中各项资金来源的权重,导致折现率的波动,从而引起企业价值评估结果的变化。

4. 实物期权法

20世纪70年代后期以来,人们对包括现金流折现法在内的多种估值方法提出了批评,认为这些方法在很多情况下对初创企业的估值不够合理,忽视了创业者根据环境变化调整项目和企业运作的弹性。在现实情况下,创业者可以根据具体的市场环境作出灵活决策,而重置成本法、市场法、现金流折现法等都不能反映这种灵活性的价值。于是,有学者提出采用一些新的方法对初创企业进行估值,实物期权法就是较有代表性的一种。美国学者斯图尔特·梅耶斯(Stewart Mayers)在1977年首次提出实物期权,把金融期权理论引入实物投资领域。他认为,一个投资项目带来的利润是目前拥有资产的使用和未来投资机会的选择共同创造的,当用金融期权的评估方法来评估企业所拥有的实物资产时,可作为实物期权。

通过对国内外的风险投资进行研究可以发现,对初创企业进行投资具有以下性质:第一,期权性质。投资人对初创企业的投资就像购买了一份期权,一旦初创企业成功,将获得巨大收益;而如果初创企业失败,则损失就是投入的风险资本。第二,投资人虽然向初创企业投入资本而获得初创企业的一定股权,成为初创企业的股东,但是投资人并不是为了拥有初创企业,而是为了在初创企业增值后出售其所占的股权以获得投资收益。所以,本质上,投资人仅将初创企业看作一种商品,相当于以投入的资本作为期权费,购买了一份看跌期权,赋予投资人在未来某个合适的时刻以某一价格出售该商品的权利。很多初创企业的价值实际上是一组选择权的价值,因此在评估一家初创企业的价值时,对其发展前景、人员配置,尤其是其拥有什么样的机会和选择权进行分析论证,将是影响评估结果的关键。

与传统的估值方法相比,实物期权法具有一些优势:

(1) 提升了知识产权的战略价值。知识产权的实物期权特征使我们认识到,其价值在很大程度上体现于企业如何利用它进行柔性决策。传统的评估方法则忽视了企业根据市场变化调整投资时间的弹性。利用实物期权方法进行定价,可以充分反映出知识产权的这一期权价值。

(2) 充分考虑了知识产权预期收益的风险性与知识产权价值的相关性。知识产权资产未来收益的风险直接影响其价值的形成。在实物期权模型中,波动率就充分反映和刻画了知识产权所带来的未来超额收益的风险特征,并将这种风险性反映到知识产权的价值中。传统的现金流折现法用固定的折现率来表示知识产权的收益状况,并没有考虑到收益的波动性。相对来说,用实物期权模型所得出的评估结果更为客观、可信。

(3) 具有灵活的适用性。实物期权模型与传统的评估方法相比,在操作上具有相对的灵活性。传统的评估方法受到经营的持续性、成本信息的充足性、参照物的可类比性等诸多条件的限制,在评估中往往适用性不强。相较之下,实物期权模型只要确定了知识产权的实物期权特征及相应的评估参数,便可直接根据公式进行价值评估。

当然,实物期权法也具有一些缺陷。期权估值方法的评价建立在定性分析的基础上,同时还需要对存在不确定性的各种主要选择权进行定量分析。运用期权定价理论进行估值时,需要注意其局限性。例如,如何确定初创企业究竟拥有哪些现实选择权,如何对现实选择权进行合理定价等。此外,在运用期权定价模型进行价值评估时,往往需要以大量的历史数据作为计量的基础,如对波动率大小的确定。由于知识产权的特殊性,这方面的数据往往很少,或者很难取得,因此在计算时由于主观估计的因素很容易造成偏差,难以保证有效性。最后,对构成初创企业价值的管理者管理能力、企业外部环境等重要因素也很难估算到位。

5. 定性评估模型

在定性阐述评价准则的基础上,狄波基(Tyebjee)和布鲁诺(Bruno)于1984年最先运用问卷调查和因素分析法得出了美国的风险项目评价模型。数据基础是通过电话调研的46位风险投资家和问卷调查的156个风险投资公司,从中选出90个经审慎评估的风险投资案例。他们请风险投资家根据案例对已选好的23个准则评分,标准是4分(优秀)、3分(良好)、2分(一般)、1分(差),同时分别评出各个项目的总体预期收益和风险。这样得到一组数据后,经因素分析和线性拟合,得出评估的基本指标,划分为五个范畴;同时,根据各范畴指标对预期收益和预期风险的影响,模拟出风险投资的评价模型。其评估模型和评估指标如下:(1)人是第一位的,包括评估创业者或经营者的经历、背景以及人格特点,经营团队的专长和管理能力,经营团队的经营理念,经营团队对经营计划的掌握程度;(2)市场前景和市场规模;(3)产品和技术的创新;(4)财务计划和投资报酬;(5)方案最优者入选。

20 世纪 90 年代,万斯·H. 弗瑞德(Vance H. Fried)和罗伯特·D. 希里奇(Robert D. Hisrichz)两位教授联合作了有关调查。他们在三个地区:硅谷、波士顿和美国西北地区,各选择六位著名的风险投资家,采访其投资项目决策的具体过程。为了保证数据准确,他们所选取的案例是真实的、最新的。这 18 个案例分别来自于电子等行业的不同发展时期,投资额在 5 万至 600 万美元之间。实证调研结果得出了 15 个"基本评估标准",分为战略思想、管理能力和收益三方面。评估准则分别是战略思想,包括成长潜力、经营思想、竞争力、资本需求的合理性;管理能力,包括个人的正直、经历、控制风险能力、勤奋、灵活性、经营观念、管理能力、团队结构;收益,包括投资回收期、收益率、绝对收益。

第三节 股权众筹

一、股权众筹的基本概念

1. 股权众筹的内涵

众筹(crowdfunding)是近几年创业融资领域人们热切关注的一个现象。实际上,早在 300 多年前,英国诗人蒲柏(Pope)为了将古希腊诗歌《伊利亚特》译成英语,承诺向每个支持者赠送一本译作,最终筹集了 50 多万英镑,这是较早有记载的众筹现象。在互联网技术飞速发展的今天,众筹模式得到一个新的发展。2001 年,第一个众筹网站 ArtistShare 在美国开始运营,以网站为中介,艺术家通过"粉丝筹资"的方式运作项目,支持者可以观看唱片的录制过程。2009 年,美国的众筹网站 Kickstarter 建立,这是一个专为具有创意方案的小企业筹资的网络平台,面对公众募集小额资金,让有创造力的人有可能获得他们所需要的资金,以便使他们的梦想实现。例如,美国 19 岁女生梅根·格拉塞尔(Megan Grassell)是一家文胸公司 Yellowberry 的创始人,为了获得创业所需的资金,她选择使用 Kickstarter 众筹平台,目标是筹集 25000 美元。到 2014 年春天,她已经筹得 42000 美元。该网站已为许多类似的创业项目成功实施了融资。

与此同时,基于互联网的股权众筹开始在国内外的创业融资中得到发展。尽管不同国家和不同市场的股权众筹发展模式可能会存在一定差异,但是其核心内涵具有相似性。在这里,为了和传统的私募股权融资相区分,我们统一把股权众筹界定为基于互联网渠道实施的一种融资模式,创业企业通过网络融资平台向普通投资者出让一定比例的股份,投资者出资购买企业的股份,以获得企业未来经营产生的收益。

2. 股权众筹的特点

虽然股权众筹与天使投资和风险投资一样,都是基于股权投资获取收益,但是它还有其自身的一些特点:

第一,从行业偏好看,天使投资和风险投资相对更侧重于科技行业,特别是当下对互联网、TMT、新能源、新材料等行业很是垂青;而股权众筹适用的行业则更广泛,并不仅限于科技行业,还包括许多传统行业,如连锁店、实体店等。

第二,从投资阶段看,天使投资往往发生在创业企业或项目的早期,风险投资则多数发生在创业企业的成长阶段。通过众筹融资的项目绝大多数都处于早期,一般是在风险投资 A 轮之前。这是因为,一旦创业企业在发展过程中引进其他机构投资,受制于复杂的股权结构和公司治理结构,一般很难再通过众筹进行融资。

第三,从对企业的控制程度看,天使投资一般很少对企业进行控制,大多只是通过股东会和董事会跟踪了解创业企业的进展;风险投资对企业的控制比例则较大,往往会要求在董事会中拥有重大事项的一票否决权;而通过众筹方式融资,对企业的控制权基本不受影响,绝大多数的众筹投资人并不实际参与被投创业企业或项目的管理,主要是委托和依靠有经验的领投人对创业进行跟踪,创业企业获得众筹资金后依旧享有很大的自主权。

第四,从带给企业的附加值看,天使投资带给企业的主要是资本,其他附加值较为有限;风险投资带给企业的附加值最大,除了资金外,往往还会为企业提供战略、营销、团队等一系列增值服务;众筹则不同,创业者在获得一定资金的同时,主要是获得了一大批投资者的支持,这些支持者可能会变成企业产品的顾客,也可能享有更多的资源而为企业所用。

第五,从融资额度看,众筹融资的额度比风险投资的规模更小,一般不超过 500 万元。这个融资额度可满足部分小型初创企业的实际需求,而对于许多初期投入较高的科技类与制造类企业来说则有点低。如果额度超过 500 万元,往往会有机构投资者做领头人。此外,许多国家对股权众筹的融资上限有规定,如美国就硬性规定不得超过 100 万美元。

二、股权众筹的平台模式

2011 年,众筹进入中国。2013 年,国内正式诞生首例股权众筹案例。2014 年 12 月 18 日,中国证券业协会发布《私募股权众筹融资管理办法(试行)(征求意见稿)》,从股权众筹融资的非公开发行性质、股权众筹平台、投资者、融资者等方面作出了详细规定。这促进了股权众筹的发展壮大,并引导社会闲置资金进入众筹融资领域。

2015年被称为中国众筹"元年",京东金融、蚂蚁金服、平安集团、中信证券、36氪等一批行业巨头纷纷开始布局股权众筹平台。目前,中国股权众筹行业的整体规模还较小,2015年的总体投资规模约为10亿元。但是,增长速度较快,2016年上半年的规模已经超过了100亿元。

从2011年天使汇最早成立至今,国内股权众筹平台的发展呈现出"野蛮生长"的势头。分析这些平台的运作模式,大致可以分为三类:

1. 中介费/佣金模式

这是最常用的一种收费模式,也是众筹平台发展初期的盈利模式。众筹平台在项目融资成功之后,向融资者收取一定比例的成交中介费(或称为"佣金""手续费"等),通常是融资额的3%—5%不等,视各平台的实际情况而定,没有固定比例。人人投、众众投、人投天地等实体股权众筹平台是这类模式的典型代表。这类模式的优势是,能够获得现金回报,收益明确。其缺陷是,由于现阶段众筹的项目数量和融资规模都十分有限,仅仅依靠收取佣金、中介费,平台的收益都很少。

2. 股权回报模式

这种模式是众筹平台获得在其上成功融资的项目的部分股权,以此作为回报收益,实际上是股权投资行为。有的平台不仅收取融资顾问费,还要求获得融资项目的部分股权;也有平台只获取股权回报,而不收取其他中介费用。大部分服务于种子期、天使期的平台往往采取这种模式。这种模式的优势在于,不仅能够在佣金之外增加回报收益,而且能够以此分析企业的预期,项目一旦成功并做大,平台的获利空间就比较大了。其劣势是,由于采用这种模式的平台多是初创企业,退出股权获得的收益往往无法在短期内兑现,平台的现状还是难以改变。实际上,现在大多数平台的普遍做法是将佣金模式和股权回报模式结合起来,收取佣金后将部分或者全部佣金作为资金投入到项目之中,获取比例不等的股权,以此增加收益。

3. 增值服务费模式

所谓增值服务费模式,其实是股权众筹平台为众筹融资方提供各项创业的增值服务,并对这些服务收取费用,主要包括创业孵化、财务、法务等服务。增值服务费模式的最大优势是,能够解决创业企业后期成长的问题,真正解决创业企业和项目的"痛点"。这种模式的收费可能是未来股权众筹平台的主要收入来源和盈利点。其劣势是,创业孵化服务的成本较高,众筹平台可能难以长久支持。因此,目前能够做的也只有一些资本背景较为雄厚的大平台。

三、股权众筹的运作流程

股权众筹的参与主体一般由筹资人、投资者、众筹平台和第三方托管平台四类主要角色组成。

(1) 筹资人。创业初期的小企业或者创业者通过自己的努力有了新的产品或服务,但是没有足够的资金做起来,这时可以通过众筹的模式进行融资。

(2) 投资者,也就是创业项目的支持者。众筹的投资者通常是普通大众,他们对创业者的项目感兴趣,或者需要创业者的产品或服务,被项目的描述吸引,就会拿出资金支持这个项目。一些机构投资者也开始加入到众筹中来,往往以领投人的角色出现,在一个众筹项目中起到项目引入、项目主投和主导投后管理的作用。

(3) 众筹平台。这是筹资人和投资者之间的桥梁,起的是中介作用。筹资人通过平台向投资者展示自己的产品或服务。同时,平台有责任对筹资人的资质与真实性进行必要的审核,以保证投资的安全。

(4) 第三方托管平台。为确保投资者的资金安全并能够切实用于创业企业或项目,以及筹资不成功时及时返回,众筹平台一般都会指定专门银行担任托管人,履行资金托管职责。

目前,股权众筹的一般运作流程大致如下:

第一,项目发起。创业企业或项目的发起人向众筹平台提交项目策划或商业计划书,并设定拟筹资金额、可让渡的股权比例以及筹款的截止日期。

第二,项目审核。筹资人向众筹平台提交项目资料,众筹平台对筹资人提交的项目策划或商业计划书进行审核,审核的范围具体包括资料的真实性和完整性、项目的可行性以及投资价值等内容。需要说明的是,众筹平台虽然会进行项目审核,但是在其服务协议中经常设定审核的免责条款,即不对项目信息的真实性、可靠性负责。

第三,项目发布。众筹平台审核通过后,在网络上发布相应的项目信息和融资信息。

第四,股权认筹。投资者对众筹平台的众多项目进行筛选和评估,选择自己喜欢或适合自己的众筹项目投资,并在目标期限内承诺或实际交付一定数量的资金。

第五,签订协议。目标期限截止,筹资成功的,出资人与筹资人签订相关协议;筹资不成功的,资金退回给各出资人。

第六,跟踪管理。项目成功筹资后,可以委托众筹平台对投资项目进行后续的跟踪和管理。投资人也可以自己组织对项目进行跟踪管理。

通过以上流程分析可知,与传统的私募股权投资相比,股权众筹的主要特点是通过互联网完成整个融资过程。因此,项目信息获取、项目评估和投资参与者之间的关系都有了一个质的转变,其中众筹网络平台成为整个股权众筹的一个关键角色;参与投资者也发生了革命性的改变,一些并不具备专业投资能力的普通投资者也能通过跟投的方式参与这种高风险的投资活动。

 **创业阅读**

中国式股权众筹:在争议中诞生

首例众筹横空出世

2012年10月5日,淘宝上出现了一家店铺,名为"美微会员卡在线直营店"。美微传媒是一家新生跨媒体营销平台,淘宝店的开通人是美微传媒的创始人朱江。当天,他将第一个产品上架:美微传媒会员卡,售价每张100元。这不是简单的会员卡,购买者除了能够享有订阅电子杂志等一些权益,还可以拥有美微传媒的原始股份100股。

买会员卡,为什么还能拥有股份?根据朱江的解释,这是基于对公司的初步估值而来。按照未来一年的初创规模和收入预期,预估公司整体价值为2000万元。按照1元1股计算,计划将40万股,即公司原始股份的2%拿出,让公众进行认购。

出乎意料的是,产品挂出的当天晚上,就有深圳一网友拍下第一单,数量为2万股。到10月10日晚,网友认购资金高达38.77万元。

2013年1月9日,美微传媒又以相同的方式在网络上发起第二轮融资,产品仍为美微传媒凭证登记式会员卡。最终,美微传媒的融资一共有1194个股东,大多数人的投资额在3000元至5000元之间,经过一次增持后,总共融到近500万元资金。

不过,最后一次融资交易并未全部完成,店铺在2月5日就被淘宝官方关闭,阿里巴巴集团对外宣称淘宝平台不准许公开募股。此时,在第二轮融资时参与认购的710名投资者中,仍有243名投资者的订单未完成流程。当晚,美微会员服务中心以电话、短信和邮件通知淘宝用户申请退款,并启用直接付款渠道。但是,事情并未就此落幕……

合法还是非法?

作为股权众筹的先行者,美微传媒的创始人朱江已经受到了证监会关注。2013年3月,证监会创新部负责人约谈朱江。但是,出乎朱江的意料,证监会对公司的融资行为并没有表示出完全否定的态度,而是认为:"这种募资行为充其量叫投机,政策永远是跟不上创新脚步的,只要你们不做违法的事,可以先试一试。"

3月20日,美微传媒发表声明,因为现阶段美微传媒为"有限责任公司",不具备公开募股的主体条件,这种行为是"不合适的"。公司服从证监会的决定,并且已经开始有序地通过淘宝网等渠道退回公开募集所得款项。

尽管朱江开始将此定义为"网络私募",但是实际上,在互联网渠道下,私募性质已然走样。根据证券法,私募是指私下或直接向特定群体募集资金的方式;而公募则是指发行人通过中介机构向不特定的社会公众广泛地发售证券,通过公开营销等方式向没有特定限制的对象募集资金的业务模式。基于私募和公募的特征,美微传媒的此次融资行为似乎都不太符合。

据朱江回忆,事情发生后,公司一直与监管部门保持沟通。但是,沟通的主要内容并非执法行为,而是探讨法律边界。

筹资还是广告?

朱江此次试水或为企业融资创新提供了一定启示。但是,在中国小额信贷联盟秘书长白澄宇看来,公司应该一半是为了筹资,一半则是为了做广告。

朱江也为此给出了当初自己的想法。作为一个常年与媒体公关打交道的公众人物,朱江拥有众多粉丝及无数业界资源,加上过去三年在上市公司从事政府关系的经历,让他深知产品与营销的重要性,做好一档财经节目,提高收视率,与前期宣传密不可分。

朱江认为,如此融资首先可以引发社会关注度,配合节目上线时间进行有节奏的传播;其次可以向所有创投基金证明公司价值所在;最后可以说明只要公司有希望,草根投资者联合起来也敢投资一千万元。

当然,朱江从未停止通过个人微博平台与粉丝做互动交流,并与当地投资者见面。因为他也迫切想弄清楚一个问题:那些甘愿在淘宝掏腰包的人大多与自己素不相识,为什么愿意投资给自己?

深圳的一个投资人告诉朱江:"我关注你的新浪微博大概三年时间。这三年,你在干些什么,你的喜怒哀乐、工作变迁,甚至因为什么原因在网上与人吵架,我都非常清楚。我和你是特别熟悉的陌生人。"他还说:"当你创业时,我出一份支持理所当然。更重要的是,你讲了一个非常好的故事,我愿意为你的这个故事赌一把。"

创新在争议中诞生

争议也许还会继续下去。但是,有点戏剧性的是,朱江不但没有被声讨,反倒成为公众力量的代言人,并激发了互联网融资热论,连投行都对其产生兴趣。有次朱江参加深圳投行朋友的聚会,他递出名片说:"您好,我是朱江。"对方一听,直接说道:"朱江?就是做网上融资的那个?我知道你啊,你可代表了融资创新,千万别倒下,你要是缺钱就告诉我们。"

对此首个众筹案例的处理，监管层约谈朱江后主要表达了三个意思：一是不能再继续通过网络融资，二是保护好现有投资人利益，三是需要不定期汇报公司情况。用美微传媒律师的话来说，美微传媒目前应该是证监会监管的最小非上市公司。

到了 2014 年 12 月 18 日，中国证券业协会就正式发布《私募股权众筹融资管理办法（试行）（征求意见稿）》，从股权众筹融资的非公开发行性质、股权众筹平台、投资者、融资者等方面作出了详细规定，以规范股权众筹的发展，引导社会闲置资金进入众筹融资领域。

资料来源：刘真真. 试水"中国式众筹"［EB/OL］.（2013-05-09）［2016-07-10］. http://www.ipivot.cn/institute/compare/1803.aspx.

第四节 IPO 融资

一、企业为什么选择 IPO 融资

IPO 是"首次公开发行"（initial public offerings）的简称，是指股份公司首次向社会公众公开招股的发行方式，是一种重要的企业融资行为。随着中国经济的快速发展，一大批优秀的创业企业涌现出来。企业的迅速成长需要资金支持，当企业自身的积累速度无法满足扩张的需要时，IPO 就是外部融资的重要渠道之一。创业企业选择 IPO 除了进行融资的核心原因之外，其动机可能会非常多元化。对于创业企业的不同利益相关者来说，其 IPO 的目标也会非常多样化。

1. 拓展融资规模与渠道

创业企业在成长的后期，业务日趋明晰与稳定，并且依旧处于快速的发展过程中，需要的资金量会越来越大，一般的风险投资难以维持这种融资需求，而上市融资就更适合于这个阶段的融资需求。资本市场是一个比较公平的市场，其信息披露与监管更加完备和规范。对于上市企业来说，如果自身运营良好，会有更多人购买自己的股票，推高股价，使融资企业有更多的资金发展主营事业。对于投资股票的大众来说，将资金投资到好的企业，可以获取更高的收益。同时，企业上市之后有各种成本低廉的融资渠道可供选择，如增发、发行企业债券等。如果不上市，就没有这些再融资的资格。

2. 优化治理结构与管理制度

很多私营企业都是家族企业，而家族企业往往逃不出"富不过三代"的困境，其中一个重要原因就是缺乏科学的治理结构和先进的管理制度，落后的企业文

化让企业成为昙花一现的创业过客。企业通过 IPO 变成一家公众性的公司,就是优化治理结构与管理制度的重要途径。上市有利于企业建立现代企业制度,规范法人治理结构,提高管理水平,降低经营风险。上市之路就是企业的一个学习和成长过程,科学的现代产权制度的建立将有效增强企业创业和创新的持久动力。

3. 有助于初始投资者的退出

当一家公司的股票在公开资本市场挂牌交易,其实质也是初始股东可以自由地把股票在市场上卖出,让其他的新买家或投资者承接这些被卖出的股票。所以,股票上市的一个重要意义是让初始股东有一个卖出公司股票的退出渠道。在创业企业中,初始股东包括创始人、持股的员工、天使投资人和风险投资者等早期持有企业股份的投资者,还包括上市前介入的私募股权投资者。由于这些股票不公开交易,其卖出或转让都是较为困难的,因此投资者的股权投资价值还没有最终实现。当企业进行 IPO 后,就能为这些投资者找到一个自由和方便的流动和退出渠道。简而言之,IPO 可以让任何拥有大量股票的股东通过卖掉股票变现前期的投入而变得富有。

4. 提升企业与品牌的知名度

在资本市场发达的国家,人们的投资理财意识比较强,股票市场的参与度往往非常高,被称为"国民经济的晴雨表"。一些非上市企业原来默默无闻,并不为大家所熟知或关注,一旦在资本市场成功上市后,就会得到公众和投资者的关注,甚至成为人们街头巷尾热议的话题,这样的例子比比皆是。同时,企业上市本身也能在一定程度上反映企业目前的经营状况和未来的发展前景。此外,股票交易所和上亿股民家中、手中的股票机都是免费广告的舞台。不少投资机构和媒体也会对各种优质和明星股票进行分析和点评,这些免费的宣传效果有时会远好于直接投资去做广告。

二、企业生命周期与 IPO 决策

20 世纪 90 年代以来,经济学家开始将企业生命周期理论运用于金融经济学。他们认为,企业融资的方式、规模、数量随企业发展而改变,表现出一定的周期性,可称之为"企业融资周期"。企业融资周期随企业生命周期变化而有不同特点。

创业阶段的经营风险是最高的,因此相应的财务风险应尽可能降低。这一阶段,最好使用股权融资。但是,再好的融资方式也无法使不健全的经营战略取得成功。如果基本业务经营不长,再好的财务管理也只能延缓灭亡。这一阶段,大众投资者不能从企业获得稳定的收益,看不到企业的前景,企业运用融资决策无法筹集到资金。由于拿不出历史数据证明已经获得的成功和未来可能取得的收益以吸引投资者购买股票,企业在这一阶段不适宜公开发行股票。在创业阶段,企业一般向风险资本家融资,获得权益资本。风险资本家建立一个专向新兴产业投资的组合,要求每项投资都带来高回报。这种投资组合允许向新崛起的企业投资。尽管投资可能会失败,但是只要总的风险投资比例合适,风险资本家就有高回报,投资组合的整体回报率也会令人满意。企业在创业阶段发行股票对于普通投资者毫无吸引力,因此也不会募集到足够的资金,而且产品刚刚研发、生产出来,向外界披露太多的信息,将影响企业的发展。

　　成长阶段所蕴含的经营风险较之创业阶段有所降低,但是依然很高,必须通过适当的融资渠道,把财务风险控制在较低水平,因此仍旧采用权益资本融资。这一阶段,企业的产品已经接受了市场的考验,至少一些购买者已经接受企业的产品,企业的发展比最初筹资阶段——仅由经营计划和产品设想所组成的创业阶段稳定。企业的形象也在逐步树立,因此有可能从广泛的投资群体中搜寻新的权益资金。这时企业制定战略决策,将其作为更有利的融资方式,能筹措到发展所需的足够资金。企业在股票交易所上市,能为现有股东和风险资本提供一条快捷的退出通道。尽管从理论上讲,一家企业可以在任何合适的时间上市,但是真正的良机是非常有限的。特别是大多数国家的证券法都规定企业上市之前必须连续三年盈利。在成长阶段,企业的盈利绝对值并不是很大,但是相对值增长很快,能向外界透露有利的信息;同时,产品市场的迅速扩张需要大量的资本,较高的财务风险也不适于债务融资,而更适于融资。

　　处于成熟阶段的企业,其经营风险已降至最低限度,在继续扩展经营的同时,利用其在资本市场的优势,实现资本扩张,在资本市场上获利。这时尚未公开发行股票的企业也可能作出决策,其目标与成长阶段的融资目的明显不同。企业进入成熟阶段,已产生正的现金流,对股东的回报不能通过资本升值,主要是以分配股利的形式实现。成长阶段未作出决策的企业筹集到的私人权益资本对资本升值比股利更感兴趣,这时如果企业还未能在股票市场上公开交易,私人权益资本就很难出售股份,特别是企业已经有很高的价值时。显然,成熟阶段的企业的IPO决策并不是要从股票发行中筹集资金。IPO的目的是使股东不必通过每年的股利获得资本回报,而是通过市场交易更快地收回投资。例如,微软公司声称上市的目的之一是利用公开市场向公司的经理和其他内部人员提供股票流动性的便利,公司曾经向这些人分配股票作为报酬,如果不上市交易,那么员工的投资就会陷于没有流动性的状况。

　　衰退期的企业不需要为再投资筹资,经营风险比成熟期有所降低。即使企业一直没有实施公开化策略,在原有的经营实体上,向投资者披露的信息已经"夕阳西下",不适宜制定IPO策略。如果企业改变经营战略,实施多元化的经营,替代核心业务,延缓企业的死亡,也需要筹集大量资金。此时,企业可通过负债融资。由于负债融资的成本低于股权融资的成本,使得企业的资金成本下降,从而实现股东价值最大化。

三、股票发行上市的主要流程

根据《公司法》《证券法》以及中国证监会和证券交易所的有关规定,企业公开发行股票并上市应该遵循以下程序:

1. 股份制改造

有限责任公司必须改制为股份有限公司方可发行上市,因此需要进行股份制改造,建立健全公司治理结构和内部控制制度。此外,一般还需要扩充资本,进行资产重组。股份制改造一般在保荐人(证券公司)和律师事务所、会计师事务所、资产评估机构等中介机构的帮助下进行,由中介机构在尽职调查的基础上协助拟定改制重组方案,并进行可行性论证,对拟制的资产进行审计、评估,签订发起人协议和公司章程等文件,设置公司内部组织机构,召开创立大会,将有限责任公司变更为股份有限公司。这一阶段通常需要三到五个月时间,如果企业基础条件较好,运作比较规范,所需时间可以缩短;反之,可能需要更多的时间。如果企业在改制的同时,需要通过融资增资扩股,也会需要更多的时间。

2. 尽职调查与上市辅导

根据上市条件进行各方面的准备,并确定上市方案,制作申报文件,这是上市过程中最重要的环节之一。虽然现在已经取消了为期一年的发行上市辅导的强制性要求,但是上市准备仍然需要专业人员的帮助。保荐人、律师事务所、会计师事务所和其他中介机构将会根据企业的具体情况制定详尽的尽职调查与上市辅导方案,针对发现的问题进行具体分析,提出解决方案,并指导实施整改;对董事、监事和高级管理人员进行专业培训,指导其学习与上市企业运作相关的法律、法规、规章和规范性文件,全面规范企业的内部管理和业务行为。同时,企业应当在中介机构的帮助下,按照中国证监会的要求制作招股说明书以及其他申请文件,保荐人进行内核并制定发行保荐书,律师事务所出具法律意见书,会计师事务所制作财务会计报告。在董事会和股东大会就本次股票发行的具体方案、本次招募资金使用的可行性等事项作出决议后,由保荐人保荐并向中国证监会申报。中国证监会将在五个工作日内作出是否受理的决定。这一阶段一般需要三到六个月时间,如果公司历史简单、股权清晰、运作规范,则可以快得多。

3. 中国证监会审核发行申请

中国证监会受理申请后,由发行部对发行人的申请文件进行初审。在初审过程中,中国证监会将征求发行人注册地省级人民政府是否同意发行人发行股票的意见,并就发行人的募集资金投资项目是否符合国家产业政策和投资管理的规定征求国家发展和改革委员会的意见,并向保荐人反馈审核意见。中国证监会会对申报材料进行全面审核,其关注的重点在于发行人的合法合规性、法人治理结构、关联交易、财务处理和财务信息真实性。保荐人组织发行人和中介机构对反馈的审核意见进行回复和整改,经初审通过后提交股票发行审核委员会审核。发行申请经股票发行审核委员会审核通过后,中国证监会依照法定条件对发行人的发行申请作出予以核准或者不予核准的决定,并出具相关文件。法定的审核时间应当在三个月内,但实际操作中变数较多。

4. 路演、询价、定价

中国证监会核准后,发行人在指定报刊和网站上刊登招股说明书摘要及发行公告等信息。证券公司与发行人进行路演,向投资者推荐和询价,根据询价结果协商确定发行价格,并正式发行股票。中国股票发行实行承销制度,一般情况下,主承销商与保荐人是同一家证券公司。法律规定,发行人应在自中国证监会核准发行之日起六个月内发行股票。通常,完成本阶段工作需要一个月左右的时间。

5. 股票发行上市

协商确定发行价格后,股票就可以正式发行,然后召开股东大会,进行验资和公司变更登记,办理股份的托管与登记,向证券交易所提交上市申请,经批准后与证券交易所签订上市协议,发布上市公告,正式挂牌上市交易。这一阶段通常需要15天左右的时间。

四、创业企业上市融资渠道

1. 中国新三板

新三板的全称为"全国中小企业股份转让系统",2012年9月正式注册成立,是继上海证券交易所、深圳证券交易所之后第三家全国性证券交易场所。与前两个证券交易所相类似,新三板也是多层次资本市场体系的重要组成部分。目前,新三板的服务定位主要有以下特点:

(1) 服务于创新型、创业型、成长型的中小微企业;
(2) 不设财务门槛,强调持续规范经营和信息披露;
(3) 以机构投资者为主,普遍具有较强的风险识别与承受能力;
(4) 提供综合服务的市场,主要是为企业发展、资本投入与退出服务。

新三板在2013年12月31日开始面向全国接收企业挂牌申请。根据《全国中小企业股份转让系统业务规则(试行)》的相关规定,股份有限公司申请挂牌,应当符合下列条件:

(1) 依法设立且存续满两年。有限责任公司按原账面净资产值折股整体变更为股份有限公司,存续时间可以从有限责任公司成立之日起计算；

(2) 业务明确,具有持续经营能力；

(3) 公司治理机制健全,合法规范经营；

(4) 股权明晰,股票发行和转让行为合法合规；

(5) 主办券商推荐并持续督导；

(6) 全国股份转让系统公司要求的其他条件。

降低申请门槛后的新三板将为融资难的中小微企业打开一个新的融资渠道。

新三板被誉为"中国的纳斯达克"。从资本市场创新和对中国创业经济发展的贡献来看,新三板的创新与突破确实有一些重要的意义：

第一,标志着中国多层次资本市场体系已完善,必将对资本市场改革产生良性推动作用。新三板是中国多层次资本市场体系的基础层次,也是基石层次,更是战略层次。新三板针对的是中国群体数量最大的中小企业,也是最具创新性和成长性的经济群体。这一群体的发展,无论是对于国家的经济发展战略还是资本市场发展战略,都应是重中之重。只有新三板上的企业快速健康发展,才能保证创业板、主板市场不断有优质企业输送。新三板倡导的市场化、开放性、多元化、宽容性的制度价值理念,更是率先在中国资本市场摒弃了行政审批色彩,实现了市场化。新三板运作的成功,必将对整个资本市场的改革产生良性推动。

第二,提升了资本市场服务实体经济的能力,必将成为助推中小企业发展的孵化器、加速器,成为支撑中小企业创新的开放平台。新三板主要为成长型、创新型的中小企业提供资本服务。长期以来,中国中小企业融资难、创新难,数以千万计的中小企业虽然创造了80%的就业、60%的GDP、50%的税收,但是它们又是市场中的弱势群体,缺资金、缺资源、缺信息,面临诸多发展瓶颈。因此,新三板将惠及更多创新创业型中小企业,让更多企业有机会接触并走进资本市场的大门。

第三,为资本市场创新注入新的活力,带来新的机遇。新三板在市场准入制度上打破了传统的财务盈利指标的硬性要求,并且采用多元化的定价估值模式；定向发行采用小额快速融资、有条件豁免核准、储价发行等制度符合中国实际；做市商制度的实行将极大地增强市场流动性。这些都是新三板的突破。众多证券市场的创新尝试将在新三板上进行实践,为中国多层次资本市场注入活力,解决不同层次企业的金融需求,对促进中小企业实体经济发展起到巨大的推动作用。

目前,新三板为中小微企业提供许多便捷的融资途径。企业挂牌新三板后可以利用的融资方式主要包括：

(1) 定向增发。新三板简化了定向发行核准程序,在股权融资方面,允许企业在申请挂牌的同时或挂牌后定向发行融资,可申请一次核准,分期发行。

(2) 优先股。优先股对于新三板挂牌的中小企业可能更具吸引力。一般而言,初创期的中小企业存在股权高度集中的问题,且创始人和核心管理层不愿意股权被稀释,而财务投资者又往往没有精力参与企业的日常管理,只希望获得相对稳定的回报。优先股这种安排能够兼顾两个方面的需求,既能让企业管理者保持对企业的控制权,又能为投资者享受更有保障的分红回报创造条件。

(3) 私募债。私募债是一种便捷高效的融资方式,其发行审核采取备案制,审批周期更快,对资金使用的监管较松,资金用途相对灵活。私募债的综合融资成本比信托资金和民间借贷低,部分地区还能获得政策贴息。

(4) 银行信贷。新三板和多家银行建立了合作关系,为挂牌企业提供专属的股票质押贷款服务。一些银行还针对众多轻资产企业推出了挂牌企业小额贷专项产品,如"三板贷"。

(5) 资产证券化。资产证券化可能对拥有稳定现金流的企业更适合。一般来说,此类企业或者比较成熟,或者资产规模较大。新三板挂牌企业的现金流则普遍不稳定,资产规模也偏小,要利用资产证券化工具目前可能存在一些障碍。

2. 中国创业板

创业板又称"二板市场",即第二股票交易市场,是指主板之外专为暂时无法上市的中小企业和新兴企业提供融资途径和成长空间的证券交易市场。创业板是对主板市场的有效补给,在资本市场中占据着重要的位置。中国创业板于2009年10月30日正式上市,其设立的目标主要定位为:

(1) 为高科技企业提供融资渠道;

(2) 通过市场机制,有效评价创业资产价值,促进知识与资本的结合,推动知识经济的发展;

(3) 为风险投资基金提供"出口",分散风险投资的风险,促进高科技投资的良性循环,提高高科技投资资源的流动和使用效率;

(4) 增加创新企业股份的流动性,便于企业实施股权激励计划等,鼓励员工参与企业价值创造;

(5) 促进企业规范运作,建立现代企业制度。

创业板要求发行人是依法设立且持续经营三年以上的股份有限公司(有限公司整体变更为股份公司可连续计算),且满足三个条件:

(1) 股票经中国证监会核准已公开发行;

(2) 公司股本总额不少于3000万元;

(3) 公开发行的股份达到公司股份总数的25%以上;公司股本总额超过4亿元的,公开发行股份的比例为10%以上;

(4) 公司最近三年无重大违法行为,财务会计报告无虚假记载。

同时，企业要满足三个要求：

（1）注册资本已足额缴纳，发起人或者股东用作出资的资产的财产权转移手续已办理完毕，企业的主要资产不存在重大权属纠纷；

（2）最近两年内主营业务和董事、高级管理人员均没有发生重大变化，实际控制人没有发生变更；

（3）应当具有持续盈利能力。

此外，企业不能存在以下情形：

（1）经营模式、产品或服务的品种结构已经或者将发生重大变化，并对企业的持续盈利能力构成重大不利影响；

（2）行业地位或所处行业的经营环境已经或者将发生重大变化，并对企业的持续盈利能力构成重大不利影响；

（3）在用的商标、专利、专有技术以及特许经营权等重要资产或者技术的取得或者使用存在重大不利变化的风险；

（4）最近一个会计年度的营业收入或净利润对关联方或者存在重大不确定性的客户存在重大依赖；

（5）最近一个会计年度的净利润主要来自合并财务报表范围以外的投资收益；

（6）其他可能对企业的持续盈利能力构成重大不利影响的情形。

创业板 2009 年首批上市公司有 28 家，经过多年发展，目前已超过 500 家的规模。截至 2015 年底，创业板公司的总市值达到 55916 亿元，较上一年增长 34065 亿元，同比增长 156%。创业板市场有效地培育和推动了成长型中小企业的成长，对创新与创业经济的发展发挥了重要作用，具体表现在以下几个方面：

（1）满足了自主创新的融资需要。通过多层次资本市场的建设，建立起风险共担、收益共享的直接融资机制，可以缓解高科技企业的融资瓶颈，引导风险投资的投向，调动银行、担保等金融机构对企业的贷款和担保，从而形成适应高新技术企业发展的投融资体系。

（2）为自主创新提供了激励机制。资本市场通过提供股权和期权计划，可以激励科技人员更加努力地将科技创新收益变成实际收益，解决创新型企业有效激励缺位的问题。

（3）为自主创新建立了优胜劣汰机制，提高了社会整体的创新效率。这具体体现在以下两个方面：一是事前甄别。即通过风险投资的甄别与资本市场的门槛，建立预先选择机制，将真正具有市场前景的创业企业推向市场。二是事后甄别。即通过证券交易所的持续上市标准，建立制度化的退出机制，将问题企业淘汰出市场。

从总体上看，创业板的上市门槛还是比较高的。从目前创业板的运行情况来看,虽然帮助五百多家企业上市融资,但是与潜在的未上市融资的企业规模相比,这个发展速度还是远远不够的。所以,相较而言,新三板未来将成为创业企业上市融资的一个重要渠道。

表 9-2 中国 IPO 主要融资渠道比较

比较项目	新三板	创业板	主板
主体资格	非上市股份公司	依法设立且合法存续的股份有限公司	依法设立且合法存续的股份有限公司
经营年限	存续满 2 年	持续经营时间在 3 年以上	持续经营时间在 3 年以上
盈利要求	具有持续经营能力	最近 2 年连续盈利,净利润累计不少于 1000 万元;或者最近一年盈利,营业收入不少于 5000 万。	最近 3 个会计年度净利润均为正数且累计超过 3000 万元
资产要求	无限制	最近一期末净资产不少于 2000 万元,且不存在未弥补亏损	最近一期末无形资产(扣除土地使用权、水面养殖权和采矿权等后)占净资产的比例不高于 20%
股本要求	挂牌前股本总额不少于 500 万元	发行后股本总额不少于 3000 万元	发行前股本总额不少于 3000 万元
主营业务	业务明确	最近 2 年内未发生重大变化	最近 3 年内未发生重大变化
实际控制人	无限制	最近 2 年内未发生变更	最近 3 年内未发生变更
董事及管理层	无限制	最近 2 年内没有发生重大变化	最近 3 年内未发生重大变化
投资人	机构与自然人	有 2 年投资经验的投资者	无限制
备案或审核	备案制	审核制	审核制
募集资金	定增资金使用无要求	明确的用途,且只能用于主营业务	明确的使用方向,原则上用于主营业务

3. 美国纳斯达克

纳斯达克全称"美国全国证券交易商协会自动报价表"(National Association of Securities Dealers Automated Quotations,NASDAQ)。纳斯达克是美国全国证券交易商协会为了规范混乱的场外交易,为小企业提供的融资平台。纳斯达克于 1971 年 2 月 8 日创建,成立后的近 10 年中并没有引起太多关注。直到 1980 年,苹果公司在纳斯达克上市,募集资金 1 亿美元,4 个不到 30 岁的年轻人一夜之间都成了亿万富翁。随后,微软、思科、亚马逊、谷歌、Facebook 等科技巨头纷至沓来,纳斯达克成为全球市值仅次于纽交所的第二大交易所。目前,纳斯达克的上市公司涵盖所有高新技术行业,包括软件、计算机、电信、生物技术、零售和批发贸易等,上市公司规模达到 5400 多家。作为全球最大科技企业基地的纳斯达克,已经是演绎美国创新和创业精神的一个重要舞台。

纳斯达克之所以取得如此成就,与其自身的一些制度优势是分不开的:

(1) 双轨制。在上市方面,分别实行纳斯达克全国市场和小型资本市场两套不同的标准体系。通常,较具规模的公司在全国市场上进行交易;而规模较小的新兴公司则在小型资本市场上进行交易,因为该市场对上市要求没有那么高。但是,证券交易委员会对两个市场的监管范围并没有区别。

(2) 高效的交易系统。纳斯达克在市场技术方面具有很强的实力,它采用高效的"电子交易系统"(ECNs),在全世界共安装了 50 多万台计算机终端,向世界各个角落的交易商、基金经理和经纪人传送 5000 多种证券的全面报价和最新交易信息。但是,这些终端机并不能直接用于证券交易。如果美国以外的证券经纪人和交易商要进行交易,一般需通过计算机终端取得市场信息,然后用电话通知在美国的全国证券交易商协会会员公司进行有关交易。由于采用电脑化交易系统,纳斯达克的管理与运作成本低、效率高,同时也增加了市场的公开性、流动性与有效性。

(3) 做市商制度。纳斯达克拥有自己的做市商制度(Market Maker),做市商是一些独立的股票交易商,为投资者承担某一只股票的买进和卖出。这一制度安排对于那些市值较低、交易次数较少的股票尤为重要。每一只在纳斯达克上市的股票,至少要有两个以上的做市商为其股票报价。一些规模较大、交易较为活跃的股票的做市商往往能达到 40—45 家。平均来说,非美国公司股票的做市商约为 11 家。在整个纳斯达克市场中,大约有 500 多家做市商,其中在主板上活跃的做市商有 11 家。这些做市商包括美林、高盛、所罗门兄弟等世界顶尖级的投资银行。纳斯达克现在越来越试图通过做市商制度,使上市公司的股票能够在最优的价位成交,同时保障投资者的利益。

(4) 保荐人制度。在纳斯达克市场,做市商既可买卖股票,又可保荐股票。换句话说,他们可对自己担任做市商的公司进行研究,就该公司的股票发表研究报告并提出推荐意见。

目前,纳斯达克已成为中国企业海外上市融资的渠道。纳斯达克对中国企业的吸引力主要有以下几点:

(1) 上市门槛低,融资速度快。纳斯达克的上市条件相对宽松,而且实行注册制,申请程序简单,上市周期短,平均两个月就能完成审批,这对于一些融资时间较为迫切的高新技术企业具有很强的吸引力。

(2) 市场和投资者相对成熟。海外市场投资者多以机构投资者为主,其投资理念和风险相对成熟。同时,纳斯达克就是一个技术和商业创新企业的聚集地,投资者对一些领先的创新型业务模式更易于理解和接受。

（3）规范的市场约束与促进机制。纳斯达克发展时间较长,逐渐形成了对创新与创业企业良好的市场约束与促进机制,可以让中国企业在公司治理结构和管理水平上都上一个台阶。

（4）具备市场声誉和品牌传播效应。纳斯达克是全球最具声誉的资本市场,已孕育出一批全球最具影响力的优秀企业。因此,在纳斯达克上市可以让中国企业获得一定的国际知名度,尤其是那些需要拓展国际市场的企业。

创业阅读

中国互联网创业企业的赴美上市之路

中国的创业企业,尤其是互联网创业企业的赴美上市之路随着资本市场情况的变化,自2000年以来,产生过数波上市的浪潮,每一波浪潮的代表企业都不同。

第一波上市潮,是以新浪、网易、搜狐等门户网站为代表的互联网公司赴美上市。在20世纪90年代末,互联网兴起的主要表现形式就是网站。门户网站作为综合性的内容载体,很容易成为访问聚集地,俗称"入口"。"入口"成为互联网发展初期最重要的一个概念,抢占"入口"成为互联网发展在这个阶段最重要的商业模式。"入口"的概念也深度影响了之后互联网发展过程中的每个阶段。其中,百度的成功上市标志着在PC端"超级入口"的概念已经发挥到了极致。

第二波上市潮,集中于2003年到2007年之间。这期间上市的公司所属行业类型开始逐渐增多。2003年底率先登场的携程,成为国内旅游行业最大的垂直门户。2004年中期,盛大网络也登上纳斯达克。另外两家分别代表了旅游和招聘领域垂直门户的艺龙和51Job也是在2004年赴美上市的。由此,上市潮从门户网站开始往垂直领域发展,同时迸发出很多领域的创业企业。其中,以巨人、九城等为代表的游戏公司,迅速成为中国互联网创业企业第二波赴美上市潮的重要力量。这些公司基本是围绕着人们的日常生活服务(衣食住行)需求逐步展开的。到2006年新东方的上市,标志着在日常生活领域的创业企业在美遍地开花。

第三波上市潮,集中于2010年到2012年之间。在这期间,我们看到垂直门户开始百花齐放,进入到更多的生活分类中。例如,世纪佳缘是基于婚恋的,搜房是基于房地产的,优酷是视频行业的老大。与此同时,工具类"入口"横向杀出,奇虎和高德地图的上市让人们明白原来互联网不仅仅是网站,对于访问量的追求变成了一场占领用户日常生活的游戏。在这一波浪潮中,还涌现出了一家社交类公司——人人网。社交作为一种新型的互联网模式,区别于以"入口"为核心的流量变现，更多地需要通过为用户提供增值服务变现，开始受到美国资本市场的追捧。第三波上市潮是一个承上启下的阶段。我们看到互联网开始渗透到日常生活的每一个领域，从一味追求访问量发展到追求进入用户的日常生活。与此同时，社交和电商正在以越来越快的速度向我们走来。当当网的率先上市和之后唯品会的上市，拉开了后续电商上市的序幕。

第四波上市潮，起于 2013 年。我们看到的是互联网发展到了一个全新的阶段：寡头产生（百度、阿里巴巴、腾讯），并购丛生（上市公司与非上市公司、非上市公司与非上市公司频频并购）。从行业领域看，电商在这个阶段大放异彩，不仅有垂直电商（聚美优品），也有自营电商的巨头（京东），更有超级无敌的平台型电商（阿里巴巴）。同时，社交类的创业企业开始崭露头角，微博这个曾经异常火爆的社交产品在此期间上市，而陌陌作为第一家专营移动互联网社交的产品也成功登陆纳斯达克。奇虎、猎豹和迅雷脱颖而出，在国内互联网公司中占有一席之地。垂直生活服务领域也涌现出了一些上市公司，更多的"独角兽"还没有上市就已经具备了成为互联网巨头的潜质。第四波上市潮可以说是一场资本盛宴，我们发现中国也能够涌现出市值达十亿美元、百亿美元甚至千亿美元的互联网公司。

资料来源：Downpour. 互联网创业的赴美上市之路——历史回顾[EB/OL]. (2015-12-09) [2016-08-12]. http://www.jianshu.com/p/f5f0403afeq5.

本章要点

1. 天使投资通常指自由投资者或非正式风险投资机构对早期创业企业进行的一次性前期投资。一般认为，天使投资多是创业投资市场中的个人投资行为。

2. 天使投资的目标主要是极具成长性的高科技创业企业，投资的风险较高。天使投资人通常以股权的形式投资于早期创业企业，股权的平均持有期限为 5—8 年。

3. 早期创业企业，尤其是还没有成熟商业模式和现金流的企业进行估值，难以套用成熟规范的财务投资估值方法。

4. 影响初创企业估值的主要因素包括供求关系、行业发展、企业成长、创业团队等。

5. 从美国的天使投资现状看，有个人、协会、俱乐部、网络模式，更有政府模式，特别是政府小企业管理局和科学基金会模式。

6. 风险投资是由职业金融家投入到新兴的、迅速发展的、具有巨大竞争潜力的企业中的一种权益资本。

7. 风险投资机构区别于其他传统金融中介机构之处在于，不仅仅为资金匮乏的初创企业提供金融资源，更重要的是会积极参与到企业的监督管理工作中，运用其长期积累的经验、知识和信息网络，帮助制定特殊的战略规划和专业的运营规划，提供专业管理经验等。

8. 股权众筹是基于互联网渠道实施的一种融资模式，是创业企业通过网络融资平台向普通投资者出让一定比例的股份，投资者出资购买企业的股份，以获得企业未来经营产生的收益。

9. 2015年被称为中国众筹"元年"，京东金融、蚂蚁金服、平安集团、中信证券、36氪等一批行业巨头纷纷开始布局股权众筹平台。

10. 国内股权众筹平台的运作模式大致可以分为三类：中介费/佣金模式、股权回报模式、增值服务费模式。

11. 股权众筹的参与主体一般由筹资人、投资者、众筹平台和第三方托管平台四类主要角色组成。

12. 目前，股权众筹的一般运作流程大致是：项目发起、项目审核、项目发布、股权认筹、签订协议与跟踪管理。

13. IPO是指股份公司首次向社会公众公开招股的发行方式，是一种重要的企业融资行为。

14. 创业企业选择IPO除了进行融资的核心原因之外，其动机可能会非常多元化。对于创业企业的不同利益相关者来说，其IPO的目标也会非常多样化。

15. 企业融资的方式、规模、数量随企业发展而改变，表现出一定的周期性，可称之为"企业融资周期"。企业融资周期随企业生命周期变化而有不同特点。

16. 新三板也是多层次资本市场体系的重要组成部分，被称为"中国的纳斯达克"。

17. 新三板为中小微企业提供许多便捷的融资途径。企业挂牌新三板后可以利用的融资方式主要包括：定向增发、优先股、私募债、银行信贷与资产证券化。

18. 创业板又称"二板市场"，即第二股票交易市场，是指主板之外专为暂时无法上市的中小企业和新兴企业提供融资途径和成长空间的证券交易市场。

19. 纳斯达克是美国全国证券交易商协会为了规范混乱的场外交易，为小企业提供的融资平台。纳斯达克已经是演绎美国创新和创业精神的一个重要舞台。

20. 纳斯达克具有一些制度优势，如双轨制、高效的交易系统、做市商制度、保荐人制度。

思考与练习

1. 在创业的不同阶段,应如何制定融资策略?
2. 现在越来越多的投资机构开始进入天使投资,这对传统的个人天使投资会带来什么影响?
3. 创业企业应如何获得风险投资者的青睐?
4. 在对创业企业的评估中,如何评估人的价值?
5. 股权众筹对传统的创业融资渠道会带来什么影响?
6. 尝试分析中国创业板与美国纳斯达克两个融资市场的特点与区别。
7. 2016年,在美国上市的中概股掀起了一股回归中国资本市场的浪潮。你怎么看待这个现象?
8. 创业板的上市公司的市盈率都非常高,这对未上市的创业企业来说有何利弊?

拓展阅读

1. 天使成长营,徐勇,乔乔,潘杰.寻找下一个"独角兽":天使投资手册[M].北京:机械工业出版社,2016.
2. 郭春光,赵月阳.众筹:互联网+时代的融资新思维[M].北京:人民邮电出版社,2016.
3. 洛伦佐·卡弗.风险投资估值方法与案例[M].陈瑗,译.北京:机械工业出版社,2015.
4. 胡世良.互联网金融模式与创新[M].北京:人民邮电出版社,2015.
5. 崔荣光.互联网金融大格局:金融跨界+传统变革+实战剖析[M].北京:人民邮电出版社,2016.

第十章　商业计划书

本章学习目标

1. 了解商业计划书的基本概念；
2. 理解商业计划书的主要作用；
3. 掌握商业计划书的基本规范；
4. 熟悉商业计划书撰写的步骤；
5. 掌握撰写商业计划书的一些技巧；
6. 熟悉商业计划书演示的流程与方法。

案例导读

《隆中对》：商业计划书的一个经典范本

公元 207 年冬至 208 年春，在徐庶的建议下，实力尚弱小的刘备三顾茅庐，见到了隐居卧龙岗的诸葛亮。《隆中对》可谓是诸葛亮准备的一份经典的商业计划书，这份计划书对帮助诸葛亮正式登上政治和军事舞台，协助刘备团队创立基业，起到了至关重要的作用。

《隆中对》的精华如下："自董卓以来，豪杰并起，跨州连郡者不可胜数。曹操比于袁绍，则名微而众寡。然操遂能克绍，以弱为强者，非惟天时，抑亦人谋也。今操已拥百万之众，挟天子以令诸侯，此诚不可与争锋。孙权据有江东，已历三世，国险而民附，贤能为之用，此可与为援而不可图也。荆州北据汉、沔，利尽南海，东连吴会，西通巴、蜀，此用武之国，而其主不能守。此殆天所以资将军，将军岂有意乎？益州险塞，沃野千里，天府之土，高祖因之以成帝业。刘璋暗弱，张鲁在北，民殷国富而不知存恤，智能之士思得明君。将军既帝室之胄，信义著于四海，总揽英雄，思贤如渴，若跨有荆、益，保其岩阻，西和诸戎，南抚夷越，外结好孙权，内修政理；天下有变，则命一上将将荆州之军以向宛、洛，将军身率益州之众出于秦川，百姓孰敢不箪食壶浆以迎将军者乎？诚如是，则霸业可成，汉室可兴矣。"

虽然只有寥寥三百余字，却对刘备面临的外部环境、竞争局势、创业资源、发展战略等一系列问题进行了深入分析，为刘备后来创立基业指出了一条可行的路径。

第一是创业环境分析。《隆中对》开篇便指出:"自董卓以来,豪杰并起,跨州连郡者不可胜数。"在这种群雄纷争的乱世中,作为处于艰难创业初期的"小企业",刘备团队是否有创立宏图伟业的可能性呢?这是诸葛亮首先要为刘备解答的重要问题。诸葛亮用曹操的例子给了刘备信心:"曹操比于袁绍,则名微而众寡。然操遂能克绍,以弱为强者,非惟天时,抑亦人谋也。"诸葛亮把曹操集团取得的成功很大程度上归因于"人谋",这在一定程度上鼓舞了刘备的创业信心,让他相信只要大家愿意一起奋斗努力,就一定会有机会。

第二是竞争对手分析,明确自己的竞争策略。刘备要想实现匡扶汉室的宏图,面临两大主要竞争对手:一个是曹操,一个是孙权。如何应对这两个对手?诸葛亮给出的策略是,对曹操"诚不可与争锋",对孙权"可与为援而不可图也"。诸葛亮解释了采取这种竞争策略的理由:曹操"拥百万之众,挟天子以令诸侯";而孙权"据有江东,已历三世,国险而民附"。诸葛亮非常精准地总结了两者的核心优势:前者军事实力雄厚,又有天子这块招牌;后者地理环境险峻,百姓团结拥戴。

第三是找到创业的突破口。诸葛亮将眼光瞄向了荆州:"荆州北据汉、沔,利尽南海,东连吴会,西通巴、蜀,此用武之国,而其主不能守。"荆州的市场地位重要,且地头蛇势力较弱,可以作为战略突破口。有了突破口之后,市场就会出现曙光,就有了占据一方的可能性:"益州险塞,沃野千里,天府之上,高祖因之以成帝业。刘璋暗弱,张鲁在北,民殷国富而不知存恤,智能之士思得明君。"这一创业突破口让刘备的创业发展思路豁然开朗,犹如在摸索的黑夜中见到灯塔,即创业之初一定要寻找市场缝隙,千万不要与市场中的强大竞争对手硬碰硬,而要找到合适的市场环境,养精蓄锐,壮大自己。

第四是挖掘自己的竞争优势。在这场竞争中,刘备具有什么优势能让自己获得最终的胜利呢?诸葛亮指明,刘备"既帝室之胄,信义著于四海,总揽英雄,思贤如渴"。作为皇室亲族,刘备起而发难名正言顺,是正义之举,具有足够的声望和号召力。也就是说,作为"企业领导人",刘备具有成为领袖的资本与品牌。再加上"总揽英雄,思贤若渴"的美德,团结一切可以团结的力量,刘备集团就一定能够达成愿景。现在最缺少的只是一个平台,如果占据了荆州、益州,"企业"有了立足之地,未来的发展就有了一个良好的基础。

第五是企业发展策略。形成三足鼎立之势是第一个阶段的创业目标,那么从长期来看,"企业"又该如何发展,获取更大的疆土和市场份额?需要采取何种正确的策略?诸葛亮的方案是:"保其岩阻,西和诸戎,南抚夷越,外结好孙权,内修政理。"西边和南面都要安抚少数民族,结成稳固的战略联盟,以安固后方;外面与孙权集团交好,组成松散战略联盟,共同抵抗强大的曹操集团;刘备集团内部则要做好制度建设,修炼自身的实力和核心竞争力。

诸葛亮的这份商业计划书可谓高瞻远瞩和韬光养晦,一下就打动了刘备,并得到了刘备的重用,《隆中对》也成为整个刘备团队的创业战略指南。从三国的后期发展形势来看,刘备团队几十年的创业历程基本亦步亦趋地按这个计划书发展,这不得不让人惊叹诸葛亮超群的创业策划能力。

资料来源:根据相关资料整理。

第一节　商业计划书概述

一、什么是商业计划书

商业计划书最早出现在美国,当时是作为创业企业从私人投资者和风险投资机构那里获取资金的一种手段,其主要目的是递交给投资者阅读,便于他们了解和评判创业项目的内在价值,从而帮助他们作出投资决策。创业经济发展到今天,商业计划书已经成为创业企业成长过程中融资的一份必备文件。在国内外投融资市场上,大多数投资机构都会要求创业企业提交一份商业计划书。

商业计划书是在对创业项目相关数据资料进行调研、搜集、整理与科学分析的基础上,按照一定的格式规范要求撰写而成,向投资者全面展示创业项目的历史、现状与未来发展的一份书面报告材料。它涵盖的内容可以非常广泛,从创意的产生、团队组建、股权结构、产品与服务、市场营销、商业模式、技术研发、发展战略,到财务计划、融资方案、风险分析、退出机制等,只要是投资者可能感兴趣的内容都可以写入其中。

目前,对商业计划书的认知有两种态度:一种认为商业计划书非常重要,创业者必须认真对待,值得投入时间、精力和资源去准备这份可能改变企业命运的文件。如果创业者没有能力或者时间和精力去撰写一份高质量的商业计划书,还可以聘请专业的商业计划书策划机构完成。一些专业的咨询机构可能对投资者的兴趣与投资偏好更为熟悉,能更好地为创业者挖掘出项目的精彩之处。另一种则认为商业计划书并不像大家想象的那么重要,因为投资者都是富有经验的行业专家,那些长篇累牍的计划书是无法打动他们的。特别是那些按教科书规范拼凑出来的商业计划书,还可能起到反面作用,创业项目很有可能遭到投资者摈弃。

那么,究竟应如何对待商业计划书?也许我们不需要只在乎投资者是否重视,其重要性也不能仅仅由投资者的看法来决定。对创业者来说,商业计划书的撰写与演示是一个必须去好好了解和掌握的技巧，因为你永远不能预判它在创业道路上什么时候会发生哪些神奇的作用。

二、商业计划书的主要作用

为什么要撰写商业计划书？不同的人对商业计划书的作用有不同的理解。一些人认为商业计划书非常重要，是公司获取资金等外部资源的核心文件，是迈出融资的最重要一步。好的商业计划书能打动投资者，从而获得公司成长所需的资源。但是，也有人认为商业计划书不是太重要。有学者对1999年到2002年期间的七百多份互联网公司的商业计划书进行了研究，认为商业计划书的内容无法预知哪家公司能获得风险投资的青睐。这似乎说明商业计划书的好坏跟融资成功与否没有太大关系。但是，根据Arthur Andersen公司在2002年所作的一个调查，拥有商业计划书的企业的融资成功率比没有商业计划书的企业平均高出100%。

许多创业者在融资的过程中，把大量时间和精力花在交朋友和找关系上，往往忽略了商业计划书所起的重要作用，即使碰到了感兴趣的风险投资人，又往往因准备不足而错失良机。甚至有一些创业者不愿意向投资者提供商业计划书，他们更喜欢与投资者见面聊。但是，投资者又是一个异常繁忙的群体，往往要面对大量创业融资项目，如果每个项目的初选都要以当面聊的方式进行，那么根本忙不过来。所以，在与创业者见面之前，投资者通常希望先看一下商业计划书。

实际上，创业者如果真正了解商业计划书所具有的一些重要作用，可能会花一些时间和精力认真对待。虽然这份计划书可能不会在短时间内为创业者带来一些看得见的回报，但是谁能预测其潜在价值有多大，又会在什么时间兑现呢？

1. 获得投资者的投资

撰写商业计划书的主要目的是进行创业融资，良好的商业计划书往往被称为创业企业吸引风险投资的"敲门砖"。一份高品质且内容丰富的商业计划书，将会使投资者更快、更好地了解投资项目，将会使投资者对项目有信心、有热情、有动力，促成投资者参与投资项目。创业者要尽量清楚地说明自己创办的企业有什么样的价值、风险有多大、需要投入多少资金、何时能够给投资人数倍的回报等。在一份完整的商业计划书中，集中了几乎所有投资者关心的创业企业信息，能让投资者尽快对创业企业和创业者有一个快速的判断和分析。如果商业计划书足够吸引投资者，那么创业者就能比较顺利地获得创业资本的青睐。

2. 帮助创业者作好创业准备

许多创业者总是充满激情，一个好的创业点子在脑中闪现后，往往让他们精神振奋、情绪激扬，会产生一股抑制不住的创业冲动，希望马上付诸行动，往往会忽略创业过程中可能遇到的困难和风险。但是，创业道路通常充满荆棘和障碍，创业者如果对此没有充分的思想和心理准备,很容易被击败而放弃创业。如果创业者能认真地将创业想法以商业计划书的形式撰写下来,就能对其创业点子进行系统的思考,冷静地评估自己的创业想法具备了哪些条件,还需要去创造哪些条件,自己要为创业作好哪些准备,未来的创业发展道路是否切实可行等。当创业者在撰写商业计划书的过程中,对这些问题作了深入的思考后,其创业思路会更加清晰和明确。可以说,商业计划书的撰写是让创业者做一次创业心理演练,对创业者克服日后的创业困难和问题是有所裨益的。

3. 寻找外部合作伙伴

除了获得创业成长所需的资金以外,创业者还需要从外部获得很多资源,其中包括寻找到优秀的合作伙伴,包括供应商、客户、担保机构、法律咨询、行业协会等。在与这些合作伙伴交流时,如果能够提供一份逻辑清晰、说服力强的商业计划书,无疑对促进交流和推进合作有很大的帮助。例如,对于一些设备租赁公司,在创业者没有具有太高价值的有形设备做担保之前,一份有前景的商业计划书有可能增强租赁公司对创业项目发展前景的评判,增强对创业企业的信用评级,从而带来交易成本更低的合作。对客户也是如此,如果创业者想在产品还没有生产出来之前就让客户预付订购资金,那么必须有一份让客户产生高度信任的商业计划书,以打消其所有疑虑。实际上,随着互联网上众筹融资的发展,很多创业项目就是凭着一份有吸引力的商业计划书,获得了许多客户的众筹资金。

4. 构建激励团队成员的蓝图

撰写商业计划书的过程也是一个描绘创业蓝图的过程。创业者首先要把项目推销给企业的员工。好的商业计划书要提出一个具有市场前景的产品或服务,围绕这一产品或服务,清晰地描述出企业的创业机会和发展前景。撰写商业计划书的过程可以帮助创业者理清思路,一个深思熟虑的创业方案和目标不仅可以大大增加创业成功的几率,还能为创业团队描绘出一个创业蓝图。把这个蓝图与创业团队成员分享,可以让团队更深刻地理解和统一企业创业的目标和方向,大家相互激励,为实现这个蓝图而一起努力。

有一个故事:一队匈牙利士兵在阿尔卑斯山进行军事演习。很不幸,他们遇到了暴风雪,迷路了。他们走了两天都没有找到正确的路,认为只能等死了。第三天,他们中的一个人突然在口袋中找到了一张地图,于是通过地图重新确定了方位。但是,他们后来发现,那张地图并不是阿尔卑斯山的地图,而是另一座山的地图。

商业计划书就像一张创业地图,其重要作用不在于描绘得多么精确,而在于能激励创业团队去克服困难,为实现最终的目标而努力。

三、谁会阅读商业计划书

不同类型的受众(或读者)将在商业计划书中寻找不同的信息。如果创业者清楚地了解谁将阅读商业计划书,那么可以更有效地提供他们认为很重要的信息。

创业者可以想一想:你期望从不同类型的读者那里得到什么?你是需要资金,还是需要与其他投资人或业务合作伙伴建立联系?你是需要获得政府相关部门的批准,还是需要政府在资金或税收政策上的积极支持?你是需要一笔银行贷款,还是想在公司内部发动一次内部筹资的活动?或者你仅仅是为了理清自己未来创业发展的思路?

创业者要想清楚自己想从谁那里得到什么,并且进行换位思考:对方为什么愿意为你的创业付出他们的资源?他们希望从商业计划书里看到什么?什么内容会让他们心甘情愿地付出代价以换取未来的创业收益?

1. 潜在投资者

商业计划书首先是为潜在投资者准备的。二级市场的投资者能够从上市公司财报中发现大量有价值的信息。同样,风险投资者也能够从商业计划书中发现有用的信息。这些信息能够让投资者作出初步判断,如该创业项目是否有投资的潜在价值,是否值得进一步调研等。

2. 金融借贷机构

除了提供直接投资的风险投资机构,提供间接融资服务的金融借贷机构也可能成为商业计划书的重要阅读者,如银行。金融借贷机构不仅会关心企业的未来盈利状况,还会注重企业现有资产的规模和品质。相比投资者来说,金融借贷机构是要获得一个固定的借贷收益,而不是获取创业企业成长带来的潜在收益,它们最在乎创业企业在约定期限内偿还债务及付息的能力。企业现有的资产质量与未来的成长如果能够为金融借贷机构提供一种安全期望,商业计划书就能打动它们。

3. 创业团队成员

撰写商业计划书的人可以是创业者,也可以是外部聘请的专业撰写者。不论谁来撰写,创业者都会对商业计划书的内容进行认真思考和阅读。商业计划书不仅要向投资者展示企业未来的发展前景,同时要使创业者就如何发展企业进行深入思考。一份好的商业计划书能够帮助创业者理清经营的思路,激发创业团队成员的奋斗精神。

4. 政府相关部门

随着政府对创新与创业经济发展的支持力度加大,各类创新与创业基金为创业企业提供各种资源支持,包括资金支持、税费减免、房租补贴等。例如,创新基金作为政府对科技型中小企业技术创新的资助手段,将以贷款贴息、无偿资助和资本金投入等方式,通过支持成果转化和技术创新,培育和扶持科技型中小企业。但是,创新基金的申请有一个严格审批的程序,创业企业必须提供相应的支撑材料,其中商业计划书也是必备的材料。这些材料将会呈送给相应的评估专家,如果评估合格,就有可能获得政府提供的相应资源。与投资者和金融借贷机构不同,政府往往会站在国家和区域产业发展的高度,重点支持符合政策鼓励的发展项目。

5. 战略合作伙伴

投资者也是战略合作伙伴,除此之外,供应商、大客户和专业服务机构都可能成为创业企业的战略合作伙伴。如何与有实力的合作伙伴建立战略关系,有时可能比获得单纯的资金更为重要。对于没有多少有形资产的创业企业来说,能够为合作伙伴描绘一个光明的发展前景,是吸引外部合作者建立战略关系的一个重要途径。

第二节 撰写商业计划书前的准备工作

有个广受欢迎和带有传奇色彩的硅谷创业故事:一位非常成功的创业者在创业之初,把一个异想天开的想法潦草地记在一张咖啡厅的餐巾纸上,然后获得了投资者的青睐,并由此创造了一个商业奇迹。亚马逊的创立人杰夫·贝索斯(Jeff Bezos)当年就用一张餐巾纸向投资者描述了创立亚马逊的计划,并成功地得到了宝贵的 20 万美元的种子投资。后来,亚马逊发展成为市值上百亿美元的大公司。但是,这只能是一种个别案例,就犹如中彩票一样,也有人在一夜之间获得了上亿元的财富。作为创业者,不能把自己的前途建立在成功几率如中彩票一样的行为上。因此,把商业计划书的撰写当成创业成长中不可或缺的一个环节认真对待,也许可以帮助创业者避开更多的挫折与失败。

如何才能撰写出一份高质量的商业计划书?这不像小说或诗歌。文学作品的创作要靠想象力和灵感,而商业计划书的撰写更像完成一项有规范程序的施工工程,需要创业者按部就班和保质保量地完成每一个步骤,才可能确保整个工程的高质量完工。虽然整个过程中也有灵感发挥的地方,但是总体上,创业者就是一名严谨有序和辛勤工作的工程师,而不是随性发挥和随意工作的艺术家。

俗话说:"磨刀不误砍柴工",在正式撰写商业计划书之前,有些工作是必须事先完成的,这些工作能够更有效地帮助创业者完成后续的撰写工作。首先,要评估阅读者的兴趣和创业项目本身具有的核心优势,然后找到两者的结合点,并确定撰写内容的核心观点。其次,在评估的基础上,有针对性地收集支撑材料和数据。以上两个准备工作的质量在一定程度上将决定后续的撰写工作的质量。

一、评估兴趣与优势

一个风险投资公司每月可能要收到数以百计的商业计划书,每个风险投资家每天都要阅读几份甚至几十份商业计划书,而其中只有极少数能够引起他们进一步阅读,更多的则被无情地扔到废纸篓中去了。哈佛商学院教授汤姆斯·艾森曼(Tom Eisenmann)研究发现,投资人一般不会花太长时间看商业计划书。阅读一份商业计划书的时间大概是 3 分 44 秒。要在如此短的时间里吸引投资者的兴趣,并非一件易事。只有充分了解阅读者的兴趣,有针对性地进行策划和撰写,才更有机会一下子吸引投资者的眼球。

1. 评估阅读者的兴趣

创业者撰写商业计划书的最主要目的是引起投资者的兴趣。创业者通过商业计划书这种形式说服投资者,让他们心甘情愿地投资自己的好想法或好产品。因此,创业者在撰写时必须事先搞清楚什么是投资者最感兴趣的东西,什么是他们不感兴趣的东西,"投其所好"才能事半功倍。千万不要认为一份商业计划书就可以走遍天下,在面对不同的投资者时,商业计划书最好能调整一下。

风险投资机构在评估一个创业项目时,会用到许多相似的指标和评估工具。但是,具体到每个投资机构或投资者时,其评估项目的视角和方法具有很多个性特征。因此,在寻找投资者之前,创业者非常有必要进行市场调查,摸清要找的投资者的基本情况,根据投资者的兴趣和偏好有针对性地撰写商业计划书。这样,更有可能吸引投资者把整个商业计划书一口气读下去,而不是稍作浏览,没有迅速找到兴奋点就扔进了废纸篓。

虽然不同的投资者关注的内容和重点可能会有所不同,但是大多数投资者都会认真考察以下几方面内容:

(1) 产品或服务

产品或服务只是载体,会随着市场的发展而不断变化,其核心是要能为客户带来价值,即主要为客户解决问题。这个问题看起来很简单,但是要用简单易懂的方法说清楚,并让投资者深刻认同和领悟产品或服务的潜在价值,也不是件容易的事情。特别是一些创新产品或服务,其未来的潜在价值本身就具有不确定性。

(2) 创业团队

再好的创意最后都得由人来实现,创业团队的能力与素质是创意价值实现的一个重要保障。应如何判断创业团队的能力?不同的投资者因阅历和价值观不同,会持有自己不同的"千里马"标准。所以,创业团队如果事先能充分了解投资者的阅历和价值观,将有助于初步判断创业团队的价值观和企业文化是否吸引投资者。

(3) 融资方案

即使认可了产品或服务以及创业团队,投资者还要看这笔买卖是否划算。有些投资者秉承"把钱用在刀刃上"的原则,会很精确地评估创业者的融资方案是否合理,是否有足够的财务管理能力。如果碰到这类投资者,在融资方案的撰写上就一定要花些时间和精力,而不要做得太随意或粗糙。

 创业阅读

XSeed:风险投资人最关注的三件事

作为 XSeed 风投的投资合伙人,和聪明的创业者讨论他们的项目或想法是个很有趣的过程。但是,我同时也担负着为创业公司募集资金的任务。在观摩过数百场创业者的讲演后,我总结出了风险投资人最关心的三方面问题:

一、摆细节,讲道理

有位管理层同事曾说过,他希望听到创业者在"第一分钟"就给出目前融资额度、完成进度、资金使用情况这些细节性的问题。许多创业者觉得这些是在讲演后半段才会出现的具体陈述,而忘记了他们的听众是拿着有限的合伙人的投资、急于锁定可以合作的创始人的风投人员。风投人员能投资的项目只是他们接触的项目中的寥寥几例。他们想看到的是支持融资决定的各方面的细节。因此,通过这些细节,在有限的时间内通过简单的方式获得投资者的认同,能为创业者最大限度地争取听众。

二、展现团队风采

作为讲演人或者介绍人的创业者,应当向潜在的投资者介绍自己的团队过去取得的成绩。这一点可能也有些让人摸不着头脑——面对潜在的投资者,最关键的事情难道不是发布自己的"金点子"么?

开头的产品或项目设想固然可能很好,事实却是随着项目的开发落实,绝大多数产品或目标市场都会经历或多或少的变更,而团队是相比之下比较稳定的因素。我所投资的第一家创业公司经营先进水平的数字信号处理(DSP)算法,计划开发能与任何宽带技术对接的集中器。但是,在几次集中的市场调研后,该团队作出变更,目标改为家庭网络芯片公司,并在一年之内通过融资成功获得5亿美元投资。由此可见,目标市场可以变,产品可以变,商业模式可以变,而团队却始终是稳稳的存在。

三、深入了解市场

投资者希望知道创业者为什么认为自己的产品有足够的市场。记住,照搬

市场调研公司提供的表格是远远不够的。创业者需要说明市场中现存的竞争对手，以及自己的产品有怎样的过人之处，能把竞争对手打个措手不及。创业者还应解释为什么在自己看来这款产品能让用户感到"非用不可"，而不是"用了还不错"。此外，定价和商业模式、与现有产品比较的优势所在以及目标市场是否能够接受创业公司的新产品或新服务，都是投资者所关心的问题，毕竟与一个格局固化的市场展开拉锯战对"急功近利"的创业公司来说有害无益。

　　创业者很可能也会注意到，投资者所关心的问题其实"别有用心"——通过这些代表性的问题，投资者能了解创业者的思考方式、对产品的了解程度、相信什么、看中什么。毕竟一旦选择了某个投资项目，投资者和创业者合作的时间不会短，合作人有怎样的思想状态必定是投资团队所关心的方面之一——是积极改善市场，从善如流，还是闭门造车，故步自封？是努力挖掘产品的各个方面，广泛传播想法，还是对产品在心理上还不确定？在创业的关键假设被证明存在误差时，作何反应？从这些方面，投资人能预想到跟你合作是否合适。团队固然重要，而CEO作为其中的领头羊，更是决定融资合作成功与否的关键。

　　资料来源：Jeff Thermond. 风险投资人最关注的三件事——细节＋团队＋市场[EB/OL]. (2013-08-15)[2016-06-16], http://www.cyzone.cn/article/4504.html.

2. 评估创业项目的核心优势

　　投资者的兴趣就犹如一个靶子，虽然每个靶子都带有投资者的独特偏好，位于不同靶点的内容会有所差异，但是对于每个投资者来说，这个靶子是相对稳定的。一旦这个靶子的特征能被创业者发掘和描述出来，就为命中这个靶子获得高分打下了一个基础。但是，这远远不够，创业者还需要一副好弓箭，这就是创业项目的核心优势。

　　核心优势可以是一支支锋利的箭，是让投资者可以看到的单项优势。例如，核心优势可以是一项技术专利，这项专利将有可能成为科技发展的一个新里程碑，直接引领一个细分行业的未来发展方向，或者彻底扭转现有行业的竞争格局。核心优势也可以是一位优秀的创业领头人，其卓越的能力让团队成员有信心开创一个全新的未来。这些锋利的箭都可能让投资者怦然心动，产生投资的冲动。

　　核心优势还可以是一把好弓，能反映创业企业的前景或整体竞争实力。例如，核心优势可以是诱人的市场潜力和行业前景，它向投资者展现了一块诱人的大饼。尽管投资者清楚这块大饼未必真的能成为现实，但是如果不提前投资介入，等到这块大饼烤好出炉，那就只有看别人吃的份了。好弓还可以是创业企业独特的商业模式，不但未来能带来可观的盈利，而且其独树一帜的模式完全可以让创业企业在未来的市场竞争中保持优势。

核心优势是商业计划书要重点阐述和展现的内容,因为这部分内容才是真正打动投资者的关键所在,是整个商业计划书的灵魂。商业计划书的撰写也应该围绕着核心优势展开。因此,评估创业项目的核心优势是一个非常重要的环节。

虽然创业者是最了解创业企业的人,但是从一个更广阔的视野和客观的角度审视创业项目的优势,往往会由于知识面和信息面的不足,有可能分析不到位。因此,建议邀请一些行业专家参与咨询和讨论核心优势的评估。行业专家可以是技术方面的,也可以是市场经营方面的,可以凭借他们的丰富阅历和广阔视野,充分挖掘创业项目的核心优势。

二、收集相关资料

1. 确定撰写商业计划书所需要的信息

创业者在开始撰写商业计划书之前,要确认自己是否已掌握了所需的全部信息。一份高质量的商业计划书可能需要大量的一手资料和二手资料的支持,这些资料可能囊括宏观环境、中观环境和微观环境各个层面的数据。

宏观数据的内容包括整个社会的经济、政治、文化、教育、自然地理等,其中:

(1)经济环境,可能包括经济发展水平、科学技术发展水平、自然资源和能源、国民生产总值、国民收入、投资规模、人口数量及其分布、居民收入与消费结构、商业、服务业、对外贸易发展情况和市场物价等。

(2)政治环境,包括政府有关部门的经济政策,如工农业生产政策、工商业政策、外贸政策、市场管理政策、银行信贷与税收政策等;政府有关部门的法令和规章制度,如工商法、环境保护法、商品检验法以及有关部门市场调查的多种法令条例等。对于涉外项目,还需包括国家间的关系状况和国际法规等。

(3)人文环境,包括各种教育程度居民的购买力、具备购买力居民的职业构成、民族的特点和分布、宗教信仰、道德风俗、生活习惯、社会审美观念、家庭组织规模等。

微观环境涉及的内容更为具体,一般有:

(1)产品需求调查,主要了解国内外市场需要什么产品、需要多少以及对产品发展的要求。

(2)商品购买力与可供量调查,调查消费者的收支构成及其变化、消费结构及其变化、收入变化所引起的需求变化和社会集团购买力以及一定时期内的商品(产品或服务)供应情况。

(3)竞争能力调查,如产品的质量和价格与市场上竞争力较强的产品的比较;产品的性能在市场竞争中所具备的优劣势;国际市场上该产品的进出口价格以及未来发展的动态及原因；生产同类产品企业的生产水平和经营特点，诸如这些企业的生产规模、产量、设备、技术力量、产品成倍销售利润、价格策略、推销方式以及产品的技术服务等。

2. 收集资料的方法

(1) 一手资料的收集方法

因为有些资料并不是通过二手资料可以获得的，或者有些二手资料已过时多年，不能很好地说明当前的问题，因此需要收集一手资料。一手资料的收集方法很多，以下几种是较为常见的：

第一，问卷调查法，也称"问卷法"，是调查人员运用统一设计的问卷向被选取的调查对象了解情况或征询意见的调查方法。这主要是以书面提出问题的方式搜集资料的一种研究方法。调查人员将所要研究的问题编制成表格，以现场填写、邮寄调查、网上填答或者追踪访问等方式填答，从而了解被调查者对某一现象或问题的看法和意见。

第二，访谈调查法，是调查人员采用面对面交流访谈的方式向被调查者了解信息的方法。例如，了解消费者的消费需求、消费心理、消费态度、消费习惯等动态信息，或者是被调查者购买或使用本企业产品的反馈信息。访谈调查法又可分为直接访谈、电话访谈和网上访谈等。

第三，观察调查法，是调查人员直接到调查现场进行观察、测量并记录以获取第一手资料的方法。观察者到现场进行观察，不仅可以了解到事件发生和发展的全过程，而且可以身临其境，取得通过其他方法无法得到的更深入的资料。观察调查法有多种形式，如控制性观察或无控制性观察、参与观察或非参与观察、结构式观察或非结构式观察、直接观察或间接观察等。

(2) 二手资料的收集方法

一手资料的收集耗费的时间和资源一般较多，因此在收集一手资料之前，应充分地收集二手资料。随着互联网搜索技术的发展，人们收集二手资料的能力越来越强大，所收集资料的数量和质量有时远远超越了一手资料。二手资料的收集方法主要有以下两种：

第一，公司内部资料收集。公司内部资料最有价值，反映了公司现有经营情况，如客户资料、业务运营资料、经营统计数据、财务报表等。

第二，公司外部资料收集。公司外部资料的收集途径较多，如各类图书馆有丰富的藏书和文献资料；政府部门的有关方针、政策、法令、统计报告等；各种经济信息中心、专业信息咨询机构、行业协会发布的资料，如行业法规、市场信息、发展形势、统计资料汇编等；新闻媒体如电视、广播、报刊等，信息丰富，是重要的资料来源；国内外各种展销会、交易会、博览会等；促销会议以及专业性、学术性经验交流会议上发放的文件和资料等。

第三节　商业计划书的撰写

一、成功的商业计划书的基本特征

怎样才算是一份成功的商业计划书？一些人可能认为，只要是能让投资者心悦诚服地拿钱投资的商业计划书，就算是成功的。从获取投资这个目的来说，这个标准当然是一个重要的标准。那么，什么样的商业计划书才能真正地打动投资者呢？不同行业、不同项目和不同投资者可能会有一些不同观点，因此成功的商业计划书并没有一个统一的标准。尽管如此，成功的商业计划书还是存在一些共同点：

1. 具备一定的专业规范

一份不合格的商业计划书想要引起投资者深入阅读的兴趣很难。与此相反，一份具备专业规范格式的商业计划书给人好的印象，能反映出创业者思维严谨、逻辑清晰、表达到位，是经过严格训练和有管理素质的优秀人才，从而让投资者加以关注。

2. 基于客观事实进行分析

投资是兼具科学性和艺术性的活动，专业的投资者更追求投资评估的科学性。例如，说明技术水平时，可以用科学事实和必要的数据来阐明技术的先进性和实际性；介绍产品创新时，需要用充分的市场调查数据来阐述其市场可行性；分析市场前景时，可以基于近期的市场数据，对未来几年的市场前景作合情合理的分析和判断；分析创业项目的营利性时，也要尽量具有客观性，最好能以充分翔实的调查数据为基础，辅以合理的分析和评估。那些带有太强主观性和煽情性的语气往往会引起投资者反感，尽量不要使用"最好的""最完美的""独一无二的"等字眼。同时，切忌使用那些海阔天空和漫无边际的妄断结论。

3. 清楚、有吸引力的叙述结构

一份真材实料的商业计划书会包含很大的信息量。面对如此多的信息，投资者总希望能快速锁定自己关注的问题和内容。同时，投资者应当很容易找到他们特别感兴趣的话题。这就要求商业计划书必须有一个清楚的结构，使投资者能够灵活地选择他们想要阅读的部分。

4. 内容简单到外行也能读懂

有些创业者认为，商业计划书的专业性要让行家都能叹服。因此，在产品技术和商业模式的分析上，会用许多专业性较强的资料和数据来说明，甚至建立一些晦涩难懂的模型，并在一些技术细节的说明上下足功夫。但是，很多情况下，投资者并非技术上的专家，他们很难立刻对这些复杂生硬的模型和技术数据作出判断。实际上,简单的说明和直观的照片也许更容易让投资者认知和理解。那些专业性较强的数据和资料可以放到附录中去。

5. 运用直观、易理解的表达风格

人类的思维和认知对具有视觉效果的表达方式具有天然的亲近性。尽管严谨致密的文字分析和数据统计不可或缺,但是在表达一些核心观点时,用必要的图表和插图来说明是非常有说服力的一种表达方式。它们既可以吸引读者的注意力,有效地解释含义,又可以打破单调的文字格局。千万不要把投资者当成只偏好数据分析的理性专家。实际上,适当地运用一些图表和插图等直观的表达风格,能使投资者更容易了解和记住你要阐述的问题。要记住,好的表达方式本身就是一种思维创新。仅这一点就足以让投资者有理由投入更多的时间进一步阅读。最后,整个商业计划书的表达风格要有统一性,避免因多人参与撰写而带来风格不一和分析深度各异的情况。建议由一个人负责最后编辑和定稿的工作。

6. 持有坦诚可信的交流态度

商业计划书也是创业者与投资者的一种交流方式,犹如人与人之间的交流,如果你的语言和行为不能给对方一种坦诚可信的交流感觉,很容易产生交流障碍。就好像我们一般不愿意与夸夸其谈和华而不实的人进行深入合作,如果一份商业计划书报喜不报忧,只谈项目的优势,对缺陷和潜在问题避而不谈,那么就容易引起投资者的疑虑,要么是你故意隐瞒了一些事实的真相,要么是你对项目没有真正的深入认识。不论是什么原因,进一步的投资或合作都需要谨慎。

7. 注意一些细节问题

有些投资者还有"窥斑见豹"的洞察力,能通过一些小细节评判创业者的态度和能力。因此,好的商业计划书会在封面设计、字体风格、排版样式、附件形式等细节方面作一些考虑和设计。例如,有统一的版面格式;字体与文章结构和内容保持协调;插入的图表力求简洁;使用印有公司 Logo 的文件纸;采用专业的印刷和装订等。一份美观而又专业的商业计划书可能会成为投资者愿意多花时间认真阅读的第一个理由。

二、商业计划书内容的基本规范

一份合格的商业计划书必须做到分析深入全面,评估论证令人信服。撰写商业计划书不同于单纯的文学写作,文笔优美、字句顺畅不是首要目标。一份具有商业洞察力的商业计划书比一份结构松散、专业性差、缺乏商业眼光的商业计划书更能体现创业者的综合素质,也更能得到投资者的青睐。

1. 摘要

有人形象地把摘要比喻成"牛排的香味",即要迅速地引起投资者的兴趣,使投资者能够马上理解你的基本观点,快速掌握商业计划书的重点,并作出是否继续读下去的决定。商业计划书的内容方面,最忌讳投资者读了半天仍然不理解企业要做什么,或者找不到重点和兴奋点。所以,一个简明扼要和引人入胜的摘要非常重要。

摘要的内容没有统一的格式,可以包括公司介绍、主要产品与业务范围、市场需求与竞争、营销策略、销售计划、生产管理计划、创业团队与组织架构、投资风险、财务状况与融资计划等。其核心应该是向投资者传达以下一些信息:

(1) 创业计划的方向是正确的和合乎逻辑的;
(2) 产品与服务是有价值的,企业的商业模式是具有创新性的;
(3) 企业具有较大的市场发展潜力,而且在行业中具有竞争优势;
(4) 创业团队有足够能力和资源实现创业目标;
(5) 融资方案是科学合理的,具备专业水平的分析;
(6) 投资这个项目可以让投资者获利并顺利退出。

整个摘要应简明扼要,并对已经完成的商业计划书中每一部分的关键点加以强调。

再次强调,摘要的重要目的是吸引投资者的注意力并激发起他们继续阅读的兴趣。所以,建议商业计划书最好最后完成,在动笔写摘要之前,先对整个商业计划书的主体内容进行修改和润色。然后,反复阅读和思考以提炼出整个商业计划书的精华所在,再胸有成竹地动笔撰写摘要。

2. 企业基本情况

在向投资者介绍企业的产品与服务、商业模式与营销策略之前,必须先向投资者详细介绍企业名称、注册地点、经营场所、法律形式、法人代表、注册资本以及所有权结构等基本情况,并简单描述一下企业目前经历了哪些主要发展阶段,已经取得了哪些进展或成绩,以及企业未来短、中、长期的简要发展计划。其中,有些内容可以进行重点介绍,如企业的使命与目标等。在陈述企业的使命与目标时,可以使用一些生动形象的语言,让投资者对创业企业的本质有直观的认知和理解。

3. 产品与服务介绍

产品与服务介绍是商业计划书中的重要内容之一。通常,可以介绍以下一些内容:产品与服务的概念、性能及特性、主要品种,产品的市场竞争力,产品的研究和开发过程,产品的未来发展计划,产品的品牌和专利等内容。

这些内容的核心是要回答以下几个问题:

(1) 顾客希望企业的产品能解决什么问题?顾客能从企业的产品中获得什么好处?

（2）企业的产品与竞争对手的产品相比有哪些优缺点？顾客为什么会选择企业的产品？

（3）企业为自己的产品采取了何种保护措施？企业拥有哪些专利、许可证，或与已申请专利的厂家达成了哪些协议？

（4）为什么企业的产品定价可以使企业产生足够的利润？为什么用户会大批量地购买企业的产品？

（5）企业采用何种方式改进产品的质量、性能？企业对发展新产品有哪些计划？

在回答以上问题时，最好不要泛泛而谈，应尽可能提供相关的数据资料。

4. 市场需求分析

企业成功与否依赖于企业的产品或服务是否能够满足顾客的需要和愿望。目标市场分析有助于企业更科学地制定市场销售策略以及开发新产品或服务，可以预测未来的销售和利润情况。投资者关心产品或服务的市场规模到底有多大，以及其未来规模具有多大的增长潜力。投资者希望商业计划书能通过有信服力的数据资料证明，企业现在和未来都有清晰明确和能够到达的目标市场。因此，在撰写时可以聚焦以下一些问题：

（1）目标顾客是谁？现在的目标市场规模大概有多大？

（2）目标市场的增长率是多少？

（3）目标市场的结构现在是什么样的？它正在经历哪些变化？

（4）什么因素会影响顾客的实际购买需求？这些因素有什么变化趋势？

（5）社会文化价值正在经历哪些变化？它们对产品或服务有什么影响？

（6）目标市场有多少竞争对手？目前占有多大的市场份额？

（7）企业的主要竞争优势是什么？为什么顾客会购买企业而不是竞争对手的产品或服务？

许多投资者要求企业必须具备市场导向。通常，投资者愿意投资给市场导向的企业，而不是技术导向或产品导向的企业。因此，商业计划书千万不要写成一个产品和技术说明书，而要突出产品和技术的市场导向。市场导向的商业计划书可以突出以下几方面的描述：

（1）人口统计。人口统计是描述顾客群的最基本、最客观的指标。在描述人口统计资料时，一定要与企业的产品销售有关，必须与顾客对企业的产品或服务的兴趣、需要和购买能力有关。

（2）地域。地域描述主要是描述有关产品或服务的销售范围。地域描述可以描述广度，如市场是一个城市、一个地区、一个省、一个国家还是全世界；还可以描述地点，如市场是大都市、中小城市、郊区还是农村。

(3) 顾客生活方式。经验和职业能够让我们对顾客的要求和兴趣有一定的了解，如果能够在此基础上作一番市场调查，就更有助于我们深入了解顾客的生活方式。有关顾客生活方式的描述，可以从供应商那里获得信息，可以研究顾客最喜欢看的杂志，还可以通过线上或线下进行的问卷调查。通过这些调查研究，可以逐步建立一个关于顾客生活方式的"全景图"，然后让企业制定更有针对性的营销策略。

(4) 心理。顾客的心理因素对购买产品或服务也起着重要的作用。了解顾客的消费心理，有助于企业制定适当的市场销售计划，可以更有针对性地制定相关市场销售策略。

5. 行业及其发展趋势

行业是由所有提供相似产品或服务的企业以及与这些企业密切相关的其他企业、供应系统和销售系统等共同组成的一个产业系统。无论企业从属于一个还是几个行业，都要研究这些行业，找出对企业发展影响最大的问题。对企业所从属的行业进行分析是创业的前提条件。对行业的深刻理解将有助于创业者了解影响企业成长和成功的各种因素。

行业分析可以聚焦于以下问题：企业所处行业的规模有多大？行业的发展趋势如何？行业的成熟度如何？行业的进入和发展是否存在障碍？企业所处行业的整体融资状况和融资成果如何？企业需要适应的社会状况变化是怎样的？对企业的生存和发展产生影响的行业技术发展趋势是什么？对企业产生影响的法律法规的变化趋势是什么？是否有新的立法或者是即将颁布的法律法规？同时，也要考虑供给因素、分销渠道因素以及其他有关的融资因素。

6. 市场竞争状况

产品或服务的质量是在与竞争对手的较量中不断改进的。如果企业想成为胜利的竞争者，就必须了解竞争对手。只有在市场竞争中建立一个强大的竞争观念，才能确保企业的竞争位置；只有在与竞争对手的较量中，企业才能发现自己在市场竞争和企业内部经营方面的优势和劣势。对于许多没有经历过失败的创业者，最常见的问题之一就是往往会低估市场中现有的竞争对手，缺少对竞争对手的了解。如果商业计划书中不对竞争对手进行分析，或低估竞争对手，会让投资者认为企业要么没有好好作市场调查，要么就是太过自信，而这些都会让投资者产生巨大隐忧而不敢投资。

实际上，企业在市场上的竞争对手往往有很多。因此，在撰写商业计划书时，要集中在目标市场范围内，着重分析那些与企业有相同目标市场的竞争对手。在分析竞争对手时，要集中在以下几个方面：

(1) 谁是你的主要竞争对手？

(2) 你们在什么方面存在竞争？

(3) 目前,竞争对手之间的市场份额大概是怎样一个格局?
(4) 你和竞争对手之间各自的竞争优势和劣势是什么?
(5) 未来可能存在哪些潜在的竞争对手?
(6) 新的竞争对手进入市场的障碍是什么?

在比较分析竞争优势和劣势时,最好以表格方式列出细分行业内最主要的竞争对手,以关键成功因素作为比较维度,针对本企业与潜在竞争对手进行对比分析。例如,可以从技术壁垒、核心团队、用户数据、资源优势、运营策略、融资情况等方面进行比较。

除了认真分析市场上现有的竞争对手以外,还需要站在未来看现在,有些目前不是企业的直接竞争对手,但是随着企业的发展,将来可能会成为企业强有力的竞争对手。同时,预测未来几年市场竞争情况必须根据现在的市场情况、整个产业的变化趋势和国家的政策,作出合乎逻辑的推论。

7. 生产制造计划

商业计划书中的生产制造计划应包括以下内容:产品制造和技术设备现状、新产品投产计划、技术提升和设备更新的要求、质量控制和质量改进计划。

在寻求资金的过程中,为了增大企业在投资前的评估价值,应尽量使生产制造计划更加详细、可靠。生产制造计划应回答以下问题:企业生产制造所需的厂房、设备情况如何?怎样保证新产品在进入规模生产时的稳定性和可靠性?设备的引进和安装情况如何?谁是供应商?生产线的设计与产品组装是怎样的?供货者的前置期和资源的需求量是怎样的?生产周期标准的制定以及生产作业计划的编制是怎样的?物料需求计划及其保证措施是怎样的?质量控制的方法是怎样的?

8. 市场营销策略

市场营销战略是企业在综合考虑外部市场机会、内部资源状况等因素的基础上,确定目标市场,选择相应的市场营销策略组合,并予以有效实施和控制的过程。在商业计划书中,市场营销策略可以包括以下内容:

(1) 营销渠道策略

对创业企业来说,由于产品和企业的知名度低,很难进入其他企业已经稳定的销售渠道。投资者希望了解企业的产品从生产现场最终转到用户手中的全部过程,以及一些基本问题,如:企业的产品有哪些行销环节?是企业直接零售,还是通过外部的销售机构和网络进行销售?企业是否与其他销售企业或平台建立了销售合作关系?

(2) 促销策略

促销策略涉及以下一些问题:如何向顾客传播这些信息?如何接触到未来潜在的顾客?采取什么方式进行市场宣传?是否需要做广告?企业的基本广告

策略是什么？广告在市场营销策略中的地位如何？采取什么方式做广告？其成本怎样？产品销售对广告的敏感程度怎样？是否需要参加展销会？应该参加哪类展销会？到哪里获得展销会的信息？

（3）定价策略

产品价格的变化直接影响消费者的购买行为，影响企业盈利目标的实现。价格也是市场竞争的重要手段，定价策略是市场营销策略中重要的内容。企业制定定价策略要回答几个重要的问题：企业的定价目标是什么？哪些因素影响了企业产品的定价？企业产品成本具有怎样的经验曲线？市场具有怎样的需求价格弹性？竞争者的产品是如何定价的？企业是否采取了竞争性定价策略？国家的相关政策是否会影响企业产品的定价？

（4）销售策略

销售策略是为企业的销售目标制定依据。企业的销售计划应在既定成本下实现最有效率的销售。销售策略涉及以下一些问题：销售人员是如何被选拔出来的？销售人员的激励机制是否有效制定？销售人员需要什么样的培训？销售成本是多少？销售的盈亏平衡点是多少？期望实现的销售额占预期销售额的比例是多少？是否采用市场渗透策略？计划采用哪些市场渗透策略？

9. 创业团队与组织结构

人是决定创业成败的第一因素。投资者在决定投资项目时，重点想了解创业团队的素质，特别是核心成员的个人能力、工作经历、合作精神、人格特点等，这比技术、产品或服务等更重要。

除了核心创始人之外，创业团队还需要包括技术（或产品）、销售、运营等方面的核心骨干成员。团队成员可以介绍5—10位，介绍的内容可以包括：

（1）工作经验，特别强调与现在的职位有直接关系的经验。

（2）已有成绩，如负责过什么项目，解决过什么问题，取得过什么样的绩效等。

（3）学历，如果与现任职务有直接关系，则需要予以介绍。

（4）技术与管理能力，主要介绍创业团队成员在技术或管理方面各自所具有的优势。我们很难找到完美的个人，但是一个创业团队的成员如果能够在能力之间形成互补，则可以避免致命的能力短板。

（5）激励机制，可以向投资者展示企业如何建立一套科学有效的奖励机制以激励员工奋发向上，让投资者相信这套激励机制能够保障全体员工全力以赴地去实现企业的目标。

（6）组织结构与岗位设置，在一定程度上能显示企业规范管理的能力，科学的组织结构和岗位设置能有效地减少沟通成本，提升企业的运作效率。

当然，也可以说明创业团队有待改进的一些弱点，如技术、知识、专利和沟通交流等方面存在的问题。这样,可以让投资者对创业团队有更全面的认识,增强理解和可信度。

10. 成长战略

创业企业的未来成长具有不确定性,越是早期的企业,其不确定性越大。因此,很多创业者对企业的成长战略有所忽略,或者感觉把握不好。实际上,有经验的投资者都知道企业的成长是会根据外部环境的变化进行动态调整的。但是,这并不等于创业者不要作战略思考,最基本的可以描述一下企业的战略定位(我们做什么,不做什么)和愿景(我们未来会是什么样),以及企业未来几年可供选择的战略成长路径等。

如果创业者有较强的规划能力,可以在假设融资到位的情况下,介绍企业未来3至5年的发展规划,以图表的形式直观说明企业在各阶段的目标市场、拓展区域、商业模式等内容。创业后期的融资方案最好还能作出更为规范和准确的财务预测,内容可以包括收入增长预测、成本变动预测、固定资产投入、人力资源投入等基本数据。有这些严谨的财务预测支持的成长战略可以让投资者对企业的战略有更清晰的认识。

11. 财务计划

财务计划包含大量的市场和经营方面的信息,风险投资家会期望从商业计划书中看到合理的市场预测与财务规划,由此判断创业者的财务管理能力和对企业财务的重视程度,并推断自己的投资能否获得预期的回报。投资者一般会青睐那些预测科学、逻辑清晰、数据分析准确的财务分析报告。

财务计划一般可以围绕资产负债表、利润表、现金流量表三大报表撰写。其中,资产负债表反映的是在未来某一时刻企业的状况,投资者可以用资产负债表中的数据得到的比率来衡量企业的经营状况以及可能的投资回报率。利润表反映的是企业未来的盈利状况,它是企业在一段时间运作后的经营结果。现金流量表反映的是企业未来的现金流状况。流动资金是企业的生命线,因此企业在初创或扩张时,需要对流动资金有预先周详的计划和进展中的有效控制。相对来讲,三大报表是整个商业计划书中比较专业的部分,要求撰写者有相应的财务专业知识。如果创业团队成员缺乏这方面的知识和经验,可以请外部的专业人士帮助。

企业不仅要对未来进行预测分析,最好也可以提供对近几年企业经营状况的分析,如净收益、销售成本、营业费用、利息费用、净收入等数据。结合企业已取得的经营成果预测和分析未来的经营成果,会让整个财务分析更有说服力。

最后是本项目的融资计划,应详细介绍出售给投资者的普通股、优先股和可转换债券的具体情况,说明融资时机、金额和用途,列出融资前后的资本结构和股权结构,说明融资条件及其相应的抵押品。

12. 投资退出方式

商业计划书中最好能明确告诉投资者在几年之后能获得的投资回报率,以及如何撤出资金。投资者如果无法看到期望的投资回报率,或者不能可靠地及时退出,其投资的意愿就会降低。目前,投资退出方式主要有以下几种:

(1) 股票公开发行

企业可以公开上市,即通过 IPO 进入股票交易市场。这样,投资者就可以把股票在股市上出售,从而获得投资收益。

(2) 企业收购

如果由于某些原因不能做到股票上市,还可以寻找其他感兴趣的企业收购自己的企业。这样,投资者可以出售自己持有的股权以回收投资,其退出方式与股票上市的情况基本相似。这种方式有时候比公开发行股票更有效率。

(3) 企业回购

被投资的企业在一定时间后回收投资者股份也是让投资者顺利撤出的一种方式。

(4) 股权转让

投资者可以在适当的时候把手中的股份转让给其他的投资者。

总之,投资者在投资之前会关心投资之后如何变现,并且希望看到企业怎么考虑帮助他们实现这个目的。因此,在商业计划书中,一定要以让人信服的方式,向投资者阐明企业能帮助他们以恰当的方式,在一定期限内获得期望的回报。

13. 风险分析与应对措施

风险投资的重要特点是高风险与高收益。一些投资者为了获得高收益,愿意承担高风险。但是,如何在尽量回避风险或者缩小风险的条件下,获得高额的回报,还是风险投资机构非常关注的重要目标。因此,在商业计划书中,对创业项目潜在的风险进行深入分析,并预先采取相应的规避措施,无论对投资者还是创业者来讲,都是值得认真对待的。

不同的创业项目有不同的风险,创业者要有针对性地对这些风险逐一进行分析。一般来讲,创业项目可能会面临的风险包括:

(1) 技术风险

技术风险是指在高技术产品创新过程中,因技术因素导致创新失败、风险资本无法收回的可能性。技术是高科技创业项目的核心竞争力,技术研发贯穿于高技术产品从设想到进入市场的全过程,任何一个环节的技术障碍都将使产品创新前功尽弃。有些技术虽然可以成功研制,但是在市场化的过程中,任何变数都有可能导致最终创业失败。

(2) 市场风险

市场风险是指企业因从事经济活动达不到预期效果而产生亏损的可能性。例如,如果一项高技术产品推出的投入巨大,但是产品的市场容量较小,或者产品价格令市场难以承受,都会导致产品的投资价值无法实现,投资无法收回。

(3) 融资风险

资金风险是指因资金不能适时供应而导致创业失败的可能性。风险企业发展所需资金的需求量大,而资金来源渠道少,导致风险企业创业中常出现资金问题。不能及时供应资金,会使风险企业技术产品创新活动停顿,其技术价值随着时间的推移不断贬值,甚至被后来的竞争者超越,初时投资也就付诸东流。

(4) 管理风险

管理风险是指在企业经营过程中,由于管理者素质或企业内部的组织管理失误而造成的风险。许多技术专家型的创业者对相关产业的发展规律了解不够,缺乏市场营销的知识和经验,组织结构设置不合理,内部管理制度不规范,对企业经营战略缺乏思考和规划,这些都有可能导致创业的最终失败。

在商业计划书中,风险企业要对各种具体的风险进行分析,而且要尽量估计风险发生的可能性,分析风险可能会对创业企业造成的损失,而不是泛泛而谈。创业的风险是不可避免的,风险投资家也可以接受,关键在于企业要对风险有足够的认识,并且有相应的应对措施,以事先回避风险或转移风险,或者在风险发生时可以将损失降至最低。

三、商业计划书的常见问题与检查修改

《局外人》(Outlier)一书的作者马尔科姆·格拉德威尔(Malcolm Gladwell)发现,要在任何领域取得成功,关键在于10000小时的练习。创业者在创业之初,学习、交流、辩论、犯错、纠错、发现,是一个永不停息的探索过程,这个过程可以记下来。撰写商业计划书也是这样一个需要反复思考和不断完善的过程。

1. 商业计划书的常见问题

创业者在商业计划书模板的帮助下,很容易将自己的创业企业分解装入模板之中,形成一个初步的商业计划书,但是常常会出现一些问题:

(1) 观点缺乏有力的数据支持

创业者对自己的项目往往充满信心,商业计划书中会描述一幅幅美好的发展蓝图。但是,这些发展预测有时很难有数据的支持,多是凭创业者自己的主观判断。一些商业计划书还喜欢用"独一无二""最好的""快速发展"等夸张的主观性词语,实际上会让阅读者感到创业前景虚无缥缈。有些商业计划书会引用一些数据,但是数据没有说服力,过于陈旧,或者与产业实际标准有较大差距。这些都无法让阅读者对结论或观点表示信服。

(2) 内容结构不合理

一些商业计划书可能由某个撰写者单独完成,由于知识结构或个人的偏好,会对部分章节的内容过于强调,而有些方面的内容则过于简单,篇章结构不够合理。例如,撰写者如果是技术出身,商业计划书中关于产品工艺和技术研发的内容可能会阐述得比较深入;如果是财务出身,对财务方面的论证就会多一些。有些商业计划书太强调市场营销方案,详细地说明怎么做广告、怎么进行推广等,而对自己不熟悉的部分则作简略处理或含糊其词。

(3) 没有突出关键问题

一些创业者为了让投资者深入了解自己的项目特色,往往会不厌其烦地对整个项目的所有细节问题都逐一回答。但是,太多的细节会导致投资者阅读的工作量增大,对于一个平均每天要看几十份商业计划书的投资者来说,可能在没有找到其关心的问题或感兴趣的亮点之前,就已经放弃了继续阅读。

(4) 对发展前景报喜不报忧

许多商业计划书对产品或服务的市场需求过分乐观,对创业企业的发展充满信心,整个商业计划书都只看到未来前景一片光明;而对于可能存在的困难或风险,只是一笔带过,甚至根本不提。这种报喜不报忧式的商业计划书是较让投资者担忧的,容易让投资者产生不信任感。

(5) 没有做财务预测与分析

对于企业未来三年,甚至更长时间的发展进行预测,并对这些预测进行财务分析,本身是件非常困难的事情。有些创业者认为这是在玩数字游戏,即使做出来也是不可信的。但是,财务预测与分析对专业的投资者来说,却是非常重要的,甚至是最后对企业进行估值和投资的一个基础。因此,创业者如果不能把企业未来的成长速度、营业收入、成本、费用等说清楚,并且尽量用规范的财务报表展示出来,一定程度上会使投资者对其经营管理素质持一种谨慎态度。

(6) 撰写的风格太过个性化

许多创业者的性格非常具有个性,这种个性有时会在商业计划书中表现出来,包括语句、语气、字体格式、插图使用等。这在大学生的创业计划书中可经常见到。对于有些投资者来说,商业计划书的这种个性化特征是可以接受的。但是,在商业计划书的撰写越来越标准化和规范化的今天,最好不要冒这种风险。因为有些投资者可能会简单地认为这太缺乏专业性或太随意,而不再深入分析企业产品或服务的创新性和市场前景。

2. 商业计划书的检查与完善

在一个投资者手里,大多数商业计划书通常只有一次被阅读的机会。因此,在将商业计划书递交给潜在投资者之前,建议创业者咨询信任的朋友或其他创业者,让他们审核一下自己的计划书,并且听取他们的建议。通常来说,要在以下几方面做有针对性的检查与完善：

(1) 格式是否规范

"人靠衣装马靠鞍"，格式规范、漂亮的商业计划书会给人一个好的第一印象。从字体、行间距、页边距、页眉、页脚、标注到排版装订，对商业计划书的每一个细节都要细心设计，整体的风格要清新。规范格式做好了，不一定会给项目评价加分，而一份设计粗糙的商业计划书很有可能给人粗制滥造之感，从而很容易影响投资者对创业项目质量的评价。在有条件的情况下，可以请一些专业的美工设计人员对此提一些建议。

(2) 是否存在明显的错误或遗漏

千万不要出现明显的错误，即使是错别字，也应尽量避免。如果是一些产品技术或市场数据出现纰漏或不一致，很容易让人联想到"假数据"，从而降低商业计划书的信任度。不要遗漏一些重要的资料或数据，如重要文件的复印件之类，一定要记得将其作为附件放在商业计划书后面，以免投资者再次索要。

(3) 逻辑是否清晰

商业计划书的所有内容在创业者的脑子里翻来覆去地思考了无数遍，因此要创业者自己找到商业计划书逻辑上的问题是非常困难的。这个时候，只有请没有读过的人来读一下，才有可能发现逻辑上是否清晰明白。可以多让几个不熟悉创业项目的人来读，并对整体的框架和逻辑提一些意见，然后综合这些意见，对商业计划书进行完善。

第四节　商业计划书的演示

一、商业计划书的呈现形式

在撰写完成之后，创业者需要带着商业计划书寻找投资者。商业计划书有两种呈现形式：(1) Word 形式。Word 形式是一种传统的商业计划书形式，大概有 20—40 页，主要以文字阐述为主，同时也可以辅以大量的图表。这种形式的优点是内容完整，结构严谨，分析深入，能较好地阐述创业项目的整体情况；缺点是往往篇幅较长，阅读费时费力，投资者难以把握重点，有可能因浏览太快，没有发现项目的亮点，而错过了对项目的进一步考察。(2) PPT 形式。为便于展示，越来越多的创业者采用 PPT 格式的演示文件制作商业计划书，而不再以传统的文本形式进行长篇赘述。相比 Word 版本的商业计划书，PPT 格式制作的商业计划书所包含的信息量相对较少，大概有 10—25 页。这种形式的优点是生动活泼，重点突出，表现形式直观、丰富，易于为人理解；缺点是信息不够全面、完整，难以深入地反映创业企业全貌。

究竟采取哪种形式，要基于路演的目的和演示的对象等具体情况而定。从实际情况来看，PPT 形式已越来越得到投资者和创业者的青睐。这里，我们给出一个精练的 PPT 模板作为参考。

第 1 页是封面。请用醒目的字体写出你的创业项目名称、公司的 Logo 以及项目联系人和联系方式等主要内容。	公司Logo **商业计划书** 项目名称：********** 联系人：**** 联系方式：****** 时间：20**年*月*日
第 2 页是目录。这部分主要告诉听众本计划书将说明的主要内容。路演的时候，可以交代一下报告的整体逻辑，以便之后的路演中让听众紧跟你的思路。	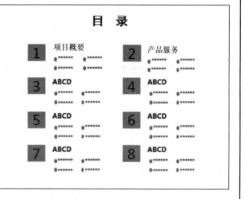
第 3 页是项目概要。这部分以高度凝练的语言，分别用一句话来讲清楚项目的内容，相当于一份浓缩版的商业计划书。	**项目概要** 1. 一句话说明产品服务 2. 一句话说明市场需求 3. 一句话说明商业模式 4. 一句话说明竞争优势 5. 一句话说明成长规划 6. 一句话说明融资规划 7. 一句话说明项目风险 8. 一句话说明********

(续表)

第 4 页是产品与服务。你的产品与服务是什么？解决了人们的什么问题？填补了什么市场空白？如果你的项目切实解决了困扰人们很久的问题，这些人又心甘情愿地为你的产品或服务埋单，那么这个项目一定具有成功的潜质。重点说明一下：你的产品与服务的核心技术是什么？	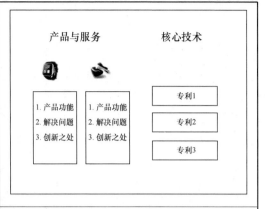
第 5 页是市场需求走势。仅仅能赚点钱的项目还不能完全打动风险投资者，还要在能赚钱的基础上有一个潜在的发展空间，这就是市场未来潜在的巨大需求。如果一个创业项目未来的发展空间有限，那么风险投资者是不会有兴趣的。风险投资者总是对那些未来充满爆炸式成长潜力的产品与服务感兴趣。	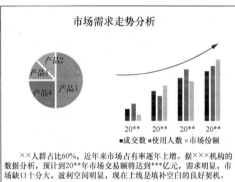
第 6 页是商业模式。商业模式的创新已成为决定创新企业成败的一个关键。商业模式需要说清楚企业所能为客户提供的价值，以及实现这一价值并产生可持续盈利收入的各种要素是怎样构成的。	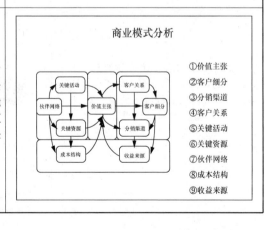

（续表）

第 7 页是竞争优势。你的主要竞争对手是谁？你有哪些竞争优势？千万不要说你在市场中是独一无二的，没有竞争对手。"知己知彼，百战不殆"，对竞争对手了解得越多，竞争取胜的可能性越大。

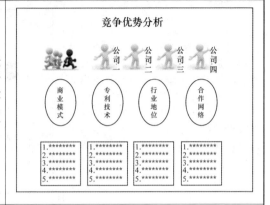

第 8 页是未来成长规划。企业最好能对未来 3—5 年市场与销售成长进行预测，但是一些初创企业很难做到这一点。一个替代做法是，列出企业的市场预期与营销规划。没有准确的预测没关系，但是不能连大概的销售增长都不清楚，这多少会让投资者担忧。最让投资者放心并达成投资意向的是，企业有较为专业的销售和财务预测。

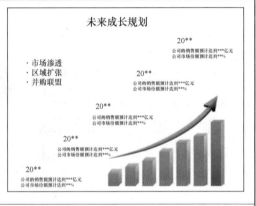

第 9 页是核心团队成员介绍。投资者一般对核心团队成员的能力非常重视。核心团队成员包括公司总裁、技术总监、市场总监和运营总监，要着重介绍其工作背景以及曾经取得的主要成绩和成果。

第十章 商业计划书 301

（续表）

第10页是融资方案。项目想要融多少钱，将出让多少股份，这些钱都怎么用，对这些内容必须说清楚。融资并不是越多越好，而是适当最好，"好钢用到刀刃上"，投资者要看创业者是否用这些钱很好地进行产品优化、市场开发，为项目带来更多的盈利。	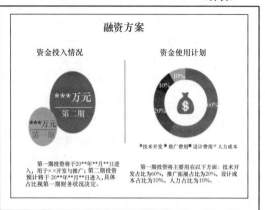
第11页是退出机制。任何投资者并非都想成为永久性的股东，未来如何退出是在投资之前就会加以考虑的。创业者必须让投资者相信未来有多种可行的退出方式，能保证投资者顺利获利退出。	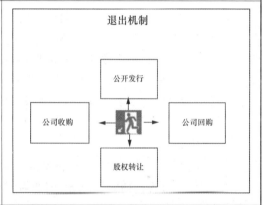
第12页是风险分析。任何投资都可能存在一定风险，这对投资者来说是完全可以接受的。他们不能接受的是创业者没有很好地去预测这些风险，并加以应对。因此，风险分析不是要吓退投资者，而恰恰是让投资者不要害怕，因为企业已作好了应对风险的准备。	风险分析 ·技术风险 新创企业在发展历程中要面对各种与产品技术相关的不确定因素 ·市场风险 新创企业从事经济活动所面临的盈利或亏损的可能性和不确定性 ·竞争风险 竞争对手的新技术、新产品或新的商业模式，都可能对企业的市场地位和盈利能力提出挑战 ·资金风险 财务结构不合理、融资不当均使企业有可能丧失偿债能力，从而导致投资者预期收益下降的风险 技术风险 市场风险 资金风险 竞争风险 其他风险

二、商业计划书的路演过程

1. 项目路演的目的

通常情况下，投资者每天看到的商业计划书和接触的项目很多，有的投资者甚至一天阅读要几十份商业计划书。所以，投资者筛选项目往往只能凭借对项目的一个初步了解，主要通过一些基本的经营指标作初步判断。如果要对项目的精髓和潜力有深入洞悉，往往就需要有一个面对面的交流机会。

项目路演可以让创业者与投资者处在安静的环境里，创业者利用多媒体全方位对创业项目进行展示，投资者可以根据展示提出自己关心的问题，从而对创业项目有一个深入的理解和认知，以作出是否要进行后续投资的判断。很多创业项目并不是一下子就能让投资者迅速理解和接受的。特别对于一些技术性强的项目，路演更能减少出现投资者看不懂或不理解项目的弊端。创业者可以通过与投资者之间面对面的交流，快速对接自己的项目，减少或避免在融资之路上走弯路。

2. 项目路演的形式

项目路演分为线上项目路演和线下项目路演。线上项目路演主要是通过一些在线视频工具，如 Skype、QQ、微信等都能提供两人或多人的在线视频通话，非常方便使用。现在很多路演和面试都能通过这些软件方便迅速地进行交流。线下项目路演主要通过活动专场，让创业者与投资者进行面对面的演讲与互动交流。线下项目路演一般比线上交流的效果更好，但是投入的时间和资源成本也更高。

3. 项目路演的过程

第一，路演报名。找到策划路演的相关机构，进行报名，提出路演申请。

第二，递交报告。通常情况下，创业者需要将商业计划书发送给投资者，在投资者表示出兴趣之后再约定时间进行详细的项目介绍。因此，一份好的商业计划书首先应该足够简明扼要，条理清晰，能在短时间内给投资者留下良好的印象。为此，不少创业者除了在正式的商业计划书之前编写概要之外，还会另外准备一份简略版的商业计划书，以适应网络发送和快速阅读。

第三，项目审核。投资者对商业计划书进行审核，看是否符合投资的要求，以及是否有必要安排路演。

第四，项目正式路演。安排具体的时间和地点，由创业项目负责人进行项目演示。在项目路演现场，主要分为四个程序：首先，项目演示，由创业者演示创业项目，约10分钟左右；其次，投资者提问环节，时间一般约为5—10分钟；再次，投资者对项目进行点评；最后，项目方与投资者进一步交流。

第五，路演之后的反馈与总结。路演之后，最好能有一个总结。这样，如果投资者有后续的跟进，可以有一个积极的反馈。

三、商业计划书路演的技巧

尽管路演有不少好处，但是有一些创业者却是"创意的巨人，路演的矮子"，一场路演下来,让投资者在云里雾里转,听不清,看不明。特别是有些技术出身的创业者,本身并不擅长言谈,加上缺乏演讲的技巧,沟通的效果很差,以至于投资者在路演结束后对项目依旧摸不着头脑,在双方之间的提问互动环节也答非所问,没有解决问题。因此,恰当地掌握一些路演的技巧还是非常必要的。

第一,控制路演时间。不同的路演策划对时间的要求不同,建议针对不同的路演,分别准备不同时间长度的路演(如 5 分钟、10 分钟、30 分钟、1 小时等)。这也是分别针对大规模路演、中型路演和小型路演等不同情况。时间的把控相当重要,超时了还没说明白就被终止,或换到下个项目,机会就可能从眼前溜走。一般来说,准备 5—10 分钟的演示时间比较适中。当然,如果碰到特殊情况,也要能在极端的时间里(1—3 分钟)把项目说清楚。作为创业者,要能随时随地向身边感兴趣的人介绍和推销自己的创业项目。

第二,注意个人形象。创业者平常可能穿着比较随便,但是在这样公开正式的场合,向别人展示自己为之付出心血的创业项目,采取一种随便的风格,可能会让一些投资者感觉太随意。正式的穿着对投资者和听众也是一种尊重,能让大家看着舒服。

第三,正确的演讲心态。创业的激情与感染力非常重要,创业者要让投资者感受到自己对项目的信心与执着。即使投资者对项目提出挑战和质疑,创业者也不要因此就感到遭受打击或丧失信心。创业本来就是一个不断解决问题和完善自我的过程,要正确对待投资者提出的问题,把这些问题当成创业成功的铺路石。

第四,培养一些演讲的技巧。演讲是一门具有艺术性的技巧,可以通过演讲者声音的变化、表情的演绎和手势的运用,让演讲的内容得到完美的展示,从而感染观众,达到很好的演讲效果。只有进行大量重复的训练,才可能达到这种艺术性。创业者不需要成为演讲家,但是在条件允许的情况下,对演讲的技巧有一些了解或稍加培训将会大有裨益。

第五,在正式路演之前模拟练习一下。一个比较保险的方法是,在正式路演之前,创业团队内部先进行几次模拟练习,对整个路演过程录像,然后请一些朋友来做评委或指导,反复对路演进行推敲和改进,直到自己感到满意为止。

第六,了解一下投资者的背景。"知己知彼,百战不殆",在路演之前对投资者的背景作一些了解是非常有利于路演准备的。因为这不仅可以让路演的内容更具有针对性,如果了解到投资者的兴趣和评价标准,将更有利于创业者对项目的可行性有一个预先判断和完善,而且还可以让创业者在心理上有所准备,从而让路演更加从容。自开始了解投资者的背景那一刻起,其实创业者和投资者在心理上已经开始进行交流了。

本章要点

1. 商业计划书是创业者需要认真准备的一份文件,尽管有时候商业计划书不能肯定为创业融资带来帮助,但是有备无患。商业计划书值得创业者投入相应的时间和精力。

2. 除了可以获得投资者的投资之外,商业计划书还具有帮助创业者作好创业准备、寻找外部合作伙伴以及构建激励团队成员的蓝图等重要作用。

3. 商业计划书的阅读对象是多元的,可以包括潜在投资者、金融借贷机构、创业团队成员、政府相关部门、战略合作伙伴等。

4. 想要撰写一份好的商业计划书,撰写前最好能评估一下阅读者的兴趣与企业自身的核心优势。

5. 成功的商业计划书具有一些基本特征,例如:撰写具备一定的专业规范,基于客观事实对观点进行论证,有一个清楚、有吸引力的叙述结构,内容简单到外行也能读懂,善于运用直观、易理解的表达风格,持有坦诚可信的交流态度,并能注意一些细节问题。

6. 商业计划书的内容可以根据项目的具体情况进行安排。一份完整的商业计划书可能有较多内容,包括:摘要、企业基本情况、产品与服务介绍、市场需求分析、行业及其发展趋势、市场竞争状况、生产制造计划、市场营销策略、创业团队与组织结构、成长战略、财务计划、投资退出方式、风险分析与应对措施。

7. 商业计划书撰写过程中错误难免,在将商业计划书递交给潜在投资者之前,建议让没有阅读过的人审核一下,更正其中的一些错误或问题。

8. 商业计划书的路演是一个需要精心准备的过程,不仅在商业计划书的呈现形式上要精心设计,演示的技巧也值得留意,甚至可以做一些必要的培训。

思考与练习

1. 你如何理解商业计划书的重要性?创业者应如何对待商业计划书的撰写?

2. 如何才能撰写出一份高质量的商业计划书?高质量的商业计划书应具备什么要素?

3. 如果你是投资者,会如何评估一份商业计划书?

4. 选择一个你认为重要的商业计划书阅读对象,分析该对象会对创业项目的什么内容感兴趣。

5. 撰写一份你们小组创业项目的商业计划书,并与另外一个小组的商业计划书进行互换阅读,为对方提出改进意见。

6. 把老师和同学当成投资者,策划一个10—15分钟的创业项目路演。

7. 有人认为:"几乎所有最初的商业计划书都是错的。用户的需求和企业的解决方案,本质上都是未知的。但是,每个创业者都以为自己知道用户的需求是什么,都以为自己的产品能够满足用户的需求,然后固执地按照自己的方案去做,这就是常识的陷阱。"因此,创业根本没有必要写商业计划书。你如何看待这个观点?

拓展阅读

1. 布鲁斯·R.巴林杰. 创业计划书 [M]. 陈忠卫,等,译. 北京:机械工业出版社,2016.

2. 安德鲁·查克阿拉基斯,史蒂芬·史宾纳利,杰弗里·蒂蒙斯. 我是这样拿到风投的:和创业大师学写商业计划书 [M]. 梁超群,杨欣,王立伟,译. 北京:机械工业出版社,2015.

3. 约翰·W.马斯林. 创业测试:企业家及经理人在制定商业计划前应该做些什么[M]. 石建峰,译. 北京:中国人民大学出版社,2004.

4. Ericka Chickowski. 一个教你写商业计划书的网站 [J]. 万婧,译. 创业邦,2011(10):33—33.

5. 商业计划书生成美化专家:http://www.haibp.com/.

6. 中国商业计划书咨询中心:http://www.ipo100.cn/.

参考文献

一、中文文献

1. 阿玛尔·毕海德. 新企业的起源与演进[M]. 魏如山,马志英,译. 北京:中国人民大学出版社,2004.
2. 安德鲁·查克阿拉基斯,史蒂芬·史宾纳利,杰弗里·蒂蒙斯. 我是这样拿到风投的:和创业大师学写商业计划书[M]. 梁超群,杨欣,王立伟,译. 北京:机械工业出版社,2015.
3. 彼得·F. 德鲁克. 创新与创业精神[M]. 张炜,译. 上海:上海人民出版社,2002.
4. 卞文志. 冲出思维牢笼:从迈克尔·杰克逊雇经纪人说起[J]. 中外企业文化,2009(11):64—65.
5. 布鲁斯·R. 巴林杰. 创业计划书[M]. 陈忠卫,等,译. 北京:机械工业出版社,2016.
6. 陈威如,余卓轩. 平台战略:正在席卷全球的商业模式革命[M]. 北京:中信出版社,2015.
7. 陈伟. 给爱迪生"平反"[J]. 财富,2007(5).
8. 大卫·B. 尤费,玛丽·夸克. 柔道战略:小公司战胜大公司的秘密[M]. 傅燕凌,孙海龙,译. 北京:机械工业出版社,2003.
9. 大卫·卡普兰. 硅谷之光[M]. 刘骏杰,译. 北京:中国商业出版社,2013.
10. Ericka Chickowski. 一个教你写商业计划书的网站[J]. 万婧,译. 创业邦,2011(10):33—33.
11. 弗雷德·R. 戴维. 战略管理(概念部分):第13版[M]. 赵丹,译. 北京:清华大学出版社,2013.
12. 郭士纳. 谁说大象不能跳舞?[M]. 张秀琴,音正权,译. 北京:中信出版社,2010.
13. 亨利·切萨布鲁夫. 开放式创新:进行技术创新并从中盈利的新规则[M]. 金马,译. 北京:清华大学出版社,2005.
14. IBMer. 创新无处不在——来自IBM的创新案例[J]. 中国发明与专利,2010(2):26—27.
15. 杰夫·莫齐,理查德·哈里曼. 公司中的创造力:创新型组织行动指南[M]. 鲜红霞,郭旭力,译. 北京:机械工业出版社,2005.
16. 杰弗里·蒂蒙斯,等. 创业学:第6版[M]. 周伟民,吕长春,译. 北京:人民邮电出版社,2005.
17. 卡迈恩·加洛. 乔布斯的创新游戏[M]. 陈毅骊,译. 北京:中信出版社,2011.
18. 凯瑟琳·杜恩. MIT创业生态系统[J]. 中国孵化器,2009(9):22—26.

19. 克里斯·安德森. 免费:商业的未来[M]. 蒋旭峰,冯斌,璩静,译. 北京:中信出版社,2009.
20. 孔令娜,汪洋. 侦察员还是教练员:风险投资家的角色研究综述[J]. 重庆工商大学学报:自然科学版,2015,32(10):87—93.
21. 拉里·格雷纳. 在演进与剧变中成长[J]. 哈佛商业评论,2005(4):46—52.
22. 拉里·基利. 创新的10种类型[J]. 创新科技,2014(9):55—55.
23. 黎冲森. 圣雅伦不走常规路[J]. 企业家信息,2012(10):105—107.
24. 李凯盛,林源华,谭苏娟. 别让大象踩扁你:中小型企业成长战略[M]. 北京:中信出版社,2003.
25. 刘帆,徐林,刘川. 中国创业教育的兴起发展和挑战[J]. 中国青年研究,2007(9):4—9.
26. 刘佳,张管嫒. 联想思维在科技创新中的作用机理[J]. 工会博览·理论研究,2011(6):321—322.
27. 刘林青,夏清华,周潞. 创业型大学的创业生态系统初探——以麻省理工学院为例[J]. 高等教育研究,2009(3):19—26.
28. 刘拓. 海尔集团的互联网战略大转型[J]. 家用电器,2015(4):76—78.
29. 罗伯特·A.巴隆,斯科特·A.谢恩. 创业管理:基于过程的观点[M]. 张玉利,谭新生,陈立新,译. 北京:机械工业出版社,2005.
30. 罗伯特·D.赫里斯,迈克尔·P.彼得斯,迪安·A.谢泼德. 创业管理[M]. 蔡莉,葛宝山,译. 北京:机械工业出版社,2009.
31. 梅雷迪思·贝尔滨. 超越团队[M]. 李丽林,译. 北京:中信出版社,2002.32. 宁亮. 改革开放以来我国创业活动的变迁与总体特征[J]. 重庆社会科学,2008(11):12—17.
33. 邱恒明. 技术派鼻祖爱迪生的创业法则[J]. 中国对外贸易,2014(6):52—53.
34. 任正非. 从泥坑里爬起来的人就是圣人——任正非谈自我批判[J]. 创业家,2013(8).
35. 滕斌圣. 弱势企业如何以小博大?[J]. 东方企业文化,2008(8):10—12.
36. 托德·卡什丹. 好奇心[M]. 谭秀敏,译. 杭州:浙江人民出版社,2014.
37. W.钱·金,勒妮·莫博涅. 蓝海战略:超越产业竞争 开创全新市场[M]. 吉宓,译. 北京:商务印书馆,2005.
38. 王炳成:商业模式创新影响因素与作用路径的跨层次实证研究[D/OL],青岛:中国石油大学(华东),2014.
39. 王辉. 创业能力与关系网络[M]. 北京:北京大学出版社,2015.
40. 吴建国,冀勇庆. 华为的世界[M]. 北京:中信出版社,2006.
41. 辛保平,中国创业者十大素质[J]. 科学投资,2003(9):34—61.
42. 亚历山大·奥斯特瓦德,伊夫·皮尼厄. 商业模式新生代[M]. 王帅,毛心宇,严威,译. 北京:机械工业出版社,2012.
43. 伊查克·爱迪思. 企业生命周期[M]. 赵睿,译. 北京:华夏出版社,2004.

44. 伊迪丝·彭罗斯. 企业成长理论[M]. 赵晓,译. 上海:上海三联书店,上海人民出版社,2007.

45. 约翰·W. 马林斯. 创业测试:企业家及经理人在制定商业计划前应该做些什么[M]. 石建峰,译. 北京:中国人民大学出版社,2004.

46. 约瑟夫·熊彼特. 经济发展理论[M]. 北京:商务印书馆,1990.

47. 张昊民,张艳,马君. 麻省理工学院创业教育生态系统成功要素及其启示[J]. 创新与创业教育,2012(2):56—60.

48. 张来明. 中小企业必须创新发展[J]. 工业审计与会计,2015(3):27—29.

49. 张玉利,创业管理:第3版[M]. 北京:机械工业出版社,2013.

50. 张玉利,李乾文,李剑力. 创业管理研究新观点综述[J],外国经济与管理,2006,28(5):1—7.

51. 仲宵漪. 风险投资后管理概念辨析及分类模式研究[J]. 中国市场,2015(34):73—74.

52. 朱新礼. 汇源果汁的发展之路[J]. 中外食品,2002(9):33.

二、英文文献

1. Bucherer E, Eisert U, Gassmann O. Towards systematic business model innovation: Lessons from product innovation management[J]. Creativity and Innovation Management, 2012, 21(2):183—198.

2. Casadesus-Masanell R, Zhu F. Business model innovation and competitive imitation: The case of sponsor-based business models[J]. Strategic Management Journal, 2013, 34(4):464—482.

3. Chandler G N, Hanks S H. Measuring the performance of emerging businesses: A validation study[J]. Journal of Business Venturing, 1993, 8(5):391—408.

4. Fried V H, Hisrich R D. Toward a model of venture capital investment decision making[J]. Financial Management, 1994, 23(3):28—37.

5. Gardner J W. How to prevent organizational dry rot[J]. Rice Thresher, 1965, 53(5):2.

6. Gartner W B. A conceptual framework for describing the phenomenon of new venture creation[J]. Academy of Management Review, 1985, 10(4):696—706.

7. Gartner W B. What are we talking about when we talk about entrepreneurship[J]. Journal of Business Venturing, 1990, 5(1):15—28.

8. Giesen E, Berman S J, Bell R, Blitz A. Three ways to successfully innovate your business model[J]. Strategy & Leadership, 2007, 35(6):27—33.

9. Gnyawali D R, Fogel D. Environments for entrepreneurship development: Key dimensions and research implications[J]. Entrepreneurship Theory and Practice, 1994, 18(4):43—62.

10. Haire M. Biological models and empirical histories of the growth of organizations[M]// Haire M. Model Organization Theory, New York: John Wiley and Sons, 1959.

11. Iansiti M, Levien R. The keystone advantage: What the new dynamics of business ecosystems mean for strategy, innovation, and sustainability[M]. Watertown: Harvard Business School Press, 2004.

12. Katz J A. The chronology and intellectual trajectory of American entrepreneurship education[J]. Journal of Business Venturing, 2003,18(2):283—300.

13. Linder J, Cantrell S. Changing business models: Surveying the landscape[R]. A Institute for Strategic Change, 2015.

14. Maccrimmon K R, Wehrung D A. Characteristics of risk taking executives[J]. Management Science, 1990, 36(4):422—435.

15. Man T W Y, Lau Theresa, Chan K F. The competitiveness of small and medium enterprises: A conceptualization with focus on entrepreneurial competencies[J]. Journal of Business Venturing, 2002, 17(2):123—142.

16. Man T W Y. Theresa Lau. Entrepreneurial competencies of SME owner/managers in the Hong Kong services sector: A qualitative analysis[J]. Journal of Enterprising Culture, 2000, 8(3): 235—254.

17. McClelland D C. Characteristics of successful entrepreneurs[J]. Journal of Creative Behavior, 1987, 21(1):18—21.

18. Morris M H. Entrepreneurship intensity: Sustainable advantage for individual[M]. Organization and Societies, Westport, Conn. Quorum, 1998.

19. Morris M, Schindehutte M, Allen J. The entrepreneur's business model: Toward a unified perspective[J]. Journal of Business Research, 2005, 58(6):726—735.

20. Osterwalder A, Pigneur Y. An ontology for e-business models[M]// Currie W. Value creation from e-business models, 2004: 65—97.

21. Schaltegger S, Lüdeke-Freund F, Hansen E G. Business cases for sustainability and the role of business model innovation: Developing a conceptual framework[D]. Centre for Sustainability Management (CSM),Leuphana Universität Lüneburg, 2011.

22. Singh R. A Comment on developing the field of entrepreneurship through the study of opportunity recognition and exploitation[J]. Academy of Management Review, 2001, 26(1):10—12.

23. Spencer I M, Jr. , Spencer S M. Competence at work: Model for superior performance[M]. New York: John Wiley and Sons, 1993.

24. Teece D J. Business models, business strategy and innovation[J]. Long Range Planning, 2010, 43(2—3):172—194.

25. Timmons J A. New venture creation: A guide to entrepreneurship[M]. Irwin, 1999.

26. Tyebjee T T, Bruno A V. A model of venture capitalist investment activity[J]. Management Science, 1984, 30(9):1051—1066.